Kohlhammer

Der Autor und die Autorin

Christian Kus, Dipl.-Psych., Psychologischer Psychotherapeut (VT). Langjährige Tätigkeit in der Psychosomatischen Klinik Roseneck. Supervisor für Verhaltenstherapie und Dozent in Aus- und Weiterbildung. Niedergelassen in eigener Praxis in Ulm. Mitarbeit im Institut für Schematherapie Ulm. Veröffentlichung zu Schematherapie und Supervision.

Dr. Angelika Neumann, Dipl.-Psych., Psychologische Psychotherapeutin (VT). Langjährige Tätigkeit in der Psychosomatischen Klinik Roseneck und stellvertretende Leiterin des Zentrums für Psychotherapie Stuttgart (SZVT). Supervisorin für Verhaltenstherapie und Schematherapie, Dozentin in Aus- und Weiterbildung. Niedergelassen in eigener Praxis in Ulm. Leiterin des Instituts für Schematherapie Ulm. Veröffentlichungen zu Zwangsstörungen, Schematherapie und Supervision.

Christian Kus
Angelika Neumann

Schematherapie bei Selbstwertproblemen

Hilfreiche Selbstwertkriterien zur Stärkung
des gesunden Erwachsenenmodus

Verlag W. Kohlhammer

Dieses Werk einschließlich aller seiner Teile ist urheberrechtlich geschützt. Jede Verwendung außerhalb der engen Grenzen des Urheberrechts ist ohne Zustimmung des Verlags unzulässig und strafbar. Das gilt insbesondere für Vervielfältigungen, Übersetzungen, Mikroverfilmungen und für die Einspeicherung und Verarbeitung in elektronischen Systemen.

Pharmakologische Daten, d. h. u. a. Angaben von Medikamenten, ihren Dosierungen und Applikationen, verändern sich fortlaufend durch klinische Erfahrung, pharmakologische Forschung und Änderung von Produktionsverfahren. Verlag und Autoren haben große Sorgfalt darauf gelegt, dass alle in diesem Buch gemachten Angaben dem derzeitigen Wissensstand entsprechen. Da jedoch die Medizin als Wissenschaft ständig im Fluss ist, da menschliche Irrtümer und Druckfehler nie völlig auszuschließen sind, können Verlag und Autoren hierfür jedoch keine Gewähr und Haftung übernehmen. Jeder Benutzer ist daher dringend angehalten, die gemachten Angaben, insbesondere in Hinsicht auf Arzneimittelnamen, enthaltene Wirkstoffe, spezifische Anwendungsbereiche und Dosierungen anhand des Medikamentenbeipackzettels und der entsprechenden Fachinformationen zu überprüfen und in eigener Verantwortung im Bereich der Patientenversorgung zu handeln. Aufgrund der Auswahl häufig angewendeter Arzneimittel besteht kein Anspruch auf Vollständigkeit.

Die Wiedergabe von Warenbezeichnungen, Handelsnamen und sonstigen Kennzeichen in diesem Buch berechtigt nicht zu der Annahme, dass diese von jedermann frei benutzt werden dürfen. Vielmehr kann es sich auch dann um eingetragene Warenzeichen oder sonstige geschützte Kennzeichen handeln, wenn sie nicht eigens als solche gekennzeichnet sind.

Es konnten nicht alle Rechtsinhaber von Abbildungen ermittelt werden. Sollte dem Verlag gegenüber der Nachweis der Rechtsinhaberschaft geführt werden, wird das branchenübliche Honorar nachträglich gezahlt.

Dieses Werk enthält Hinweise/Links zu externen Websites Dritter, auf deren Inhalt der Verlag keinen Einfluss hat und die der Haftung der jeweiligen Seitenanbieter oder -betreiber unterliegen. Zum Zeitpunkt der Verlinkung wurden die externen Websites auf mögliche Rechtsverstöße überprüft und dabei keine Rechtsverletzung festgestellt. Ohne konkrete Hinweise auf eine solche Rechtsverletzung ist eine permanente inhaltliche Kontrolle der verlinkten Seiten nicht zumutbar. Sollten jedoch Rechtsverletzungen bekannt werden, werden die betroffenen externen Links soweit möglich unverzüglich entfernt.

1. Auflage 2026

Alle Rechte vorbehalten
© W. Kohlhammer GmbH, Stuttgart
Gesamtherstellung: W. Kohlhammer GmbH, Heßbrühlstr. 69, 70565 Stuttgart
produktsicherheit@kohlhammer.de

Print:
ISBN 978-3-17-046390-5

E-Book-Formate:
pdf: ISBN 978-3-17-046391-2
epub: ISBN 978-3-17-046392-9

Geleitwort

Wenn man nur die deutschsprachigen Bücher zur Schematherapie nebeneinander in ein Regal stellt, braucht man dafür deutlich mehr als einen Meter Platz. Umso erstaunlicher ist, dass es immer wieder Autoren und Autorinnen gibt, die dennoch eine Lücke in den dargestellten Inhalten finden und diese beherzt füllen. So ging es mir mit diesem Buch. Es hat aus meiner Sicht drei Alleinstellungsmerkmale:

1. Es führt als erstes Schematherapiebuch ein weiteres Grundbedürfnis ein, nämlich Gleichwertigkeit, und begründet das sehr akribisch.
2. Es greift das alte Grundbedürfnis von Klaus Grawe nach Selbstwerterhöhung bzw. Selbstwertschutz auf und gibt eine aktualisierte, sehr genaue Beschreibung als Grundlage für dieses Buch und
3. es gibt für ein Schematherapiebuch eine äußerst präzise Anwendung der verhaltenstherapeutischen Technik der kognitiven Umstrukturierung, was beim Umgang mit hartnäckigen, selbstentwertenden Gedanken sehr hilfreich sein kann.

Ich will im Folgenden auf diese drei Schwerpunkte des Buches etwas genauer eingehen.

Zu 1: Gleichwertigkeit als ein Grundbedürfnis zu benennen liegt gewissermaßen in der Luft, denn auch eine internationale Arbeitsgruppe um Arnoud Arntz, die sich bemüht, das der Schematherapie zugrundeliegende Modell zu revidieren und zu aktualisieren, hat in einer ihrer Veröffentlichungen (Arntz et al., 2021) ein Grundbedürfnis nach Fairness ins Spiel gebracht. Das kommt nicht von ungefähr, denn bereits Affen zeigen großen, ja selbstschädigenden, Ärger, wenn sie sich ungerecht behandelt fühlen, wie das in einem bekannten Video des holländischen Primatenforschers Frans de Waal zu sehen ist. Während ein Affe genüsslich seine Gurke verzehrt, wirft er sie empört weg, nachdem ein Affe im Nachbarkäfig für die Erledigung der gleichen Aufgabe Trauben als Belohnung bekam (Brosnan & de Waal, 2003). Ein Schmerz nach ungerechter Behandlung ist also nicht erlernt bzw. kulturell vermittelt, sondern scheinbar Teil unserer biologischen Ausstattung. Ein guter Grund, das auch als Grundbedürfnis zu benennen. Im ersten Teil des Buches wird das ausführlich hergeleitet und von den anderen Grundbedürfnissen sauber abgegrenzt. Eine wirklich fundierte und umfassende Darstellung!

Zu 2: Im Folgenden beschreibt das Autorenpaar sehr ausführlich sein aktualisiertes Verständnis von Grawes Bedürfnis nach Selbstwerterhöhung bzw. Selbstwertschutz. Beide verstehen das Bedürfnis jenseits der narzisstisch klingenden »Erhöhung« und des nach Vermeidung klingenden »Schutzes« sehr breit und als die

Grundlage für ein angemessenes, umfassendes Selbstwertgefühl, dessen Beeinträchtigungen durch selbstwertschädliche Grundannahmen (bzw. »innere Bewerter« in der Schematherapiesprache) der Fokus dieses Buches ist. Darauf folgt der zweite Teil, in dem kurz das Schema- und Modusmodell und beispielhaft die Fallkonzeption mit der Moduslandkarte vorgestellt werden, gefolgt vom dritten Teil mit einer kompakten Darstellung der erlebnisaktivierenden Techniken, d. h. Imagination und Stühledialoge.

Zu 3: Im vierten Teil kommt dann das dritte »Alleinstellungsmerkmal« des Buches: Eine sehr ausführliche Anwendung sokratischer Techniken im Umgang mit dysfunktionalen Bewertungen, bezogen auf die wichtigsten sozialen Interaktions- bzw. Konfliktsituationen. Hier zeigt sich die hervorragende kognitive Ausbildung des Autorenpaares in der Klinik Roseneck in Prien. Das ist insofern hilfreich, da sich zwar auch beim Imagery Rescripting ohne weitere, spezifische kognitive Interventionen belastende soziale Emotionen wie Scham und Schuld mit einer Effektstärke von 1.5 vermindern (Raabe et al., 2022). Aber das reicht nicht bei allen Menschen aus und die Arbeit mit selbstwertschädigenden Bewertungen kann sehr herausfordernd und »zäh« sein. Dann neben dem Imagery Rescripting und der »Entmachtung von Bewerterstimmen« in Stühledialogen in einem schematherapeutisch erweiterten Gesamtbehandlungsplan auf die bewährten kognitiven Techniken zurückgreifen zu können, ist eine wichtige therapeutische Option, die Blockaden auflösen helfen kann. Dies ist ja auch das Anliegen all derjenigen, die Schematherapie nicht als für sich stehende Methode sehen, sondern – letztlich in Nachfolge von Grawes Idee einer »allgemeinen« Psychotherapie – eher integrativ ausgerichtet sind. Dieses Buch ist ein gelungenes Beispiel, wie eine solche Integration aussehen kann, die nicht dogmatisch, sondern pragmatisch denkt und versucht, Neues mit Bewährtem zu verbinden. Das ist in meinen Augen sehr gut gelungen.

Abgerundet wird das Buch durch praktische Beispiele, wie dieses integrierende Vorgehen konkret aussehen kann, auch bei sehr herausfordernden Situationen, wie z. B. bei einem Menschen, der alkoholisiert ein Kind totgefahren hat, und bei emotional und sexuell Missbrauchten. Die präzisen, wörtlichen Formulierungen geben den Lesenden »messerscharfe« Werkzeuge an die Hand, die helfen können, auch Abstand zu sehr ich-syntonen Überzeugungen zu finden und sich aus dem Sog selbstwertschädlicher Bewertungen zu befreien, die »an einem kleben wie eine zweite Haut«, aus der man vermeintlich nicht herauskommen kann. Aber wie das Autorenpaar im Schlusswort sagt: Wir können uns entscheiden! Schön, wenn Sie sich entschieden haben, dieses Buch zu lesen! Es lohnt sich.

Frankfurt, im Oktober 2025

Eckhard Roediger

Literatur

Arntz A, Rijkeboer M, Chan E, Fassbinder E, Karaosmanoglu A, Lee CW & Panzeri M (2021). Towards a reformulated theory underlying schema therapy: Position paper of an international workgroup. *Cognitive Therapy and Research; 45:* 1007–1020. doi: 10.1007/s10608-021-10209-5

Brosnan SF & de Waal FBM (2003). Monkeys reject unequal pay. *Nature; 425:*297–299.

Raabe S, Ehring T, Marquenie L, Arntz A & Kindt M (2022). Imagery Rescripting as a stand-alonetreatment for posttraumatic stress disorder related to childhood abuse: A randomized controlled trial. *Journal of Behavior Therapy and Experimental Psychiatry; 77:* 101769. https://doi.org/10.1016/j.jbtep.2022.101769

Inhalt

Geleitwort 5

Danksagung 13

Einleitung 15
  Selbstwertkriterien als neuer Schwerpunkt bei
  Selbstwertproblemen 15

**Teil I Grundlagenwissen als Basis der kognitiven
        Umstrukturierung und der emotionsfokussierten
        Interventionen**

1 Menschliche Grundbedürfnisse und ihre Funktion 23
  1.1 Grundbedürfnisse als psychologisches Modell 23
    1.1.1 Welche Grundbedürfnisse haben Menschen? 24
    1.1.2 Drang zur Grundbedürfnisbefriedigung 25
    1.1.3 Konflikte zwischen verschiedenen
           Grundbedürfnissen 25
    1.1.4 Beurteilung der Befriedigung von
           Grundbedürfnissen 26
  1.2 Bindung, Geborgenheit, Nähe 28
    1.2.1 Die Eigenständigkeit von Bindung, Nähe und
           Geborgenheit 28
    1.2.2 Wann empfinden Menschen ihr Bindungsbedürfnis
           als erfüllt? 32
  1.3 Selbstbestimmung, Kontrolle, Sicherheit 34
  1.4 Lustgewinn/Unlustvermeidung 37
  1.5 Gleichwertigkeit 38
    1.5.1 Gleichwertigkeit und zwischenmenschliche Werte –
           Funktion 39
    1.5.2 Gleichwertigkeit und zwischenmenschliche Werte –
           eine genetisch-kulturelle Koevolution 45
    1.5.3 Gleichwertigkeit – Abgrenzung und
           Eigenständigkeit 76

1.6 Grundbedürfnis nach einer positiven Selbstbewertung 79
    1.6.1 Einordnung des Selbstwertes in unsere seelische Struktur und Persönlichkeit 79
    1.6.2 Selbstwert – Gefühl oder gedankliches Konzept 83
    1.6.3 Selbstwertbedürfnis – Funktion und typische Selbstwertkriterien 84
    1.6.4 Typische Selbstwertkriterien – hilfreich oder nicht? 89
    1.6.5 Dysfunktionale Selbstwertkriterien – Fähigkeiten/Leistung/Erfolg, konkurrenzorientierte Durchsetzung und soziale Anerkennung 92
    1.6.6 Funktionale Selbstwertkriterien – Gleichwertigkeit und universelle zwischenmenschliche Werte 93
    1.6.7 Vorteile kooperativer Selbstwertkriterien 98
    1.6.8 Sich auf eine Bemühung beschränken 102
    1.6.9 Gleichwertigkeit und Selbstwert 104
    1.6.10 Einfluss der Biografie auf die Selbstwertkriterien 105
    1.6.11 Die Möglichkeit zur Entscheidung bei den Selbstwertkriterien 114

Teil II Störungsmodell/Fallkonzeption

2 Diagnostik bei Selbstwertproblemen **119**

3 Störungsmodell und Fallkonzept erstellen **123**
    3.1 Grundbedürfnisse, maladaptive Schemata und das Modusmodell 123
        3.1.1 Schemata 123
        3.1.2 Modusmodell 128
    3.2 Individuelles Fallkonzept mit Moduslandkarte 155

Teil III Interventionstechniken der Schematherapie

4 Verankerung hilfreicher Selbstwertkriterien im Denken und Fühlen **163**
    4.1 Bewusst denkende Ebene 163
    4.2 Unbewusst emotionale Ebene 164
    4.3 Reihenfolge der genannten psychotherapeutischen Schritte 165

5 Kognitive Umstrukturierung **167**
    5.1 Sokratischer Dialog 169
    5.2 Psychoedukation 173
        5.2.1 Psychoedukation: Wie der Patientin das Schemamodell vermittelt wird 174

6	**Emotionsaktivierende Interventionen**		**177**
6.1	Schritte im emotionalen Veränderungsprozess		177
6.2	Imagination		178
	6.2.1	Ablauf der Imagination	179
6.3	Stühlearbeit		185
	6.3.1	Ausgangspunkt – aktualisierter Abwerter- oder Katastrophisierermodus	187
	6.3.2	Ausgangspunkt – aktualisierter dysfunktionaler Bewältigungsmodus	190

Teil IV Interventionen zur Stärkung einer positiven Selbstbewertung im gesunden Erwachsenenmodus – Anwendung

7	**Kognitive Umstrukturierung – Analyse, Reflexion und Entscheidung**		**197**
7.1	Analyse bisheriger Selbstwertkriterien		197
	7.1.1	Patientin benennt Minderwertigkeit von sich aus als Problem	197
	7.1.2	Selbst- und Fremdabwertungen werden von der Therapeutin beobachtet	199
7.2	Funktionalität bisheriger Selbstwertkriterien sokratisch in Frage stellen		202
	7.2.1	Die therapeutische Beziehung: Limited Reparenting und empathische Konfrontation	202
	7.2.2	Nutzwert, Fähigkeiten, Leistung und soziale Anerkennung – sokratisch in Frage gestellt	203
	7.2.3	Zugehörigkeit und Anerkennung – sokratisch in Frage gestellt	209
	7.2.4	Konkurrenz und Durchsetzung – sokratisch in Frage gestellt	213
	7.2.5	Fähigkeiten, Leistung und Erfolg – sokratisch in Frage gestellt	216
	7.2.6	Mischung aus gesellschaftlicher Anerkennung, Leistung, Erfolg und konkurrenzorientierter Durchsetzung – sokratisch in Frage gestellt	223
	7.2.7	Identifizierungen als Selbstwertstrategie	224
7.3	Zwischenmenschliche Werte als hilfreiche Selbstwertkriterien erarbeiten		226
	7.3.1	Direkte Frage – Wann ist ein Mensch wertvoll?	227
	7.3.2	Warum schätzen Sie Ihre beste Freundin	231
	7.3.3	Unterschiedliche Selbstwertkriterien bei sich und den anderen	235
	7.3.4	Emotionale Beweisführung	236

		7.4	Fallbeispiel – Kognitive Umstrukturierung dysfunktionaler Selbstwertkriterien	239

8 Emotionsaktivierende Interventionen ... **243**
    8.1 Analyse der biografischen Ursachen dysfunktionaler Selbstwertkriterien ... 243
    8.2 Imagination – Anwendung am Patientinnenbeispiel ... 244
    8.3 Stühlearbeit – Anwendung am Patientinnenbeispiel ... 247

9 Schwierige Fallbeispiele – kognitive Umstrukturierung integriert in emotionsaktivierende Interventionen ... **250**
    9.1 Extremes Schulderleben bei Vergehen gegen zwischenmenschliche Werte ... 250
    9.2 Sexueller und emotionaler Missbrauch ... 252

10 Abwerter entmachten und gesunden Erwachsenenmodus stärken – im Alltag einüben ... **258**
    10.1 Selbstständiges Üben – »Gefühle exponieren« und »Abwerter entmachten« ... 258
        10.1.1 Patientinnenanleitungen Imagination und Stühlearbeit ... 258

11 Hilfreiche Selbstwertkriterien mit weiteren zentralen Interventionen zur Stärkung des Selbstwertgefühls verknüpfen ... **266**
    11.1 Dysfunktionale Vermeidungen durch Aufbau von Kompetenzen und Selbstvertrauen überwinden ... 266
        11.1.1 Selbstvertrauen – belastende Gefühle ertragen können ... 267
        11.1.2 Kommunikative Kompetenzen verbessern ... 267

12 Schlusswort: Wir können uns entscheiden ... **268**

Teil V Verzeichnisse

Literatur ... 273

Stichwortverzeichnis ... 279

Danksagung

Zu Beginn möchten wir uns bei unseren ersten psychotherapeutischen Lehrmeistern Prof. Dr. Manfred Fichter, Dr. Carl Leibl, Prof. Dr. Winfried Rief, Prof. Dr. Serge Sulz und unserem Kollegen Dr. Thomas Niedermeier sehr herzlich bedanken. Sie gaben uns die Möglichkeit, den spannenden Beruf der Psychotherapeutin sehr fundiert zu erlernen. Sie prägten unsere berufliche Tätigkeit durch ihre stete Aufforderung, Wissenschaft, Menschenkenntnis, Wohlwollen und eine integrative Sicht der Psychotherapie zu kombinieren.

Für die Unterstützung bei der tiefenpsychologisch-analytischen Perspektive der integrativen Aspekte der Schematherapie möchten wir den Kolleginnen der Lindauer Psychotherapiewochen und unserer integrativen Intervisionsgruppen, stellvertretend seien Dr. Joram Ronel und Gregor Herdrich genannt, sehr herzlich danken.

Dr. Eckhard Roediger, Prof. Dr. Arnoud Arntz und Wendy Behary, um die wichtigsten hier zu nennen, vermittelten uns die Faszination für die eindrücklichen Möglichkeiten der emotionsfokussierten Schematherapie und verhalfen uns zu einer äußerst wirksamen Verdichtung aller uns in der Psychotherapie wichtigen Aspekte.

Wir danken Florian Rotberg und Kathrin Kastl vom Kohlhammer Verlag, die uns ermutigten, unsere Ideen und Erfahrungen zur Psychotherapie bei Selbstwertproblemen in einem Fachbuch darzustellen. Unserer besonderer Dank gilt unserer Lektorin Frau Stefanie Reutter für ihre engagierte Unterstützung bei der sprachlichen Ausarbeitung.

Mit besonderer Dankbarkeit denken wir an unsere unzähligen Patientinnen, die uns an ihrem Erleben im Umgang mit Selbstwertproblemen so offen und vertrauensvoll haben teilhaben lassen. Nur durch ihre Schilderungen und mit Hilfe ihres mutigen Engagements konnte es gelingen, den Modus des Abwerters zu fassen zu bekommen und die Sicherheit in der hohen Wirksamkeit der vorgeschlagenen Interventionen zu erreichen.

Und nicht zuletzt danken wir all den Menschen in unserem Umfeld, Freundinnen und Familienmitgliedern, die die Geduld besaßen, den Prozess des Schreibens stets wohlwollend und ermutigend zu begleiten.

Christian Kus und Angelika Neumann

Einleitung

Selbstwertkriterien als neuer Schwerpunkt bei Selbstwertproblemen

Selbstwertprobleme gehören zu den häufigsten Themen in der Psychotherapie (Brockmann, Schlüter & Eckert, 2003; Ambühl & Orlinsky, 1999). Auch als Minderwertigkeitsgefühle benannt, sind sie oft eine verursachende oder begleitende starke Belastung bei fast allen psychischen Erkrankungen (Kanning, 2000). Henriksen, Ranøyen, Indredavik und Stenseng (2017) zeigen die Schlüsselrolle des Selbstwerts für eine große Bandbreite von seelischen Beschwerden in einer Studie mit erkrankten Jugendlichen auf. Auch eine Studie von Barbalat et al. (2022) kommt bei psychiatrischen Patientinnen[1] zum gleichen Ergebnis. Im DSM-5 (Diagnostic and Statistical Manual of Mental Disorders, deutsche Ausgabe Falkai & Wittchen, 2015) erfolgt eine Strukturbeurteilung von Persönlichkeitsstörungen. Die Stabilität der Beurteilungsdimension Identität wird als ein Kriterium für die Gesundheit von Menschen angesehen. Sie ist unter anderem durch »Stabilität hinsichtlich Selbstvertrauen und Selbstwertschätzung« gekennzeichnet (nach Fiedler, Marwitz & Neumann, 2024). Joshanloo (2024) hat in einer aktuellen, großen Langzeitstudie erneut aufgezeigt, dass ein positiver und stabiler Selbstwert (self-esteem) entscheidend mit der Lebenszufriedenheit (life-satisfaction) verbunden ist.

> Die Entwicklung eines stabilen, sicheren und positiven Selbstwerts ist in vielen Psychotherapien ein zentraler Schritt in der Linderung der konkreten Symptomatik.

Um einen stabilen, langfristig verlässlichen Selbstwert zu entwickeln, ist es von entscheidender Bedeutung, eine solide Basis für das Selbstwertgefühl zu erschaffen. Der Kern jeder Selbstwertkonstruktion sind die verwendeten Bewertungskriterien. Jede Bewertung, auch die der eigenen Person, benötigt Maßstäbe, die für die Bewertung angelegt werden. Die Bewertungskriterien, die Menschen typischerweise

---

1 Um eine gute Lesbarkeit des Buches mit dem Ausdruck einer geschlechtsneutralen Haltung zu verbinden, haben wir im Allgemeinen die Form des generischen Femininums gewählt. Wir hoffen, dass es irgendwann gelingt, das Geschlecht, als außerhalb der Sexualität für die *wertefundierte Kooperation* unbedeutend (▶ Kap.1.5), aus der Sprache zu löschen.

verwenden, lassen sich in vier Kategorien unterscheiden (Schütz, 2003). Diese vier Kategorien von Selbstwertkriterien wirken sich unterschiedlich auf die Stabilität des Selbstwerts aus. Für die Entwicklung eines langfristig verlässlichen Selbstwerts ist es deshalb psychotherapeutisch von zentraler Bedeutung, der Patientin sowohl die verschiedenen Möglichkeiten als auch die Vor- und Nachteile der verschiedenen Selbstwertkriterien zu vermitteln. Damit ermöglicht die Therapeutin der Patientin die freie Wahl der auch empirisch als die hilfreichsten nachgewiesenen (Schütz, 2003) Selbstwertkriterien.

Um eine stabile, positive therapeutische Wirkung der hilfreichsten Selbstwertkriterien zu gewährleisten, ist es wichtig, die Vorteile dieser Kriterien als Therapeutin überzeugend zu begründen. Deshalb ist es sinnvoll, sich auch als Therapeutin die häufigsten von Menschen verwendeten Selbstwertkriterien, deren Bedeutung im psychischen Geschehen und deren Vor- und Nachteile zu vergegenwärtigen. Die Vermittlung der hilfreichsten Selbstwertkriterien an die Patientin im sokratischen Dialog und im Rahmen der emotionsaktivierenden Methoden gelingt am überzeugendsten, je sicherer die Therapeutin sich der Begründung der förderlichen Selbstwertkriterien ist. Mit Hilfe eines fundierten Verständnisses des Grundbedürfnisses nach einem positiven Selbstwert ist die Sicherheit der Therapeutin in der kognitiven Umstrukturierung und den emotionsaktivierenden Interventionen am höchsten.

Für die Entscheidung der Patientin, in Zukunft hilfreichere Selbstwertkriterien zu verwenden, ist es sehr förderlich, gemeinsam ein Verständnis dafür zu entwickeln, warum sie bisher weniger hilfreiche Selbstwertkriterien genutzt hat. Die von Menschen spontan verwendeten Selbstwertkriterien, stehen immer im Zusammenhang mit den Lebensumständen, innerhalb derer die erste Selbstwertkonstruktion entwickelt worden ist. Neben angeborenen Talenten, Temperamentsmerkmalen und gegebenen evolutionären Faktoren wird die ursprüngliche, meist unbewusste Wahl der Selbstwertkriterien bei der Entwicklung der ersten Selbstwertkonstruktion hauptsächlich von den ersten Bindungserfahrungen geprägt.

Die biografischen Ursachen der ersten Wahl der Selbstwertkriterien bewusst zu machen, fördert die Möglichkeit, sich für eine Änderung der bisherigen Selbstwertkriterien entscheiden zu können.

Diese erste im Leben entwickelte Selbstwertkonstruktion ist aufgrund des engen Zusammenhanges zu den ersten Bindungserfahrungen hauptsächlich auf einer unbewusst emotionalen Ebene abgespeichert. Das Selbstwertgefühl wird bestimmt von grundlegenden, das Erleben und Handeln bestimmenden Schemata auf der Ebene der emotionalen Steuerung. In den Schemata haben sich die kindlichen Erfahrungen zu verallgemeinerten Annahmen über sich selbst und das Leben verdichtet. Sie werden in vergleichbaren Situationen aktiviert und bestimmen dann das Erleben und Verhalten. Für die Psychotherapie von Selbstwertproblemen ist es neben dem Bewusstmachen der bisher verwendeten Selbstwertkriterien deshalb wichtig, möglichst emotionsaktivierend zu intervenieren. Die auf der bewussten Vernunftebene entwickelten hilfreichen Selbstwertkriterien bedürfen einer möglichst starken Verbindung mit den das Erleben bestimmenden bisherigen emotionalen Schemata.

In der Schematherapie werden diese beiden für Menschen zentralen Steuerungsebenen – die bewusste Vernunft und die unbewusst entstehenden Emotionen – sehr konkret, direkt und effizient aufgegriffen und mit der lebensgeschichtlichen Ebene verknüpft.

Aus diesem Grunde bietet sich die Schematherapie auch bei Selbstwertproblemen als hervorragend geeignete Psychotherapieform an.

Überblick Behandlungsbausteine der Psychotherapie von Selbstwertproblemen

1. In der Entwicklung des Störungsmodells wird ein Selbstwertproblem als verursachender oder aufrechterhaltender Faktor der Beschwerden diagnostiziert.

Methode: diagnostische Stühlearbeit, Interview, standardisierte Fragebögen.

2. Analyse, Reflexion und Entscheidung:
   - Analyse der bisher von der Person verwendeten Selbstwertkriterien,
   - Analyse der möglichen und meist von Menschen verwendeten Selbstwertkriterien,
   - Reflexion von Vor- und Nachteilen der bisher verwendeten und der möglichen Selbstwertkriterien,
   - Entscheidung für die hilfreichsten Selbstwertkriterien.

Methode: Kognitive Umstrukturierung – sokratischer Dialog verbunden mit Psychoedukation.

3. Erlebnisorientierte Analyse der biografischen Ursachen für die Verwendung der bisherigen dysfunktionalen Selbstwertkriterien.

Methode: Diagnostische Imagination und diagnostische Stühlearbeit.

4. Emotionsaktivierte erlebnisorientierte Abgrenzung von den bisher verwendeten und in Schemata abgespeicherten dysfunktionalen Selbstwertkriterien. Die besten Selbstwertkriterien zur Anwendung bringen.

Methode: Entmachtung des Abwertemodus und Festigung des gesunden Erwachsenenmodus mit Hilfe von Imagination und Stühlearbeit.

5. Planung und Reflexion der selbstständigen Umsetzung der Änderung der verwendeten Selbstwertkriterien.

Methode: Wechsel vom Abwertemodus in den gesunden Erwachsenenmodus im Alltag einüben.

Teil I Grundlagenwissen als Basis der kognitiven Umstrukturierung und der emotionsfokussierten Interventionen

Fallbeispiel für die verwendeten zentralen Bestandteile des seelischen Geschehens

Nehmen wir als Einstieg in das Verständnis des Selbstwerts den 33-jährigen, sehr gepflegten, gut aussehenden Unternehmensberater Markus. Schon seit einigen Jahren kämpft er mit einer niedergedrückten Stimmung, Freudlosigkeit, Reizbarkeit, Kraftlosigkeit und Konzentrationsproblemen. Er hat immer wieder Wutausbrüche, die seine Beziehung sehr belasten. Vor allem in seiner beruflichen Tätigkeit stellt er die Qualität seiner Arbeit immer wieder sehr in Frage. Er ist mit seinem beruflichen Erfolg nicht zufrieden. Erwartungen an die Qualität und Quantität seiner beruflichen Leistung, die er an sich selbst stellt, erfüllt er in seinen Augen oft nicht. Bei Leistungsanforderungen – etwa beim Moderieren einer Besprechung – hat er Angst, den Erwartungen des Chefs nicht zu genügen. Er befürchtet, dass seine Kollegin bessere Leistungen erbringt und von den Vorgesetzten bevorzugt wird. Das belastet ihn so sehr, dass er sogar an Suizid denkt, auch wenn er beteuert, keine Absicht zu haben, diesen in die Tat umzusetzen. Im Beruf ist er sehr auf die Bestätigung von anderen fokussiert. Er hofft fortwährend auf Anerkennung seiner Leistung von außen, insbesondere durch seine Vorgesetzten. Bekommt er diese Anerkennung nicht wie gewünscht oder erachtet er selbst oder erachten seine Chefs die Kollegin als die kompetentere Person, reagiert er mitunter gekränkt und zieht sich aus dem Kontakt zurück, meist jedoch äußert sich dies in einer deutlich gedrückten Stimmung. Oft hat er das Gefühl, ein unauthentisches, fassadenhaftes Leben zu führen.

Auf die Frage, wofür er die Anerkennung durch seine Vorgesetzten braucht, antwortet er, dass er sonst befürchtet, nicht gut genug zu sein, nicht mehr dazuzugehören, keine Nähe zu bekommen und nichts wert zu sein.

Die Frage, woher er diese Angst kennt, beantwortet er mit zwei Erinnerungen.

> *Er erinnert sich an seine Schulzeit. Er hat sich oft von den Lehrkräften abgewertet gefühlt. Er nennt seinen Klavierlehrer und seinen Deutschlehrer. Er leidet unter einer Rechtschreibschwäche, für die er viel abgewertet und lächerlich gemacht worden ist. Anerkennung durch die Lehrkräfte war nur über gute Leistungen zu erlangen.*
>
> *Als zweites denkt er an seinen Vater. Der Vater hat ihm nur Aufmerksamkeit und Beachtung für Erfolge und gute Leistungen geschenkt. Geliebt, einfach nur, weil er der Sohn seines Vaters ist, hat er sich von ihm nie gefühlt. Der Vater hat oft über den Bruder, der unter ADHS leidet, geklagt. Ab der Pubertät hat der Patient versucht, immer der Beste zu sein, um den Vater zufrieden zu stellen.*
>
> Was bewegt und belastet diesen Menschen?
>
> Er sehnt sich nach Anerkennung, Beachtung und Wertschätzung. Wofür glaubt er diese Anerkennung und Beachtung zu brauchen? Er verknüpft Anerkennung und Beachtung mit seinem Wunsch nach Dazugehören, Integriertsein und Wertgeschätztwerden.
>
> Nur wenn er Anerkennung und Wertschätzung durch andere erhält – so glaubt er –, kann er sich sicher sein, dass sein Bedürfnis nach Dazugehören, Integriertsein und danach, sich als wertvoll zu erachten, erfüllt ist. Anerkennung und Wertschätzung, so denkt er, erhält man – entsprechend seiner persönlichen Lebenserfahrung – nur dann, wenn man die beste Leistung von allen erbringt und sämtliche Erwartungen des Gegenübers erfüllt.

An diesem Beispiel werden die wichtigsten Aspekte, die uns zum Handeln motivieren, deutlich: Es zeigen sich zwei grundlegende seelische Grundbedürfnisse (Bindung und Selbstwert) und eine subjektive, vor dem Hintergrund der eigenen Lebensgeschichte entwickelte Idee, wie diese zu befriedigen sind. Bezüglich des Selbstwerts taucht die Frage auf: Nach welchen Kriterien kann und will sich die Person selbst bewerten?

Zentrale seelische Größen sind damit die Grundbedürfnisse und das Bewerten bzw. die Bewertungsmaßstäbe oder Bewertungskriterien.

Für die erfolgreiche Psychotherapie von Selbstwertproblemen ist es zunächst zweckmäßig, sich die Eigenschaften des Grundbedürfnisses nach einer positiven Selbstbewertung zu vergegenwärtigen. Das fundierte Verständnis der Psychotherapeutin für die Qualitäten dieses Grundbedürfnisses ermöglicht eine effektive, zielgerichtete Psychotherapie von Selbstwertproblemen. Mit diesem Verständnis kann die Therapeutin die Einordnung von Selbstwertkriterien in hilfreich und weniger hilfreich begründet vertreten.

Im Rahmen des Selbstwertbedürfnisses nehmen Menschen eine Selbstbewertung vor. Der zentrale Kern einer jeden Bewertung sind die verwendeten Bewertungskriterien oder Bewertungsmaßstäbe. Eine solche Bewertung erfolgt stets im Hinblick auf ein bestimmtes Kriterium – sowohl in qualitativer als auch in quantitativer Hinsicht.

Sowohl die Frage, welche Selbstbewertungskriterien die Patientin verwendet, als auch die Frage, wie stark sie von sich verlangt, diese Kriterien zu erfüllen, hat entscheidende Auswirkungen auf das Ergebnis ihrer Selbstbewertung.

Für das Ziel eines stabilen und positiven Selbstwertgefühls haben die möglichen Selbstbewertungskriterien ein empirisch belegtes unterschiedliches Potenzial (Schütz, 2003). Wir können also durchaus – in Bezug auf ein übereinstimmendes Ziel – von hilfreichen und weniger hilfreichen Selbstwertkriterien sprechen. Das Ziel der Psychotherapie besteht darin, Patientinnen die Wahl dieser hilfreichen Selbstwertkriterien zu ermöglichen.

Damit die funktionalen Selbstwertkriterien bei der Patientin auch eine emotionale Wirkung erreichen, ist es neben viel Übung essenziell, dass die Patientin von der Berechtigung und positiven Wirkung der neuen Selbstwertkriterien überzeugt ist.

»Alles ist Bewertung«

»Alles ist Bewertung« – diese etwas pointierte Formulierung angelehnt an Albert Ellis (nach Wilken, 2024) macht auf eindrucksvolle Weise die große Bedeutung der Bewertung für Lebewesen deutlich.

Bewerten ist eine der zentralsten geistigen Leistungen, die Lebewesen ständig vollbringen. Das Bewerten steht bei dem, was unser Gehirn ständig leistet, mit an erster Stelle. Bewerten ist so selbstverständlich, dass Menschen kaum zwischen Beschreibung und Bewertung unterscheiden.

Menschen bewerten sowohl emotional als auch bewusst denkend. Gefühle sind dabei immer Bewertungen, und bewusst rationales Denken vermag sowohl eine Beschreibung, ein logisches In-Beziehung-Setzen, als auch eine Bewertung zu leisten. Aber auch beim bewusst rationalen Denken überrascht es, wie viel davon ein Bewerten ist.

Menschen bewerten auf verschiedenen Ebenen. Auch die Bewertungen werden wieder bewertet. Wie bereit und fähig die Person dazu ist, metakognitive (Wells, 2002) Bewertungen vorzunehmen, bestimmt stark deren Fähigkeit zur kritischen Selbstreflexion. Die Bereitschaft und Fähigkeit, Bewertungen zu »bewerten« ist damit für eine konstruktive Weiterentwicklung – individuell und kollektiv – sehr entscheidend.

Bewerten heißt, Menschen setzen das Ereignis – innerlich und äußerlich – in Relation zu einem Bewertungsmaßstab. Grundbedürfnisse und die damit verbundenen Kriterien, wann Menschen diese als befriedigt erleben, sind der entscheidende Bewertungsmaßstab. Es erfolgt eine Bewertung anhand der Frage: »Befriedigt oder bedroht die Situation, das Ereignis oder eine Handlung ein Grundbedürfnis?«.

Die einfachste Bewertung, die Menschen in diesem Zusammenhang vornehmen, ist die Einteilung in gut oder schlecht, angenehm oder unangenehm. Differenziertere Bewertungen bilden dann die Basisemotionen und die daran anknüpfenden komplexen Gefühle (Lammers, 2007).

Der Bewertungsmaßstab besitzt eine qualitative und eine quantitative Dimension. Menschen bewerten sowohl nach der Qualität des Maßstabs als auch nach dem Ausmaß, in dem das jeweilige Kriterium ausgeprägt ist.

1 Menschliche Grundbedürfnisse und ihre Funktion

1.1 Grundbedürfnisse als psychologisches Modell

In der Schematherapie wird das Modell der Grundbedürfnisse verwendet, um die allen Menschen gleichermaßen – wenn auch in unterschiedlicher Stärke – innewohnenden Ziele, die sie auf psychischer Ebene erreichen wollen, zu beschreiben. Die Befriedigung der Grundbedürfnisse ist die Organisationsebene, auf der das evolutionsbiologische Ziel des Generhalts in konkrete seelische Motivationen aufgegliedert wird. Als Grundbedürfnisse werden die Dinge benannt, die Menschen unbedingt für ihr Überleben benötigen und deren Frustration zu seelischen und körperlichen Schäden führt (Grawe, 2004, S. 185). Grundbedürfnisse drängen Menschen dazu, für ihre Befriedigung zu sorgen. Sie motivieren zu Verhaltensweisen, die sich aus evolutionsbiologischer Sicht als besonders erfolgreich erwiesen haben, um den Generhalt abzusichern. Sie sind damit der grundsätzlichste Antrieb auf psychischer Ebene, in einer bestimmten Weise zu handeln. Wir gehen davon aus, dass sich die Unterscheidbarkeit der verschiedenen Grundbedürfnisse – als grundlegende Strukturierung menschlicher Handlungsmotivation – evolutionsbiologisch entwickelt hat.

Grundbedürfnisse sind auch für Patientinnen ein sehr einfacher Ausgangspunkt, um sich selbst und andere Menschen in ihren Handlungsweisen zu verstehen. Mit ihnen kann alles seelische Geschehen so weit vereinfacht werden, dass es sowohl für die Therapeutin als auch die Patientin leicht verständlich wird. Gleichzeitig bringen wir die gesamte Komplexität des seelischen Geschehens in ihnen unter. Unsere beiden Ansprüche an eine Theorie – möglichst einfach zu sein, aber zugleich alle beobachteten Phänomene zu erfassen – werden durch das Paradigma der Grundbedürfnisse erfüllt.

So faszinierend es ist, alles seelische Geschehen mit wenigen Grundbedürfnissen erklären zu können, so schnell wird das im Einzelfall wieder sehr individuell und komplex.

Die konkrete Umsetzung des durch die Grundbedürfnisse erzeugten Antriebs in eine ganz bestimmte Handlung hängt von der individuellen Einschätzung der Person darüber ab, wie und ob sie mit dieser Handlung zu einer Grundbedürfnisbefriedigung kommen kann.

Für die Vorhersage eines konkreten Verhaltens einer individuellen Person reichen die allgemeinen Grundbedürfnisse nicht aus. Wir benötigen dazu auch das Wissen über die Bewertungskriterien, die Kompetenzen und die Handlungsmöglichkeiten im Umfeld einer Person.

1.1.1 Welche Grundbedürfnisse haben Menschen?

Bei den Grundbedürfnissen wird in psychologische und physiologische Grundbedürfnisse unterschieden. Beide Bereiche sind für das Verständnis des Handelns des Menschen gleichermaßen relevant.

Physiologische Grundbedürfnisse

Bei den physiologischen Grundbedürfnissen kann unterschieden werden in:

1. Ernährung (Nahrung, Wasser, Luft),
2. Körperwärme,
3. Schlaf,
4. Sexualität,
5. körperliche Unversehrtheit.

Psychologische Grundbedürfnisse

Wir verwenden als seelische Grundbedürfnisse zum einen die Aufteilung von Grawe (2004), der sich stark an die Konzeptualisierung von Seymour Epstein (1990, 1993, nach Grawe 2004) anlehnt, und fügen dieser noch ein fünftes Grundbedürfnis hinzu:

> 1) Bindung – beinhaltet Geborgenheit, Nähe, Beziehungen,
> 2) Orientierung und Kontrolle – beinhaltet Selbstbestimmung, Autonomie und Sicherheit,
> 3) Selbstwerterhöhung, Selbstwertschutz – wir verwenden die Bezeichnung »Grundbedürfnis nach einer positiven Selbstbewertung« (Begründung folgt unten),
> 4) Lustgewinn/Unlustvermeidung.
>
> Wir fügen diesen vier seelischen Grundbedürfnissen nach Grawe (2004) noch ein fünftes hinzu, was wir ebenfalls später noch ausführlich begründen werden. Das Bedürfnis unsere universellen zwischenmenschlichen Werte – im Kern die Annahme einer Gleichwertigkeit aller Menschen – verwirklichen zu wollen:
>
> 5) Verwirklichung von Gleichwertigkeit (oder Fairness nach Arntz et al., 2021).

Grawe (2004) nennt neben den genannten vier seelischen, stark mit der Außenwelt im Zusammenhang stehenden Grundbedürfnissen noch ein Bedürfnis, das sich auf die innerseelische Regulation bezieht. Er nennt dieses Bedürfnis die *Konsistenzregulation* (Grawe, 2004, S. 186–192). Er betrachtet die Konsistenzregulation als grundlegendes Prinzip der Psyche, die Vielzahl an Bedürfnissen, Kompetenzen, Handlungsmöglichkeiten, die verschiedenen Aspekte des Selbstbilds und das vielgestaltige Bild der Umwelt in uns innerseelisch so zu verknüpfen, dass die Person handlungsfähig ist.

Bevor wir die einzelnen seelischen Grundbedürfnisse kurz und das Grundbedürfnis nach Selbstwert etwas ausführlicher darstellen, möchten wir noch an einige grundsätzliche Eigenschaften von Grundbedürfnissen erinnern.

1.1.2 Drang zur Grundbedürfnisbefriedigung

Grundbedürfnissen wohnt der Drang inne, sie befriedigen zu wollen. Menschen erleben sie als erfüllt oder in Ermangelung. Je stärker ein Grundbedürfnis als ungesättigt erlebt wird, desto stärker wird der Drang, sich um dessen Befriedigung zu kümmern (Grawe, 2004, S. 184).

Von den verschiedenen Grundbedürfnissen geraten stets diejenigen Bedürfnisse in den Vordergrund, die am wenigsten befriedigt sind. Wobei immer die Situation, also die Gelegenheit zur Grundbedürfnisbefriedigung mit bedacht wird. Ergibt sich die Gelegenheit, ein Grundbedürfnis recht effektiv zu befriedigen, ergreifen Menschen diese, auch wenn es nicht das Bedürfnis ist, an dem es der Person im Moment am stärksten mangelt. Wir sind auch in der Lage, Grundbedürfnisse, die uns gerade fehlen, zurückzustellen, bis sich zu einem späteren Zeitpunkt eine Gelegenheit zur Befriedigung ergibt. Menschen »verrechnen« also die Stärke des aktuellen Mangels mit der Effektivität der Gelegenheit zur Befriedigung. Wird der Mangel allerdings sehr groß, scheuen wir keinen Aufwand mehr, und die Möglichkeit, andere Bedürfnisse, bei denen weniger Mangel besteht, zu befriedigen, wird nicht mehr aufgegriffen.

1.1.3 Konflikte zwischen verschiedenen Grundbedürfnissen

Neben dem Abwägen der Stärke des Bedürfnismangels und der Effektivität der Gelegenheit zur Bedürfnisbefriedigung können die verschiedenen Grundbedürfnisse auch in einen gegenseitigen Konflikt geraten.

Ein grundsätzlicher Konflikt besteht zwischen den Grundbedürfnissen Bindung und Selbstbestimmung. Da dieser Konflikt gegeben ist, sobald die Person existiert, wird er auch als existenzieller Konflikt bezeichnet. Bindung bedeutet eine gewisse Abhängigkeit vom Gegenüber. Die Person braucht ein Gegenüber für die Befriedigung des Bindungsbedürfnisses. Das Selbstbestimmungsbedürfnis dagegen strebt nach größtmöglicher Unabhängigkeit. Um die Sicherheit der Bindung zu gewährleisten, muss die Person bereit sein, ihre Selbstbestimmung punktuell aufzugeben. Für die Selbstbestimmung muss sie unter Umständen willens sein, Beziehungen aufs Spiel zu setzen, d. h. diese zu riskieren.

Neben diesem grundsätzlichen Konflikt zwischen den beiden seelischen Grundbedürfnissen Bindung und Selbstbestimmung können immer auch situative Konflikte zwischen allen anderen Grundbedürfnissen entstehen. Als Beispiel: Haben wir Hunger (entspricht einem Mangel im Bedürfnis nach Nahrung), kann es trotzdem sein, dass wir ein Essensangebot ablehnen, weil wir uns von der Person, die uns das Essen anbietet, nicht abhängig machen möchten (Bedürfnis nach Selbstbestimmung). Sind wir dagegen fast am Verhungern, werden wir das Selbstbestimmungsbedürfnis kaum mehr berücksichtigen.

Hier einige Beispiele für Grundbedürfniskonflikte aus der Praxis:

> »Ich weiß nicht, was ich tun soll: Einerseits verstehe ich mich mit meiner Freundin sehr gut. Ich glaube nicht, dass ich nochmal eine Frau finde, mit der ich mich so gut verstehe und die meine Macken so toleriert. Auch sexuell finde ich die Partnerschaft sehr befriedigend. Andererseits gefällt mir ihre Nase gar nicht. Und ich habe oft diese quälenden Gedanken: Werde ich meine Kinder lieben können, wenn sie die Nase meiner Partnerin bekommen? Werden mich die anderen bemitleiden, dass ich mit einer Frau zusammen bin mit dieser Nase. Werde ich dann ein Leben lang unglücklich sein? Usw.«

Hier besteht ein Grundbedürfniskonflikt aus sicherer, guter Bindung versus Selbstwert. Wie sich in der Entwicklung des Fallkonzeptes gezeigt hat, liegt die Problemursache für den Konflikt dieses Patienten darin, dass er seinen Selbstwert über Perfektionismus (eine perfekte Partnerin haben) und die Bewertung durch andere zu stabilisieren versucht.

Ein weiteres Beispiel aus der Praxis:

> »Das muss ich jetzt endlich mal angehen und entscheiden. Was soll ich tun? Ich liebe und schätze meinen Partner sehr. Er ist ein wirklich guter Mensch. Er ist attraktiv. Nur finde ich ihn nicht erotisch. Bei meinem letzten Partner war es gerade andersherum. Wir hatten tollen Sex, aber er wurde mir unsympathisch, weil er Menschen gegenüber oft nicht wertschätzend war. Was soll ich jetzt machen? Ich habe fast keine Lust mehr auf Sex mit meinem Partner. Muss ich jetzt ein Leben lang auf Sexualität verzichten?«

Diese Person hat einen Konflikt zwischen dem Grundbedürfnis nach guter Bindung, Geborgenheit, Werteverwirklichung versus Lustgewinn und Sexualität. Wodurch ihre Einschätzung des Freundes als »nicht erotisch« begründet ist, war ihr nicht zugänglich.

So kann es in konkreten Situationen zu einer Vielfalt an Grundbedürfniskonflikten kommen.

Solche Konflikte geben Menschen, vor allem wenn sie länger andauern, ein Gefühl von Hilflosigkeit und wirken deshalb stark depressionsfördernd.

1.1.4 Beurteilung der Befriedigung von Grundbedürfnissen

Aus der Dynamik der Grundbedürfnisse ergeben sich zwei Notwendigkeiten. Die Person benötigt Beurteilungskriterien oder Maßstäbe, wann sie die Bedürfnisse als befriedigt erlebt, und Kompetenzen, um die für die Befriedigung nötigen Handlungsweisen auszuführen.

Bevor ein Individuum seine Grundbedürfnisse befriedigt, muss es wissen, welche Handlungen oder Situationen es als befriedigend erlebt. Es nützt der Person nichts, ihre Handlungskompetenzen ständig zu verbessern, wenn sie nicht weiß, welche Handlungen zum Ziel führen – bzw. nach welchen Kriterien sie die Befriedigung ihres Grundbedürfnisses beurteilt oder beurteilen möchte.

Bei jedem Grundbedürfnis benötigen wir eine Überzeugung darüber, wodurch wir es als erfüllt erachten. Jedem Grundbedürfnis sind individuelle Kriterien zugeordnet, anhand derer eine Person bewertet, ob es befriedigt ist.

Beurteilung der Befriedigung von physiologischen Grundbedürfnissen

Bei den physiologischen Grundbedürfnissen sind eher angeborene biologisch-physiologische Zustände des Körpers und deren Wahrnehmungen das Bewertungskriterium oder der Bewertungsmaßstab, ob die Person ein Bedürfnis als unbefriedigt oder befriedigt erlebt.

In Bezug auf die physiologischen Grundbedürfnisse sind sich Menschen recht ähnlich darin, was sie als bedürfnisbefriedigend erleben. Ob einer Person das Essen geschmeckt hat oder nicht (psychisches Grundbedürfnis Lustgewinn/Unlustvermeidung), ist – wenn sie richtig hungrig ist – für die Befriedigung des Bedürfnisses nach Nahrung (physiologisches Grundbedürfnis) recht unbedeutend. Die Bedürfnisbefriedigung durch Nahrung findet bei allen Menschen – einmal abgesehen von Unverträglichkeiten – gleichermaßen statt, wenn sie dasselbe essen oder trinken.

Gefühle als Botschafter der Grundbedürfnisse

Physiologischen wie auch psychologischen Grundbedürfnissen ist gemeinsam, dass Menschen sowohl ihren Mangel als auch ihre Befriedigung emotional erleben. Bei den physiologischen Grundbedürfnissen steht am Anfang meist eine körperliche Empfindung (Hunger, Durst, Schmerz usw.), die dann mit Hilfe eines Gefühls eingeordnet und in einen Handlungsimpuls umgesetzt wird. Psychologische Grundbedürfnisse hingegen nehmen Menschen als Gefühl wahr. Sowohl ihr Mangel als auch ihre Befriedigung wird uns über das Erleben eines Gefühls bewusst. Gefühle sind die Botschafter der Grundbedürfnisse.

Konsistenz als ein Ziel des psychischen Funktionierens

Der Drang, die aufgeführten Grundbedürfnisse befriedigen zu wollen, mündet in den Antrieb, zu handeln und etwas zu verwirklichen.

Menschen haben jedoch zusätzlich noch den Drang, ihre innere Welt »in Ordnung zu halten«; sie möchten auch Kontrolle über ihr inneres Geschehen erlangen. Sie streben danach, dass alles, was sie wahrnehmen und erleben, zu ihrem inneren Konzept passt – dazu, wie die Welt, die Menschen und sie selbst funktionieren, sowie zu ihren Grundbedürfnissen und motivationalen Schemata. Die Begründungen und Ideen von Ursachen sollen sich nicht widersprechen und außerdem die

Ereignisse ausreichend erklären. Machen Menschen Erfahrungen, die nicht zu ihrem Bild von sich und der Welt passen, nicht ihren Bedürfnissen entsprechen oder sich widersprechen, entsteht in ihnen eine unangenehme Spannung – Grawe (2004) nennt das Inkonsistenzempfindung. Die Person möchte diese Empfindung wieder ändern. Den Antrieb, diese Spannung abbauen zu wollen, ordnet Grawe (2004) dem Kontrollbedürfnis und dem Unlustvermeidungsbedürfnis zu. Das Prinzip, dass wir Inkonsistenzen abbauen und Konsistenz herstellen wollen, bezeichnet Grawe deshalb nicht als Grundbedürfnis, sondern als »Grundprinzip des psychischen Funktionierens« (2004, S. 186). Es hebt sich von den Grundbedürfnissen auch dadurch ab, dass es hauptsächlich die innere Organisation unseres seelischen Geschehens bzw. unserer Gehirnaktivität reguliert.

Das Konsistenzprinzip ist auch das Maß, inwieweit das innere Abbild der Welt und von sich selbst mit der äußeren Realität abgeglichen ist. Dies ist für eine gesunde Lebenstüchtigkeit von großer Bedeutung. Eine stabile Selbstakzeptanz als wichtiger Faktor für einen positiven Selbstwert (Schütz, 2003) kann nur mit einem ausreichenden Realitätssinn erreicht werden. Nicht jede äußere Realität entspricht den Bedürfnissen der Person. Die Bedürfnisse widersprechen sich oft zusätzlich noch untereinander. Deshalb sträuben Menschen sich auch häufig (▶ Kap. 3.1.2, Absatz »Widerstand«), ihr inneres Abbild an die Realität anzupassen. Um trotzdem dem Konsistenzprinzip zu genügen, haben Menschen auch einige dysfunktionale Möglichkeiten zur Verfügung, ein Konsistenzgefühl herzustellen. Diese Verzerrungen »gelingen« der Person mit Hilfe dysfunktionaler Bewältigungsstrategien (Young, 2005) und der Abwehrmechanismen (Freud, A., 2021; ▶ Kap. 3.1.2, siehe »Dysfunktionale Bewältigungsmodi« und »Seelische Abwehrmechanismen«).

1.2 Bindung, Geborgenheit, Nähe

1.2.1 Die Eigenständigkeit von Bindung, Nähe und Geborgenheit

Bindung, Geborgenheit, Nähe ist sicherlich das von allen seelischen Grundbedürfnissen am besten erforschte und nachgewiesene.

Vor allem im Zusammenhang mit der kindlichen Entwicklung gibt es viele bekannte Forschungsergebnisse, die die große Bedeutung der Befriedigung des Bindungsbedürfnisses von Beginn des Lebens an nachvollziehbar aufzeigen.

Zunächst sehr plastisch sind die Versuche von Harry Harlow aus dem Jahr 1958 (nach Davison & Neale, 1998) mit Rhesusaffenjungen. Aus heutiger Sicht sind diese Experimente ethisch nicht vertretbar und bedeuten eine wirkliche psychische Qualerei für die Tiere. Eine gewisse Tragik liegt darin, dass gerade durch diese Versuche unumstritten belegt wurde, dass das Fehlen einer primären Bezugsperson zum Kuscheln sowohl bei Affen- als auch bei Menschenkindern zu massiven seelischen Schäden führt, die nur schwer oder gar nicht mehr reversibel sind. Vor Harlows Experimenten wurde davon ausgegangen, dass die Bindung über das Füttern entsteht. Harlows Experimente machten erstmals deutlich, dass es nicht nur das Bedürfnis nach Nahrung oder Lustgewinn gibt, sondern auch ein davon unabhängiges und unterscheidbares Bedürfnis nach physischer Nähe.

Das bekannteste Experiment von Harlow bestand darin, Rhesusaffenjunge von ihren Müttern zu trennen und in einen Käfig zu setzen, in dem sich zwei Affenpuppen befanden. Die eine Puppe war aus Metall und enthielt eine Milchflasche. Die zweite Puppe war aus weichem Stoff gefertigt, aber ohne Nahrungsquelle. Bei Hunger gingen die Äffchen zur Metallpuppe und tranken, verweilten dort aber nicht, sondern kehrten zur kuscheligen Stoffpuppe zurück (www.youtube.com/watch?v=OrNBEhzjg8I). Wurden die Äffchen mit einem lauten Ton erschreckt, sprangen sie zur Stoffpuppe und kuschelten sich an diese.

In einem weiteren Experiment wurden die Affenjungen in einen neuen, unbekannten Käfig gesetzt. Geschah dies zusammen mit der kuscheligen Stoffpuppe, begannen die Tiere viel intensiver den neuen Käfig zu erkunden, als wenn sie ohne die Puppe in den Käfig gesetzt wurden. Dann konnte es auch passieren, dass sie sich nicht von der Stelle bewegten und nur wippende Bewegungen ausführten.

Beide Experimente machen deutlich, dass Kinder nicht nur ein Bedürfnis nach Nahrung haben, sondern separat davon auch eines nach Geborgenheit und physischer Nähe. Affenjunge erleben dieses Bedürfnis stärker durch taktile Reize und körperliche Wärme als durch das Angebot von Nahrung als befriedigt.

Bei Experimenten mit Kindern – die zwar mitunter etwas belastend, aber glücklicherweise nicht quälend verlaufen – ist insbesondere das Still-Face-Experiment sehr eindrücklich (z. B. www.youtube.com/watch?v=f1Jw0-LExyc).

Eine Mutter spiegelt mit sehr lebhafter, ausdrucksstarker Mimik und Kindersprache das Verhalten, die Laute und den mimischen Ausdruck ihres Kindes wider. Das Kind erfreut sich mit Lachen und lebendigem Greif- und Explorationsverhalten an der Beachtung und dem Ausdrucksverhalten der Mutter. Dann wechselt die Mutter das Verhalten in ein völlig teilnahmsloses Betrachten ihres Kindes. Das Kind ist völlig irritiert und steigert zunächst seine Aktivität, um doch noch eine Reaktion der Mutter auszulösen. Als dies keine Veränderung bei der Mutter bewirkt, beginnt das Kind zu schreien und zu weinen.

Damit wird deutlich, dass Aufmerksamkeit, Beachtung, Bestätigung der eigenen Handlungen, Kommunikation und ein freudiger Kontakt zur Mutter ein eigenständiges Grundbedürfnis eines Kindes sind, das deutlich über ein nur Ernährtwerden hinausgeht.

Die Wichtigkeit einer sicheren Bindung an primäre Bezugspersonen für die Entwicklung von konstruktiven seelischen Lebenskompetenzen wurde beim Menschen hauptsächlich von Bowlby und seiner Mitarbeiterin Mary Ainsworth in ihrer Bindungsforschung aufgezeigt (nach Grawe, 2004, und Oerter & Montada, 1987). Sie konnten drei Arten von Bindungsverhalten bei Kindern herausarbeiten. Kinder mit einer sicheren Bindung, mit einer unsicher-vermeidenden und einer unsicher-ambivalenten Bindung. Später wurde noch die Kategorie desorientierter Bindungstyp für schwer gestörtes Bindungsverhalten hinzugenommen.

Kinder mit sicherer Bindung suchen bei Belastungen die Nähe zur primären Bezugsperson und setzen sich aktiv dafür ein, dass ihnen diese Nähe so lange gewährt wird, bis sie die erlebte Belastung überwunden haben.

Kinder mit einer unsicher-vermeidenden Bindung nutzen die Stütze der primären Bezugsperson nach Belastungen nicht. Sie wehren sich nicht gegen den Kontakt, ertragen einen Kontaktentzug aber, ohne sich über den Weggang der primären Bezugsperson zu beschweren. Kommt die Mutter zurück, wird vom Kind aus kein Kontakt aufgenommen.

Kinder mit ambivalenter Bindung werden wütend, wenn die primäre Bezugsperson sie verlässt, und sträuben sich gegen einen Kontakt, wenn diese zurückkehrt.

Kinder mit einer sicheren Bindung zeigen eine positivere Entwicklung im kognitiven Bereich und im Sozialverhalten auf als Kinder mit einer unsicher-vermeidenden oder unsicher-ambivalenten Bindung. Kinder mit einem desorganisiert/desorientierten Bindungsverhalten zeigen erhebliche Defizite in der Entwicklung seelischer Grundfähigkeiten und im kognitiven und sozialen Bereich.

Auch bei der Bindungstheorie von Bowlby und Ainsworth und der darauf aufbauenden Forschung wird somit die Wichtigkeit der Befriedigung des Bindungsbedürfnisses für die weitere positive seelische Entwicklung nachgewiesen.

Zahlreiche Studien (z. B. Fonagy et al., 1994, nach Grawe, 2004) zeigen auf, dass bei seelisch erkrankten Erwachsenen der Anteil mit einem unsicheren Bindungstyp und einer unsicheren Bindungserfahrung in der Kindheit massiv erhöht ist.

Im Erwachsenenalter wird das Fortbestehen des Bindungsbedürfnisses am Leiden unter Einsamkeit und dem Alleinsein deutlich. Dass dieses Bedürfnis von Ernährung, Sexualität und Fortpflanzung unabhängig ist, wird vor allem in höherem Alter ersichtlich, wenn diese Gründe für ein Bindungsbedürfnis schon völlig in den Hintergrund getreten sind.

Neurobiologische Grundlagen des Bindungsbedürfnisses

Auch in neurobiologischer Hinsicht ist die Eigenständigkeit des Bindungsbedürfnisses gut erforscht (vgl. hauptsächlich Panksepp, 1998, und Suomi, 1987, nach Grawe, 2004).

Zum einen kommt es bei Kindern bei der Trennung von der Bindungsperson in einer Belastungssituation zu einer akuten Stressreaktion, die sich auch physiologisch gut messen lässt. Der Puls beschleunigt sich, die Körpertemperatur steigt und Stresshormone werden ausgeschüttet, ähnlich einem körperlichen Schmerz.

Das Sozialverhalten eines Erwachsenen hängt sehr stark mit der Qualität der ersten Bindungen zusammen. Rhesusaffen, die in völliger Isolation aufgewachsen sind, zeigen ein impulsives, unberechenbar aggressives Verhalten, wenn sie ausgewachsen sind. Sie interpretieren Botschaften anderer Affen im Erwachsenenalter falsch und fügen sich zahlreiche Selbstverletzungen zu. Werden sie künstlich befruchtet, versorgen sie ihre Jungen nicht oder zeigen aggressives Verhalten ihnen gegenüber. Bei diesen Tieren lassen sich langfristig vorhandene physiologische Veränderungen im serotonergen System feststellen. Das serotonerge System spielt eine große Rolle bei der Erzeugung aller angenehmen Gefühle.

In diesen recht grausamen Versuchen wird die erhebliche langfristige Auswirkung der ersten Bindungserfahrungen sowohl auf der beobachtbaren Verhaltens- als auch auf der neurobiologischen Ebene überaus deutlich.

Im Gegenzug dazu spielen neben Opiaten auch die Hormone Oxytocin und Prolaktin eine große Rolle bei der Stimulierung von Bindungsverhalten und dem Erleben von Nähe und Geborgenheit. Sie werden vermehrt ausgeschüttet, wenn eine enge Bindung erlebt wird, und festigen diese Bindung, indem sie angenehme Gefühle auslösen. Darüber hinaus verbessern sie die Gedächtnisleistung. So wird alles, was sich im Zusammenhang mit einer bestehenden guten Bindung ereignet, besser abgespeichert. Außerdem hemmen diese Hormone die zuvor genannte Stressreaktion und unterstützen damit den Aufbau der Fähigkeit zur Emotionsregulation. Rhesusaffenjunge, die von ihrer Mutter isoliert aufgewachsen sind, haben auch als adulte Tiere große Schwierigkeiten, Emotionen wie Angst und Ärger selbstständig zu beruhigen.

Auch die weitgehende Unabhängigkeit der Auswirkungen einer guten Bindungserfahrung vom genetisch-biologischen Ausgangspunkt konnte durch die Arbeitsgruppe um Suomi (nach Grawe, 2004) an Rhesusaffen nachgewiesen werden. Die Forscherinnen gaben Jungtiere von Müttern mit sehr erregbarem Temperament – sogenannten Risikomüttern – gleich nach der Geburt in die Obhut von Pflegemüttern mit einem im Sinne von Bowlby und Ainsworth besonders sicherem Bindungsverhalten. Diese Affenjungen zeigten sich trotz ihrer genetischen Disposition sowohl in ihrem Explorations- als auch in ihrem Sozialverhalten erstaunlicherweise besonders kompetent. Als sie dann selbst Mütter wurden, war ein sicheres Bindungsverhalten ihren Jungen gegenüber zu beobachten. Junge von Risikomüttern dagegen, die bei den leiblichen, leicht erregbaren Müttern aufwuchsen, zeigten in allen genannten Bereichen problematisches Verhalten.

Zuletzt noch ein erfreuliches Forschungsergebnis aus dem menschlichen Bereich: Mütter mit hoch irritierbaren Kindern erhielten ein Feinfühligkeitstraining. Die Kinder dieser Mütter zeigten nach zwölf Monaten signifikant häufiger ein Verhalten, das dem sicheren Bindungstyp entspricht, als hoch irritierbare Kinder, deren Mütter dieses Feinfühligkeitstraining nicht erhalten hatten. In der Vergleichsgruppe traten deutlich mehr unsichere Bindungstypen auf. Dies zeigt die positiven Auswirkungen der bewussten Verbesserung eines liebevollen Umganges mit Kindern. Und: Dieser Umgang ist erlernbar.

Bindungsverhalten beim Menschen im Verlauf des Lebens

Das Bindungsbedürfnis zieht sich nach dieser gut erforschten ersten Mutter-Kind-Beziehung eindrücklich durch das ganze Leben. Es zeigt sich in allen Lebensabschnitten als ein zentraler Antrieb für unser Handeln.

Nach der Ausweitung der Bindung auf beide Eltern folgt die Bindung an die Großeltern, Geschwister, Tanten, Onkel, Cousinen und Cousins und an andere Verwandte. Bald darauf kommen schon die ersten Freundschaften im Kindergarten und in der Grundschule dazu. Ein sehr eindrücklicher Wechsel in der Ausrichtung des Bindungsbedürfnisses erfolgt mit der Pubertät. Jetzt wird die Zugehörigkeit zur Gruppe der Gleichaltrigen – der Peergroup – zu einem zentralen Lebensinhalt. Die Bindung zur Ursprungsfamilie ist zwar immer noch zentrale Stütze, wird aber im konkreten Umgang mehr vom stärker werdenden Autonomiebedürfnis bestimmt. Auch wenn die Bindung zur Ursprungsfamilie im Kern auch in dieser Phase noch maßgeblich bleibt, wird im konkreten Miteinander fast nur noch die Selbstbestimmung verhandelt.

Auf die Peergroup als neues Bindungsobjekt folgt schließlich die Phase der Partnerschaften. Sexuelles Bedürfnis, Bindung und Autonomie wollen jetzt unter einen Hut gebracht werden.

In der nächsten Phase entsteht die Bindung an die eigenen Kinder.

Auch außerhalb der Familie bemühen Menschen sich um Bekanntschaften und Freundschaften. Wir befriedigen unser Bindungsbedürfnis als Erwachsene neben der Partnerschaft und den Kindern in hohem Maße über die Zugehörigkeit zu verschiedenen gesellschaftliche Gruppen. Wir möchten nicht nur einzelne Freundschaften haben, sondern auch in der gesamten Gesellschaft integriert sein und daran teilhaben.

Wir fühlen uns einsam und verlassen, wenn von all dem nur wenig oder kaum etwas vorhanden ist.

Wie wir sehen, ist Bindung ein sehr starkes seelisches Grundbedürfnis, dessen Mangel, Bedrohung oder Verlust ein Leben lang erhebliches Potenzial zum Leiden mit sich bringt.

1.2.2 Wann empfinden Menschen ihr Bindungsbedürfnis als erfüllt?

Menschen erleben dieses Bedürfnis hauptsächlich durch den körperlichen Kontakt oder den geistigen Austausch mit anderen Menschen als befriedigt. Es ist – neben der Sexualität – auch dasjenige Grundbedürfnis, bei dem eine natürliche Abhängigkeit von anderen Menschen besteht.

Die häufigsten Methoden, um Geborgenheit zu erleben, sind gemeinsames Handeln, verbale und nonverbale Kommunikation sowie körperliche Nähe bzw. körperliche Berührungen. Je mehr Gemeinsamkeit, Wertschätzung und Verständnis wir in der Kommunikation und im körperlichen Kontakt erfahren, desto stärker wird unser Geborgenheitsbedürfnis zufrieden gestellt. Um Geborgenheit zu erleben, brauchen wir freundlich wertschätzendes Interesse durch den anderen an dem, was wir sagen, angenehme Emotionsäußerungen und eine freudvolle Reaktion auf den Kontakt mit uns. Je mehr Gemeinsamkeiten zwei Personen auf unterschiedlichsten Ebenen – von Aussehen über Interessen bis hin zu Werten – mit dem Gegenüber haben, desto mehr Nähe und Geborgenheit wird erlebt. Wenn diese

Form des Kontakts zuverlässig verfügbar ist, sobald das Bedürfnis danach auftritt, entsteht daraus eine als sicher empfundene Bindung.

Die Wichtigkeit solcher Botschaften wird einem im Kontakt mit Menschen mit Asperger-Syndrom oder autistischen Merkmalen schnell bewusst. Personen mit diesen Eigenschaften haben große Probleme, Gefühle beim Gegenüber wahrzunehmen und richtig zu interpretieren. Sie zeigen kaum emotionsbestätigende nonverbale oder verbale Kommunikation als Reaktionen auf die räumliche Nähe anderer Leute. Das Gegenüber empfindet sein Geborgenheitsbedürfnis dadurch als nicht befriedigt, und das Interesse an einem weiteren Kontakt nimmt spürbar ab – zum Leidwesen des Menschen mit Asperger-Syndrom, für den es dann sehr schwer ist, sich zu integrieren und sein eigenes Bedürfnis nach Nähe erfüllt zu bekommen.

In der Praxis wenden zwei Personen mitunter unterschiedliche Kriterien dafür an, um zu beurteilen, ob ihr Nähebedürfnis erfüllt ist.

Nehmen wir ein klassisches Beispiel. Eine Person erlebt viel Nähe, wenn ihr bei einer Problemlösung geholfen wird. Sie geht davon aus, dass der Aufwand, den die andere Person dafür betreibt, ihr zu helfen, ein Zeichen für das Interesse an einer Bindung zu ihr ist. Die andere Person erlebt Nähe, wenn ihr zugehört wird, ohne dass ihre Selbstbestimmung für die Wahl ihrer Lösung durch einen Lösungsvorschlag eingeschränkt wird.

Solche Unterschiedlichkeiten können zu weitreichenden Missverständnissen bzw. Schwierigkeiten führen, sich das Bindungsbedürfnis gegenseitig zu erfüllen.

Auch von Generation zu Generation können die Maßstäbe dafür, ob das Bindungsbedürfnis als befriedigt erlebt wird, recht unterschiedlich ausfallen.

Hier ein Beispiel aus der Praxis:
Ein junger Mann hatte ständig Krisen, was sein Geborgenheits- und Sicherheitsbedürfnis anging. Er ging davon aus, dass er von seiner Partnerin nur dann zuverlässig geliebt wird, wenn diese innerhalb von 15 Minuten auf eine WhatsApp-Nachricht von ihm antwortet. Blieb eine Antwort aus, empfand er sein Bindungsbedürfnis als stark bedroht.

Nehmen wir dazu als extremes Gegenbeispiel die schlimmsten Zeiten, die wir Menschen erleben können – den Krieg. Meine Großmutter erzählte, dass sie nur alle paar Monate eine Nachricht in Form eines Briefes vom Großvater von der Front bekam, und trotzdem stellte sie die Bindung zu ihm nie in Frage.

Manche Menschen wünschen sich eine häufige verbale oder nonverbale Bestätigung ihres Bindungsbedürfnisses durch Komplimente, Geschenke oder die ausdrückliche Betonung, wie wichtig sie dem anderen sind. Andere wiederum gehen davon aus, dass das, wenn sie es einmal geäußert haben, für das restliche Leben gilt – solange kein aktiver Widerruf erfolgt.

Kommt es dadurch zu Konflikten und möchte man diese lösen, ist es wichtig, zunächst für alle beteiligten Personen herauszuarbeiten, nach welchen Maßstäben sie ihr Geborgenheitsbedürfnis als zufriedengestellt erleben. Es ist nicht zielführend, dabei von allgemeinen Vorstellungen oder vermeintlich allgemeingültigen Regeln auszugehen.

Unser Geborgenheitsbedürfnis wird zwar hauptsächlich – und wohl auch am stärksten – durch zwischenmenschlichen Kontakt befriedigt, jedoch nicht ausschließlich. Zwischenmenschliche Kontakte bergen nicht nur das Potenzial zur Befriedigung dieses Bedürfnisses, sondern auch zu großem Leid.

Die besondere Qualität des Grundbedürfnisses nach Bindung und Geborgenheit besteht darin, dass wir dabei – ähnlich wie bei dem Grundbedürfnis nach Sexualität – berechtigterweise eine gewisse Abhängigkeit von anderen Menschen eingehen.

Deshalb ist es hilfreich, sich nicht auf zu wenige zwischenmenschliche Kontakte zu beschränken und auch andere Möglichkeiten zur Befriedigung des Geborgenheitsbedürfnisses zu nutzen.

Eine sichere Wohnung oder ein eigenes Haus werden z. B. durchaus auch als geborgenheitsstiftend erlebt. Die Zugehörigkeit zu einer Kultur, einer Sprache, einem Land, einer Religion usw. wirkt neben der Identitätsstiftung ebenfalls geborgenheitsfördernd.

Auch die vielen Übergangsobjekte in der kindlichen Entwicklung gilt es an dieser Stelle zu erwähnen.

Weitere Möglichkeiten, das Geborgenheitsbedürfnis zu befriedigen, bieten Haustiere – allen voran Hunde, Katzen und Pferde, ohne die Liebhaber von Kleintieren wie Hamster, Hase und Co. vergessen zu wollen. Wichtig dabei sind räumliche Nähe, Körperkontakt (streicheln, umarmen usw.), aber auch Kommunikation. Es gibt kaum einen Tierbesitzer, der nicht mit seinen Tieren spricht, selbst durch die dicke Glaswand eines Aquariums hindurch. Wer klopft nicht gerne gegen das Aquarium, um die Fische auf sich aufmerksam zu machen. Selbst mit ihnen möchten wir kommunizieren.

Im Erwachsenenalter sind die genannten Alternativen zum zwischenmenschlichen Kontakt eine gute Art der Diversifizierung, um in der Befriedigung des Geborgenheitsbedürfnisses, bei dem eine gewisse Abhängigkeit vom Gegenüber nicht zu verhindern ist, trotzdem das Grundbedürfnis nach Autonomie und Sicherheit aufrechtzuerhalten. Menschen können fast alles lieben.

1.3 Selbstbestimmung, Kontrolle, Sicherheit

Selbstbestimmung erleben wir, wenn wir unsere Handlungsideen, unseren Handlungsantrieb und unsere Meinungen als durch unser eigenes Wollen, unsere eigenen Überlegungen, unseren eigenen Bedürfnissen und unseren eigenen Werten verursacht erachten.

In konkreten Situationen bestehen individuelle und vom kulturellen Hintergrund geprägte Variationen, wann Selbstbestimmung mehr oder weniger als erfüllt wahrgenommen wird.

Zunächst einige Beispiele von Umständen, die von vielen Menschen typischerweise als mehr oder weniger selbstbestimmt erlebt werden.

- Ein Selbständiger fühlt sich meist selbstbestimmter als ein Angestellter.
- Ein Mensch in einer Führungsposition fühlt sich meist selbstbestimmter als ein Ausführender.
- Ein Wohnungs- oder Hauseigentümer fühlt sich meist selbstbestimmter als ein Mieter.
- Ein Mensch, der in einer Demokratie lebt, fühlt sich meist selbstbestimmter als jemand, der in einem totalitären Regime lebt.

Wobei bei all diesen Beispielen nicht die Situation darüber entscheidet, ob eine Person diese als selbstbestimmt erlebt, sondern die Frage, ob die Person sich diese Umstände auch so wünscht.

Unser wichtigstes Kriterium, ob wir unser Grundbedürfnis nach Selbstbestimmung als befriedigt erleben, ist also die Einschätzung, ob wir die Situation, so wie sie ist, selbst wollen.

Nehmen wir wieder ein einfaches Beispiel:

Eltern mit zwei Kindern, die gerade ihr erstes Haus für die Familie bauen, dieses finanzieren und sich zudem auch nach der Arbeit noch liebevoll um die Kinder kümmern möchten, haben sehr viele Aufgaben, die als Notwendigkeit vorgegeben sind. Sie haben im konkreten Alltag also nicht viel Entscheidungsfreiheit. Trotzdem werden sie sich in dieser Situation als sehr selbstbestimmt erleben, wenn das ihren Lebenszielen und ihren Werten entspricht – wenn sie die Umstände also als Folge ihres eigenen Wollens ansehen.

Hätten sie hingegen eigentlich keine Kinder gewollt und hätten sie ihr Leben lieber einem anderen Projekt gewidmet – etwa einer beruflichen, politischen oder kulturellen Karriere, dem Reisen oder spirituellen Zielen usw. –, würden sie in derselben Situation einen großen Mangel an Selbstbestimmung empfinden und recht unglücklich sein.

Menschen können längerfristig kaum auf die Befriedigung ihrer Grundbedürfnisse verzichten, ohne auf verletzende Lösungen zurückzugreifen – Untreue und Trennung bis hin zu Alkoholmissbrauch und Gewalt sind dann meist absehbar.

Beim Selbstbestimmungsbedürfnis gibt es große individuelle Unterschiede darin, wie frühzeitig und in welchem Ausmaß eine Person ihr Bedürfnis nach Selbstbestimmung als bedroht bewertet, wenn jemand anderer Handlungsvorschläge macht oder eine eigene Meinung äußert. Diese Unterschiede hängen zu einem großen Teil von den eigenen Lebenserfahrungen ab: Wie schwierig war es in Kindheit und Jugend, selbstbestimmt zu handeln, in welchem Maß wurde Autonomie gefördert oder unterdrückt?

> Eine einfache Übung zu dieser Frage besteht darin, sich in einigen Metern Abstand gegenüber einer anderen Person mit Blickkontakt aufzustellen und diese dann langsam auf sich zukommen zu lassen. Dabei sollte man in sich hineinspüren, welche räumliche Nähe noch angenehm ist und ab welcher räumlichen Distanz die Nähe als unangenehm empfunden wird (nach Vopel, 2010).

Dieses Empfinden wird dabei je nach Vertrautheit mit dem Gegenüber sehr unterschiedlich ausfallen. Die Vertrautheit gibt der Person die Sicherheit, einschätzen zu können, wie groß die Gefahr einer Bedürfnisgefährdung durch das Gegenüber ist. Kann die Person das nicht einschätzen oder vermutet sie eine Bedürfnisgefährdung, wird sie das Gegenüber auf Abstand halten wollen.

Im Grundbedürfnis nach Selbstbestimmung sind einige unterschiedliche Begriffe zusammengefasst – Autonomie, Freiheit, Kontrolle und Sicherheit.

Im Kern könnte man dieses Bedürfnis auch nur als Kontrollbedürfnis bezeichnen, so wie es Grawe in der Tradition einer Vielzahl an Forschungsarbeiten zu dem Thema tut, gut zusammengefasst bei Flammer (1990).

Ein wichtiger Anhaltspunkt für uns Menschen, ein Gefühl von Kontrolle zu entwickeln, liegt darin, zumindest eine vermutete Ursache für ein Ereignis benennen zu können. Selbst wenn ein Ereignis leidvoll war, fällt es Menschen leichter, mit diesem Leiden zurechtzukommen, wenn sie eine Vorstellung von einer Ursache dafür haben. Verfügt ein Mensch über die Kenntnis oder auch nur die Annahme einer Ursache, gibt ihm das die Überzeugung, Einfluss darauf nehmen zu können, solches Leid künftig zu vermeiden. Damit sind sowohl das Kontrollbedürfnis als auch das Bedürfnis nach Unlustvermeidung befriedigt.

Eine besondere Qualität des Grundbedürfnisses nach Selbstbestimmung, Kontrolle und Sicherheit liegt darin, dass es sich fast immer auf die Befriedigung der anderen Grundbedürfnisse bezieht. Menschen möchten selbstbestimmt, kontrolliert und sicher jetzt und in Zukunft alle anderen Grundbedürfnisse befriedigen.

Besteht kein Bezug zu einem anderen Bedürfnis, kann das Grundbedürfnis nach Selbstbestimmung, Kontrolle und Sicherheit im Rahmen einer dysfunktionalen Bewältigungsstrategie zu seelischen Erkrankungen führen. Strebt eine Person möglichst viel Kontrolle an, nur um der Kontrolle willen, nähert sie sich einer zwanghaften Persönlichkeitsstörung an. Möchte eine Person absolute Freiheit, so fehlen Inhalte und damit die Befriedigung vieler anderer Grundbedürfnisse. Es besteht die Gefahr, das Gefühl von innerer Leere zu erleben und infolgedessen eine Depression zu entwickeln.

1.4 Lustgewinn/Unlustvermeidung

Lust und Unlust zu empfinden ist eine angeborene Fähigkeit. Wann wir diese Empfindungen erleben, ist jedoch nur zum Teil angeboren und zum Teil erlernt. Einige Beispiele für diese beiden Möglichkeiten:

Nehmen wir das Beispiel Sexualität: Ein Orgasmus wird, ohne dass die Person dies erlernen müsste, als lustvoll erlebt.

Denken wir dagegen an den Verzehr von Froschschenkeln: Manchen wird jetzt das Wasser im Munde zusammenlaufen (Lust), manche werden eher ein Ekelgefühl und den Impuls verspüren, dieses Restaurant nicht aufzusuchen (Unlustvermeidung). Welches Essen wir als lustvoll erleben, ist also in hohem Maß erlernt. Ob wir Hunger haben oder nicht, ist bestimmt von unserer angeborenen Fähigkeit, physiologische Zustände – z. B. einen Mangel an bestimmten Nährstoffen – in unserem Körper wahrzunehmen und diese in unserem Gehirn in die Motivation zur Nahrungsaufnahme umzusetzen. Die Wahrnehmung von physiologischen Zuständen kann ganz unbewusst ablaufen, Hunger kann aber auch bis ins Bewusstsein vordringen. Ob die Befriedigung des Grundbedürfnisses nach »Sattsein« schließlich auch als Lustgewinn erlebt wird, hängt stark davon ab, was in kultureller Hinsicht als schmackhaft gilt.

Ob uns die Befriedigung von Lustgewinn und Unlustvermeidung gelungen ist, entscheiden wir aufgrund des Erlebens von Lust oder Unlust. Lust oder Unlust ist ein körperliches Erleben, vergleichbar mit körperlichem Schmerz. Im alltäglichen Sprachgebrauch verwenden wir statt Unlust den Begriff des Leidens oder des Schmerzes, auch auf psychischer Ebene.

Neurophysiologisch ist Lustgewinn/Unlustvermeidung mit einer deutlichen Ausschüttung des Neurotransmitters Dopamin im Gehirn verbunden. Welche Hirnregionen anatomisch und welche chemischen Botenstoffe physiologisch an der Verarbeitung, Bewertung und dem Erleben von Lustgewinn/Unlustvermeidung beteiligt sind, ist in ersten Ansätzen wissenschaftlich dargestellt (vgl. Grawe, 2004). Das Erleben von Lustgewinn und Unlustvermeidung liegt hirnphysiologisch und gehirnanatomisch eng beieinander. Es unterscheidet sich in den beteiligten Gehirnregionen von dem Erleben von Leid. Mit anderen Worten: Auch Unlustvermeidung wird als lustvoll erlebt. Körperlicher Schmerz und seelisches Leid hingegen werden neuroanatomisch in eng beieinanderliegenden Hirnregionen erzeugt, die jedoch vom Lustzentrum getrennt sind.

Lustgewinn/Unlustvermeidung aktiviert ebenso wie die Gefühle die zwei wichtigsten Handlungstendenzen – den Impuls, sich anzunähern oder die Situation zu vermeiden (Grawe, 2004).

Lustgewinn und Unlustvermeidung ist ein Grundbedürfnis, das wir als Selbstzweck zu verwirklichen versuchen und das auch bei der Befriedigung anderer Grundbedürfnisse mitwirkt. Vor allem die Befriedigung der physischen Grundbedürfnisse nach Nahrung und Sexualität dient häufig zugleich der Befriedigung des Lustbedürfnisses.

Die Befriedigung aller anderen psychischen Grundbedürfnisse wird jedoch deutlich mehr durch Gefühle als durch das Bedürfnis nach Lustgewinn gesteuert. Neben dem Grundbedürfnis nach Lustgewinn/Unlustvermeidung aktivieren auch alle Gefühle die beiden wichtigsten Verhaltenssteuerungssysteme – Annäherung und Vermeidung. Gefühle sind ein differenzierterer Steuerungsmechanismus als das Bedürfnis nach Lustgewinn/Unlustvermeidung. Auch wenn Menschen Gefühle zunächst in gut und schlecht oder angenehm/unangenehm unterteilen, beinhalten Gefühle eine deutlich differenziertere und zum großen Teil erlernte Beurteilung der Umstände und der Möglichkeiten, Grundbedürfnisse zu befriedigen, als es beim Lustbedürfnis der Fall ist. Gefühle steuern die Befriedigung aller Grundbedürfnisse. Glücklich zu sein deckt sich nicht mit der Befriedigung des Lustbedürfnisses (▶ Kap. 1.1.4 und 1.6.4).

Trotzdem ist Lustgewinn/Unlustvermeidung ein recht dominantes Grundbedürfnis, für das Menschen anfällig sind. Unsere Süchte beruhen darauf. Dazu gibt es viele neurophysiologische Untersuchungen, in denen deutlich wird, dass die Ausschüttung von Gehirnbotenstoffen wie Dopamin und körpereigenen Opiaten, die beim Menschen das Gefühl der Lust erzeugen, eine äußerst stark motivierende Wirkung darauf hat, das Verhalten, das zur Ausschüttung dieser Stoffe geführt hat, zu wiederholen.

Die Tücke besteht dabei darin, dass Menschen, wenn sie das Lustbedürfnis allein in den Vordergrund stellen, auch nicht glücklich werden. Menschen mit einer Drogen-, Alkohol- oder sonstigen Sucht erscheinen nicht als besonders glücklich. Glücklich werden Menschen nur, wenn sie all ihre Grundbedürfnisse gleichermaßen ausreichend verwirklichen und mit den sich dabei aus persönlichen oder den Umständen ergebenden Grenzen ihren Frieden gefunden haben.

1.5 Gleichwertigkeit

Wir ergänzen die von Grawe genannten vier Grundbedürfnisse um ein fünftes und nennen es das »Grundbedürfnis zur Verwirklichung von Gleichwertigkeit«.

Die Frage nach der Anzahl unterscheidbarer Grundbedürfnisse wird in der Wissenschaft schon lange und kontrovers diskutiert. Es gilt bei der Wahl der Grundbedürfnisse zwei Anforderungen zu erfüllen. Das verwendete Grundbedürfnismodell sollte möglichst einfach sein, d. h., es sollten möglichst wenige Grundbedürfnisse verwendet werden, aber es sollte auch so umfangreich sein, dass sich damit das gesamte psychische Geschehen und Handeln des Menschen erklären lässt. Das Bedürfnis nach Gleichwertigkeit ist eine solch starke, handlungsleitende Motivation, die selbst bei anderen in Gruppen lebenden Tieren vorkommt, dass wir uns dem qualifiziert geäußerten Vorschlag von Arntz und Kollegen (2021) anschließen, dieses als fünftes Grundbedürfnis anzunehmen. Auch in der Anthropologie besteht die Auffassung, dass Gleichwertigkeit über weite Strecken in der Menschheitsgeschichte der vorherrschende Zustand innerhalb von Gruppen war –

wesentlich länger als die erst vor etwa 5 000 Jahren entstandenen gesellschaftlichen Ungleichheiten (Ruiz-Collantes, 2024). Auch die Entstehung von Ungleichheit in sesshaften Ackerbau- und Viehzuchtgesellschaften hat das Bedürfnis nach Gleichwertigkeit keineswegs aufgehoben – sie hat nur seine Umsetzung ungemein erschwert (Sauer, 2024).

Die Eigenständigkeit des Grundbedürfnisses nach Gleichwertigkeit begründet sich in seiner Funktion. Es dient der evolutionären Absicht, Kooperation als erfolgreiche Überlebensstrategie zu ermöglichen (Bowles, S. & Gintis, H., 2011). Unter Betrachtung dieser Funktion lässt sich die Gleichwertigkeit klar von den anderen vier Grundbedürfnissen unterscheiden.

Da wir dieses Grundbedürfnis zu den vier von Grawe vorgeschlagenen hinzunehmen und weil die sich daraus ableitenden universellen zwischenmenschlichen Werte auch für das Grundbedürfnis nach Selbstwert eine entscheidende Rolle spielen, möchten wir die evolutionäre Entstehung und Funktion von Gleichwertigkeit etwas ausführlicher darstellen.

1.5.1 Gleichwertigkeit und zwischenmenschliche Werte – Funktion

Grundkonflikt: Kooperation versus egoistisches Gen

Der Mensch ist in der biologischen Evolution als Gruppenwesen entstanden. Die Kooperation hat sich neben der Durchsetzung und dem Konkurrenzkampf und neben dem Erwerb von Fähigkeiten zur wichtigsten Überlebensstrategie entwickelt. Das Wesen des Menschen formte sich aus dem großen Vorteil, den freiwillige Kooperation langfristig hat, und der daraus folgenden Notwendigkeit, Kooperation gegen den kurzfristigen Vorteil des Durchsetzens und des Konkurrenzkampfes auch evolutionsbiologisch absichern zu müssen.

Menschliche Individuen wissen ohne die Rückmeldungen und den Vergleich mit den anderen nicht, wer sie sind, sie würden ohne die anderen gar nicht existieren und sie können ohne die anderen nicht überleben.

Menschen gibt es nur, wenn sich zwei zusammentun. Sie können mit Hilfe anderer und gegenseitiger Unterstützung ihre physiologischen Grundbedürfnisse viel erfolgreicher verwirklichen. Menschen entwickeln ihr Ich-Bewusstsein und ihre gesamte Identität im Vergleich mit anderen. Die meisten Fähigkeiten, mit denen Menschen ihre Grundbedürfnisse befriedigen, haben sie von anderen gelernt (▶ Kap. 1.5.2). Die Auswirkungen der Gemeinschaft auf die Bildung des Individuums und dessen eigener Identität ist enorm. Auch wenn aus der jeweiligen Mischung der vielen Einflussvariablen immer ein einzigartiges Individuum entsteht, so ist diese Einzigartigkeit doch immer ein Resultat aus der riesigen Unterstützung durch die Gemeinschaft.

Im Gegensatz zu dieser Abhängigkeit von der Gemeinschaft ist die Motivation des Individuums zu handeln jedoch völlig auf sich selbst bezogen. Evolutionsbiologisch betrachtet resultiert jeglicher Antrieb aus dem Ziel des Generhalts des Individuums. Auf psychologischer Ebene haben sich als Motivation für das konkrete Handeln die Grundbedürfnisse entwickelt. Sie motivieren zur Handlung durch den Drang, diese befriedigen zu wollen. Alles Fühlen, Denken und Handeln ist darauf ausgerichtet, die eigene Grundbedürfnisbefriedigung zu verbessern und abzusichern. Auch wenn wir etwas für andere tun, machen wir das nur, wenn wir damit eines unserer Grundbedürfnisse verwirklichen. Um trotzdem zur Kooperation fähig zu sein, hat die biologische Evolution zahlreiche Eigenschaften erfunden, die wir heute als wichtige Bestandteile des Wesens des Menschen betrachten. Allen voran das Grundbedürfnis nach der Verwirklichung von Gleichwertigkeit.

Wir stecken in dem Dilemma aus gegenseitiger Abhängigkeit vs. dem Drang, die individuelle Bedürfnisbefriedigung zu maximieren. Der große Vorteil, den es bringt, gemeinsam für die Grundbedürfnisbefriedigung aller zu sorgen, steht in Konflikt mit der Verführung, die eigene Bedürfnisbefriedigung, oft auf Kosten der anderen, kurzfristig steigern zu können.

> Für die Maximierung der individuellen Bedürfnisbefriedigung haben Menschen den Drang, sich *durchsetzen* zu wollen. Um sich durchzusetzen, verwenden Menschen Macht (Bourdieu, 2015) bis hin zur Gewalt.
>
> Für die Nutzung des großen *Vorteils der Kooperation* hat die Natur unter anderem das Grundbedürfnis nach der Verwirklichung von Gleichwertigkeit und den daraus abgeleiteten zwischenmenschlichen Werten erfunden (Sauer, 2023).

Durchsetzung, Konkurrenzkampf, Aggression und Macht

Für die Gestaltung der Umstände gemäß der alleinigen maximalen Bedürfnisbefriedigung für sich selbst braucht die Person Macht bis hin zur Gewalt. Die Person muss zur Durchsetzung und zum Konkurrenzkampf motiviert sein. Zunächst haben wir dafür auf psychologischer Ebene den Antrieb, unsere Grundbedürfnisse verwirklichen zu wollen.

Der Konkurrenzkampf stammt schon aus Zeiten, in denen die Lebewesen, aus denen wir entstanden sind, noch einzeln um ihr Überleben und ihren Generhalt kämpfen mussten. Sich gegen die anderen mit den eigenen Bedürfnissen durchzusetzen, ungeachtet dessen, wie weit das eine Lebewesen damit dem anderen schadet, war die zentrale Überlebensstrategie und Überlebensnotwendigkeit, bevor Kooperation überhaupt entstand. Kampf dient dem Gewinnen und Verteidigen von Ressourcen (vom Sexualpartner bis zum Nahrungsrevier) und der Nutzung des anderen Lebewesens als Nahrung. Die Nutzung eines anderen Lebewesens, wenn es als Nahrungsquelle dient, reicht in der Natur von gegenseitigem Nutzen bis hin zum Töten des anderen Lebewesens. Mit der Frucht oder dem Nektar, die gegessen werden, verbreitet der Esser den Samen des Frucht- und Nektarproduzenten an anderer Stelle oder trägt zur Befruchtung der Pflanze bei. Selbst gefressen werden ist zwar weniger konstruktiv, hält jedoch die Population insgesamt fit, wenn schwerpunktmäßig die Schwächeren gefressen werden.

Der Konkurrenzkampf saß uns sozusagen bereits »tief in den Knochen«, schon lange bevor wir Knochen hatten.

> Als die Natur nach der chemischen Steuerung, den Reflexen und den Instinkten auch die Steuerung des Individuums über Gefühle entwickelte, schuf sie die Aggression – als Antrieb für Überlebenskampf, Durchsetzung und Konkurrenzkampf.

Führt man sich die Bedeutung des Durchsetzungsvermögens für das Überleben vor Augen, kann man die Vehemenz der Fähigkeit zur Aggression nachvollziehen. So sitzt die Aggression fast ebenso tief in uns wie der Konkurrenzkampf.

Als wir begannen, in Gruppen zu leben, waren beide Neigungen natürlich nicht einfach verschwunden. Aggression und Durchsetzungsvermögen richteten sich im Grunde gegen das Leben in einer Gemeinschaft. Es galt, sie konstruktiv in das neue Gruppendasein zu integrieren. Das gelang der Natur mit Hilfe vieler kleiner Schritte – und schließlich, für uns Menschen heute am wichtigsten, mit zwei zentralen immer abstrakter werdenden Strategien:

1. Durch die Entwicklung des Grundbedürfnisses nach Gleichwertigkeit und die daraus abgeleiteten universellen zwischenmenschlichen Werte.
2. Durch die Fähigkeit, die Zugehörigkeit zu einer Gruppe immer unabhängiger von ursprünglichen Kriterien wie Verwandtschaft, Region, Nationalität, Sprache usw. und stattdessen zunehmend über zwischenmenschliche Werte zu definieren.

Beide Faktoren sind zentral für die Regulierung von Aggression bei uns Menschen als Gruppenwesen. Zum einen erlauben wir uns Aggression gegen alles, was außerhalb unserer Gruppe steht, und zum anderen werden wir äußerst aggressiv, wenn zwischenmenschliche Werte innerhalb der kooperierenden Gruppe oder zwischen kooperierenden Gruppen nicht eingehalten werden. Damit wurde die Aggression nicht mehr nur für den singulären Kampf genutzt, sondern auch für die Durchsetzung der Kooperation.

Konkurrenzkampf, Macht und Aggression sind Fähigkeiten und Möglichkeiten, andere Lebewesen für die eigene Grundbedürfnisbefriedigung zu nutzen bzw. die Grundbedürfnisse vor einer Gefährdung zu schützen.

Dieser Ansatz hat aber einen großen Nachteil. Er kostet unheimlich viel Kraft und Ressourcen.

Vorteile von Kooperation

Die Gestaltung der Umstände im Interesse des Individuums durch wertegeleitete freiwillige Kooperation ist deutlich effektiver als mit Kampf und Durchsetzung.

Allerdings braucht die Person für eine Kooperation die Sicherheit und das Vertrauen, dass das Gegenüber ebenfalls kooperiert. Die Natur hat für die evolutionäre Durchsetzung einer zuverlässigen Kooperation eine Vielzahl von Fähigkeiten und Strategien entwickelt.

Kooperation mit Macht durchsetzen und schützen

Kooperation fällt es in der evolutionären Konkurrenz mit egoistischer Durchsetzung und Macht bis hin zur Gewalt nicht leicht, sich zu behaupten. Deshalb ist dort, wo die intrinsische Motivation für eine von Gleichwertigkeit bestimmte Kooperation nicht erreicht werden kann, wiederum Macht nötig, um kooperative Werte trotzdem durchzusetzen. Es gilt auch, die an der Kooperation Beteiligten davor zu schützen, von nicht kooperierenden Menschen ausgenutzt zu werden. Dazu hat sich im Zuge der biologisch-kulturellen Koevolution unsere Fähigkeit zu Wut und Aggression, wenn Grundbedürfnisse gefährdet sind, auch auf die Bedrohung der Gleichwertigkeit und der daraus abgeleiteten zwischenmenschlichen Werte ausgeweitet. Menschen können richtig wütend werden, wenn andere diese Wertvorstellungen nicht einhalten. Dann neigen sie zu einer über das Ziel hinausschießenden Bestrafung des Übeltäters (Sauer, 2023) und zur Rache.

Für ihren eigenen Schutz braucht die wertefundierte Kooperation also auch ein gewisses Maß an Macht.

Damit ist das Überleben des Einzelnen und der gesamten Art, wie es aussieht, am erfolgreichsten durch eine Mischung aus beiden Strategien – sich durchsetzen und Konkurrenzkampf, einschließlich Macht, *sowie* freiwillige Kooperation.

Wir Menschen sichern durch eine Mischung aus Kooperation und dem Durchsetzen der eigenen Interessen im Konkurrenzkampf das gesamte Spektrum der seelischen Grundbedürfnisse ab. Mit einer wertemotivierten Kooperation verbessern wir die Befriedigung aller Grundbedürfnisse. Die Bereitschaft und Motivation zum Konkurrenzkampf sichern die Selbstbestimmung, die Durchsetzung von Kooperation in der Gruppe und den Schutz vor nicht kooperierenden Lebewesen.

Nachteile der Durchsetzung mit Macht

Je umfassender der Anteil der Strategie, sich durchzusetzen, des Konkurrenzkampfes und der Macht bis hin zur Gewalt bei der Nutzung des anderen für unsere Interessen ist, umso größer werden die Kosten für die eigene Grundbedürfnisbefriedigung. Konkurrenzkampf und Macht sollten also auf den Schutz beschränkt bleiben. Ansonsten muss ein immer größerer Teil der Ressourcen für das Grundbedürfnis Sicherheit und Kontrolle verwendet werden, der wiederum für die Befriedigung der sonstigen Grundbedürfnisse fehlt und dadurch den Wohlstand der Gemeinschaft im Durchschnitt immer weiter verringert.

Werteorientierte, freiwillige, einsichtsbegründete Kooperation hat wichtige Vorteile gegenüber dem Erzwingen der Bedürfnisbefriedigung durch Macht und Gewalt.

Menschen haben ein ausgeprägtes Grundbedürfnis nach Sicherheit und Kontrolle (▶ Kap. 1.3). Der Aufwand, der betrieben werden muss, um mit Hilfe von Macht und Gewalt Sicherheit herzustellen, ist sehr groß und nie von Dauer. Jeder Friede, der nicht auf Gleichwertigkeit aufbaut, unterdrückt das Grundbedürfnis nach Selbstbestimmung. Der Druck, für die Verbesserung der eigenen Grundbedürfnisbefriedigung zu kämpfen, steigt mit der Zunahme von ungleichem Mangel stetig an. Ungleicher Mangel wird als ungerecht empfunden und führt zu Gegenwehr bis hin zu Gewalt und damit erneut zu einer Gefährdung des Bedürfnisses nach Sicherheit, sowohl für die Nutznießer der Ungleichheit als auch für die Ausgenutzten.

Die Kosten für das Individuum, mit Hilfe von werte- und einsichtsbegründeter Kooperation Unterstützung durch das Gegenüber und damit Sicherheit in der Bedürfnisbefriedigung zu erreichen, sind viel geringer als die Kosten, dies mit Gewalt erreichen zu wollen. Gewalt kostet sehr viel Kraft, Energie und Geld. Und weil der Preis von Gewalt so hoch ist, stellt sie keine stabile Methode dar, um andere für die eigenen Interessen nutzen zu können. Diese Strategie wird nur so lange funktionieren, wie die Person Macht hat, in welcher Form auch immer. Um diese Macht auf Dauer innezuhaben, bräuchte die Person viel Glück. Denn im Leben ist nichts von Dauer.

Wer allein auf Macht als Methode setzt, kommt über kurz oder lang an die Grenzen seiner Kräfte und Ressourcen. Die Kraft des Einzelnen ist – wie alles im Leben – vergänglich.

> Mit Hilfe von Gewalt, die eigene Bedürfnisbefriedigung gegen und durch die anderen durchzusetzen, bleibt immer ein Zustand, der sehr viele Ressourcen aufbraucht und zugleich völlig unsicher ist.

Dies macht wertegeleitete Kooperation zur stabileren und effizienteren, also nachhaltigeren und damit attraktiveren Lösung.

Nachteile der Kooperation

Auch die Kooperation hat einen Preis. Kooperative Menschen werden nicht alles bekommen.

> »... der entscheidende kulturelle Schritt. Sein Wesen besteht darin, dass sich die Mitglieder der Gemeinschaft in ihren Befriedigungsmöglichkeiten beschränken, während der Einzelne solche Schranken nicht kannte.« (Freud, 2021, S.61)

> Kooperative Menschen müssen unter Umständen teilen, sonst machen die anderen bei der Kooperation nicht mit. Damit müssen sie bereit sein, auf eine kurzfristige Maximierung ihrer Bedürfnisbefriedigung hinsichtlich einer stabilen und langfristigen Befriedigung der eigenen Grundbedürfnisse zu verzichten.

Die Fähigkeit, auf eine kurzfristige Bedürfnisbefriedigung zugunsten einer stabilen, langfristigen Befriedigung zu verzichten, wird von uns als Kind gelernt und verbessert sich mit höherem Alter. Gleichzeitig ist die Fähigkeit zum Belohnungsaufschub schon von früher Kindheit an – und damit vermutlich in angeborener Weise – unterschiedlich ausgeprägt. Diese Unterschiede bleiben bis ins Erwachsenenleben recht stabil. Menschen, die Belohnungsaufschub besser bewältigen, sind gesellschaftlich erfolgreicher. Allerdings lässt sich auch ein großer Einfluss der

Erziehungs- bzw. Lernumstände auf diese Fähigkeit und die jeweiligen Situationen feststellen, in denen Menschen Belohnungsaufschub zeigen oder eben nicht (Mischel, 1971, nach Oerter & Montada, 1987). Kulturelle Normen, die bestimmen, wann Belohnungsaufschub angemessen ist und wann es sozial erlaubt ist, sich den Belohnungsgenuss sofort zu gönnen, sind entscheidend für das aktuell gezeigte Verhalten. Dies zeigt, wie stark zwischenmenschliche Werte und die daraus entwickelten gesellschaftlichen Normen die Bedürfnisbefriedigung steuern. Belohnungsaufschub erhöht die innere Dissonanz und sollte daher nicht ständig erwartet oder gelebt werden. Die entstehende Dissonanz motiviert zum Ausgleich – sei es mit Hilfe einer anderen Bedürfnisbefriedigung oder zu einem späteren Zeitpunkt. Ein aufgeschobenes Bedürfnis landet gewissermaßen im »Wiedervorlagefach« – und sei es bis zur sogenannten »Midlife-Crisis«.

Möglichkeiten, die Nachteile der Kooperation gesund auszugleichen

Um keine Nachteile für die seelische Gesundheit durch den bei Kooperation oft notwendigen gewissen Verzicht auf eine maximale Bedürfnisbefriedigung zu provozieren, sind mehrere Ansatzpunkte und Vorgehensweisen hilfreich.

Zum einen empfiehlt es sich, die Einschränkungen durch die für die freiwillige Kooperation verwendeten Werte möglichst gering zu halten. Dazu ist es sinnvoll, die verwendeten Werte dahingehend zu prüfen, ob sie wirklich die bestmögliche Voraussetzung für eine dauerhafte Kooperation bilden oder ob es sich lediglich um eine tradierte gesellschaftliche Norm handelt, die nur eine unvollkommene historische Mischung aus Unwissenheit, Machtbedürfnissen und zwischenmenschlichen Werten darstellt.

Nehmen wir – um nah bei Freud mit seiner Vorliebe für das Sexuelle und das Aggressive zu bleiben – ein Beispiel aus den 1960er Jahren. Damals war Homosexualität in Deutschland noch verboten. Menschen begannen die Frage zu stellen, welchem universellen zwischenmenschlichem Wert Homosexualität eigentlich widerspricht. Inwiefern sollte das Verbot von Homosexualität für die freiwillige Kooperation der Menschen nützlich sein? Worin widerspricht diese einem wertschätzenden Umgang und der Gleichwertigkeit aller? Da fällt uns heute natürlich kein nachvollziehbares Argument mehr ein.

Einige gesellschaftliche Normen entpuppen sich durch kritisches Hinterfragen ihres tatsächlichen Nutzens für das angestrebte Ziel einer zuverlässigen, freiwilligen Kooperation als überflüssig bis schädlich.

> Wenn wir gesellschaftliche Normen, die einschränkend wirken, kritisch auf ihren Nutzen für die Kooperation hinterfragen, ist oft viel weniger Bedürfnisverzicht nötig, als es auf den ersten Blick den Anschein haben mag.

Der zweite Schritt wäre ein offener Umgang mit zurückgestellten Handlungsimpulsen.

Spricht die Person ihren Bedürfnisverzicht im zwischenmenschlichen Umgang an, wird es für alle Beteiligten möglich, den Wert der Gleichwertigkeit und Fairness zu bedenken und einen angemessenen Ausgleich für einen Bedürfnisaufschub zu regeln.

Ein Bedürfnisverzicht wird der Person dadurch sozusagen auf ihr »Beziehungskonto« (Gottman, 2014) gutgeschrieben – bzw., in unserem Zusammenhang könnten wir auch sagen, auf ihr »Kooperationskonto«. Heute stehen uns Kommunikationsformen wie die gewaltfreie Kommunikation aufbauend auf Watzlawick (1990), Schulz von Thun (1981) und Rosenberg (2007) zur Verfügung. Die kulturelle Weiterentwicklung der Kommunikation ermöglicht es uns, über unsere Gefühle zu sprechen und unserer Trauer oder unserem Ärger über nicht erfüllte Bedürfnisbefriedigung sprachlich Ausdruck zu verleihen. Dadurch reduziert sich der Druck, diese Gefühle destruktiv auszuagieren, und wir müssen keine durch Verdrängung oder Verleugnung verursachte seelische Erkrankung befürchten.

Eine weitere wichtige Möglichkeit, zurückgestellte Bedürfnisse konstruktiv zu befriedigen, bezeichnete Freud als Sublimierung. Dabei wird ein Grundbedürfnis nicht mehr in seiner ursprünglichen Weise befriedigt, sondern in einer der Gemeinschaft dienlicheren Form. Ursprünglich ging es um das Ersetzen von sexueller Befriedigung durch eine andere lustvolle Handlung. Als Beispiel nannte Freud die Umsetzung sexueller Bedürfnisse in die schöpferische Gestaltung von Musik oder Literatur.

Wir können heute auch alltagstauglichere Beispiele nennen. Von sexueller Selbstbefriedigung über die Zubereitung eines guten Essens bis hin zu sportlichen Wettkämpfen gibt es viele Möglichkeiten, Grundbedürfnisse auf konstruktive Weise zu verschieben und dennoch zu befriedigen. Sie alle lassen in keiner Weise eine psychische Erkrankung befürchten (vgl. Arbeitskreis OPD, 2007).

1.5.2 Gleichwertigkeit und zwischenmenschliche Werte – eine genetisch-kulturelle Koevolution

Menschen sind Wesen, die alleine nicht überleben können und deren Überlebenschance durch das gemeinsame Bewältigen von Lebensanforderungen ungemein gestiegen ist (Bowles & Gintis, 2011). Das Wesen des Menschen und seine Intelligenz sind überhaupt erst durch die Wechselwirkung zwischen dem Vorteil von Kooperation und der Notwendigkeit entstanden, für den evolutionsbiologischen Erhalt von Kooperation ein Lebewesen zu erschaffen, das nicht nur nach dem kurzfristigen eigenen Vorteil handelt (Sauer, 2023). Den Menschen gibt es nicht als Einzelkämpfer. Als wir noch singuläre Wesen waren, waren wir noch gar keine Menschen.

Die – zumindest derzeitige – Überlegenheit des Menschen gegenüber anderen Tierarten ist nur durch die Zusammenarbeit und die kulturelle Weitergabe des größten Teils unseres individuellen Wissens entstanden. Die Zusammenarbeit hat sich neben der Fähigkeit zur Kultur ungemein positiv auf die Überlebenschancen ausgewirkt. Wie bereits dargestellt, ist freiwillige Kooperation die effektivste Methode, um dieses Ziel zu erreichen. Um eine freiwillige Kooperation im Sinne der evolutionären Logik zu ermöglichen, ist es nötig, dass der größte Teil der Mitglieder der kooperierenden Gruppe intrinsisch motiviert ist, kooperativ zu handeln. Aus diesen Gründen können wir davon ausgehen, dass freiwillige Zusammenarbeit in gewisser Weise auch genetisch-biologisch abgesichert ist.

Um diese intrinsische Motivation zur Kooperation sicherzustellen, hat die Natur einige Strategien entwickelt. Eine dieser Strategien zur Absicherung von Kooperation besteht in der Etablierung der zwischenmenschlichen Werte als Selbstwertkriterien durch die Natur.

> Das Grundbedürfnis nach einer positiven Selbstbewertung hat unter anderem die Funktion, den Menschen intrinsisch zu kooperativem Verhalten zu motivieren. Zur Absicherung von Kooperation hat die Natur das Grundbedürfnis nach einer Verwirklichung von Gleichwertigkeit entwickelt und die aus ihr abgeleiteten universellen zwischenmenschlichen Handlungswerte zu Selbstwertkriterien erhoben.

Um die Funktion »Kooperation sicherzustellen« des »Grundbedürfnisses nach einer positiven Selbstbewertung« verständlich zu machen, stellen wir im Folgenden den Selbstwert in den Zusammenhang mit allen anderen »Erfindungen« (Sauer, 2023) der Natur, um Kooperation abzusichern.

Die entscheidende Frage, die es bei der evolutionären Etablierung von Kooperation als wichtigste Überlebensstrategie zu beantworten gilt, lautet: Wie kann sich ein »Sich-Sorgen« um nicht genetisch oder, besser gesagt, nur sehr entfernt verwandte Artgenossen vor dem Hintergrund eines egoistischen Gens evolutionsbiologisch erhalten?

Unsere Vorstellungen zu einer biologisch-kulturellen Koevolution der zwischenmenschlichen Selbstwertkriterien sowie der genetischen Verankerung von Gleichwertigkeit und universellen zwischenmenschlichen Handlungswerten gründen wir vornehmlich auf die Werke von Richard Dawkins (2014), Voland (2009), David S. Wilson (1975, 2015) und Edward O. Wilson (2013). Aktuell sind unsere evolutionsbiologischen Annahmen umfassend in dem Buch »Moral – die Erfindung von Gut und Böse« von Hanno Sauer (2023) belegt. Die Darstellung der Faktoren, die Kooperation ermöglichen, ist weitgehend aus diesem Buch abgeleitet. Wir haben dabei die philosophische, biologische, kulturelle und koevolutionäre Sicht von Hanno Sauer um eine psychologische Sicht erweitert. Im Speziellen stellen wir die Bedeutung des Grundbedürfnisses nach Selbstwert und der damit verbundenen Selbstwertkriterien für die intrinsisch, genetisch verankerte Motivation zur Kooperation dar. Das Selbstwertbedürfnis trägt mit den zwischenmenschlichen Selbstwertkriterien dazu bei, dass sich Kooperation auch genetisch behaupten kann.

Die Kernfrage einer biologisch-genetischen Betrachtung von freiwilliger Kooperation besteht darin, wie sich kooperatives Verhalten evolutionsbiologisch durchsetzen konnte, wenn kurzfristig immer der genetische Typ einen Überlebensvorteil hat, der Kooperation egoistisch ausnutzt? Für die evolutionsbiologische Etablierung von Kooperation reicht ein durchschnittlicher Vorteil der Kooperation für alle nicht aus, solange der Vorteil, diese auszunutzen, für Einzelne noch größer ist (Wilson, 2013).

Gehen wir zur Erläuterung dieses Problems der Einfachheit halber von zwei dichotomen genetischen Typen aus: einem »Altruisten« und einem »Egoisten«. Altruisten nennen wir denjenigen, die sich auf der Verhaltensebene – auf der Grundbedürfnisebene kann es aus evolutionsbiologischen und motivationspsychologischen Gründen keine Altruisten geben – für die Bedürfnisbefriedigung des anderen einsetzen. Als Egoisten bezeichnen wir diejenigen, die sich auf der Verhaltensebene nur um die eigene Bedürfnisbefriedigung kümmern. Versuchen diese beiden Typen, ohne geeignete Strategien zur Absicherung von Kooperation zusammenzuarbeiten, wird sich der egoistische Typ um ein Vielfaches mehr fortpflanzen und der altruistische Typ wird wieder aussterben. Die Gruppe wird über kurz oder lang wieder zerfallen. Niemand arbeitet mit Egoisten zusammen, solange er nicht muss. Und zu Beginn der Gruppenentwicklung im Tierreich musste das niemand. Alle Lebewesen waren so ausgestattet, dass sie alleine überleben konnten. Wieso sollte man das singuläre Dasein aufgeben und zu einem Gruppenwesen werden, wenn das nur den Nachteil brächte, von den anderen ausgenutzt zu werden? Wer das über die sehr nahe Verwandtschaft hinaus probierte, starb meist schnell wieder aus. Es bedurfte also der biologisch-genetischen und später dann beim Menschen auch kulturellen Entwicklung bestimmter Fähigkeiten, Strategien und Wesensmerkmalen, damit sich Kooperation auch genetisch in einer Tierart durchsetzen konnte (Sauer, 2023)

Wie haben sich unsere beiden wichtigsten Überlebensstrategien – Durchsetzen mit Macht bis zur Gewalt vs. freiwillige Kooperation – auch biologisch-genetisch in uns verankert?

Für die Möglichkeit zur Durchsetzung, zum Konkurrenzkampf, zum Machtkampf und zum Erzwingen von Unterstützung durch den anderen bis hin zur Gewalt verfügen wir, wie bereits erwähnt, von Natur aus über den Drang zur Grundbedürfnisbefriedigung und die Fähigkeit zur Aggression (Lammers, 2007).

Welche Mechanismen haben sich in der biologisch-genetischen und später auch kulturellen Entwicklung herausgebildet, um die Verwirklichung der freiwilligen wertegeleiteten Kooperation zu ermöglichen?

Voraussetzung für die Entwicklung »altruistischer« Gene ist die Situation, dass Lebewesen, die in Gruppen zusammenarbeiten, solchen Konkurrenten überlegen sein müssen, die einzeln um ihr Überleben und ihre Fortpflanzung kämpfen. Erst dann entsteht ein evolutionärer Druck, Mechanismen zu entwickeln, die altruistisches Verhalten in der Gruppe gegenüber rein egoistisch handelnden Individuen überlegen machen. Nicht unter allen Lebensumständen – ökologische Nische genannt – ist ein Leben in der Gruppe einem singulären Dasein überlegen (Voland, 2009). Deshalb haben sich auch viele alleinlebende Tierarten bis heute erhalten.

Ist das Leben in der Gruppe in einer bestimmten ökologischen Nische dem singulären Dasein überlegen, ergibt sich innerhalb der Gruppe folgendes Dilemma: Die Zusammenarbeit in einer Gemeinschaft erhöht für alle die Überlebens- und Fortpflanzungschancen, kann sich aber nicht ohne Weiteres genetisch gegenüber

Gruppenmitgliedern behaupten, die die Kooperation ausnutzen. Eine Gruppe, die nur aus Einzelkämpfern besteht und in der es keine Belohnung für Zusammenarbeit in Form einer höheren Wahrscheinlichkeit, dass die Gene der altruistischen Gruppenmitglieder überleben, gibt, wird sich schnell wieder auflösen. Eine solche Gruppe kann die besseren Überlebenschancen, die das Leben in der Gemeinschaft bietet, nicht (lange) nutzen. Es werden sich also nur solche Gruppen etablieren, in denen die altruistischen Mitglieder mindestens genauso stark von der Gruppe profitieren wie die Egoisten. Das erfordert beim Individuum ein aus sich heraus motiviertes Mindestmaß an Drang, auch für die Bedürfnisse des Gegenübers zu sorgen (Wilson, 2015). Wie kann dies aber in einer Gruppe abgesichert werden, wenn sich doch egoistisches Verhalten auch innerhalb einer Gemeinschaft kurzfristig immer mehr lohnt?

Die Natur hat eine Reihe von Fähigkeiten und Bedürfnissen entwickelt bzw. die Nutzung vorhandener Fähigkeiten so umgestaltet, dass sie altruistisches Verhalten auch gegenüber genetisch nicht verwandten Gruppenmitgliedern der Durchsetzung egoistischer kurzfristiger Vorteile zumindest ebenbürtig machen.

Die wichtigsten Fähigkeiten und Grundbedürfnisse, die die Natur zur Absicherung von Kooperation entwickelt hat, sind (bis auf das Selbstwertbedürfnis nach Sauer, 2023):

- Das Grundbedürfnis, sich an andere Individuen zu binden,
- Gefühle für die Kooperation nutzen,
- die Fähigkeit, die Bedürfnisse des anderen durch Einfühlungsvermögen und Kommunikation wahrzunehmen,
- die Intelligenz, nicht kooperierende Gruppenmitglieder zu erkennen,
- das Bestrafen bzw. Ausschließen von nicht kooperierenden Individuen aus der Gruppe,
- ein eigenes inneres Bedürfnis, Gleichwertigkeit und die daraus abgeleiteten universellen zwischenmenschlichen Werte zu verwirklichen,
- Schuld und Schamgefühle, wenn man selbst entgegen den kooperationsfördernden Werten handelt,
- ein Selbstwertbedürfnis, das auch von der Anerkennung durch andere und dem Einhalten der kooperationsfördernden Verhaltensweisen abhängt.

Diese Methoden der Natur, Kooperation zu etablieren, wollen wir im folgenden Exkurs kurz beschreiben. Die darin liegende Begründung für die Funktion und die zentrale Bedeutung der Gleichwertigkeit für das menschliche Wesen hat sich in der kognitiven Umstrukturierung bei zweifelnden Patientinnen erfahrungsgemäß als äußerst überzeugend und damit als hilfreich erwiesen. Aus diesem Grunde empfehlen wir, das Wissen aus diesem Exkurs für die kognitive Umstrukturierung verfügbar zu haben.

Kooperation genetisch etablieren

Bindungsbedürfnis – als Mittel zur Kooperation

Mit der Entwicklung der Zweigeschlechtlichkeit in der Fortpflanzung ist das Leben in einem ersten Schritt vom singulären Dasein zum Gruppendasein, als eine mögliche Form der Organisation des Lebens, übergegangen.

In der Zweigeschlechtlichkeit bei der Fortpflanzung erfolgt die Kooperation nur für die kurze Zeit des Genaustausches. Dieser Zeitraum der Kooperation erweiterte sich bei vielen Tieren Schritt für Schritt immer weiter bis hin zu dauerhaften Gruppenbildungen von nicht verwandten Individuen (Voland, 2009).

Die ersten länger andauernden Gruppen bildeten sich über die Elternbindung und die Bindung der Eltern an die Kinder. Die Bindung der Eltern aneinander sicherte den Fortpflanzungspartner, die Eltern-Kind-Bindung das Überleben der Kinder und damit der eigenen Gene.

Sich bei der Versorgung der Kinder gegenseitig zu unterstützen, hatte in bestimmten ökologischen Nischen sicherlich einen zusätzlichen Vorteil bei der Absicherung des Überlebens der Nachkommen. So dehnte sich die bereits für die Bindung zwischen Kindern und einem Elternteil entwickelte Bindungsfähigkeit und das bereits vorhandene Bindungsbedürfnis bei manchen Tierarten auch auf eine Bindung zwischen den genetisch nicht verwandten Eltern aus – zumindest als unterschiedlich lange zeitliche Bindung. Damit entstand schon sehr früh die Fähigkeit, Bindungen auch unter Nichtverwandten einzugehen und auch wieder aufzulösen.

Mit der Erfindung der Zweigeschlechtlichkeit bei der Fortpflanzung in zwei unterschiedlichen Individuen und der Fürsorge (Nahrung, Schutz, Bindung) für die Nachkommen stand auch die Variante einer mehr oder weniger langen festen Bindung an den Sexualpartner im Raum (Voland, 2009).

Es scheint nicht immer die erfolgreichste Variante zu sein, den Sexualpartner nach der Zeugung aufzufressen, wie das bei der Gottesanbeterin der Fall ist (allerdings auch nur bei 30% der Fortpflanzungsakte) (Brown & Barry, 2016). Die Unterstützung durch den zweiten Elternteil bei der Aufzucht der Nachkommen steht als Vorteil der häufigeren Zeugung und einer größeren Variabilität von Nachkommen durch wechselnde Sexualpartner gegenüber. Oder – wie bei der Gottesanbeterin – der Variante, mehr eigenen Nachkommen zum Überleben zu verhelfen, indem man(n) sich auffressen lässt, um die Mutter mit mehr Nahrung zu versorgen. Noch heute gibt es alle diese Varianten oder auch Mischungen davon. Keine davon scheint erfolgreicher zu sein als die anderen. Damit können wir davon ausgehen, dass beide Varianten, feste Bindung über verschieden lange Zeiten und keine Bindung an den Sexualpartner, den Generhalt etwa gleich gut absichern. Die Wahl der Methode wird deshalb von den äußeren Umständen – unserer bekannten ökologischen Nische – abhängen.

Die Erfindung einer unterschiedlich langen, im Extremfall in der Natur eher selten, vielleicht auch gar nicht vorkommenden lebenslangen Bindung an einen Sexualpartner brachte die Notwendigkeit mit sich, dass eine Bindungsfähigkeit nicht nur gegenüber genetisch verwandten Nachkommen erreicht werden musste, sondern auch gegenüber nicht verwandten Partnern (Voland, 2009). Hier ein paar Beispiele: Als treustes Tier gilt die Präriewühlmaus, ein Leben lang zusammen bleiben weiterhin Schwäne, Großpinguine, Biber, Otter, Albatrosse usw., wobei ein sexueller »Seitensprung« bei den meisten auch nicht ausgeschlossen ist.

Die Natur erfand also schon früh die Fähigkeit, sich recht frei in der Wahl auch an nicht verwandte Individuen für unterschiedlich lange Zeit zu binden und für diese zu sorgen. Da Bindung hauptsächlich der Versorgung der Nachkommen dient, ist die Unabhängigkeit von Sexualität offensichtlich.

Bindungen eingehen zu können, ist damit eine von der Natur erfundene Lösung für die Entwicklung von Tieren, die ihre Nachkommen auch nach der Geburt noch versorgen. Sie wurde aber gleichzeitig zur Möglichkeit, sich auch an Nichtverwandte zu binden und damit die Wahrscheinlichkeit zu erhöhen, dass kooperatives Verhalten auch von Nichtverwandten erwidert wird. Unkooperatives Verhalten wird durch die Bindung, durch das Gleichsetzen von Ich und dem anderen, unterdrückt. Das kooperativ handelnde Individuum war damit in seiner genetischen Durchsetzungsfähigkeit dem unkooperativen Individuum kaum noch unterlegen, weil es sich auch durch die Bindung des anderen an sich selbst auf eine Kooperation des Bindungspartners verlassen konnte. Wer sich also gegenseitig binden konnte, war – je nach ökologischer Nische – überlegen (Voland, 2009).

Um ein bestimmtes Verhalten auszuführen, braucht es immer zwei Voraussetzungen: Es bedarf der Fähigkeit zu diesem Verhalten, und es bedarf der Motivation, dieses Verhalten auch zu zeigen. Deshalb hat die Natur das Umsorgen der Nachkommen nicht nur mit der Entwicklung einer Bindungsfähigkeit abgesichert, sondern auch mit einem Bindungsbedürfnis. Hat das Gegenüber auch ein Bindungsbedürfnis, können sich beide ausreichend auf eine dauerhafte Kooperation verlassen.

Das Bindungsbedürfnis gehört zu den am besten nachgewiesenen kulturunabhängigen angeborenen Grundbedürfnissen des Menschen und auch vieler anderer Tierarten (Grawe, 2004; ► Kap 1.2).

Die Bindungsfähigkeit und das Bindungsbedürfnis sind damit erste, aber bei weitem natürlich nicht abschließende Grundlagen zur Entwicklung der Fähigkeit zur freiwilligen Kooperation.

Die Wahlmöglichkeit, woran sich ein Individuum bindet, womit es sich identifiziert und für wen es sorgt, hat bei uns Menschen eine bis dahin nie dagewesene Freiheit erreicht. Wir Menschen können, wie bereits beschrieben, förmlich alles lieben (= uns daran binden). Von Verwandten, vornehmlich den eigenen Kindern, über den Sexualpartner bis hin zu Teddybären, Meerschweinchen, Hunden, Pferden, Fahrrädern, Autos, Häusern, Flugzeugen, Computern, iPhones und iPads, Religionen, Ideologien usw. – bis hin zum Universum. Alles, woran wir uns binden, kann uns auch das freudvolle Gefühl von Geborgenheit geben.

Gruppendefinition – als Mittel zur Kooperation

Die erste über den sexuellen Akt als Form der Zusammenarbeit hinausgehende Kooperation zwischen zuvor singulär überlebenden Lebewesen entstand, wie bereits beschrieben, in der zumindest zeitlich begrenzten Fürsorge für den eigenen Nachwuchs und in der Bindung an den Sexualpartner. Es entstand eine Art der Identifikation. Das »Sich-Sorgen« musste dabei nicht neu erfunden werden, es wurde nur die Sorge um die Kinder oder den Sexualpartner mit der Sorge um sich selbst gleichgesetzt.

> Die Identifikation ist die zentrale Qualität von Bindung.

Jetzt gab es eine neue Dimension in der Organisation des Individuums. Ging es bisher darum, für sich zu sorgen, unterschied man dabei nur zwischen »Ich« und »Die« bzw. »Das Andere«, also der Umwelt. Jetzt wurde zum ersten Mal in der Natur auch für andere gesorgt. Damit musste eine neue Unterscheidung her, für wen man, zumindest zeitweilig, sorgt und für wen nicht. Diese Unterscheidung in »Wir« und »Die« ist bei allen nicht singulär existierenden Lebewesen von enormer, oft existenzieller Bedeutung (Sauer, 2023).

Nehmen wir nur das einfache, aber eindrückliche Verhalten beim Kuckuck als Beispiel:

> Der Kuckuck legt seine Eier in ein fremdes Nest. Die vorhandenen leiblichen Eier der bisherigen Nestnutzer werden aufgefressen oder aus dem Nest gestoßen. Die Erbauer oder Erstnutzer des Nestes können dieses Kuckucksei nicht von den eigenen unterscheiden, es ist sogar im Aussehen an die Eier der Wirtseltern angepasst. Die Wirtseltern brüten das Kuckucksei aus und ziehen den Jungvogel groß. Passiert einer Tierart das öfter (was zum Glück für unsere Wertvorstellungen recht unwahrscheinlich ist), würde die Wirtstierart aussterben. Das Erkennen und Definieren des »Wir« und der »Anderen« ist also für das Überleben einer Tierart mit altruistischem Verhalten von großer Bedeutung.

Oder nehmen wir als weiteres Beispiel unsere schon erwähnten Ameisen:

> Jede Ameise eines Volkes trägt eine bestimmte Kohlenstoffverbindung auf dem Oberkörper. Es gibt über 1000 unterschiedliche derartige chemische Verbindungen, die von einer Ameise unterschieden werden können. Anhand dieser chemischen Verbindung wird die Zugehörigkeit zum Volk definiert. Ameisen mit einer anderen chemischen Verbindung auf dem Körper werden angegriffen, vertrieben oder getötet (Wilson, 2013).

Die Unterscheidung und das Erkennen von »Wir« und »Die« wurde für den Erhalt der eigenen altruistischen Gene sehr wichtig. Evolutionsbiologisch entstand eine neue Differenzierung in »Wir« und »Die«, in Gruppenmitglied oder nicht.

Die Natur entwickelte für das Definieren und Erkennen von »Wir« ein breites Spektrum an Kriterien. Sie verwendet zum einen alle Sinnesreize dafür. Oft wird das »Wir« über den Geruch definiert, über Laute – von Piepsen über Singen bis hin zu Sprachlauten –, aber auch der äußere Anblick, wie bei den berühmten Gänsen von Konrad Lorenz (1977), wird für das Erkennen der Nachkommen verwendet.

Zur Festigung der Bindung hat die Natur schon lange vor den Menschen auch Verhaltensrituale erfunden – schön zu beobachten etwa bei Vögeln, z. B. beim Schnabelwetzen der Kaiserpinguine bei jedem neuen Aufeinandertreffen (Lorenz, 1977).

Als geistigste und modernste Form von »Wir« oder Gruppendefinition verwendet der Mensch heute die Übereinstimmung in zwischenmenschlichen Wertvorstellungen sowie in der Vorstellung davon, wann ein Mensch oder welches Leben im Allgemeinen wertvoll ist und warum. Die Einhaltung und das Teilen von gemeinsamen Wertvorstellungen werden sowohl in unserer gesellschaftlichen als auch in der individuellen Entwicklung immer mehr zum entscheidenden Kriterium, ob wir jemanden als Gruppenmitglied ansehen oder ausschließen (Sauer, 2023).

Gefühle – als Mittel zur Kooperation

Anfänglich wurde Bindung sicherlich stark durch Instinkte und genetisch festgelegte komplexe Reiz-Reaktionsmuster gesteuert (Voland, 2009). Spätestens die Funde von Bestattungsbeigaben – die frühesten, Tierknochen, werden derzeit auf etwa 120 000 Jahre vor unserer Zeitrechnung datiert; das älteste bekannte, mit Blumen ausgekleidete Grab wurde in Israel gefunden und ist etwa 13 700 Jahre alt – verweisen neben dem Erreichen eines Ich-Bewusstseins, eines Bewusstseins für das Gegenüber und der Endlichkeit des eigenen Lebens auch auf eine emotional erlebte Bindung. Aufgrund der allgemeinpsychologisch beschriebenen Funktion von Gefühlen (Lammers, 2007) kann damit auch von einem bereits damals vorhandenen Grundbedürfnis nach Bindung (Grawe, 2004) ausgegangen werden.

Diese Funde verweisen auch auf eine Steuerung durch Gefühle. Die Entwicklung einer Gefühlssteuerung wurde von der Natur auf verschiedene Weise genutzt, um Kooperation abzusichern. Neben der Freude bei erlebter Bindung, der Trauer beim Verlust von Bindung, dem Mitgefühl bei der Frustration von Bedürfnissen eines anderen und der Wut bei einer Gefährdung der Kooperation spielen auch Schuld- und Schamgefühle eine entscheidende Rolle für die Absicherung altruistischer Gene in der Gruppe.

Belohnungsaufschub – als Mittel zur Kooperation

Es ist nicht schwer, sich vorzustellen, dass eine Person, die sich um andere sorgt, eigene Bedürfnisse, die sie gerade selbst hat, für eine bestimmte Zeit zurückstellen muss, um sich das Sich-Sorgen um den anderen leisten zu können. Die Notwendigkeit dazu ist verständlich, die Anforderung jedoch keineswegs unerheblich. Bis zur Entwicklung dieser Fähigkeit war es ein grundlegender Funktionsmechanismus von Lebewesen, die eigenen Bedürfnisse bei einem Mangel bei nächster Gelegenheit auch zu befriedigen. Die Steuerung eines solchen Verhaltens konnte dabei relativ einfach über einen Reflex erfolgen.

Die Fähigkeit zum Belohnungsaufschub – also die Fähigkeit, die kurzfristige egoistische Bedürfnisbefriedigung aufschieben zu können, auch wenn sich eine

Gelegenheit zur Befriedigung bietet, zugunsten der Bedürfnisbefriedigung eines anderen – stellt erheblich höhere Anforderungen an die Selbststeuerung.

Wir müssen das Handeln für eine kurzfristige Bedürfnisbefriedigung zugunsten einer späteren, dafür größeren oder sichereren Befriedigung hintanstellen können. Das hört sich erst einmal einfach an, erfordert aber viel komplexere Verarbeitungsmechanismen als eine einfache Reiz-Bedürfnis-Reaktionssteuerung (Oerter & Montada, 1987).

Erweitern wir die Gruppe der Nachkommen um nicht verwandte Gruppenmitglieder, muss sich das Individuum den Vorteil eines Befriedigungsaufschubs vorstellen können. Außerdem ist Belohnungsaufschub nur dann nützlich, wenn die Person die Wahrscheinlichkeit, dass dieser Vorteil auch eintreten wird, realistisch einschätzen kann. Die Anforderungen, die Belohnungsaufschub an die Denkfähigkeit stellt, sind nicht unerheblich. So ergab sich für die Absicherung von Kooperation auch ein evolutionärer Druck, die Denkfähigkeit zu verbessern.

Empathie – als Mittel zur Kooperation

Eine weitere, von der Natur entwickelte Fähigkeit zur Förderung von Kooperation ist das Einfühlungsvermögen. Dieses ist neurophysiologisch in den Spiegelneuronen fundiert (Pellegrino, Fadiga, Fogassi, Gallese & Rizzolatti, 1992) und wird in ein emotionales Mitfühlen und in eine kognitive Perspektivenübernahme unterschieden. Bildgebende Verfahren zeigen, dass die Beobachtung eines Ereignisses zur Aktivierung der fast gleichen Gehirnregionen führt wie beim eigenen Erleben der Situation. Damit kann durch bloßes Beobachten das gleiche Gefühl ausgelöst werden wie beim tatsächlichen Erleben einer Situation. Dies ermöglicht Mitgefühl. Abgesichert wird das Mitgefühl über die Fähigkeit zu einer kognitiven Perspektivübernahme. Bei der Perspektivübernahme schließen wir von der Ähnlichkeit des Wesens und der Imagination, wie wir uns in der Situation des anderen fühlen würden, auf das Erleben des Gegenübers. Durch Mitgefühl oder Perspektivübernahme wird der gleiche Handlungsimpuls ausgelöst wie beim eigenen Erleben der Situation (Kanske, 2018). Auch wenn wir aus Mitgefühl leiden, möchten wir unser Leiden beenden. Eine Möglichkeit dazu besteht darin, für das Ende des Leidens der anderen Person zu sorgen. So erfüllen wir unser eigenes Bedürfnis nach Unlustvermeidung (Grawe, 2004) und reduzieren das Leid des Gegenübers gleichermaßen. Damit erfordert Mitgefühl auch weniger anstrengenden Belohnungsaufschub, um Kooperation herzustellen. Die Person verzichtet im Mitgefühl nicht auf die eigene Bedürfnisbefriedigung, sondern befriedigt ihr Grundbedürfnis nach Unlustvermeidung. Einfühlungsvermögen fördert freiwillig kooperatives Verhalten ungemein.

Bei der Frage, wem Menschen mit Mitgefühl und wem sie ohne Mitgefühl begegnen, spielt die bereits erwähnte Gruppendefinition eine große Rolle. In der Unterscheidung von »Wir« und »die Anderen« – also der Frage, wen ich (noch) zur eigenen Gruppe zähle und wen nicht – kann es zu klar dichotomen und extremen Wechseln zwischen Mitgefühl und Aggression kommen. Bei fleischfressenden Primaten wie den Schimpansen sind diese Wechsel recht eindrücklich zu beobachten. Wie liebevoll andere Gruppenmitglieder gelaust werden und wie völlig unempathisch mit gejagten Meerkatzen umgegangen wird (z. B. www.youtube.com/watch?v=5F9jJzhREMA), zeigt diese von der Natur entwickelte vehemente Unterscheidung in Gruppenmitglieder und Lebewesen, mit denen wir uns nicht identifizieren, sehr eindrücklich.

Bestrafungsbedürfnis – als Mittel zur Kooperation

Um intrinsisch motivierte Kooperation weiter zu fördern, hat die Natur ein weiteres starkes Bedürfnis etabliert. Menschen haben nicht nur das Bedürfnis, sich vor einer konkreten Bedrohung zu schützen, sondern sich an Individuen, die eine Norm verletzen, auch zu rächen. Vehemente Aggression wird dabei ausgelöst, die sich kaum an einem konkreten Ziel orientiert. Menschen reagieren auf die Verletzung kooperativer Normen mit Ärger bis hin zu rauschartiger Wut. Dieser Impuls drängt die Bereitschaft zum Mitgefühl vehement in den Hintergrund. Missachten Personen die Normen des Gegenübers, entsteht bei diesem ein starker Impuls, Vergeltung auszuüben. Empirisch konnte aufgezeigt werden, dass das Bedürfnis nach Vergeltung auch dann vorhanden ist, wenn damit keinerlei der vorstellbaren aktuellen Vorteile wie Schutz, Verhinderung einer Wiederholung oder soziale Anerkennung erreicht werden müssten, weil sie schon gegeben sind oder weil niemand von der Tat erfahren wird (Aharoni & Fridlund, 2011). Eine Wiedergutmachung des Schadens lässt sich mit Hilfe von Vergeltung ebenso wenig erreichen. Die Kosten für Vergeltung können sehr hoch sein und in keinem Verhältnis zum konkreten kurzfristigen Vorteil stehen. All das spricht dafür, dass Menschen bei der Vergeltung nicht aufgrund eines konkreten Zieles handeln, sondern aus einem angeborenen Antrieb heraus. Menschen empfinden Bestrafung und Vergeltung als sehr angenehm. Unzählige Kriminalgeschichten, Filme von Superheldinnen und Racheengeln leben von der Genugtuung, die Menschen erleben, wenn Kooperationsgefährderinnen bestraft werden. Die Funktion dieses angeborenen Vergeltungsbedürfnisses ist die Absicherung der Kooperation.

Das Bestrafen benötigt die Unterscheidung, Definition und das Erkennen von unkooperativem Verhalten. Um die Bestrafung durchzusetzen, braucht es zudem die Abstimmung mit den anderen Gruppenmitgliedern. So entsteht ein evolutionärer Druck, Fähigkeiten zu entwickeln, kooperationsfördernde Verhaltensweisen recht genau zu definieren und sich darüber mit anderen Menschen austauschen zu können.

Evolutionsbiologisch hat die Bestrafung von unkooperativem Verhalten zur Folge, dass sich die Vorteile egoistischen Verhaltens in der Gruppe hinsichtlich einer Replikation der eigenen Gene deutlich verschlechtern.

Gleichwertigkeit/Gerechtigkeit/Gleichberechtigung – als Mittel zur Kooperation

Gerechtigkeit als zwischenmenschlicher Wert taucht in der Entwicklung eines Kindes nach einer Phase der einfachen Regelübernahme von den Eltern als erster grundlegender abstrakter Anspruch an ein Miteinander auf. Das Bedürfnis nach Gerechtigkeit konnte in empirischen Untersuchungen bei Kindern sehr früh und auch kulturübergreifend nachgewiesen werden (Güth & Tietz, 1990, nach Schmitt & Altstötter-Gleich, 2010).

Dem Begriff der Gerechtigkeit liegt als Kernannahme die Gleichwertigkeit zugrunde. Deshalb verwenden wir diesen Begriff als den grundlegenderen. Gleichwertigkeit beinhaltet zwei Annahmen. Die erste ist die Annahme eines Eigenwertes. Dieser liegt im Wesen der Natur. In den Zeiten als singulär lebensfähiges Wesen manifestierte sich der eigene Wert darin, sich im Überlebenskampf gegen andere durchsetzen zu wollen. Wer sich das nicht wert war, überlebte nicht lange. Sich als wertvoll anzusehen, kann damit als grundlegender Ausgangspunkt im Leben angesehen werden. Damit allein ist aber keine Kooperation möglich. Wollte man die Vorteile der Kooperation in der Gruppe nutzen, musste man zunächst akzeptieren, dass jedes andere Gruppenmitglied darauf bestand, genau so viel wert zu sein, wie man selbst. In der Übergangszeit vom Überlebenskampf in der Natur als Einzelner zum Überlebenskampf in der Gruppe waren alle Gruppenmitglieder noch in der Lage, auch alleine zu überleben. Sie hatten schließlich schon lange in dieser Lebensform überlebt. Das bedeutete, dass nur solche Individuen in der Gruppe blieben oder sich darin genetisch behaupteten, die auch einen Vorteil aus der Gruppe hatten. Da das für alle gleichermaßen galt, konnten sich nur solche Gruppen von Individuen bilden, die zum überwiegenden Teil – individuell und in der Häufigkeit in der Gruppe – die Verwirklichung von Gleichwertigkeit als Grundbedürfnis in sich trugen (Sauer, 2023).

Für seinen Wert einzustehen war nichts Neues, auf Gleichwertigkeit zu achten und diese zu akzeptieren, war deutlich anspruchsvoller. Menschen mit der Fähigkeit, andere als gleichwertig zu betrachten, wurden mit dem Vorteil der Kooperation belohnt. Dies führte zu einer bevorzugten Selektion von Individuen mit dem Grundbedürfnis, Gleichwertigkeit zu verwirklichen.

Die genetische Verankerung des Grundbedürfnisses nach Gleichwertigkeit wird eindrücklich durch Versuche mit Rhesusaffen und weiteren in Gruppen lebenden anderen Tieren untermauert. Wir beziehen uns in der Darstellung dieser Forschungsergebnisse auf die Metaanalyse von Sarah Brosnan und Frans de Waal (2014). Kapuzineraffen, Schimpansen, aber auch Hunde, Krähen und Nagetiere zeigen eine aggressive Reaktion und verweigern die Belohnung für eine durchgeführte Aufgabe, wenn eine Artgenossin, die die gleiche Aufgabe erledigt hat, dafür deutlich höherwertigeres Fressen als Belohnung erhält. Die weniger schmackhafte Belohnung zu verweigern, ist kurzfristig evolutionsbiologisch nachteilhaft. Das Individuum bekommt kurzfristig gar keine Nahrung. Das Tier muss also noch andere Ziele bzw. Grundbedürfnisse verfolgen als nur die kurzfristige Nahrungsaufnahme. Das Verhalten verweist auf einen inneren Antrieb, Gleichwertigkeit durchsetzen zu wollen. Evolutionsbiologisch nachvollziehbar ist das benachteiligte Tier nur bereit, Leistung zu erbringen, wenn es den gleichen Vorteil aus der Kooperation ziehen kann wie die anderen. Würde es die Gleichberechtigung nicht durchsetzen, würden seine Gene aussterben, auch wenn es etwas zu fressen bekommt, weil es den Gruppenmitgliedern, die bessere Nahrung erhalten, evolutionsbiologisch trotzdem langfristig unterlegen wäre. So hat sich die Verwirklichung von Gleichwertigkeit als innerer Antrieb bei kooperierenden Individuen in nicht verwandten Gruppen im Umgang miteinander genetisch verfestigt. Da auch andere kooperierende Tierarten als der Mensch, deren Zusammenleben von keiner oder nur einer minimalen Kultur geprägt ist, diesen Antrieb, Ungerechtigkeit nicht zu akzeptieren, zeigen, spricht dies gegen eine kulturelle und für eine genetische Verankerung dieses Verhaltens.

Interessant sind im Zusammenhang mit dem auch bei anderen Tieren vorkommenden Antrieb, Ungerechtigkeiten nicht zu akzeptieren und dagegen zu protestieren, auch die dafür notwendigen Fähigkeiten. Alle Tiere, die solch ein Verhalten zeigen, müssen als Voraussetzung die Menge und Qualität der Nahrung einschätzen und diese mit der Belohnung, die das andere Individuum bekommt, sowie mit der eigenen geleisteten Arbeit vergleichen können. Dabei werden Wahrnehmungen sehr vielschichtig verarbeitet.

Wenn wir noch einmal Revue passieren lassen, wie viele Fähigkeiten und Grundbedürfnisse die Natur entwickelt hat, um freiwillige Kooperation abzusichern, erstaunt das Verhalten von Kaiserpinguinen umso mehr. Bei Schneestürmen zeigen Kaiserpinguine in ihren Kolonien aus nicht verwandten Individuen ein äußerst friedliches, gleichberechtigtes Verhalten. Die Mitglieder der gesamten Kolonie stellen sich bei Schneestürmen eng aneinander, um sich warm zu halten. Diejenigen, die am Rand stehen, sind der Kälte und den eisigen Winden am stärksten ausgesetzt. Es müssen dort aber nicht etwa die Schwächsten stehen. Es wird gleichberechtigt kontinuierlich nach einer gewissen Zeit gewechselt. Jeder Pinguin steht mal außen und wird nach einer gewissen Zeit nach innen gelassen, ohne dass es dabei zu Machtkämpfen kommt (Zitterbart, Wienecke, Butler & Fabry, 2011). Die Kaiserpinguine zeigen damit gleichberechtigte, freiwillige Kooperation unter nicht verwandten Individuen. Es wäre sehr spannend zu wissen, wie sich dieses Verhalten gegen das Ausnutzen von Stärke durchsetzen kann. Sind sie durch bestimmte, bereits genannte Faktoren motiviert, wie etwa ein Bedürfnis nach Gerechtigkeit, oder gibt es noch andere Varianten, freiwillige Kooperation evolutionsbiologisch zu etablieren?

Beim Menschen und teilweise auch bei Schimpansen zeigt sich unter bestimmten Umständen ein noch stärker auf Gleichwertigkeit und Gerechtigkeit ausgerichtetes Verhalten als nur der Protest, wenn ein Individuum benachteiligt wurde. Bei ihnen reagiert unter bestimmten Bedingungen nicht nur das Individuum, das ungerecht behandelt wird, sondern auch das Individuum, das die hochwertigere Nahrung erhält. Es teilt von sich aus und vor dem Protest des Benachteiligten seine Nahrung. Die Motivation dazu ist noch schwer abzuschätzen. Einfühlsamkeit, Angst vor dem Protest, Absicherung zukünftiger Unterstützung durch das andere Tier, genetisch verankerter Antrieb zur Gerechtigkeit unabhängig vom kurzfristigen eigenen Vorteil oder Schuld und Schamgefühle wären mögliche Erklärungen. Auf jeden Fall stärkt dieses Verhalten die Bereitschaft des Gegenübers, auch in Zukunft miteinander zu kooperieren. Es ist also ein Verhalten zur Festigung von Kooperation (Brosnan & de Waal, 2014).

So verständlich die Funktion des Bedürfnisses nach Gleichwertigkeit für die Festigung der freiwilligen Kooperation ist, so gefährdet ist sie ständig – gerade bei uns Menschen. Mit der Entstehung von Abhängigkeiten in der Gruppe durch vermehrte Arbeitsteilung, mit dem aufkommenden Ackerbau, der entstehenden Viehzucht, Handwerkerspezialisten und dem damit geschaffenen Mehrwert konnten sich Ungerechtigkeiten in der Gruppe etablieren, ohne dass die Gruppe wieder zerfallen wäre. Erst seit der Mensch ein Wesen wurde, das alleine nicht überleben kann, konnten sich durch Macht auch wieder ungerechte Strukturen bilden.

Das Bedürfnis nach Gerechtigkeit starb aber nie mehr aus. Evolutionsbiologisch ist der Druck zur Gerechtigkeit in einer Gruppe immer da. Ansonsten besteht eine hohe Wahrscheinlichkeit zur Auflösung der Gruppe oder zum evolutionären Aussterben von Mitgliedern, die sich mit einer Ungleichheit abfinden.

Wir finden die Forderung nach Gleichwertigkeit auch kulturgeschichtlich immer wieder als zentrales Anliegen. Von Buddha, 500 Jahre vor Christus, angefangen, mit seiner heute wieder hochaktuellen Auffassung von der Gleichwertigkeit allen Lebens, über das »Egalité« der Französischen Revolution bis hin zur heutigen Forderung, natürliche Ressourcen auch noch für zukünftige Generationen zu erhalten, zieht sich die Grundidee der Gleichwertigkeit durch die Menschheitsgeschichte.

Schuld und Scham – als Mittel zur Kooperation

Schuld und Scham – landläufig sprechen wir auch von einem schlechten Gewissen – sind komplexe Gefühle (Lammers, 2007), zu denen seelisch gesunde Menschen kulturunabhängig fähig sind. Das bedeutet jedoch nicht, dass deren sprachliche Benennung und Kategorisierung angeboren wäre. Vielmehr verweist dies nur auf die genetisch-biologisch gegebene Fähigkeit, auf einen Verstoß gegen in der Gemeinschaft vorhandene Verhaltensnormen oder angeborene zwischenmenschliche Werte mit einer dem Individuum unangenehmen Empfindung zu reagieren.

Die Gefühle Schuld und Scham verhindern als emotionale Handlungssteuerung, von der Gemeinschaft festgelegte Verhaltenstabus zu brechen. Schuld und Scham werden als unangenehm empfunden. Gemäß dem Bedürfnis nach Unlustvermeidung versucht das Individuum daher, diese Gefühle gar nicht erst entstehen zu lassen. Dafür benötigt es die Fähigkeit, sich in einer Situation die möglichen Handlungsweisen und Auswirkungen einer Handlung vorstellen zu können. Diese Vorstellung hinsichtlich unserer Bedürfnisse, aber auch der Normen der Gruppe, in der wir leben, wird mit dem Gefühlssystem und einem entsprechenden Gefühl bewertet (Bowles & Gintis, 2011). Um die Bewertung durch die Gruppe abschätzen zu können, benötigt das Individuum Kriterien, wann welches Verhalten als beschämend oder Schuldgefühle auslösend anzusehen ist.

Schuld und Scham erfordern zwischenmenschliche Werte

Die Steuerung durch Schuld und Scham funktioniert nur, wenn das Lebewesen auch die Vorstellung von interaktionellen Werten und Verhaltensnormen der Bezugsgruppe hat.

Damit geht auch die Entwicklung, Schuld und Scham empfinden zu können, mit der Entwicklung von zwischenmenschlichen Wertvorstellungen einher. Die Gleichwertigkeit – und die damit verbundene Gleichberechtigung und Gerechtigkeit – hat sich, wie bereits dargestellt, als erste Wertvorstellung gebildet. Sie ist zunächst der zentrale Maßstab dafür, sich zu schämen und Schuldgefühle zu empfinden. Die grundlegende Wertvorstellung der Gleichwertigkeit differenziert sich in die Bewertung von konkreten Handlungsweisen hinsichtlich ihrer kooperationsfördernden Wirkung auf. Handlungsweisen, die Kooperation fördern, werden dabei zu eigenen zwischenmenschlichen Werten.

- Damit werden Ehrlichkeit und Zuverlässigkeit zu Werten.
- Hilfsbereitschaft erweitert die Kooperation auf viele Bereiche. Sie sichert die Kooperation für Situationen, in denen sie am wirkungsvollsten ist. Hilfsbereitschaft schafft Kooperation in Situationen, in denen das Individuum alleine überfordert wäre.
- Empathie – die Fähigkeit, die Bedürfnisse des Gegenübers zu spüren und zu bedenken – unterstützt die Kooperation und wird neben einer Fähigkeit auch zu einem zwischenmenschlichen Handlungswert.
- In einer allmählichen genetisch-kulturellen Koevolution entwickelte sich, deutlich später als das Bedürfnis nach Rache – man vergleiche nur das Alte Testament (»Auge um Auge ...«) und das Neue Testament (»Wer ohne Schuld sei, werfe den ersten Stein«) –, nach und nach auch ein spezifischer Umgang mit der Tatsache, dass alle Gruppenmitglieder immer wieder auch Fehler machen. Auch dann, wenn der Fehler anderen schadet. Rache ist in diesem Zusammenhang für alle von Nachteil. Sie verbraucht viele Ressourcen mit wenig kurzfristigem Vorteil für den Geschädigten. Die Prüfung, ob ein Fehler mit oder ohne Absicht gemacht wurde, ein Schuldeingeständnis, die Bereitschaft zur Wiedergutmachung und das Versprechen, sich zu bemühen, den Fehler nicht noch einmal zu machen – und unter diesen Voraussetzungen auch zu verzeihen – ermöglichen eine deutliche Reduzierung der Gesamtkosten des Begehens von Fehlern für die Gruppe. Die Gesamtkosten für die existenzielle Tatsache, dass Menschen ständig Fehler machen, auch zum Schaden anderer Gruppenmitglieder, wurde damit durch eine differenziertere Analyse deutlich gesenkt. Gruppenmitglieder, die wertvolle Dienste leisten, können trotz dessen, dass auch sie Fehler machen, mit der Etablierung eines Schuldgefühls und einer Wiedergutmachung entgegen dem archaischem Rachebedürfnis in der Gruppe gehalten werden. Das Schuldeingeständnis, Reue zeigen, die Bereitschaft zur Wiedergutmachung und das Verzeihen wurden zu Handlungswerten.

Dass die genannten Werte universell im Kern in allen Kulturen dieselben sind und vom Großteil der Menschen als wertvoll bewertet werden, ist – neben der Erläuterung, durch welche Schritte in der Entwicklung von Fähigkeiten, von Steuerungsmechanismen des Verhaltens und deren jeweiligen sofortigen Vorteilen für die Genselektion diese Werte entstanden sind – ein weiteres wichtiges Argument für deren mittlerweile nicht nur kulturelle, sondern auch genetische Verankerung. Die interkulturellen Vergleiche von Werten mit Hilfe des Fragebogens von Shalom

Schwartz (1992, nach Schmitt & Altstötter-Gleich, 2010) zeigten immer wieder eine große Übereinstimmung in den Wertvorstellungen verschiedenster Kulturen. Auch die Analyse von 3460 Abschnitten aus 603 verschiedenen Quellen ethnografischer Dokumente auf ihre grundlegenden Werthaltungen durch Oliver Curry und Kollegen (2019) erbrachte eine fast 100-prozentige Übereinstimmung in der Bewertung der universellen Werte als gut oder schlecht (nach Sauer, 2023).

Der Kampf zwischen »Gut und Böse«, also zwischen werteorientierter Kooperation und von Macht sowie der egoistischen Maximierung der eigenen Bedürfnisbefriedigung bestimmtem Handeln, dauert schon so lange und ist in allen Kulturen so präsent, dass eine rein kulturelle Weitergabe dieser zwei Möglichkeiten recht unwahrscheinlich ist.

Schuld- und Schamgefühle werden sowohl durch die angeborenen universellen zwischenmenschlichen Werte ausgelöst als auch durch von der Gesellschaft entwickelte und vom Individuum erlernte Kulturnormen. Damit kann jede Gruppe sehr spezifische Verhaltensweisen im Umgang miteinander etablieren. Schuld- und Schamgefühle werden aufgrund dessen auch von egoistischen Gruppenmitgliedern genutzt, um eigene ungerechte Vorteile aus der Gruppe sozial abzusichern. Egoistische Gruppenmitglieder versuchen, gesellschaftliche Normen nicht für die Festigung von gleichberechtigter Kooperation zu etablieren, sondern um egoistische Vorteile zu erreichen.

Sprache – als Mittel zur Kooperation

Jeder Fortschritt bei der Ausbildung einer differenzierten Sprache fördert und sichert die Vorteile von Kooperation ungemein. Die Kooperation kann durch Absprachen laufend optimiert werden. Wer welche Funktion in der Gruppe oder welche Tätigkeit ausführt, was als gerecht betrachtet wird und wie mit Kooperationsverstößen umgegangen wird, kann mit Sprache vereinbart und festgelegt werden. Eine differenzierte Sprache hilft auch dabei, »Kooperierer« von »Nichtkooperierern« zu unterscheiden. Das Individuum kann Erfahrungen von anderen Menschen über die Kooperationsbereitschaft eines Dritten einholen. Nicht mehr jedes Gruppenmitglied muss selbst ein nicht kooperatives Verhalten beim anderen beobachten, um sich davor zu schützen. Solches Verhalten kann ihm auch mitgeteilt und beschrieben werden. Sprache erleichtert die Bestrafung oder den Ausschluss von nicht kooperierenden Individuen. Auch an physischer Kraft überlegene Gruppenmitglieder können durch die sprachliche Mitteilung ihres unkooperativen Verhaltens und durch das Zusammenwirken aller anderen Gruppenmitglieder bestraft oder aus der Gruppe ausgeschlossen werden (Sauer, 2013).

Menschenkenntnis – als Mittel zur Kooperation

Damit ist allerdings ein anderes Problem stark in den Vordergrund gerückt. Bei durch Sprache statt durch eigene Erfahrung vermittelter Information kann gelogen werden – »Fake News« sind die aktuellste Erscheinung dieses Phänomens.

Es entstand ein enormer Vorteil für solche Individuen, die andere Gruppenmitglieder möglichst differenziert und realistisch einschätzen können. Daraus ergibt sich ein evolutionärer Wettbewerb zwischen Menschenkenntnis und der Fähigkeit, zu täuschen und zu betrügen. Es muss dabei nicht mehr nur die Person richtig beurteilt werden, mit der kooperiert wird, sondern auch die Person, auf deren Information sich die Beurteilung stützt.

Die Sensibilität, die wirklichen Absichten des Gegenübers in seinem Verhalten, seiner Gestik und Mimik zu erkennen, wurde immer feiner. Faszinierend dabei ist, wie genau jede kleinste Augenbewegung des Gegenübers wahrgenommen wird und wie wichtig diese für das Einschätzen und Bewerten der wahren Absichten des Gegenübers ist.

Die Lösung des Problems des Betrügens ist ein entscheidender Faktor dafür, ob sich kooperatives Verhalten auch genetisch durchsetzen kann (Sauer, 2023).

Kulturelle Rituale zur Prüfung der Kooperationsbereitschaft

Neben der biologisch-genetischen Weiterentwicklung geistiger Fähigkeiten zur evolutionären Durchsetzung altruistischen Verhaltens entwickelten sich auch kulturelle Strategien, um die Zuverlässigkeit bei der Kooperation – nämlich die Bereitschaft, eigene kurzfristige Interessen hinter die Interessen der Gemeinschaft zu stellen – zu prüfen. Es etablierten sich Rituale und nicht an Tatsachen gebundene Gruppenüberzeugungen, mit deren Hilfe die Bereitschaft einer Person geprüft werden kann, ihre Selbstbestimmung hinter die zuverlässige Gruppenkooperation zu stellen. In Ritualen, wie z. B. Initiationsriten, wird der Gruppe demonstriert, dass man bereit ist, für die Gruppenzugehörigkeit einen hohen Preis zu zahlen – meist in Form von Schmerz.

Religionen und Entstehungs- und Erklärungsmythen haben neben vielen anderen Funktionen auch die Aufgabe, die Bereitschaft deutlich zu machen, individuelle Bedürfnisse hinter die Interessen der Gruppe zu stellen. Die Bereitschaft, an recht unvernünftige und damit dem eigenen Kontrollbedürfnis widersprechende Erklärungen beobachtbarer Eigenschaften des Lebens zu glauben, wird als Beweis dafür genommen, dass die Person bereit ist, die Gruppenzugehörigkeit über das Selbstbestimmungsbedürfnis zu setzen.

So wird Vertrauen in die Kooperationsbereitschaft aller Gruppenmitglieder geschaffen. Unterscheiden sich diese vertrauensbildenden und Zuverlässigkeit demonstrierenden Rituale sehr von anderen Gruppen, ist das Misstrauen diesen Gruppen gegenüber sehr groß, und sie fallen in die Kategorie »die Anderen«, mit der Konsequenz einer großen Bereitschaft, Aggressionen ihnen gegenüber zu entwickeln. Eine solche überindividuelle Unterstellung von fehlender Kooperationsbereitschaft aufgrund der Unterschiedlichkeit inhaltlich teilweise recht unsinniger Rituale ist umso unnützer, da wir mittlerweile wissen, dass die meisten Menschen im Kern – weil genetisch verankert – eigentlich die gleichen zentralen zwischenmenschlichen Werte haben. Daraus lässt sich folgern, dass für eine Erweiterung der kooperierenden Gruppe auf alle Menschen die Entwicklung von Ritualen zur Demonstration von Zuverlässigkeit wichtig ist, die für alle Menschen dieselbe

Aussagekraft besitzen und nicht nur für eine bestimmte Kultur (Sauer, 2023). Weltumspannende Veranstaltungen, zum Beispiel im Sport, stellen die Entwicklung solcher für alle Menschen wirksamen Rituale dar.

Intelligenz – als Mittel zur Kooperation

Durch die Entwicklung zum kooperationsfähigen Gemeinschaftswesen wurden soziale Fähigkeiten wie Menschenkenntnis und die Fähigkeit, Menschen für sich gewinnen zu können, für den eigenen Generhalt allmählich wichtiger als die rein physische Kraft. Der Schwerpunkt der evolutionären Selektion lag in größer werdenden kooperierenden Gruppen nicht mehr auf der körperlichen Stärke, sondern auf der Intelligenz.

Unter Intelligenz verstehen wir die Fähigkeit, Informationen aufzunehmen, daraus allgemeines Wissen, Zusammenhänge und Gesetzmäßigkeiten abzuleiten, z.B. wie wir, die Welt und die anderen funktionieren, diese Konstrukte abzuspeichern und in zukünftigen ähnlichen Situationen für die Befriedigung der eigenen Grundbedürfnisse nutzen zu können (Schmitt & Altstötter-Gleich, S. 127).

Angebahnt hatte sich diese Veränderung der verstärkten Selektion von Intelligenz schon in der vermehrten Nutzung und Verbesserung von Werkzeug. Ihre größte Entfaltung erlebte die Intelligenz aber in den dadurch immer stärker anwachsenden Möglichkeiten zur Kooperation.

Kooperation ist nur dann erfolgreicher als ein singulärer Überlebenskampf, wenn die beteiligten Individuen sich verschiedene Szenarien einer zukünftigen Situation und ihren potenziellen Erfolg im Hinblick auf ein damit verbundenes Ziel vorstellen und einschätzen können. Dafür wird ein immer größeres Arbeits- und Langzeitgedächtnis benötigt. Ohne die Fähigkeit, vorausschauend denken zu können, ist die Wahrscheinlichkeit für eine Steuerung durch kurzfristige Bedürfnisse und Anreize zu groß.

Die Entwicklung der Intelligenz und die Entwicklung zum immer stärker sozialen Wesen gehen beim Menschen Hand in Hand.

Die Fähigkeit, ein möglichst differenziertes Bild davon zu entwickeln, wie die Welt und – noch wichtiger – wie die anderen funktionieren, sowie die Entwicklung der Sprache sind in der Evolution des Lebens diejenigen Fähigkeiten, die – zumindest bisher – die größte Wahrscheinlichkeit gebracht haben, den eigenen Generhalt abzusichern.

So war die Intelligenzsteigerung auf mehreren Ebenen eine wichtige Voraussetzung, um größere Gruppen von kooperierenden, nicht verwandten Mitgliedern auch evolutionsbiologisch genetisch zu ermöglichen.

Die Spieltheorie zur Unterstützung von Kooperation

Die Spieltheorie untersucht das Verhalten von Menschen, die sich nicht kennen, wenn sie zusammenarbeiten und dabei alle den größtmöglichen Vorteil für sich aus der Situation ziehen wollen. In der Spieltheorie wird die evolutionsbiologische Grundannahme, dass aller Antrieb in der Natur aus der Eigenschaft der Gene resultiert, sich selbst erhalten zu wollen, auf die zwischenmenschliche Zusammenarbeit übertragen.

Wie wir dargestellt haben, sind wir eine Tierart, die sich bisher nur deshalb so erfolgreich durchsetzen konnte, weil sie massiv die Zusammenarbeit nutzt. Gleichzeitig ist unser Handlungsantrieb im Kern immer auf die Befriedigung unserer eigenen individuellen Grundbedürfnisse bezogen. Diesen Konflikt lösen Menschen mit den beiden Methoden Macht und Konkurrenzkampf vs. freiwillige Kooperation.

Freiwillige Kooperation lohnt sich nur, wenn auch das Gegenüber kooperiert. Bei der freiwilligen Kooperation besteht jedoch das Problem, dass ein kooperierendes Individuum sich nie absolut sicher sein kann, ob sich das Gegenüber kooperativ verhalten wird – denn wir tragen alle beide Eigenschaften in uns und unterscheiden uns stark darin, ob wir eher kooperativ oder egoistisch handeln. Die Frage lautet also: Wie viel Vertrauen kann ich in ein kooperatives Verhalten des Gegenübers haben?

Wie lösen Menschen eine Situation, in der sie kurzfristig die Macht haben, zu ihrem Vorteil zu handeln – zum Schaden des anderen –, dabei aber langfristig die Chancen auf eine Zusammenarbeit gefährden und damit den Vorteil einer sicheren, langfristig vielleicht sogar noch besseren Befriedigung ihrer Grundbedürfnisse durch Kooperation aufgeben?

Dieser Konflikt ist in der Psychologie auch als Prisoner's Dilemma bekannt (Rapoport & Chammah, 1965). Die Person steht dabei im Konflikt zwischen einer kurzfristigen Optimierung ihrer Grundbedürfnisbefriedigung und einer verbesserten langfristigen Absicherung ihrer Grundbedürfnisbefriedigung, indem sie kooperiert. Wobei, wie beschrieben, Kooperation nur dann Vorteile bringt, wenn auch die andere Person kooperiert.

Das Verhalten der Menschen bei diesem Problem ist unter anderem davon abhängig, ob die Beteiligten wissen, wie oft sie zukünftig zusammenarbeiten. Arbeiten die Menschen nur einmal zusammen, ist es aus der alleinigen Perspektive, den eigenen Nutzen zu maximieren, logisch, sofort einen so großen Vorteil aus der Situation zu ziehen, wie das mit den eigenen Machtmitteln in diesem einen Fall möglich ist. Das Individuum kann nicht auf eine freiwillige Kooperation des Gegenübers vertrauen, weil es weiß, dass auch die andere Person nicht sicher sein kann, ob sie sich auf eine Kooperation meinerseits verlassen kann. Deswegen wird das Gegenüber nach logischer Überlegung höchstwahrscheinlich maximal egoistisch handeln. Das heißt, die Wahrscheinlichkeit, dass ein kooperatives Verhalten der ersten Person auf ein kooperatives Verhalten beim anderen trifft, ist sehr gering. Deshalb ist es vernünftig, lieber den Vorteil für sich zu nutzen, den die Situation ohne Kooperation birgt.

Nicht nur bei einer einmaligen Zusammenarbeit, sondern auch bei einer mehrmaligen Zusammenarbeit, deren Häufigkeit beide Personen kennen und überblicken können, erweist sich dieses egoistische Vorgehen dem Versuch einer Kooperation aus rein logischen Gründen als überlegen. Wird nur über eine absehbar kurze Zeit kooperiert, wird keiner mehr geben, als er damit sofort einen Vorteil für sich erzielen kann. Dann bestimmen nur die Machtverhältnisse das Geschehen, und der aktuell Durchsetzungsfähigere wird gewinnen. »Egoistische«

Gene werden gefördert. Das Handeln des Menschen nach dieser Logik ist in empirischen Untersuchungen gut belegt (Sauer, 2023).

Ganz anders sieht die Situation aus, wenn kein Ende einer Kooperation absehbar ist.

Wenn nicht abschätzbar ist, wie oft – am besten sogar ohne jegliche zeitliche Begrenzung – miteinander kooperiert werden kann, wird die richtige Einschätzung, ob auch andere zu einer Kooperation bereit sind, vorteilhaft. Zumindest dann, wenn die Chance besteht, dass es noch andere gibt, die auch zu einer Kooperation bereit sind. Voraussetzung ist, wie bereits erwähnt, dass die Kooperation im Überlebenskampf überhaupt einen Vorteil bringt. Auf Dauer ist Kooperation nur mit anderen von Vorteil, die selbst ebenfalls kooperieren.

Zu testen, ob es noch andere »Kooperierer« in der Gruppe gibt, lohnt sich erst dann, wenn eine erhöhte Chance besteht, auf solche Individuen zu treffen. Nur dann können die Vorteile der Kooperation die Nachteile der Kosten für den Test, ob das Gegenüber auch kooperiert, überwiegen. Ob sich ein Test auf die Kooperationsbereitschaft lohnt, hängt davon ab, wie viele andere in der Gruppe auch zu einer Kooperation bereit sind. Sind es zu wenige, die den Vorteil einer Kooperation verstanden haben (in der Spieltheorie wird von einem logisch kalkulierenden Wesen ausgegangen), wird die Person ihre Ressourcen schon bei den häufigen erfolglosen Kooperationstests aufbrauchen, und ein kooperatives Gen wird wieder verschwinden. Ein logisches Vorgehen alleine im Sinne der Spieltheorie reicht also nicht, um kooperatives Verhalten evolutionär zu stabilisieren. Erst wenn alle bisher genannten Faktoren hinzukommen (Sauer, 2023) und damit eine ausreichende Wahrscheinlichkeit besteht, mit dem eigenen Vertrauensvorschuss zügig andere »Kooperierer« zu finden, ist folgendes Vorgehen das erfolgreichste: Wie löst eine Person das Problem, in einer Situation der unbegrenzt möglichen Anzahl von Kooperationen nicht zu wissen, ob der andere auch kooperiert? Die erfolgreichste Möglichkeit besteht darin, dass die Person einmal kooperatives Verhalten zeigt und dann beobachtet, ob das Gegenüber bzw. wer von den anderen ebenfalls kooperiert. Kooperiert die andere Person auch, lohnt es sich, die Zusammenarbeit mit dieser fortzusetzen. Kooperiert die andere Person nicht, ist es am effektivsten die Zusammenarbeit sofort wieder zu beenden. Diese Kooperationsstrategie könnte man auch mit der allseits bekannten Neigung zum »Wie Du mir, so ich Dir« gleichsetzen. In experimentellen Forschungen hat sich diese Strategie als die erfolgreichste deutlich behaupten können. Teilnehmer, die diese Strategie bei der Bewältigung von Aufgaben angewendet hatten, waren bei Beendigung des Experiments am wohlhabendsten. Mit einer solchen Strategie kann ein Individuum die kooperativsten anderen herausfiltern und mit diesen eine den nicht kooperierenden Individuen überlegene Gruppe bilden. Um mit dieser Kooperationsstrategie erfolgreich zu sein, ist es aber nötig, dass es überhaupt schon andere Kooperierende gibt. Als alleinige Ursache dafür, dass sich kooperatives Verhalten innerhalb der Gesetze der Evolutionsbiologie durchsetzt, reicht, wie wir bereits dargestellt haben, die spieltheoretische Begründung nicht aus. Es müssen schon andere »Kooperierer« vorhanden sein; diese müssen möglichst schnell – am besten schon vor der Investition – erkennbar sein, und »Kooperierer« brauchen die Macht, »Nichtkooperierer« aus der Zusammenarbeit auszuschließen. Darüber hinaus muss bei den »Kooperierern« die Regel vorhanden sein, den Vorteil der Gruppe gerecht aufzuteilen. Sind diese bisher dargestellten Voraussetzungen gegeben, um Kooperation zu ermöglichen, können sich auch spieltheoretisch kooperatives Verhalten und die entsprechenden Gene gegen egoistische Gene durchsetzen.

Im spieltheoretischen Nachweis, dass sich Menschen auch aus ganz egoistischen Gründen freiwillig kooperativ verhalten, wird ebenfalls deutlich, dass sich kooperative Gene evolutionsbiologisch nur durch die Schaffung von vielen Voraussetzungen, Fähigkeiten und Motivationen in kleinen evolutionären Schritten durchsetzen konnten. Erst die Kombination von einzelnen evolutionsbiologischen Schritten, von denen jeder einen sofortigen Vorteil brachte, führte schließlich dazu, das Dilemma zu lösen, dass sich kurzfristiges egoistisches Verhalten evolutionsbiologisch immer durchsetzt, Kooperation langfristig aber vorteilhafter ist – und zwar zugunsten der Kooperation (Sauer, 2023).

Selbstwertbedürfnis und Selbstwertkriterien – als Mittel zur Kooperation

Wie wir im Kapitel Selbstwert noch etwas ausführlicher darstellen werden, dient auch das zentrale Thema des Buches, der »Selbstwert«, aus evolutionsbiologischer Sicht unter anderem dazu, wertegeleitetes, also freiwilliges, aus der Person heraus motiviertes kooperatives Verhalten zu erzeugen und Kooperation damit genetisch abzusichern.

Ist erst einmal ein Grundbedürfnis nach Selbstwerterhöhung in einer Tierart etabliert, lässt sich damit recht zielgenau ein bestimmtes Verhalten auslösen. Das Verhalten des Individuums wird sich dann sehr genau nach den gewählten Selbstwertkriterien ausrichten. Sieht sich eine Person als wertvoll an, wenn sie sich gegen andere durchsetzt, wird sie motiviert sein, sich im Konkurrenzkampf zu behaupten. Betrachtet sich eine Person als wertvoll, wenn sie altruistisches Verhalten zeigt, wird sie sich eher hilfsbereit und einfühlsam verhalten.

In den von Menschen verwendeten Selbstwertkriterien zeigen sich beide Ausrichtungen. Menschen fühlen sich wertvoll, wenn sie bei der Lebensbewältigung individuell Erfolg haben und sich gegen Fortpflanzungs- und Nahrungskonkurrenten durchsetzen, aber auch, wenn sie Anerkennung bekommen, sozial gut integriert sind und universelle zwischenmenschliche Werte verwirklichen (Schütz, 2003). Das heißt, das Selbstwertbedürfnis wird in Kombination mit der Wahl der Selbstwertkriterien von der Natur genutzt, um uns sowohl zur Durchsetzung als auch zu altruistischem Verhalten zu motivieren. Damit haben Menschen einen Drang, sich altruistisch zu verhalten, auch wenn der Vorteil dadurch nicht sofort sichtbar wird. Der Gewinn, sich dann wertvoller zu fühlen, ist jedoch unmittelbar gegeben – ein weiteres wichtiges Mittel, um Kooperation auch genetisch erfolgreich zu machen.

Unser Exkurs zur Erläuterung der von der Natur entwickelten Strategien zur Absicherung von Kooperation endet mit der Darstellung, welche Funktion das Selbstwertbedürfnis und die zwischenmenschlichen Selbstwertkriterien dabei haben. Sie stellen eines von mehreren Mitteln der Natur dar, Kooperation evolutionsbiologisch zu etablieren.

Zwischenmenschliche Werte – Gesellschaftliche Einflüsse und weitere psychische Funktionen

Gesellschaftliche Normen und universelle zwischenmenschliche Werte

Kulturelle Unterschiede in der konkreten gesellschaftlichen Festlegung der die Kooperation regulierenden Normen und der als akzeptabel angesehenen Verhaltensweisen ergeben sich aus mehreren Gründen. Menschen leben unter klimatisch und ökologisch recht unterschiedlichen Bedingungen, in denen sich jeweils andere Überlebensstrategien anbieten. Das Erschließen neuer Lebensräume erfordert neue Anpassungen. Je isolierter eine Kultur ist, desto weniger Anregung für Veränderungen erhält sie. Die Wechselwirkung von Kultur und Genevolution führt dazu, dass Kulturen, je stärker sie von anderen isoliert sind, umso individuellere Lösungen produzieren. Wie immer in der Menschheitsgeschichte wird jede Situation – und so auch die gesellschaftliche Ausformulierung von Normen – von uns Menschen stets dafür genutzt, unsere egoistischen Einzelinteressen mit Hilfe von Macht durchzusetzen. Gerade bei der Umsetzung von universellen zwischenmenschlichen Werten in gesellschaftliche Normen und Konventionen wurden immer schon Machtinteressen mit ins Spiel gebracht. Gesellschaftliche Normen stellen eine Mischung aus den zwei wichtigsten Überlebensstrategien dar: werteorientierte freiwillige Kooperation und die aufgrund von Durchsetzung und Macht erreichte Nutzung der anderen. Diese Umsetzung der für eine Kooperation optimalsten zwischenmenschlichen Werte in gesellschaftliche Normen unter Einfluss von Machtbedürfnissen ist – neben der ökologischen Nische – einer der Gründe für die Unterschiede bei der konkreten Ausgestaltung von Normen, Konventionen und Moral in verschiedenen Kulturen.

Die Einheitlichkeit des Wissens um die zwischenmenschlichen Werte bei allen Menschen (Schwartz, 1992, nach Schmitt & Altstötter-Gleich, 2010) und deren dargestellte Funktion lässt den Schluss zu, dass sie genetisch verankert sind. Wie immer, wenn etwas angeboren ist, ist die Ausprägung von Individuum zu Individuum jedoch recht unterschiedlich. Biologische Variationsbreite lässt sich dabei immer mit einer Gaußschen Kurve abbilden. Das birgt bei einer Eigenschaft, bei der wir auf das Gegenüber angewiesen sind – trotz genetischer Verankerung – immer noch ordentlich Potenzial zum Konflikt.

Sowohl die Ausprägung als auch die Umsetzung der angeborenen zwischenmenschlichen Werte in die gesellschaftliche Norm wird dann beim Individuum noch durch seine einzigartigen Lernerfahrungen spezifiziert, anfänglich in der kleinen Untergruppe der Kernfamilie.

Die kurz dargestellte Problematik der kulturellen Konkretisierung unserer angeborenen Fähigkeit zur werteorientierten Kooperation macht es erforderlich, auch bei der Wahl der Selbstwertkriterien kritisch zu hinterfragen, ob es sich dabei wirklich um einen universellen zwischenmenschlichen Wert handelt, der Kooperation bestmöglich unterstützt, oder um den Versuch, ungerechte Machtverhältnisse gesellschaftlich zu legitimieren und zu festigen. Wir haben, wie bereits dargestellt, Antrieb für beides – für Machtkampf und Konkurrenz sowie für werteorientierte freiwillige Kooperation.

Abgrenzung zu einer religiösen Begründung von universellen zwischenmenschlichen Werten

Lange Zeit überwiegend religiös begründet, sehen wir die universellen zwischenmenschlichen Werte aus psychologischer Sicht ganz nüchtern als Mittel zur Optimierung (Unterstützung und Sicherheit) der Befriedigung unserer Grundbedürfnisse mit Hilfe von Kooperation (Dawkins, 2016).

Die religiöse Begründung zwischenmenschlicher Werte kann als Bestandteil der kulturellen Konkretisierung aufgefasst werden, die in der Entwicklung von Werten die beste Lösung für den Konflikt zwischen individuellem Egoismus und den Vorteilen der Zusammenarbeit darstellt. Zusammenarbeit existiert in der Geschichte der Lebewesen schon länger als jede spezifische Religion. Auch das Bedürfnis nach Gleichwertigkeit gibt es bei vielen anderen Tieren, die (noch) keine Religion besitzen (Brosnan & de Waal, 2014).

Religion dient unter anderem dazu, die kooperationsfördernden Werte in konkrete Handlungsanweisungen auszuformulieren und deren große Bedeutung zu begründen, solange die Erklärung des großen Vorteils von zwischenmenschlichen Werten für die freiwillige Kooperation noch nicht als Motivation ausreicht. Werteorientierte Kooperation ist umso erfolgreicher, je mehr Gruppenmitglieder mitmachen. Religion erzeugt eine hohe Übereinstimmung in der kooperierenden Gruppe bezüglich der verwendeten zwischenmenschlichen Werte.

Religion nutzt alle oben genannten Mechanismen, um Kooperation intrinsisch motiviert zu erreichen. Sie verspricht Bindung in der Gemeinde, Selbstwertgefühl, ein guter Mensch zu sein, und – je nach Religion – das Paradies nach dem Tod für kooperatives Verhalten (Belohnung und Kontrollgefühl). Auf der anderen Seite drohen Bestrafung (Hölle, Wiedergeburt unter ungünstigen Bedingungen usw.), Schuldgefühle und Scham bei Regelbrüchen.

Natürlich hat Religion auch noch andere gesellschaftliche und vor allem psychologische Funktionen (Dawkins, 2016). Auf unser Grundbedürfnismodell bezogen, befriedigt Religion den Wunsch nach Geborgenheit durch die Zugehörigkeit zu einer bestimmten Glaubensgemeinschaft sowie unser Kontrollbedürfnis über die Erklärung der Entstehung der Welt und der Menschen. Religion bietet außerdem eine Entlastung bei existenziellen psychischen Konflikten wie der Vergänglichkeit und dem Widerspruch zwischen der Fähigkeit zu leiden und dem Bedürfnis nach Unlustvermeidung und körperlicher Unversehrtheit (Grom, 2007).

Auf das zentrale Buchthema bezogen, verhilft Religion zur Verwirklichung aller von Menschen verwendeten Selbstwertkriterien. Sie fördert konkurrenzorientierte Selbstwertkriterien in Form des Glaubens, »die beste bzw. einzig richtige« Religion zu vertreten, ebenso wie kooperationsorientierte Selbstwertkriterien über die Formulierung von zwischenmenschlichen Verhaltensnormen. Außerdem gibt Religion, wie bereits dargestellt, durch Initiationsriten Sicherheit bei der Einschätzung, ob das Gegenüber auch kooperationsbereit ist.

Religion ist Bestandteil der Konkretisierung von zwischenmenschlichen Werten in gesellschaftliche Handlungsnormen. Daraus ergibt sich auch für Religionen das Problem der kulturell und historisch mitbestimmten Vermischung von Machtbedürfnissen und Machtverhältnissen mit den universellen zwischenmenschlichen

Werten, die der optimalen Kooperation dienen. Ohne sich des Ziels der bestmöglichen freiwilligen Kooperation bewusst zu sein, besteht die Gefahr, die religiös vorgeschlagenen Verhaltensnormen zu wenig kritisch zu hinterfragen. Stellen sie wirklich die hilfreichsten konkreten Kriterien für eine umfassende Kooperation dar oder sind sie von Unwissenheit und Machtbedürfnissen mitbestimmt?

Religion hat den Vorteil, einen großen Konsens für Kooperation herzustellen, und den Nachteil, dass ihr historisch machtorientierter Zusammenhang nur langsam kritisch gesehen und verändert wird. In Religionen vermischen sich Machtverhältnisse, schädliche Einschränkungen bei der Zusammensetzung von Gruppen, begrenztes kulturelles Wissen über das Leben, eine fiktive Heilsbotschaft und nützliche universelle Werte miteinander (Grom, 2007). Diese Vermischung vieler Bedürfnisse und Ursprünge innerhalb der Religionen gilt es zu trennen, um die Bedeutung der universellen Werte für die Befriedigung der menschlichen Bedürfnisse, aber auch der psychologischen Aufgaben, die Religionen erfüllen – wie etwa Abschiedsrituale für den psychologisch wichtigen Prozess der Trauer bei Verlust von Bindungen –, nicht aus den Augen zu verlieren.

Um die Konflikte zwischen Selbstbestimmung, Gleichwertigkeit und Bindungsbedürfnis in konstruktiven Einklang mit dem Selbstwertbedürfnis zu bringen, ist es sehr hilfreich, den zutiefst auf die anderen bezogenen Charakter unseres Wesens zu erkennen und zu kommunizieren. Das Verständnis für die Untrennbarkeit der evolutionsbiologischen Entwicklung der universellen zwischenmenschlichen Werte von der Entwicklung des Wesens des Menschen ermöglicht es, die Vorteile der zwischenmenschlichen Werte zu begründen, ohne auf eine historisch in Machtbedürfnisse verwobene Religion angewiesen zu sein.

Universelle zwischenmenschliche Werte und psychologisch wertvolle Rituale brauchen heute nicht mehr religiös begründet werden. Sie sind, wie wir auch in diesem Buch darzustellen versuchen, biologisch und psychologisch ausreichend begründet.

Ungeachtet der genannten Problematisierung können wir in der Therapie von Selbstwertproblemen religiöse Überzeugungen der Patientin integrieren (Grom, 1994, nach Potreck-Rose & Jacob, 2018), um die Verwendung von zwischenmenschlichen Werten als Selbstwertkriterien zu etablieren.

Im sokratischen Dialog knüpft die Therapeutin an alle Angebote der Patientin an, die eine hilfreiche Wahl von Selbstwertkriterien fördern. Ziel ist die Einstellung, dass die Nutzung zwischenmenschlicher Werte als Selbstwertkriterien sehr geschickt ist und die Patientin sich diese auch für sich selbst erlauben darf. Religiöse Bestandteile, die ohne kooperativen Nutzen zu Minderwertigkeitsgefühlen führen, werden sowohl sokratisch als auch erlebnisorientiert in ihren biografisch-historisch machtorientierten Zusammenhang gestellt. Ziel ist es, die Patientinnen zu der Freiheit zu führen, sich aus ihrer Religion die konstruktiven Bestandteile herauszunehmen und unkonstruktive Aspekte kritisch abzulehnen.

Konflikt: Vorteile bei der Kooperation großer Gruppen versus Verlust an Geborgenheit und Kontrolle

Wie im Kapitel zur Thematik »Unterscheidung von ›Wir‹ und ›Die‹ statt ›Ich‹ und ›alle anderen«« dargestellt, hat die Natur für die genetische Durchsetzung von Kooperation und altruistischem Verhalten unter anderem die Fähigkeit zu einer immer flexibler werdenden Definition der Gruppenzugehörigkeit entwickelt.

Aus unserer evolutionsbiologischen Sicht im Zusammenhang mit der grundsätzlichen Entstehung der Fähigkeit zur Kooperation haben sich als bisher wichtigste Kriterien für die Identifikation mit einer Gruppe die Verwandtschaft und das Vorhandensein kooperativer zwischenmenschlicher Werte herausgebildet.

Die Definition der Gruppe über die Einhaltung der universellen zwischenmenschlichen Werte ermöglicht die stabilste und für alle Beteiligten im Durchschnitt nutzbringendste Bildung einer Gruppe. Eine Definition der Gruppe über kooperationsfördernde Werte erlaubt zudem eine unbegrenzt große Gruppenbildung. Das sind die wichtigsten Vorteile einer solchen Gruppendefinition.

Das ständige Anwachsen der Gruppengröße durch die stärker in den Vordergrund rückende Definition der Gruppe über universelle zwischenmenschliche Werte führt jedoch zu einem Nachteil: dem Verlust an erlebter Geborgenheit, Kontrolle und Selbstbestimmung – zentrale menschliche Grundbedürfnisse.

Diese Nachteile gleichen wir Menschen, neben den erwähnten anderen Voraussetzungen für altruistisches Verhalten, dadurch aus, dass wir unzählige Untergruppen bilden. Wir sind in den Unterscheidungsmerkmalen der Gruppe, mit der wir uns identifizieren und innerhalb derer wir uns altruistisch verhalten, sehr flexibel geworden. Notwendig sind das Erkennen und Hervorheben einer Gemeinsamkeit. Wir können fast jede Gemeinsamkeit nutzen, um uns als Gruppe zu konstituieren. Diese Flexibilität in der Gruppendefinition nutzen wir, um uns ein Gefühl von Geborgenheit, Kontrolle und Selbstbestimmung zu verschaffen.

»Gruppen« entstehen nach Sartre aus einer Gemeinschaft von Menschen, die »auf Grund eines Bedürfnisses« einen »gemeinsamen Gegenstand, der ihre Praxis bestimmt«, haben. »Jeder kann dieses neue Instrument erfinden« (Sartre, 1967, S. 270). Solange die Gruppe »im Werden« ist, wird sie durch ihr gemeinsames Ziel zusammengehalten. Gruppen, die ihr Ziel erreicht haben oder deren Gruppenmitglieder nicht mehr an die Umsetzung des gemeinsamen Zieles glauben, haben eine starke Tendenz zu zerfallen.

Die Bildung von Untergruppen in einer großen Gesellschaft erzeugt jedoch das Problem, dass die Gruppendefinition ursprünglich dazu diente, festzulegen, wem gegenüber wir uns kooperativ verhalten und wem gegenüber wir machtorientierten Konkurrenzkampf zeigen. Innerhalb der Gruppe handelt das Individuum kooperativ, außerhalb im Modus des Konkurrenzkampfes. So entstehen durch die starke Bildung von Untergruppen und das damit verbundene unkooperative Verhalten gegenüber Außenstehenden in großen menschlichen Gesellschaften oder auch zwischen verschiedenen Gesellschaften Konflikte bis hin zur Gewalt zwischen Untergruppen, die eigentlich die gleichen zwischenmenschlichen Werte hätten.

Das Verhalten eines Individuums gegenüber Individuen innerhalb der als die eigene definierten Gruppe kann äußerst drastisch vom Verhalten gegenüber

Menschen außerhalb der Gruppe abweichen. Schnelle Wechsel zwischen einfühlsamem Umsorgen und wütendem Vernichtungswunsch sind für das Individuum psychologisch ohne Weiteres möglich. Damit untergräbt die Bildung von Untergruppen wiederum die eigentlich angestrebte Möglichkeit zum werteorientierten Umgang mit allen Menschen oder allen Lebewesen. Nur wenn sich die Definition der Gruppe bei möglichst vielen Menschen auf möglichst alle Menschen oder Lebewesen durchsetzt, reduzieren sich die Konflikte zwischen Menschen, die im Kern eigentlich schon immer alle die gleichen universellen zwischenmenschlichen Werte verfolgen.

Die Gruppenzugehörigkeit auf das Kriterium der Verwandtschaft zu gründen, ist evolutionsbiologisch sicherlich viel älter und bis heute je nach Kultur stärker und stabiler als eine Gruppendefinition über universelle zwischenmenschliche Werte. In starken Interessen- oder Ressourcenkonflikten wird tendenziell wieder auf eine Gruppendefinition über Verwandtschaft zurückgegriffen, und altruistisches Verhalten wird auf Verwandte beschränkt. Die Menschen befinden sich diesbezüglich in einem starken Wandel und in einer ausgesprochen starken kulturellen Spannung. Teile der Menschheit leben bereits eine sehr moderne, im Vergleich zur langen Entwicklung hin zum sozialen Wesen noch sehr junge, universell werteorientierte und auf alles Leben bezogene Gruppendefinition als Bezugspunkt für ihr altruistisches Verhalten. Menschen mit einer solchen, von der Verwandtschaft stark losgelösten Art von Gruppendefinition haben Joseph Henrich und Kollegen mit dem Akronym WEIRD people – »seltsame Menschen« – belegt (Western, Educated, Industrialized, Rich, Democratic) (nach Sauer, 2023). WEIRD people wenden ihre zwischenmenschlichen Werte auf alle Menschen, sogar auf alle Lebewesen, gleichwertig an. Erfunden haben das natürlich nicht erst die WEIRD people – spätestens seit Buddha ist dies als Idee in der menschlichen Kultur überliefert. In der Philosophie und Biologie wird diese Sichtweise als Biozentrismus (Schweitzer, 2020) oder Biophilie (Fromm, 2015) bezeichnet.

Andere Teile der Menschheit sind noch sehr in einer verwandtschaftlichen Definition ihrer Gruppe verhaftet, auf die altruistisches Verhalten angewendet wird. Für eine globalisierte Welt und angesichts des großen Zerstörungspotenzials der Menschheit ist die Anwendung universeller zwischenmenschlicher Werte auf alles Leben sicherlich die hilfreichste Form der Gruppendefinition. Sie bietet aber über die Größe der Gruppe hinaus wenig Geborgenheit und Kontrollgefühl. Ein bislang für uns Menschen nicht gut gelöster Konflikt.

Konflikt: Genetische Verankerung altruistischer Werte versus Abhängigkeit

Mit dem Sesshaftwerden im Zusammenhang mit der Entwicklung von Ackerbau und Viehzucht und der zunehmenden Arbeitsteilung wurde zwar der Gesamtwohlstand gehoben, die Überlebensfähigkeit außerhalb der Gruppe wurde aber immer geringer. Das machte die Menschen abhängiger von der Gruppe. Das führt dazu, dass es – entgegen der ursprünglichen Notwendigkeit, Gleichberechtigung zu verwirklichen, weil sonst niemand in der Gruppe bliebe – leichter wird, Kooperation mit Hilfe von Macht auszunutzen.

Die vormals bestehende und in den kooperativen Werten auch innerlich verfestigte Gleichberechtigung und Gleichwertigkeit zerfiel vielerorts wieder in eine hauptsächlich von Macht und Gewalt geprägte, erzwungene Zusammenarbeit. Mit Hilfe der menschlichen Fähigkeit, Gruppen nicht mehr nur verwandtschaftlich, sondern recht flexibel definieren zu können, entwickelten sich Gesellschaften, die in unterschiedliche gesellschaftliche Gruppen aufgeteilt wurden und denen unterschiedliche Rechte zugestanden wurden. Die Gruppe kann aufgrund der hohen Arbeitsteilung, der damit verbundenen gegenseitigen Abhängigkeit und fehlender Freiräume in Folge der Inbesitznahme der ganzen Welt durch den Menschen nicht mehr so einfach verlassen werden – selbst dann nicht, wenn die Ressourcenaufteilung innerhalb der Gruppe sehr ungerecht erfolgt. Die Abhängigkeit von der Gruppe ist zu groß geworden, um sich noch ohne erheblichen persönlichen Preis bis hin zum Tod von ihr abwenden zu können. Menschen bleiben deshalb trotz zum Teil erheblicher Nachteile auch in ungerechten Gruppen, solange ein Überleben darin möglich ist – selbst wenn dies ihren Werten deutlich widerspricht. Wie wir weiter oben dargestellt haben, erreicht eine auf Macht und Gewalt basierende Kooperation aber nie einen wirklich stabilen Zustand. Die biologisch-genetische Verankerung unseres grundlegendsten Wertes – Gerechtigkeit, Gleichberechtigung, Fairness und gegenseitige Wertschätzung – und das Grundbedürfnis nach Selbstbestimmung sind so ausgeprägt, dass ein beständiger Druck besteht, von Macht und Gewalt bestimmte Gesellschaften zu ändern. Der Ausgang bleibt jedoch ungewiss, da Machtkampf und freiwillige Kooperation in ihren evolutionsbiologischen Vor- und Nachteilen zumindest kurz- und mittelfristig nahe beieinander liegen und jede Veränderung in den ökologischen Gegebenheiten die Gewichtung der Vor- und Nachteile verschieben kann.

Vergänglichkeit und zwischenmenschliche Werte

Mittlerweile haben wir schon mehrere Herausforderungen für unser Seelenleben diskutiert, bei deren Bewältigung die universellen zwischenmenschlichen Werte eine sehr hilfreiche Rolle spielen. Wir können das Dilemma, dass wir eigentlich nur unsere eigenen Gene erhalten wollen, dass uns das in der Zusammenarbeit mit anderen aber viel wahrscheinlicher gelingt, zumindest einigermaßen lösen. Die Unsicherheit, ob sich eine Investition in eine Kooperation lohnen wird, konnte verringert werden, weil mit der biologisch-genetischen Etablierung vieler Verhaltensweisen – für unser Thema am relevantesten die im Selbstwert und im Gleichwertigkeitsbedürfnis verankerten zwischenmenschlichen Werte – auch die Wahrscheinlichkeit steigt, dass das Gegenüber kooperatives Verhalten zeigt.

Neben den bisherigen Vorteilen, die universelle zwischenmenschliche Werte haben, kommt noch ein weiterer Konflikt hinzu, bei dessen Abschwächung uns zwischenmenschliche Werte helfen können. Es handelt sich dabei um den existenziellen Konflikt aus Ich-Bewusstsein, Kontrollbedürfnis, dem Bedürfnis nach körperlicher Unversehrtheit und der existenziellen Tatsache der Vergänglichkeit. Voraussetzung für diesen Konflikt ist ein Bewusstsein darüber, dass wir existieren und uns von den anderen unterscheiden. Parallel zu dem Bewusstsein unserer

Existenz hat sich auch das Bewusstsein der Vergänglichkeit als Individuum entwickelt. Daraus ergibt sich ein grundlegender Konflikt aus unserem Kontroll- und Sicherheitsbedürfnis, dem Bedürfnis nach körperlicher Unversehrtheit und nach Lust versus unserer Fähigkeit zu leiden, der Vergänglichkeit von allem und dem Sterben. Zwischenmenschliche Werte helfen, diesen Konflikt zu lösen bzw. ihn zumindest erträglicher zu machen.

Verwirklichen wir einen allgemeingültigen Wert, so heben wir unsere Wirkung und unsere Kontrolle etwas über die Begrenztheit unserer körperlichen Existenz hinaus.

Dieser existenzielle Konflikt aus dem Bedürfnis, dauerhaft und sicher alle Grundbedürfnisse befriedigen zu wollen, und dem Wissen, dass das wegen der Vergänglichkeit sowieso nicht möglich ist, wird oft auch als Frage nach dem Sinn des Lebens diskutiert. Wenn wir unser Leben so einschätzen, dass wir ein Grundbedürfnis auch längerfristig nicht verwirklicht bekommen, reagieren wir mit einem Gefühl von Hilflosigkeit. Hilflosigkeit wiederum ist eine zentrale Ursache für Depression. Die Reaktion auf die Bewusstwerdung der Vergänglichkeit der eigenen Existenz und damit der Unmöglichkeit, dauerhafte Grundbedürfnisbefriedigung sicherzustellen, die Menschen oft als »Sinnlosigkeit« bezeichnen, kann genauso belastend sein wie der Gedanke, während des Lebens zentrale Ziele nicht erreichen zu können.

Diese Belastung können wir mit unserer Fähigkeit zur Kultur und der Verwirklichung von Werten, die auch nach unserer Existenz noch wertvoll sind, abschwächen.

Die meisten Menschen bauen ein Haus und bekommen Kinder, einzelne lassen Pyramiden, Schlösser oder einen Triumphbogen zum Andenken an sich selbst errichten. Dies sind Werte, die über unsere Existenz hinaus erhalten bleiben und als wertvoll gelten.

Universelle zwischenmenschliche Werte sind jedoch noch besser geeignet, um das Bedürfnis zu erfüllen, den Kontrollverlust aus der Vergänglichkeit etwas abzuschwächen, als die genannten Beispiele. Denn ob das Haus nach unserer Existenz noch gebraucht wird, wissen wir nicht. Ob die Kinder als Erwachsene wertvoll handeln werden, ist auch nicht sicher. Und einen Triumphbogen findet heute wohl kaum noch jemand wertvoll – zumindest nicht in seinem ursprünglichen Sinne, an einen erfolgreichen, mörderischen Eroberungskrieg zu erinnern.

Verwirklicht eine Person hingegen universelle zwischenmenschliche Werte, handelt sie in einer Weise, die immer wertvoll bleiben wird, auch nach ihrem Tod. Verändern wir unser Selbstbild vom unreflektierten, singulären, besonderen und einzigartigen Wesen (Reckwitz, 2021) in Richtung eines realistischeren sozialen Kulturwesens wird jede Verwirklichung von zwischenmenschlichen Werten zu einem das Individuum überdauernden Teil der Kultur. Ein Teil von uns wird damit vielleicht nicht unsterblich – wir wissen ja nicht, wie lange die menschliche Kultur noch überleben wird –, aber über die Sterblichkeit hinaus bleibt unser kulturell wirksamer Anteil und unser Beitrag dazu auf jeden Fall bestehen.

Individuelle Entwicklung und zwischenmenschliche Werte

Wie bei jeglicher Entwicklung einer Person gibt es auch bei der Entwicklung der zwischenmenschlichen Werte im einzelnen Individuum mehrere Faktoren, die diese Entwicklung bestimmen. Damit kommt es sowohl bei der Ausprägung als auch der Anwendung der zwischenmenschlichen Werte zu großen Unterschieden von Mensch zu Mensch.

Das Spektrum der Lösungen für den Konflikt zwischen kurzfristiger und langfristiger Optimierung der eigenen Bedürfnisbefriedigung und dem Einfluss zwischenmenschlicher Werte auf das Handeln reicht beim individuellen Menschen – etwas pointiert ausgedrückt – vom »Verbrecher« bis zum »Heiligen«.

Als Verbrecher bezeichnen wir einen Menschen, der versucht, für sich selbst kurzfristig die größtmögliche Bedürfnisbefriedigung zu erreichen, indem er die Bedürfnisse des anderen zumindest ignoriert oder diesem sogar wissentlich schadet. Der Verbrecher bemüht sich nicht um die Verwirklichung von Gleichwertigkeit. Er bezahlt das mit höchster Unsicherheit in Bezug auf eine dauerhafte Grundbedürfnisbefriedigung. Seine verbrecherischen »Geschäftspartner« sind in ihrer Kooperationsbereitschaft völlig unzuverlässig. Menschen, denen er schadet, wehren sich gegen das Ausgenutztwerden.

Durchschnittliche Menschen mit mehr Ängsten (Schütz, 2003), stärkerer Ausprägung des Grundbedürfnisses nach Verwirklichung von Gleichwertigkeit, weniger Aggressionspotenzial, mehr Bequemlichkeit und mehr Sicherheitsbedürfnis machen Kompromisse und konzentrieren sich abwechselnd auf kurzfristige und langfristige Ziele. Sie fokussieren in bestimmten Situationen stärker die kurzfristige Bedürfnisbefriedigung und stellen dabei die Auswirkungen ihres Handelns auf die Bedürfnisbefriedigung der anderen zurück, um dann in anderen Situationen wieder eine langfristige Bedürfnisbefriedigung abzusichern, indem sie die Bedürfnisse der anderen berücksichtigen und sich an die zwischenmenschlichen Werte halten.

Den anderen Pol verkörpert der ausgeprägt altruistische Mensch, der die Bedürfnisbefriedigung der anderen in den Vordergrund stellt, weil er sich durch die Verwirklichung von Werten am glücklichsten fühlt.

Menschen sind meist eine unterschiedliche und situativ variierende Mischung aus diesen drei Prototypen.

Die Einflussfaktoren auf die Entwicklung der individuellen Ausprägung des Grundbedürfnisses nach Gleichwertigkeit und der Nutzung von zwischenmenschlichen Werten als Selbstwertkriterien lassen sich in biologisch-genetische und durch Umstände und Umwelt bedingte Faktoren unterscheiden.

Zu den angeborenen Einflussfaktoren zählen die Informationsverarbeitungsfähigkeit, das Temperament und die Ausprägung des Grundbedürfnisses, Gleichwertigkeit verwirklichen zu wollen.

Bei den äußeren Lerneinflüssen spielen die ersten Bindungserfahrungen (▶ Kap. 1.6.10) und die Kultur, in die Menschen hineingeboren werden, die zentrale Rolle.

Die Fähigkeit zur Kultur

Es scheint uns nicht übertrieben, davon auszugehen, dass zwei Faktoren die Entwicklung des Wesens des Menschen entscheidend geprägt haben: die Entwicklung aller psychischen Fähigkeiten zur Kooperation und seine Fähigkeit zur Kultur. Beide Faktoren haben sich in ihrer Wirkung und in ihrem Vorteil gegenseitig potenziert (Sterelny, 2021b).

In unserer so individualistischen – zugespitzter ausgedrückt: singulären – Zeit (Reckwitz, 2021) wird oft unterschätzt, welchen enormen Einfluss die Fähigkeit zur Kultur und die damit verbundene gegenseitige Abhängigkeit auf die Entwicklung und das Ausmaß des menschlichen Bewusstseins sowie auf den Inhalt der Identität haben.

Menschen bemühen sich einerseits, als einzigartig und damit unabhängig zu gelten, andererseits aber auch darum, von anderen bewundert zu werden. Sie glauben, mit Einzigartigkeit die eigene Besonderheit und dadurch den eigenen Wert bewiesen zu haben. Dabei ist jedes natürliche Lebewesen einzigartig. Damit ist Einzigartigkeit keine Besonderheit. Nehmen wir Einzigartigkeit als Kriterium für den Wert eines Lebewesens, sind wir bei unserem Grundgedanken: Alles Leben ist durch seine Existenz wertvoll. Nur bedarf es dafür keiner Anstrengung und auch keiner Bestätigung. Gleichzeitig erscheint es vielen dennoch sehr wichtig, von anderen eine Bestätigung dafür zu bekommen, dass diese Einzigartigkeit den eigenen Wert beweist. Das macht es nötig, bei der Betonung der eigenen Einzigartigkeit nur solche Eigenschaften zu benutzen, die von den Menschen, von denen der Selbstwert bestätigt werden soll, wertgeschätzt werden. Damit gibt die Person ihre Unabhängigkeit und Besonderheit aber wieder auf (vgl. Reckwitz, 2021).

Wie diese Beispiele zeigen, sind Menschen von Natur aus Kultur- und Gruppenwesen.

Das ist nicht in dem Sinne gemeint, dass Menschen einfach (nur) nett zueinander sind. Menschen sind vielmehr völlig aufeinander bezogen – in ihrem Wissen, ihrem Bewusstsein, in ihrer Identität bzw. ihrem Selbstbild und in der Befriedigung ihrer Grundbedürfnisse. All das ist stark geprägt von der Kultur, auf die das Individuum Zugriff hat.

Der Begriff der Kultur wird ähnlich wie der Begriff des Wertes im Alltag in seiner Bedeutung recht breit verwendet. Für unser allgemeines Verständnis des seelischen Geschehens möchten wir die Verwendung des Begriffes Kultur für dieses Buch jedoch auf einen Aspekt beschränken. Mit Kultur meinen wir die Fähigkeit einer Tierart, das Wissen über sich selbst, die Welt und darüber, wie eine Grundbedürfnisbefriedigung am besten erreicht werden kann, an andere Mitglieder dieser Art und vor allem an die nächste Generation weiterzugeben, ohne dass dieses Wissen sich biologisch-genetisch verankert hat und dadurch vererbt wird.

Kultur ist damit – neben der evolutionsbiologisch-genetischen Methode – eine weitere und viel schnellere Art und Weise, das vorhandene Wissen einer Tierart zu erweitern.

Es gibt verschiedene Methoden, kulturelles Wissen weiterzugeben. Die kulturelle Weitergabe von Wissen beginnt mit dem Vormachen und dem damit verbundenen Modelllernen. Auch andere Tiere können vormachen und durch Modelllernen Wissen weitergeben. Somit verfügen viele andere Tiere in diesem Sinne ebenfalls sowohl über die Fähigkeit zur Kultur als auch über tatsächlich vorhandene Kultur. Die Verhaltensbiologie hat bei zahlreichen Tierarten – z.B. bei Schimpansen, Raben, Kraken usw. – Modelllernen und damit kulturell weitergegebenes Wissen nachgewiesen. Sowohl die Fähigkeit zur Kultur als auch das tatsächliche Vorhandensein von Kultur ist bei diesen Tierarten jedoch deutlich beschränkter als beim Menschen. Schon beim Modelllernen ist der Mensch deutlich leistungsfähiger als alle anderen Tiere. Menschen lernen sogar allein durch die Beobachtung eines anderen Individuums, das alles falsch macht, es selbst richtig zu machen. Neben einer ausreichend hohen Intelligenz für eine solch komplexe Analyse von Ereignissen ist dazu auch ein entsprechendes Gedächtnis notwendig, das sich die auf diese Weise entwickelten Fähigkeiten auch merken kann.

Der kulturelle Anteil an unserem individuellen Wissen, unserem Bewusstsein und unserer Identität nimmt dann aber regelrecht explosionsartig zu, sobald Sprache hinzukommt, und noch einmal mehr durch alle Arten von externer Speichermöglichkeit von Information, allen voran der Schrift. Durch Schrift kann Wissen nicht nur an Beobachter und an die nächste Generation weitergegeben werden, sondern an unbegrenzt viele Leserinnen, Generationen und Kulturen – zumindest so lange, bis der Informationsträger zu Staub geworden ist. Schrift und alle anderen Speichermöglichkeiten von Information stellen ein viel genaueres und umfassenderes Gedächtnis dar, als es ein einzelner Mensch je leisten könnte. Heute wird das Wissen unzähliger Menschen in Algorithmen zusammengefasst, digital gespeichert, neu verbunden und unbegrenzt vielen anderen zur Verfügung gestellt.

Wir möchten die Bedeutung der Fähigkeit zur Kultur für das Individuum noch kurz am Beispiel der Kraken erläutern.

> Kraken sind sehr interessante Tiere. Ihr Gehirn ist anders aufgebaut als das des Menschen, dennoch gelten sie als sehr intelligent. Nach aktuellem Wissensstand gehören sie zu den Tieren, die am besten zum Modelllernen fähig sind. Trotzdem können sie beim Aufbau von Kultur aus zwei Gründen nicht mit dem Menschen mithalten. Erstens sterben sie, nachdem sie Nachwuchs bekommen haben, und zweitens verfügen sie über keine Schriftsprache – ganz abgesehen davon, dass man unter Wasser kein Feuer machen kann, was die Nutzung von Fremdenergie und die gezielte Umgestaltung von Materie zu ihrem Nutzen ebenfalls stark einschränkt (Harari, 2013). Sie können zwar sehr gut durch Beobachtung lernen, da die Eltern aber nach der Fortpflanzung sterben, können sie ihr Wissen nicht direkt an ihre Nachkommen weitergeben. Auch schriftlich festhalten können sie es nicht. So geht das meiste Wissen, das ein Individuum erworben hat, mit seinem Tod auch wieder verloren. Die nächste Generation muss wieder von vorne beginnen. »Jede Generation muss das Rad erneut erfinden« – das ist natürlich bildlich gemeint, schließlich schwimmen Kraken, da ist ein Rad nicht so wichtig. Auf diese Weise geht die kulturelle Entwicklung bei dieser Tierart nie über ein gewisses Kompetenzniveau hinaus. Wäre das anders, gäbe es vielleicht längst Krakenkulturen unter Wasser, wie es Frank Schätzing in dem Roman »Der Schwarm« (2005) spannend beschreibt.

Hin- und hergerissen zwischen Eigeninteressen und der Abhängigkeit von den anderen, versuchen Menschen, Wissen auch als Machtmittel einzusetzen. Deshalb geben sie ihr Wissen nur an diejenigen weiter, die mit ihnen kooperieren. Diese Beschränkung funktioniert jedoch nur für eine begrenzte Zeit, da jeglicher Kontakt aufgrund unserer Fähigkeit zur Kultur bzw. zumindest unserer ausgeprägten Fähigkeit zum Modelllernen sofort zu einer Weitergabe von Wissen führt. Andere Menschen bemühen sich aktiv darum, sich das Wissen anderer nötigenfalls auch mit unlauteren Mitteln anzueignen. Über mehrere Generationen hinweg breitet sich Wissen immer dort aus, wo Kontakt besteht. In diesem Zusammenhang können wir auch an Watzlawicks (1990) berühmte Aussage denken: »Wir können nicht nicht kommunizieren« – sobald wir in Kontakt kommen. Menschen, die miteinander in Kontakt treten, übernehmen dabei unweigerlich Wissen vom Gegenüber.

Koevolution von Genen und Kultur

Unsere große Überlegenheit – zumindest bisher – gegenüber den meisten anderen Tieren verdanken wir der Fähigkeit zur Kooperation und der Fähigkeit zur Kultur. Durch Kultur steht jedem Menschen nicht nur das selbst erworbene Wissen, sondern mittlerweile fast das gesamte Wissen der menschlichen Art zur Verfügung. Ein Wissen, das deutlich darüber hinausgeht, was ein Einzelwesen sich merken oder verstehen könnte.

Die Vorteile der Kooperation und die Vorteile der Fähigkeit zur Kultur verstärken sich dabei gegenseitig um ein Vielfaches.

Aus evolutionsbiologischer Sicht lohnt sich die Weitergabe von Wissen an andere für das Individuum nur bei der Weitergabe an Verwandte oder bei Kooperation auf der Basis von Gleichwertigkeit. Mit Hilfe der Kulturfähigkeit kann die Verwirklichung von Gleichwertigkeit besser abgesichert werden. Normen im Umgang miteinander und Konsequenzen für die Nichteinhaltung sind für alle und auch die nächste Generation nachvollziehbar definiert.

Absprachen, um Gleichwertigkeit sicherzustellen, müssen nicht ständig neu getroffen werden.

Die kulturelle Entwicklung stellt jedoch eine Veränderung der ökologischen Nische für die in ihr lebende Art dar. Veränderungen der ökologischen Nische bewirken eine veränderte genetische Selektion. Jede genetische Veränderung löst wiederum Veränderungen in der kulturellen Entwicklung aus. Die Entwicklung einer durch Kultur und Kooperation geprägten Tierart findet damit in einer genetisch-kulturellen Koevolution statt.

Die Fähigkeit zur Kultur wurde selbst zu einem wichtigen Einflussfaktor auf die genetisch-biologische Entwicklung des Menschen.

Ein bekanntes Beispiel ist die Entwicklung der Laktosetoleranz. Mit der Entwicklung und kulturellen Tradierung der Viehzucht entstand die Möglichkeit, den Vorteil der großen, kontinuierlichen Energielieferung durch Milch zu nutzen. Bis dato waren aber die meisten Menschen laktoseintolerant. Der große Vorteil der Menschen mit einer Laktosetoleranz, Milch als Nahrungsmittel nutzen zu können, brachte einen solch großen Reproduktionsvorteil, dass sich mit der Kultur der Viehzucht auch die Laktosetoleranz genetisch stark verbreitete (nach Sauer, 2023).

Beide Entwicklungsfaktoren, Genveränderung und Kultur, unterliegen demselben Selektionsdruck. Mit der Zeit setzen sich sowohl diejenigen Gene durch als auch diejenige Kultur, die sich im Kampf ums Überleben und Reproduzieren am besten behaupten können.

Es ergibt sich somit eine Wechselwirkung aus biologisch-genetischer und kultureller Entwicklung.

Erst durch diese genetisch-kulturelle Koentwicklung wurde es den Menschen möglich, Gesellschaften zu bilden, in denen die Gruppenmitglieder einander nicht mehr alle einzeln kennen, überwachen und beurteilen müssen, um zu überleben.

1.5.3 Gleichwertigkeit – Abgrenzung und Eigenständigkeit

Die dargestellte biologisch-genetische und kulturelle Koevolution zahlreicher seelischer Voraussetzungen, um erfolgreich kooperieren zu können, schuf mit dem Menschen ein Wesen, das in großen Teilen auf das Leben in einer Gemeinschaft und auf die Nutzung von Kultur ausgelegt ist.

Eine der wichtigsten evolutionsbiologisch entwickelten und genetisch verankerten Eigenschaften, um eine solch umfassende Kooperation zu ermöglichen, besteht – wie wir dargestellt haben – in der Entstehung des Grundbedürfnisses nach Verwirklichung von Gleichwertigkeit und den sich daraus ableitenden zwischenmenschlichen Werten. Die große Bedeutung dieses Grundbedürfnisses spiegelt sich auch darin wider, dass Gleichwertigkeit und zwischenmenschliche Werte durch die gleichzeitige Etablierung als Selbstwertkriterien evolutionär zusätzlich im Selbstwertbedürfnis abgesichert wurden.

Um die Eigenständigkeit von Gleichwertigkeit als Grundbedürfnis abschließend aufzuzeigen, möchten wir noch kurz die Abgrenzung zu den anderen Grundbedürfnissen darstellen.

Bindungsbedürfnis versus Gleichwertigkeitsbedürfnis

Im Kern besteht die evolutionsbiologische Zielsetzung des Grundbedürfnisses nach Verwirklichung von Gleichwertigkeit darin, den Vorteil von Kooperation für alle daran Beteiligten auch in Gruppen sicherzustellen, die über die nahe Verwandtschaftsgruppe hinausgehen. Im Bindungsbedürfnis alleine wäre der langfristige Nutzen von Kooperation nicht abgesichert. Würde nur ein Bindungsbedürfnis bestehen, ohne auf die Gleichwertigkeit zu achten, würde der altruistische Menschentyp, wie bereits dargestellt, wieder aussterben. Seelisch gesunde Menschen verwenden die Erfüllung von Gleichwertigkeit als Bedingung, um eine Bindung einzugehen. Ist Gleichwertigkeit nicht gegeben, wird auf die Befriedigung des Bindungsbedürfnisses verzichtet. Damit kann Gleichwertigkeit nicht mit dem Bindungsbedürfnis gleichgesetzt werden.

Selbstbestimmung/Kontrolle versus Gleichwertigkeit

Eine fundamentale Unterscheidung von Selbstbestimmung und Gleichwertigkeit besteht in deren Funktion. Gleichwertigkeit dient der Möglichkeit zur Kooperation. Selbstbestimmung ist ein von Kooperation unabhängiges Bedürfnis.

Des Weiteren lässt sich die Unterschiedlichkeit dieser beiden Grundbedürfnisse wieder an Situationen erkennen, in denen die Selbstbestimmung zwar gegeben ist, Menschen aber trotzdem unzufrieden sind. Stellen wir uns als Beispiel folgende Situation vor:

> Eine Person bewirbt sich auf eine neue Stelle und verhandelt recht vehement und erfolgreich für eine höhere Bezahlung als ursprünglich angeboten. Die Person ist erfreut, sich durchgesetzt zu haben. Ihr Selbstbestimmungsbedürfnis wurde befriedigt. Wochenlang ist sie sehr zufrieden damit und arbeitet motiviert am neuen Arbeitsplatz. Dann erfährt sie jedoch, dass andere Mitarbeiter mit vergleichbarer Position und Kompetenz erheblich mehr verdienen als sie. Die Person ist verärgert. Diese Veränderung lässt sich nur mit der Frustration ihres Bedürfnisses nach Gleichwertigkeit verstehen.

Lustgewinn/Unlustvermeidung versus Gleichwertigkeit

Hier besteht kein Anlass von einer ähnlichen Qualität auszugehen. Lustgewinn/Unlustvermeidung ist ein Grundmechanismus der seelischen Steuerung. Er spielt bei allen anderen Grundbedürfnissen eine Rolle, hauptsächlich bei Sexualität und Essen. Er beschreibt aber keinerlei inhaltliche Grundbedürfnisse und hat damit nur einen sehr übergeordneten und wenig differenzierenden Erklärungswert für das Verhalten von Menschen.

Selbstwert versus Gleichwertigkeit

Die Unterscheidung des Grundbedürfnisses nach Verwirklichung von Gleichwertigkeit vom Selbstwertbedürfnis wird darin deutlich, dass sich Menschen unabhängig davon, ob sie sich als wertvoll betrachten oder an Selbstwertzweifeln leiden, für die gerechte Behandlung anderer einsetzen. Die Ausprägung im Selbstwert und das Bedürfnis nach Gerechtigkeit gehen nicht Hand in Hand.

Außerdem verwenden Menschen sowohl sehr durchsetzungs- als auch kooperativ orientierte Selbstwertkriterien (▶ Kap. 1.6.3). Gleichwertigkeit dient jedoch ausschließlich der Kooperation. Als Selbstwertkriterien verwenden Menschen aber auch die erfolgreiche Durchsetzung (Schütz, 2003). Auch wenn die Menschheit sich bei der Selbstbewertung vielleicht in Richtung der zwischenmenschlichen Werte als Maßstab für den eignen Wert entwickelt und beide Grundbedürfnisse irgendwann einmal zu einem werden sollten, sind beide Bedürfnisse heute noch bei vielen Menschen gegensätzlich ausgerichtet.

Das Grundbedürfnis nach Verwirklichung von Gleichwertigkeit lässt sich, wie in den Vergleichen dargestellt, damit insgesamt gut von allen anderen Grundbedürfnissen unterscheiden.

Gleichwertigkeit verwirklichen als eigenständiges Grundbedürfnis

Zusammenfassung der genannten Argumente, die für ein eigenständiges Grundbedürfnis nach Verwirklichung von Gleichwertigkeit sprechen:

- die frühe evolutionsbiologische Entwicklung von zwischenmenschlichen Werten parallel zu den anderen seelischen Grundbedürfnissen wie Bindung und Selbstwert, die gleichermaßen dazu dienen, Kooperation zu ermöglichen,
- das Vorhandensein dieser Werte über die verschiedensten Kulturen hinweg,
- die Entstehung eines Gerechtigkeitsbedürfnisses bei allen Kindern etwa zur gleichen Zeit,
- das Vorhandensein eines Gerechtigkeitsbedürfnisses bei vielen anderen Tierarten,
- Arntz et al. verweisen zudem auf Studien von Prilleltensky (nach Arntz et al., 2021), die einen Zusammenhang zwischen der Frustration von Gleichwertigkeit und erheblichen seelischen Erkrankungen nachweisen,
- die ebenso große Bedeutung beim Verständnis für die Motivation einer Handlung wie die der anderen seelischen Grundbedürfnisse.

Die Summe dieser Argumente bewegt uns dazu, anzuregen, die Verwirklichung von Gleichwertigkeit und die daraus abgeleiteten universellen zwischenmenschlichen Werte selbst als handlungsleitendes Grundbedürfnis zu den vier von Grawe genannten seelischen Grundbedürfnissen hinzuzufügen. Auch Grawe (2004) geht davon aus, dass es mehr Grundbedürfnisse gibt als die vier von ihm verwendeten. Er trifft die Auswahl nach der klinischen Relevanz und dem Anspruch an eine Theorie, das Verständnis der Komplexität zu vereinfachen.

Auch in der Schematherapie, gibt es, wie bereits erwähnt, von einer internationalen und vor allem interkulturellen Arbeitsgruppe um Arnoud Arntz (2021) einen ähnlichen Vorschlag, die Verwirklichung von Fairness als Grundbedürfnis neben die von Grawe oder auch die von Dweck genannten Grundbedürfnisse zu stellen.

Allen vorgeschlagenen Begriffen für das neue Grundbedürfnis – sei es Gerechtigkeit oder Fairness – liegt die Annahme einer Gleichwertigkeit zugrunde.

> Wir ergänzen die von Grawe genannten vier Grundbedürfnisse um ein fünftes und nennen das neue Bedürfnis das *»Grundbedürfnis zur Verwirklichung von Gleichwertigkeit«.*

1.6 Grundbedürfnis nach einer positiven Selbstbewertung

1.6.1 Einordnung des Selbstwertes in unsere seelische Struktur und Persönlichkeit

Das Grundbedürfnis nach einer positiven Selbstbewertung wird, seit es tradierte Erzählungen gibt, als ein für den Menschen zentrales Grundbedürfnis beschrieben. Schon lange geht es in allen möglichen menschlichen Erzählungen um Stolz und Ehre, Kränkung und Größenfantasien.

Alles Begriffe, die nur mit einem Grundbedürfnis nach einer positiven Selbstbewertung, von Grawe (2004) Grundbedürfnis nach Selbstwerterhöhung und Selbstwertschutz genannt, erklärbar sind. Die positive Selbstbewertung ist ein Grundbedürfnis, das viele Handlungsweisen von Menschen verständlich macht.

Dieses Grundbedürfnis beschreibt den Drang und die Motivation des Menschen, sein Selbst positiv bewerten zu wollen. Wie wir schon dargestellt haben, stellt jede Bewertung einen Vergleich mit einem Bewertungsmaßstab dar. Diesem Maßstab muss ein subjektiver Wert zugesprochen sein. Eine Bewertung wird im Kern von dem Maßstab, dem Kriterium, das angelegt wird, bestimmt (Kanning, 2000). William James definierte 1892 als einer der ersten Psychologen das Zustandekommen der Höhe des Selbstwerts als »Verhältnis von eigener Kompetenz und eigenen Ansprüchen« (1892, nach Potreck-Rose & Jacob, 2018, S. 19). Auch wir verwenden in gewisser Weise diese Definition. Wir ziehen für den Begriff der Ansprüche jedoch die spezifischer auf den Selbstwert bezogene Bezeichnung »Selbstwertkriterium oder Selbstwertmaßstab« heran. Wir verwenden anstelle des Begriffs »Anspruch« nach James die Bezeichnung »Selbstwertkriterium« und unterteilen diese in die Aspekte a) »Qualität« – welche Selbstwertkriterien – und b) »Quantität« – wie viel davon. Die Höhe des Selbstwerts richtet sich sowohl nach dem verwendeten Bewertungskriterium als auch danach, wie viel Verwirklichung davon die Person von sich verlangt.

Die Befriedigung des Grundbedürfnisses nach einer positiven Selbstbewertung erleben Menschen meist in dem komplexen Gefühl des Stolzes (Lammers, 2007). Das komplexe Gefühl des Stolzes setzt sich aus dem Basisgefühl der Freude in Kombination mit einer spezifischen impliziten Kognition zusammen. Die Kognition beinhaltet den impliziten Schluss, dass es der Person gelungen ist, in einer Art und Weise zu handeln oder sich selbst abstrakt in Zusammenhänge zu stellen (Updegraf, 2010), die es ihr ermöglichen, sich »*selbst*«, aufgrund der verwendeten Selbstwertkriterien, positiv zu bewerten. Fällt die Selbstbewertung schlecht aus, führt das zu dem, was wir als Minderwertigkeitsgefühl bezeichnen, ebenso ein komplexes Gefühl (Lammers, 2007, und ▶ Kap. 1.6.2).

Menschen entwickeln vom ersten Tag ihrer Geburt an, Stück für Stück, in unzähligen Erfahrungen durch Lernen ein *»Bild von sich selbst«* und der Welt. Dieses Bild von sich beinhaltet angeborene und erlernte Komponenten: angeborenes Temperament und angeborene Talente genauso wie erlernte Kompetenzen, alle biografischen Gedächtnisinhalte, aber auch alle Bedürfnisse und Ziele. Alle diese Inhalte werden das »Selbst« genannt (Mummendey, 2006). Der selbstreflexive Zustand dazu wird als »Selbstkonzept« oder »Selbstbild« bezeichnet. Die Bewertung, die das Grundbedürfnis nach einer positiven Selbstbewertung mit Hilfe der Selbstwertkriterien produziert, wird zum Bestandteil des »Selbstkonzepts«. Das Konzept über sich »Selbst« kann aufgeteilt werden in einen sich selbst beschreibenden und in einen sich selbst bewertenden Anteil. Der Selbstwert ist das Resultat einer Selbstbewertung (Schmitt & Altstötter-Gleich, 2010).

Im Selbstwert beurteilen wir den Wert der eigenen Person anhand von Selbstwertkriterien.

Der Selbstwert stellt zum einen eine Bewertung über das Bild dar, das wir von uns haben. Wir haben darüber hinaus aber auch das Grundbedürfnis, dass diese Selbstbewertung »gut« ausfällt (Grawe, 2004). Dies nennen wir das Grundbedürfnis nach einer positiven Selbstbewertung.

Wir wählen den Ausdruck »Grundbedürfnis nach einer positiven Selbstbewertung« statt der von Grawe gewählten Bezeichnung »Selbstwerterhöhung und Selbstwertschutz« (Grawe, 2004). Der Begriff Selbstwert-»Erhöhung« impliziert den ständigen Drang, etwas zu tun, um den Selbstwert als noch höher zu erleben. Es gibt einige Hinweise darauf, dass das Bedürfnis nach einer Selbstwerterhöhung nur bei Menschen mit einer Frustration des Selbstwertbedürfnisses als sozusagen »unersättlicher« Antrieb wirkt. Menschen, die ihren Selbstwert ständig weiter erhöhen möchten, gefährden ihr Bindungsbedürfnis (Schütz, 2003; Baumeister, Campbell, Krueger & Vohs, 2003). Das kann damit kaum eine gesunde seelische Lösung sein. Grawe (2004) wollte mit der Formulierung Selbstwert-»Erhöhung« darüber hinaus noch auf das Phänomen aufmerksam machen, dass Menschen mit hohem Selbstwert dazu tendieren, sich positiver zu sehen, als die Fremdbewertung ausfällt (S. 259). Das heißt aber nicht, dass dieses »Erhöhungsbedürfnis« bei Menschen mit einem stabil positiven Selbstwert jederzeit eine Handlung veranlasst. Im Allgemeinen motiviert ein Grundbedürfnis nur zum Handeln, wenn es der Befriedigung mangelt oder wenn sich eine günstige Gelegenheit bietet. Ansonsten ruht dieses Grundbedürfnis in seiner motivationalen Wirkung (Grawe, 2004). Denken wir an die Nahrungsaufnahme, wenn eine Person gegessen hat und sich satt fühlt. Sie ist dann nicht zu weiterem Essen motiviert. Das Verhalten von Menschen, die aus anderen Gründen dann trotzdem weiteressen, würde als dysfunktional bezeichnet werden. Ebenso handeln gesunde Menschen mit einem stabilen, positiven Selbstwert nicht ständig aus der Motivation heraus, ihren Selbstwert noch erhöhen zu wollen. Er ist schon befriedigt. Sie achten nur auf die Befriedigung ihres Selbstwertbedürfnisses, wenn aus anderen Grundbedürfnissen heraus gehandelt wird oder sich eine günstige Gelegenheit ergibt, das Selbstwertbedürfnis zu befriedigen.

Die Benennung Selbstwert-»Schutz« deckt sich mit dem Grundbedürfnis nach Kontrolle und Sicherheit. Im Kontrollbedürfnis kommt das Grundbedürfnis, die Sicherheit haben zu wollen, jetzt und in absehbarer Zukunft alle Grundbedürfnisse und damit auch den positiven Selbstwert verwirklichen zu können, bereits zum Ausdruck (▶ Kap. 1.3). Damit bedarf der Selbstwertschutz unserer Meinung nach keiner expliziten zusätzlichen Erwähnung beim Selbstwertbedürfnis. Die Motivation dazu ist bereits durch das Kontrollbedürfnis ausgedrückt.

Eigenständigkeit des Grundbedürfnisses nach einer positiven Selbstbewertung

Trotz des intensiven Erlebens von Freude und Glück, wenn der Selbstwert befriedigt wird – zusammengefasst auch Stolz genannt –, und trotz des starken Gefühls von Ärger, Angst, Trauer und Scham, wenn Menschen sich als minderwertig ansehen, ist das Grundbedürfnis nach einem eigenen, von anderen Grundbedürfnissen unterscheidbaren Selbstwertbedürfnis nicht ganz leicht zu begründen. Ursache für diese Unsicherheit bei der Beurteilung, ob es sich beim Selbstwert um ein eigenes Grundbedürfnis handelt, ist die Funktion des Selbstwerts. Der Selbstwert dient als *zusätzliche* Handlungsmotivation im Zusammenhang mit allen anderen Grundbedürfnissen, was wir unten bei der Erläuterung der Entstehung des Selbstwerts noch ausführlicher darstellen werden. Da der Selbstwert als *zusätzliche Motivation*, in einer bestimmten Weise zu handeln, evolutionsbiologisch entwickelt wurde, wird beim Selbstwert im gesunden Funktionieren immer auch ein anderes Grundbedürfnis mit befriedigt. Grawe (2004, S. 187) geht davon aus, »dass dem psychischen Geschehen sehr viele parallel ablaufende Prozesse zu Grunde liegen«. Der verständliche Wunsch nach einer einfachen, monokausalen Erklärung des seelischen Geschehens kann nicht erfüllt werden. Nehmen wir ein Beispiel:

> Wenn eine Person stolz darauf ist, einer anderen Person geholfen zu haben, hat sie, wenn das »Helfen« für sie ein Selbstwertkriterium ist, damit ihr Selbstwertbedürfnis befriedigt. Sie hat geholfen, aus der Motivation heraus, ihr Selbstwertbedürfnis zu befriedigen. Sie hat aber auch etwas für die Verbesserung der Beziehung zu dieser Person, also für ihr Bindungsbedürfnis, getan. Damit könnte die Idee entstehen, die Motivation zu helfen ganz auf das Bindungsbedürfnis zu reduzieren. Damit würde das Erleben der Person aber nicht vollständig erklärt werden. Die Person erlebt nicht nur die bei einer Befriedigung des Bindungsbedürfnisses zu erwartende Freude, sondern auch das Gefühl von Stolz.

Auch die Fähigkeit, Schuld und vor allem Scham zu fühlen, zeigt auf, dass die Natur nach der Entwicklung eines Kontroll-, Lust- und Bindungsbedürfnisses noch das Bedürfnis nach einer positiven Selbstbewertung entwickelt hat. Menschen haben den Drang, bestimmte Maßstäbe erfüllen zu wollen. Tun sie das nicht, erleben sie mitunter äußerst intensive Schuld und Scham – gerade für Psychotherapeutinnen bei Patientinnen oft zu beobachtende starke Gefühle. Auch diese Gefühle können nicht aus den anderen Grundbedürfnissen heraus erklärt werden.

Würde nur das Bindungsbedürfnis gefährdet werden, würden wir als Gefühl in einer Schuld und Scham erzeugenden Situation nur die reine Angst erwarten. Nur die Annahme eines eigenständigen Selbstwertbedürfnisses erklärt das Erleben der Person vollständig. Ausgangspunkt und Ziel einer Theorie ist immer die Erklärung des Empirischen. Die Reduzierung auf das Bindungsbedürfnis in unserem Beispiel würde das Erleben der Person nicht vollständig erklären.

Die leicht verwirrende Überschneidung mit den anderen Grundbedürfnissen ergibt sich aus der Funktion des Selbstwertbedürfnisses, das darin besteht, die Person zu den wichtigsten drei Handlungskategorien zu motivieren, mit Hilfe derer Menschen versuchen, alle ihre Grundbedürfnisse zu befriedigen – a) Fähigkeiten erwerben und verwirklichen, b) sich durchsetzen und c) zusammenarbeiten. Damit motiviert das Selbstwertbedürfnis zu denselben Handlungsweisen wie das Kontrollbedürfnis und das Bindungsbedürfnis. Zu den gleichen Handlungen zu motivieren, ist jedoch keine logische Begründung dafür, dass nur die seelischen Grundbedürfnisse Kontrolle, Lust und Bindung bestehen. Ein Verhalten kann immer durch mehrere Mechanismen, die in ihrer Qualität sehr unterschiedlich sein können, motiviert sein (Grawe, 2004). Vor allem, wenn diese Verhaltensweisen für das Überleben so zentral sind, ist eine mehrfache Absicherung der Motivation durchaus als vorteilhaft vorstellbar.

Die Eigenständigkeit des Selbstwertbedürfnisses wird auch noch dadurch unterstrichen, dass es sowohl zu Durchsetzungs- als auch zu kooperativen Verhaltensweisen motiviert – ganz anders als das Bindungs- und das Kontrollbedürfnis, die beide nur in eine Richtung abzielen.

Mit den Grundbedürfnissen wird die seelische Organisation beschrieben, mit Hilfe derer das Individuum zu den Verhaltensweisen motiviert wird, das übergeordnete Ziel des Generhalts abzusichern. Alle Grundbedürfnisse zu negieren und nur noch von der Motivation des Generhalts zu sprechen, wäre eine reduktionistische Sicht, die die Organisation und das Funktionieren der Psyche nicht treffend beschreiben würde. Das Weglassen des Grundbedürfnisses nach einer positiven Selbstbewertung würde ebenso das Erleben der Menschen und damit ihre seelische Struktur nicht ausreichend erklären und wäre damit ein Verlust an Erkenntnis.

Das Selbstwertbedürfnis ist sicherlich das geistigste Grundbedürfnis von allen und nicht einfach zu operationalisieren, aber es ist auch eines, das intensiv erlebt wird und deshalb kaum zu negieren ist.

Selbstwert und Selbstvertrauen

Das Selbstvertrauen wird in der Literatur meist in einem engen Verhältnis zum Selbstwert gesehen (Potreck-Rose & Jacob, 2018). Wo liegt die Gemeinsamkeit und wo liegt der Unterschied zwischen Selbstwert und Selbstvertrauen? Die Gemeinsamkeit besteht darin, dass beide Eigenschaften einen Teil des Selbstkonzeptes einer Person darstellen. Ansonsten sind es jedoch getrennte seelische Aspekte. Selbstwert ist, wie bereits erwähnt, eine »Selbst-Bewertung« anhand von Selbstwertkriterien. Selbstvertrauen ist in seinem Kern eine »Selbst-Beschreibung« ohne Bewertung (Schmitt & Altstötter-Gleich, 2010). Damit kann es nicht dasselbe sein. Selbstvertrauen entsteht über die aus Erfahrungen gewonnene Einschätzung des eigenen Könnens und aller Fähigkeiten. Es ist die Einschätzung und daraus resultierende Zuversicht, ob die Person eine Aufgabe erfolgreich bewältigen kann. Je realistischer und je kompetenter diese Selbstbeschreibung ausfällt, desto leichter fällt der Person die Lebensbewältigung. Selbstvertrauen ist also eine recht hilfreiche wichtige Eigenschaft. Selbstvertrauen vermittelt sich auch in Gefühlen. Freude und Angst bzgl. einer Aufgabe unterscheiden sich je nach Ausmaß des Selbstvertrauens.

Die Ursache dafür, dass sich Selbstvertrauen bei manchen Patientinnen mit dem Selbstwert vermischt, liegt darin, dass noch keine Trennung zwischen Selbstwertkriterien und dem Grundbedürfnis, sich positiv bewerten zu wollen, gemacht wird. Menschen können vieles zum Selbstwertkriterium erheben. So können Menschen auch das Selbstvertrauen oder die Ursachen dafür zum Selbstwertkriterium machen. Ein Mensch kann sagen: »Ich bin wertvoll, weil ich viel Selbstvertrauen habe.« Damit würde das Selbstvertrauen zwar als Selbstwertkriterium benutzt, die Motivation dazu würde jedoch aus dem davon getrennten Grundbedürfnis, sich positiv bewerten zu wollen, entspringen. Nimmt eine Person eine Kompetenz als Selbstwertkriterium, etwa »Ich bin wertvoll, weil ich die Kompetenz X habe«, dann kann diese Aussage sowohl für das Selbstvertrauen als auch den Selbstwert verwendet werden. Die Motivationen für beide Verhaltensweisen wären aber in unterschiedlichen Grundbedürfnissen begründet. Das Bedürfnis nach Selbstvertrauen ist in Grawes Modell durch das Grundbedürfnis nach Kontrolle motiviert und nicht durch das Grundbedürfnis nach einem positiven Selbstwert.

Die Verknüpfung erfolgt nur, indem das Selbstvertrauen bzw. seine Ursachen zum Selbstwertkriterium erhoben werden. Die Problematik von Selbstvertrauen bzw. von Kompetenzen als Selbstwertkriterien diskutieren wir folgend noch ausführlich.

1.6.2 Selbstwert – Gefühl oder gedankliches Konzept

Im Alltagssprachgebrauch und von Patientinnen geäußert sind in Bezug zum Thema unseres Buches häufig zwei komplexe Gefühlsausdrücke anzutreffen: Selbstwertgefühl und Minderwertigkeitsgefühl.

Selbstwertgefühl oder Minderwertigkeitsgefühl sind keine Basisgefühle. Sie werden in Abgrenzung dazu als komplexe Gefühle bezeichnet (Lammers, 2007). Komplexe Gefühlswörter bringen ein Basisgefühl und ein Konzept über sich und die Umwelt, also Gedanken sowie ein Grundbedürfnis zum Ausdruck.

Beim Begriff Selbstwertgefühl besteht das Basisgefühl in der Freude, dass es der Person gelungen ist, den eigenen Selbstwertkriterien (gedankliches Konzept) gerecht zu werden und damit das Grundbedürfnis nach einer positiven Selbstbewertung befriedigt zu haben.

Minderwertigkeitsgefühl beschreibt die gegensätzliche seelische Situation. Es ist der Person nicht gelungen, ihren Selbstwertkriterien, wann sie sich wertvoll fühlen darf (gedankliches Konzept), gerecht zu werden. Das Grundbedürfnis nach einer positiven Selbstbewertung bleibt unbefriedigt und ein Basisgefühl von Trauer und Bedrücktheit hat sich eingestellt. Schon ganz praktisch, mit einem Wort all das ausdrücken zu können.

Möchte man etwas an dem Minderwertigkeitsgefühl ändern, ist es jedoch hilfreich, diese Unterscheidung zu berücksichtigen. Am Konzept, wann eine Person wertvoll oder wertlos ist, kann direkt mit einer Veränderung begonnen werden, am

Gefühl nicht. Wenn eine Person unter einem komplexen Gefühl leidet, ist es für eine Veränderung dieses Gefühls wichtig, es zunächst wieder in die verschiedenen Grundbestandteile – Basisemotion, Grundbedürfnis und unbewusste oder bewusste Gedanken oder Konzepte, wann das Grundbedürfnis als befriedigt betrachtet wird, und die Einschätzung, ob das stattgefunden hat – aufzuteilen.

> Die Begriffe Selbstwertgefühl oder Minderwertigkeitsgefühl beinhalten folgende Komponenten:
>
> - Grundbedürfnis nach einer positiven Selbstbewertung,
> - Selbstwertkriterien,
> - Bewertung der Situation, inwieweit die Person die Selbstwertkriterien erfüllt,
> - daraus folgend eine Basisemotion (Freude, Angst, Trauer, Ärger, Ekel).

Im Vordergrund einer Emanzipation der Patientin im Selbstwert steht die Frage, welche Kriterien die Person verwenden möchte, um sich als wertvoll zu erachten. Das sind Gedanken, noch genauer Bewertungen, Einstellungen oder Meinungen. Die Basisgefühle resultieren daraus. Wir setzen für eine Verbesserung der Befriedigung des Grundbedürfnisses nach einer positiven Selbstbewertung deshalb am Selbstwertkonzept, konkreter an den Selbstwertkriterien, an und haben ein positives Selbstwertgefühl als Ziel.

Den Selbstwert verstehen wir demnach als Konzept und die positive Selbstbewertung als Grundbedürfnis. Das Selbst- oder Minderwertigkeitsgefühl ordnen wir als komplexes Gefühl ein, zusammengesetzt aus unserem Selbstwertkonzept und der aktuellen Befriedigung oder dem Mangel des Grundbedürfnisses nach einer positiven Selbstbewertung und der damit erlebten Basisemotion Freude, Trauer, Angst, Ärger und Ekel.

Im Kern bezeichnen die Worte Selbstwertgefühl oder Minderwertigkeitsgefühl also keine Grundgefühle, sondern eine Mischung aus einem Grundgefühl und meist unbewussten Gedanken darüber, ob und wodurch wir unser Selbstwertbedürfnis als befriedigt erleben oder nicht. Selbstwertgefühl und Minderwertigkeitsgefühl werden zur Unterscheidung von den Basisgefühlen, ähnlich wie Stolz, Schuld und Scham, als komplexe Gefühle bezeichnet (Lammers, 2007).

1.6.3 Selbstwertbedürfnis – Funktion und typische Selbstwertkriterien

Wozu haben Menschen das Bedürfnis, sich selbst positiv bewerten zu wollen?
Wie wir für alle Grundbedürfnisse dargestellt haben, stellen diese den Antrieb dar, unser Handeln nach dem evolutionsbiologischen Ziel des Generhalts auszurichten.

Um durch das Selbstwertbedürfnis zu einem evolutionsbiologisch nützlichen Verhalten motiviert zu sein, bedarf es allerdings nicht nur eines Grundbedürfnisses, sich selbst positiv bewerten zu wollen, sondern auch bestimmter Bewertungskriterien.

Welche Eigenschaften oder Handlungsweisen sehen Menschen als Bestätigung eines positiven Selbstwertes? Welche Maßstäbe verwenden Menschen, um sich positiv zu bewerten?

Ist ein Selbstwertbedürfnis etabliert, lässt sich durch die Festlegung der Selbstwertkriterien oder Selbstwertmaßstäbe das Verhalten des Individuums sehr genau steuern.

Sind wir auf Erfolge stolz, sind wir motiviert, dafür zu sorgen, diese zu erreichen. Die wichtigsten Mittel, um Erfolge zu erreichen, sind: Fähigkeiten erlernen und Leistung erbringen. Bei beidem fühlen Menschen sich wertvoll.

Sind wir mit unserem Selbstwert zufrieden, wenn wir uns durchgesetzt und Stärke bewiesen haben, werden wir uns in dieser Weise verhalten. Damit sind Menschen zusätzlich motiviert, alle anderen Grundbedürfnisse auch gegen Widerstände von außen zu verwirklichen.

Fühlen wir uns wertvoll, wenn wir soziale Anerkennung bekommen, gut integriert sind oder uns nach zwischenmenschlichen Werten verhalten haben, werden wir die Bedürfnisse anderer Menschen mit bedenken und uns kooperativ verhalten. Damit sichern wir uns ihre Unterstützung bei der Befriedigung unserer eigenen Bedürfnisse.

Mit der Wahl der genannten Selbstwertkriterien motiviert das Selbstwertbedürfnis zu den für das Überleben und die Fortpflanzung wichtigsten drei Verhaltensweisen:

1. aus Talenten Fähigkeiten entwickeln und in Leistung und Erfolge umsetzen,
2. sich bei der Gefährdung von Grundbedürfnissen durchsetzen und kämpfen,
3. sich kooperativ verhalten.

Die häufigsten Selbstwertmaßstäbe von Menschen sind genau auf diese drei wichtigsten Überlebensstrategien abgestimmt. Die Bedeutung von Durchsetzung und Kooperation haben wir ausführlich dargestellt. Die Wichtigkeit von Fähigkeiten, Leistung und Erfolg für das Überleben ist selbstevident.

Die *vier wichtigsten Bereiche der menschlichen Selbstwertkriterien* motivieren zu den drei für das Überleben wichtigsten Handlungsweisen:

- **Fähigkeiten, Leistung und Erfolg**
  als Selbstwertkriterium motiviert dazu, sich um die erfolgreiche Befriedigung von Grundbedürfnissen zu bemühen.
- **Sich durchzusetzen**
  als Selbstwertkriterium sichert den Erfolg und damit die Grundbedürfnisbefriedigung auch bei Widerstand ab. Die kompetitive Komponente des Sich-Durchsetzens – das »Bessersein«, das »Mehrhaben« als die anderen – als Selbstwertkriterium verstärkt dieses Verhalten.
- **Soziale Anerkennung und soziale Integration**
  als Selbstwertkriterien fördern die Kooperationsbereitschaft. Beides kann so-

wohl mit Durchsetzung als auch mit der Verwirklichung von zwischenmenschlichen Werten erreicht werden.
- **Zwischenmenschliche Werte, im Kern die Idee der Gleichwertigkeit,** als Selbstwertkriterien ermöglichen sowohl für die Durchsetzung der eigenen Bedürfnisse zu sorgen als auch für die Kooperation.
(nach Schütz, 2003).

Weil nur bestimmte Verhaltensweisen den Generhalt und die Voraussetzungen dafür – das Überleben und die Fortpflanzung – verbessern, können die Selbstwertkriterien nicht beliebig sein. Sie erfüllen ihren evolutionären Zweck nur, wenn sie zu den aufgeführten zentralen Verhaltensweisen motivieren. Damit können wir davon ausgehen, dass nicht nur das Selbstwertbedürfnis, sondern auch die Selbstwertkriterien in gewissem Maß evolutionsbiologisch entstanden sind und genetisch weitergegeben werden. Die überkulturelle Ähnlichkeit von Werten und Selbstwertkriterien spricht ebenso für deren genetische Verankerung (Schwartz, 1992, nach Schmitt & Altstötter-Gleich, 2010) wie die genetische Verankerung des Grundbedürfnisses nach der Verwirklichung von Gleichwertigkeit.

Sieht eine Person sich als wertvoll an, wenn sie Erfolge erzielt, Fähigkeiten besitzt und Leistung erbringt, ist sie sowohl dazu motiviert, aus ihren Talenten durch Lernen Fähigkeiten zu entwickeln, als auch dazu, diese einzusetzen (Performanz). Damit verbessern sich ihre Möglichkeiten, für die Befriedigung aller Grundbedürfnisse zu sorgen, erheblich.

Menschen müssen sich in der Natur gegen Nahrungskonkurrenten und Fressfeinde durchsetzen. Sie konkurrieren mit anderen Menschen um Sexualpartner. Um als Individuum und als Art zu überleben, muss die Person zu diesem Sich-Durchsetzen und Konkurrenzkampf motiviert sein. Um diese Motivation sicherzustellen, wurde dem Menschen – evolutionsbiologisch – das erfolgreiche Sich-Durchsetzen, das Bessersein als alle Konkurrenten und alles, was dies ermöglicht, wie Macht, Ansehen, Reichtum, Stärke, Intelligenz usw., sehr wertvoll. Sind der Person diese Ziele wichtig, ist sie motiviert zu einem Handeln, das ihr den Zugang zu Ressourcen für ihr Überleben und die Weitergabe ihrer Gene im Konkurrenzkampf mit anderen Tieren und Menschen sichert. Um den Menschen zum Sich-Durchsetzen und zum Erwerb aller dazu hilfreichen Mittel wie Macht, Ansehen und Reichtum zu motivieren, lässt die Natur die Person sich wertvoller fühlen, wenn sie diese verwirklicht. So entstand die nächste Kategorie von Selbstwertkriterien: die Kategorie des Sich-Durchsetzens.

Der große Überlebensvorteil der Kooperation veranlasste die Evolution, die Motivation zu kooperativem Verhalten auch über die Art der Selbstwertkriterien abzusichern.

Aus diesem Grunde fühlen Menschen sich wertvoll, wenn sie es schaffen, sozial gut integriert zu sein und soziale Anerkennung zu generieren (Schütz, 2003, und Schwartz, 1992, nach Schmitt & Altstötter-Gleich, 2010). Der Nachteil der sozialen Anerkennung als Selbstwertkriterium besteht in deren Instabilität. Haben alle Menschen feste Vorstellungen, wann eine Person soziale Anerkennung verdient hat, kann sich die Person auch als wertvoll erachten, wenn sie im konkreten Fall keine Anerkennung bekommt. Diesen Vorteil erfüllt die letzte und modernste

1 Menschliche Grundbedürfnisse und ihre Funktion

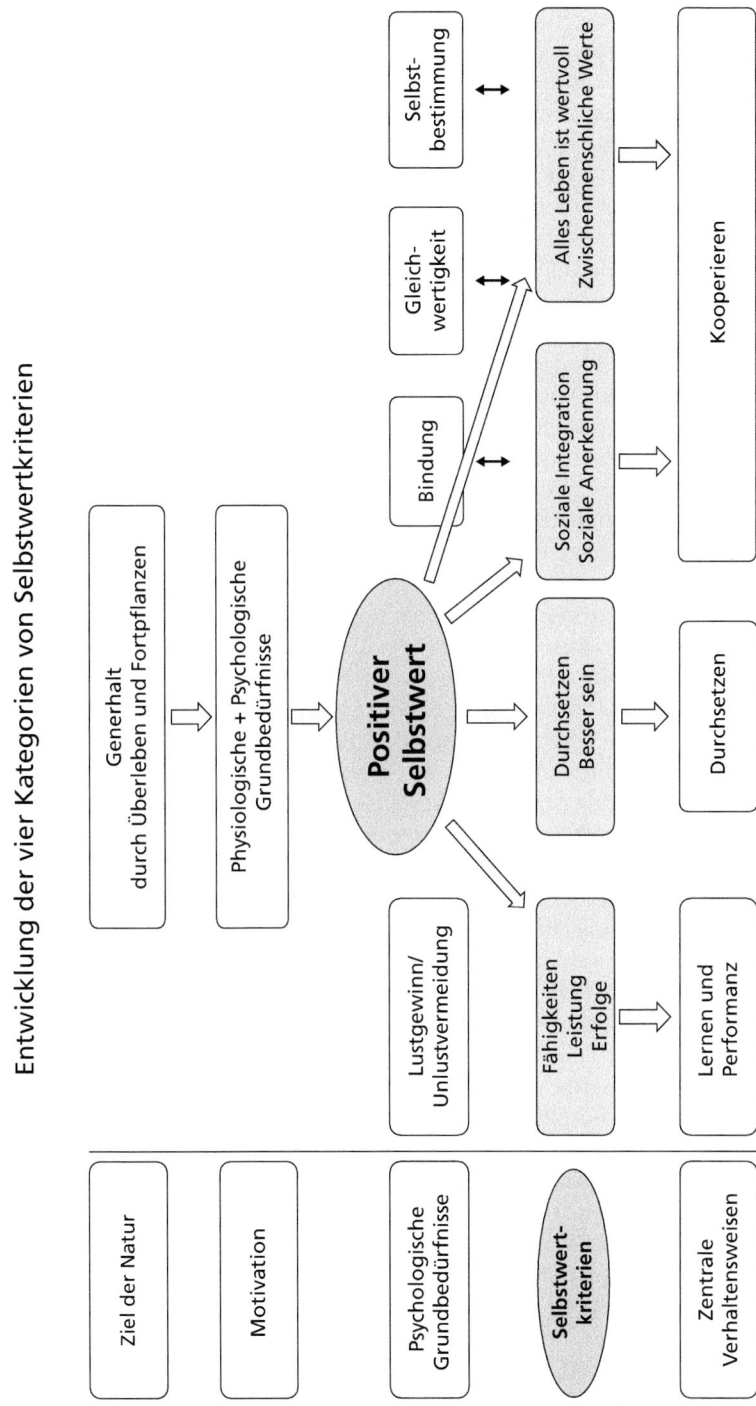

Abb. 1.1: Zusammenhang Selbstwertkriterien – zentrale Überlebensstrategien

Kategorie von Selbstwertkriterien, die zwischenmenschlichen Werte, die sich aus der Idee der Gleichwertigkeit ergeben. Die soziale Integration und Kooperation wird durch die Einhaltung zwischenmenschlicher Werte am besten gefördert und abgesichert. Mit dem zentralen Wert der Gleichwertigkeit wird eine sehr erfolgreiche Mischung aus den beiden zentralen Überlebensstrategien, für sich zu sorgen und zu kooperieren, erreicht. So entwickelten sich auch die zwischenmenschlichen Werte zu Selbstwertkriterien. Viele Menschen fühlen sich wertvoller, wenn sie einfühlsam und wertschätzend mit anderen umgegangen sind oder wenn sie anderen geholfen haben. Diese Selbstwertkriterien fördern die Motivation zu kooperativem Verhalten am stabilsten.

Somit hat die Natur nicht nur die Verwirklichung von Gleichwertigkeit als Grundbedürfnis »erfunden« (Sauer, 2023; Arntz et.al., 2021), sondern deren Umsetzung zusätzlich auch noch über die Entwicklung des Selbstwertbedürfnisses und die Verwendung zwischenmenschlicher Werte als Selbstwertkriterien abgesichert. Hat die Person ein Selbstwertbedürfnis und erachtet sie sich als wertvoll, wenn sie zwischenmenschliche Werte verwirklicht, zeigt sie intrinsisch motiviert kooperatives Verhalten. Damit empfindet die Person durch die Verwirklichung zwischenmenschlicher Werte eine Befriedigung des Selbstwertbedürfnisses und erlebt direkt Freude und Zufriedenheit. Es muss dann nicht zusätzlich die Befriedigung eines anderen Grundbedürfnisses stattfinden, um zu einer kooperativen Handlung motiviert zu sein. Menschen haben mit der Befriedigung des Selbstwertbedürfnisses beim Vorhandensein der zwischenmenschlichen Werte als Selbstwertkriterien immer ein ausreichendes Handlungsmotiv, um kooperatives Verhalten zu zeigen. Mit der Entwicklung des Selbstwertbedürfnisses und der Möglichkeit, die universellen Werte als Selbstwertkriterien zu verwenden, erreicht die Natur eine äußerst wichtige Verbesserung der Absicherung kooperativen Verhaltens. Das Selbstwertbedürfnis fördert damit gruppenorientiertes Verhalten auch ohne verwandtschaftliche Beziehung zu den Gruppenmitgliedern. In der wertegeleiteten Kooperation ist die Person motiviert, mit den Menschen zusammenzuarbeiten, die auch eine maximale Kooperationsmotivation haben. Das ist bei verwandtschaftlich motivierter Kooperation nicht zwangsläufig so gegeben.

Es scheint, dass sich die Menschheit in der Wahl der Selbstwertkriterien in einer Entwicklung befindet. Das Kooperation fördernde Grundbedürfnis nach einer Verwirklichung von Gleichwertigkeit wird zunehmend auch für die Stabilisierung des eigenen Selbstwertes verwendet. Die Entwicklung beim Menschen scheint in einer biologisch-kulturellen Wechselwirkung in diese Richtung zu gehen. Menschen vieler Gesellschaften verwenden vermehrt die Erfüllung zwischenmenschlicher Werte als Selbstwertkriterien. Sie führen zum stabilsten Selbstwert (Schütz, 2003). Was nicht heißt, dass die konkurrenzorientierten Selbstwertkriterien im Menschen nicht noch sehr dominant sind. Außerdem – wie immer in der Natur – variiert die Ausprägung der verschiedenen Selbstwertkategorien von Individuum zu Individuum deutlich.

> Das Grundbedürfnis nach einer positiven Selbstwertbewertung hat damit die Funktion, die Motivation sowohl zur Entwicklung von Fähigkeiten, zum Er-

> bringen von Leistung, zur Durchsetzung als auch zur Kooperation sicherzustellen.

Um in der Psychotherapie gemeinsam mit Patientinnen hilfreiche Selbstwertkriterien auswählen und begründen zu können, stellen sich damit zwei Fragen:

Welche Selbstwertkriterien gibt es, und nach welchen Maßstäben wählen wir hilfreiche Selbstwertkriterien aus?

1.6.4 Typische Selbstwertkriterien – hilfreich oder nicht?

Symptome, Glücklichsein und Empirie bestimmen die hilfreichen Selbstwertkriterien

Für die Wahl der hilfreichsten Selbstwertkriterien orientieren wir uns am Ziel der Patientin. Meist ist das Ziel der Patientin die Linderung ihrer seelischen Erkrankung und der damit einhergehenden Beschwerden und Symptome. Nehmen wir die Grundbedürfnisse als wichtige Grundlage unseres Störungsmodells, gilt es, für das Erreichen dieser Ziele eine stabile Befriedigung der Grundbedürfnisse zu ermöglichen. Für die Befriedigung des Grundbedürfnisses nach einer positiven Selbstbewertung ist die Wahl der Selbstwertkriterien von entscheidender Bedeutung. Damit stellt sich die Frage: Welche Selbstwertkriterien sind am hilfreichsten, um eine dauerhaft positive Selbstbewertung zu ermöglichen?

Die Antworten auf diese Frage können wir zum einen logisch ableiten und zum anderen empirisch überprüfen.

Glücklichsein und hilfreiche Selbstwertkriterien

Die Wahl der zwischenmenschlichen Werte als die hilfreichsten Selbstwertkriterien begründet sich im Ziel, das eine Person verfolgt. Die meisten Patientinnen haben das konkrete Ziel der Beschwerdefreiheit und übergeordnet das Ziel, möglichst zufrieden oder – stärker noch – glücklich zu sein.

> »Wir wenden uns darum der anspruchsloseren Frage (als der allgemeinen Frage nach dem Zweck des Lebens) zu, was die Menschen selbst durch ihr Verhalten als Zweck und Absicht ihres Lebens erkennen lassen, was sie vom Leben fordern, in ihm erreichen wollen. Die Antwort darauf ist kaum zu verfehlen: sie streben nach dem Glück, sie wollen glücklich werden und so bleiben« (Freud, 2021, S. 42).

Auch schon Epikur (geb. 341 v. Chr.) betrachtet »das Streben nach Glück, nach individueller Lust und Freude als das natürliche Ziel des Lebens« (nach Schmidt-Salomon, 2024, S. 160).

Glücklichsein ist – zumindest für die allermeisten Menschen – das zentrale Ziel im Leben.

Hier einige Beispiele aus der Arbeit mit Patientinnen auf die Frage, welche Ziele sie für die Psychotherapie haben:

»Ich möchte wieder glücklich sein; ich möchte meine Gefühle wieder wahrnehmen; ich möchte eine glückliche Beziehung führen; ich möchte mich trauen, zu tun, was mich glücklich macht; usw.«

Nehmen wir nun das Glücklichsein als Ziel und Grundlage für die Auswahl hilfreicher Selbstwertkriterien, stellt sich die Frage, wann ein Mensch glücklich ist:

> Glücklichsein stellt sich bei Menschen dann ein, wenn sie ihre Lebensumstände so einschätzen, dass sich darin ihre Grundbedürfnisse jetzt und auch mit ausreichender Wahrscheinlichkeit zukünftig befriedigen lassen und sie mit den existenziellen Konflikten gelassen zurechtkommen.

Glücklichsein kann in eine kognitive Komponente und in ein Basisgefühl oder langfristig in eine Stimmung unterschieden werden (Diener & Diener, 1995; Emmons & Diener, 1985, nach Joshanloo, 2024). Wird in einer konkreten Situation ein bestimmtes Grundbedürfnis befriedigt, stellt sich zunächst das Gefühl der Freude ein. Von Glücklichsein sprechen Menschen erst dann, wenn sie nicht nur in einer konkreten Situation eine Bedürfnisbefriedigung erreichen, sondern insgesamt eine positive Bilanz der Bedürfnisbefriedigung über ihr Leben ziehen. Menschen brauchen für das Glücklichsein die Einschätzung, dass sie in Lebensumständen leben, die es ihnen jetzt – aber auch in absehbarer Zukunft – ermöglichen, ihre Grundbedürfnisse verwirklichen zu können. Bei der als nötig erachteten Quantität der Befriedigung orientieren sie sich am für das Überleben ausreichenden Maß und am Vergleich mit den Menschen in ihrem Umfeld.

Hinzu kommt als weitere Voraussetzung dafür, dass ein Mensch glücklich sein kann, eine Einstellung zur Vergänglichkeit und zum Leiden, die es der Person ermöglicht, diesen beiden eigentlich unerwünschten existenziellen Eigenschaften des Lebens mit einer gewissen Gelassenheit zu begegnen.

> »Von drei Seiten droht das Leiden, vom eigenen Körper ..., von der Außenwelt und von den Beziehungen zu anderen Menschen ... Kein Wunder, wenn unter dem Druck dieser Leidensmöglichkeiten die Menschen ihren Glücksanspruch zu ermäßigen pflegen ...« (Freud, 2021, S. 43).

Deshalb sind Menschen zusätzlich zu den Möglichkeiten der Bedürfnisbefriedigung in ihrem Leben umso glücklicher, je mehr sie die Fähigkeit haben, nicht oder nicht vollständig erfüllte Grundbedürfnisse auf eine gelassene Weise hinnehmen zu können. Wie schwer uns das fällt, hängt stark von der Bewertung des Mangels und des Leidens ab. Alles ist Bewertung (▶ Teil I.).

Ein bisschen lieblos von der Natur (oder Gott – beide Erklärungsmöglichkeiten ändern nichts an unseren psychologischen Aufgaben), dem Menschen das Streben nach Glücklichsein mitzugeben und das Erreichen dieses Zustandes so schwierig zu machen. Erst glücklich sein zu können, wenn alle Bedürfnisse nicht nur jetzt, sondern auch in absehbarer Zukunft befriedigt sind – und dies, obwohl sich bereits die Grundbedürfnisse oft selbst widersprechen und wir den immer wieder auftretenden Mangel an Grundbedürfnisbefriedigung als Leiden erleben –, macht das Erreichen dieses Ziels anspruchsvoll.

»Die Absicht, dass der Mensch glücklich sei, ist im Plan der Schöpfung nicht enthalten« (Freud, 2021, S.42–43).

Nehmen wir das übergeordnete Ziel des Glücklichseins (»life satisfaction«, Joshanloo, 2024) als Grundlage für die Wahl hilfreicher Selbstwertkriterien, geht es aus den eben dargestellten Bedingungen für das Glücklichwerden darum, auch das Grundbedürfnis nach einem positiven Selbstwert möglichst stabil zu befriedigen (Joshanloo, 2024). Um dieses Ziel zu erreichen, ist es hilfreich, solche Selbstwertkriterien zu wählen, die es allen Menschen ermöglichen, das Grundbedürfnis nach einem positiven Selbstwert oft, sicher und stabil zu befriedigen. Gleichwertigkeit und die zwischenmenschlichen Werte haben von den möglichen Selbstwertkriterien das größte Potenzial, dies zu erreichen. Die Wahl der zwischenmenschlichen Werte als die geschicktesten Selbstwertkriterien möchten wir im Folgenden noch ausführlicher begründen. Dieses Wissen ist die Grundlage für die Therapeutin, die Patientin zu einem überzeugten Anwenden dieser Kriterien für die Beurteilung ihres eigenen Selbstwerts zu ermutigen.

Empirie und hilfreiche Selbstwertkriterien

Bisher wurde der Vorschlag für geschickte Selbstwertkriterien aus dem Ziel, glücklich zu sein, und den Überlegungen, welche Handlungsweisen es einer Person in einer materiell und emotional gegenseitig extrem abhängigen Lebenswirklichkeit am besten ermöglichen, dieses Ziel zu erreichen, abgeleitet und begründet.

Eine weitere Möglichkeit, die Wahl hilfreicher Selbstwertkriterien zu begründen, besteht in der empirischen Untersuchung der Höhe und Stabilität des Selbstwertes in Abhängigkeit von den verwendeten Kategorien von Selbstwertkriterien. Schütz (2003) stellt bei Menschen, die ihren Selbstwert vornehmlich auf die grundsätzliche Annahme eines durch ihre Existenz gegebenen und für alle gleichen Wert stützen, den stabilsten Selbstwert fest. Menschen, die diese Art von Selbstwertkriterien verwenden, beschreiben sich selbst als am lebenszufriedensten. Sie erreichen die beste Selbstakzeptanz – auch gegenüber Leistungs- und Kompetenzdefiziten sowie Fehlern, die sie machen. Auch Updegraff, Emanuel, Suh und Gallagher (2010) bestätigen in ihren Studien die selbstwertstabilisierende Wirkung abstrakter, von aktuellem Erfolg und Leistung unabhängiger Selbstwertkriterien.

Damit deckt sich der aus dem Lebensziel, glücklich zu sein, und den Grundbedürfnissen des Menschen abgeleitete Vorschlag für die geschicktesten Selbstwertkriterien mit den empirischen Ergebnissen. Eine weitere empirische Überprüfung wäre, wie gewohnt, wünschenswert.

Exkurs – Definition: dysfunktional – maladaptiv

Dysfunktional nennen wir Handlungsweisen und seelische Verarbeitungsmechanismen, wenn sie zwar vor der Bedrohung eines Grundbedürfnisses schützen, aber den Preis haben, dass sie entweder die Befriedigung dieses Grundbedürfnisses nicht wirklich sicher und dauerhaft erreichen oder die Befriedigung anderer Grundbedürfnisse stark gefährden.

Dysfunktional nennen wir auch solche Lösungen, mit denen Personen absehbar – bei typischerweise zu erwartenden veränderten Aufgaben im Verlauf des Lebens – die stabile Befriedigung aller Grundbedürfnisse nicht ausreichend erreichen werden. Menschen mit dysfunktionalen Bewältigungsstrategien schaffen es zwar zu überleben, sie werden aber entweder nie richtig glücklich, oder es besteht die Gefahr, dass eine zusätzliche Belastung mit den gewohnten dysfunktionalen Bewältigungsstrategien nicht mehr bewältigt werden kann. Dann kann es zu einer seelischen Erkrankung kommen. Die genannte Definition von funktional und dysfunktional lehnt sich an die Begriffe von Ellis (»rational« oder »appropriate« und »irrational« oder »inappropriate«) und Beck (»antiempirical cognitions«) an (nach Wilken, 2024). Young (2005) verwendet in der Schematherapie meist den Begriff maladaptiv. Für die Bezeichnung hilfreich und nicht (dauerhaft oder grundsätzlich) hilfreich, nutzen wir die Begriffe funktional und dysfunktional. Dysfunktional und maladaptiv verwenden wir synonym.

1.6.5 Dysfunktionale Selbstwertkriterien – Fähigkeiten/Leistung/Erfolg, konkurrenzorientierte Durchsetzung und soziale Anerkennung

Wie sich empirisch gezeigt hat und wie sich aus dem Verhältnis menschlicher Ziele zu den dafür gegebenen Lebensumständen ableiten lässt, sind Selbstwertkriterien aus den Bereichen Fähigkeiten/Leistung/Erfolg, konkurrenzorientierte Durchsetzung und soziale Anerkennung als weniger hilfreich anzusehen. Wir stellen die Nachteile dieser dysfunktionalen Selbstwertkriterien im Kapitel »Funktionalität bisheriger Selbstwertkriterien sokratisch in Frage stellen« (▶ Kap. 7.2) noch ausführlicher dar.

Die konkrete Formulierung von Selbstwertkriterien kann natürlich sehr individuell ausfallen. Deshalb sind die genannten Begriffe nur als Beispiele gedacht. Alle konkreten individuellen Begriffe lassen sich aber erfahrungsgemäß immer in die vier genannten Kategorien von Selbstwertkriterien einordnen. Hinzuzufügen sei noch, dass sich die erwähnten Bereiche in den individuellen konkreten Selbstwertkriterien auch überschneiden können und im Einzelfall häufig eine Mischung aus verschiedenen dieser Dimensionen von Selbstwertkriterien auftritt.

Hier nun einige Beispiele von wenig hilfreichen Selbstwertkriterien aus den drei dysfunktionalen Kategorien:

Fähigkeiten, Leistung und Erfolg

1) Beruflicher Erfolg, Karriere – eigene und die der Kinder
2) Aussehen – Schönheit
3) Begabung, Talente
4) Intelligenz
5) Können

6) Bildung, Wissen
7) Perfektionismus
8) Fehlerfrei sein

Konkurrenzorientierte Durchsetzung als Selbstwertkriterien

1) Stark sein bzw. nicht schwach sein, etwas alleine schaffen
2) Sich mit anderen vergleichen und besser sein als die anderen
3) Etwas Besonderes leisten oder sein

Zugehörigkeits- und anerkennungsorientierte Selbstwertkriterien:

1) Von anderen gemocht, geliebt, wertgeschätzt werden
2) Durch andere bewundert werden
3) Viele Freunde haben
4) Cool sein
5) Dazugehören zu einer Gruppe

Mischung aus gesellschaftlicher Anerkennung, Leistung und konkurrenzorientierten Selbstwertkriterien:

6) Menge/Art der materiellen Güter, die man erwirbt/besitzt – was gilt als Statussymbol (Selbstwertsymbol)
7) Gesellschaftliche Position, Wichtigkeit, Macht, Einfluss

Identifikation:
Zu den genannten vier Kategorien von Selbstwert*kriterien* möchten wir noch eine problematische Selbstwert*strategie* hinzufügen, weil sie von uns Menschen sehr gerne und oft verwendet wird. Identifikation selbst ist kein Selbstwert*kriterium*. Sie stellt eine *Strategie* dar, um sich die Erfüllung von Selbstwertkriterien zu attestieren, ohne dass die Person diese Kriterien selbst erfüllt hat. Sie kann für alle Selbstwertkategorien verwendet werden.

In der Identifikation übernimmt eine Person ein anderes Individuum oder ein Objekt mit den ihm zugeschriebenen Eigenschaften und Meinungen in ihr Selbstbild. Nach der Identifikation sieht sich die Person mit den gleichen Attributen ausgestattet wie das Identifikationsobjekt.

1.6.6 Funktionale Selbstwertkriterien – Gleichwertigkeit und universelle zwischenmenschliche Werte

Nun kommen wir zu den Selbstwertkriterien, die sich sowohl über die Verknüpfung mit dem Ziel, möglichst glücklich zu sein, als auch empirisch in Studien und in der Psychotherapie mit Patientinnen als die geschicktesten für einen positiven und stabilen Selbstwert herausgestellt haben:

> »Wann sind ein Mensch und sein Handeln grundsätzlich wertvoll?«

Stellen wir Menschen diese Frage, kommen wir zu einem erstaunlichen Ergebnis. Wir haben bei dieser Frage bisher von allen Menschen die gleichen Kernqualitäten als Antworten erhalten. Das deckt sich mit den schon genannten Forschungsergebnissen von Shalom Schwartz (1992, nach Schmitt & Altstötter-Gleich, 2010), der eine hohe interkulturelle Übereinstimmung bei den Werten aller Menschen empirisch belegen konnte.

Als zentrales funktionales Kriterium für den Wert eines Menschen wird die Gleichwertigkeit genannt (Schwartz, 1992, nach Schmitt & Altstötter-Gleich, 2010). Selbstakzeptanz und Fremdakzeptanz zeigen beide hohe Werte (Schütz, 2003). Die Gleichwertigkeit, auch als Grundbedürfnis verankert (▶ Kap. 1.5), beinhaltet zwei Aussagen.

1. Alle Menschen sind trotz ihrer beschränkten Fähigkeiten grundsätzlich wertvoll (Anthropozentrismus).
   Etwas moderner (▶ Kap. 1.5.1) wäre noch:
   Alles Leben ist grundsätzlich durch seine Existenz wertvoll (Biozentrismus).
2. Damit verbunden bzw. daraus ableitbar ist die Annahme einer
   Gleichheit im Wert.

Wie man an dem folgenden wertschätzendem Gruß aus den Veden – ab etwa 1200 v. Chr. entstandene, lange Jahre mündlich überlieferte, hinduistische Weisheiten über das Leben – erkennen kann, ist die Vorstellung von der existenziellen Gegebenheit eines Wertes und der Gleichheit der Menschen im Wert eine schon lange überlieferte zwischenmenschliche Werteidee.

> *Namasté*
> Das Göttliche in mir
> Grüßt das Göttliche in Dir:
> Ich ehre den Ort in Dir,
> wo das gesamte Universum weilt.
> Ich ehre in Dir den Ort
> Der Liebe, des Lichts, der Wahrheit
> Und des Friedens.
> Ich ehre den Ort
> In Deinem Inneren, wo, wenn Du an diesem Ort in Dir bist
> Und ich an diesem Ort in mir
> Es nur einen von uns gibt.
> (El Souessi, 2021, S. 130)

Im Buddhismus, etwa 500 v. Chr., wird die Gleichheit im Wert explizit auf alles Leben übertragen. Das erste der *Vier Großen Gelübde* des Buddhismus lautet:

> Zahllos sind die Lebewesen,
> alle gelobe ich zu retten.
> (El Souessi, 2021, S. 10)

Neben diesen schönen frühen literarischen Zeugnissen über die schon lange bestehende Idee einer Gleichwertigkeit gehen wir, wie oben beschrieben, von einer biologisch-kulturellen Koevolution und genetischen Verankerung dieser Wertvorstellung aus (▶ Kap. 1.5 und Sauer, 2023).

Neben der Annahme eines existenziell gegebenen und gleichen Wertes ist es für die Entwicklung eines stabilen Selbstwertes hilfreich, diese Grundannahmen auch in konkrete Handlungsweisen im Umgang miteinander zu übersetzen. Auf der Handlungsebene werden bei der Befragung von Menschen aller Kulturen folgende Handlungswerte aufgeführt (Schwartz, 1992, nach Schmitt & Altstötter-Gleich, 2010). Sie bieten für die Generierung einer positiven Selbstwertüberzeugung eine beobachtbare Grundlage.

Handlungsweisen von Menschen, die von Patientinnen als allgemein wertvoll genannt werden:

- Menschen wertschätzend, respektvoll behandeln
  Dies folgt aus der Annahme, dass alle Menschen/alles Leben grundsätzlich wertvoll sind/ist.
- Alle gleichwertig behandeln
  Das folgt aus der Annahme, dass alle Menschen grundsätzlich *gleich* wertvoll sind.
- Selbstfürsorge
  Auch die Selbstfürsorge folgt aus der Idee der Gleichwertigkeit. Die Person selbst ist genauso wertvoll wie die anderen. Deshalb ist es wertvoll, sich selbst genauso fürsorglich und wertschätzend zu behandeln wie das Gegenüber.
- Fair, gerecht handeln
  Das heißt, nach der Prämisse der Gleichwertigkeit zu handeln, auch dann, wenn vorhandene Macht es ermöglichen würde, die Situation zum eigenen kurzfristigen oder größeren Vorteil zu nutzen.
- Einfühlsam und verständnisvoll handeln.
- Hilfsbereit handeln.
- Ehrlich handeln.
- Zuverlässig handeln.
- Fehler eingestehen, wiedergutmachen und verzeihen.

Was von Menschen nicht oft von selbst genannt wird, sich aber meist besser durch die Gute-Freundin-Technik aufdecken lässt, sind hilfreiche Handlungswerte im Umgang mit dem Fehlermachen.

»Wie geht Ihre Freundin damit um, wenn Sie einen Fehler machen? Wie gehen Sie damit um, wenn eine Freundin einen Fehler macht?«

Einen hilfreichen Umgang mit dem »Fehlermachen« zu haben, ist deshalb so wichtig, weil wir Menschen, auch wenn wir uns noch so bemühen, immer wieder Fehler machen. Wie bereits dargestellt, ist Fehlerfreiheit ein häufig genanntes dysfunktionales Selbstwertkriterium. Da es sich aber um eine existenzielle Tatsache handelt, dass alle Menschen immer wieder Fehler machen, dass Kooperation unsere effektivste Überlebensstrategie ist und wir uns vor dem Ausnutzen von Kooperation schützen müssen, ist ein Umgang mit dem »Fehlermachen«, der allen drei Tatsachen gerecht wird, hilfreich. Die Menschen haben als Lösung für diese Anforderung zwei Handlungswerte entwickelt:

1. *Verantwortung für Fehler übernehmen.* Das nennt Frankl (2021) »tätige Reue« durch die Person, die den Fehler gemacht hat.
2. *Fehler verzeihen*
durch die Person, die vom Fehler geschädigt wurde, unter der Bedingung, dass der Fehlerverursachende »tätige Reue« zeigt.

Beide Verhaltensweisen nehmen wir in die Liste der hilfreichen Selbstwertkriterien auf. Sie sind die entscheidende Grundlage für die Möglichkeit zu einer hohen Selbst- und Fremdakzeptanz. Selbstakzeptanz wird, wie oben bereits ausgeführt, als zentrale Voraussetzung für einen stabilen, positiven Selbstwert angesehen (Schütz, 2003).

Fehler zu verzeihen ist jedoch insofern ein besonderer Wert, als er nicht bedingungslos als Selbstwertkriterium im Verhalten gefordert werden kann. Er ist nur dann seelisch und gesellschaftlich hilfreich, wenn zuvor von der fehlermachenden Person Verantwortung für den Fehler übernommen wurde.

Dass eine Person Verantwortung übernommen hat, erkennen wir daran, dass sie ein Schuldeingeständnis macht, emotionale Reue zeigt, zu einer Wiedergutmachung bereit ist und diese auch von sich aus leistet. Hinzu kommt noch das Versprechen, sich zu bemühen, diesen Fehler nicht noch einmal zu machen. Wurde die fehlerhafte Handlung mit Absicht durchgeführt, hat das Verzeihen noch die Voraussetzung, dass diese Absicht von der fehlerverursachenden Person mittlerweile als nicht akzeptabel bewertet wird und die glaubwürdige Zusicherung erfolgt, diese Absicht nicht weiter zu verfolgen. Frankl (2021) nennt diesen Umgang mit dem Fehlermachen »tätige Reue«.

Sind diese Bedingungen nicht erfüllt, steht zunächst der Schutz der vom Fehler geschädigten Person im Vordergrund und nicht das Verzeihen. Die Gefahr einer Wiederholung der Schädigung ist dann größer als die Wahrscheinlichkeit, mit der Menschen auch *ohne Absicht* Fehler machen.

Aus der Wertschätzung der eigenen Person heraus, die aus der Gleichwertigkeit aller Menschen oder allen Lebens folgt, ergibt sich die Berechtigung, in allen Situationen den Schutz der eigenen Person als Grundlage jeglichen weiteren Handelns zu wählen. Alles andere wäre kein liebevoller Umgang mit sich selbst, sondern eine dysfunktionale Bewältigungsstrategie (z. B. Unterordnung/Anpassung oder Vermeidung).

Zusammengefasst bezeichnen wir Menschen ein von all diesen Werten geprägtes Verhalten als einen liebevollen oder fürsorglichen Umgang mit sich selbst und mit anderen.

Die Freiheit bei der Formulierung der Handlungswerte

Bei der Liste von kooperativen Selbstwertkriterien auf der Handlungsebene geht es nicht um die Richtigkeit der verwendeten Begrifflichkeiten und deren Trennschärfe, sondern um die damit zum Ausdruck gebrachten Qualitäten. Deshalb kann man durchaus diskutieren, ob man Begriffe dieser Liste in eine Qualität zusammenfassen, weitere Begriffe hinzufügen oder Begriffe als eigene Qualität auffassen möchte.

Der zentrale Ausgangspunkt aller Qualitäten bei den konstruktiven Selbstwertkriterien ist der Maßstab der Gleichwertigkeit.

Alle Werte auf der Handlungsebene und ihre konkrete Umsetzung können und sollten immer wieder auf ihre zielführende Qualität geprüft werden. Die Fragestellung, ob in der konkreten Handlungsweise Gleichwertigkeit verwirklicht wird, verhindert die Nutzung eines Handlungswertes entgegen der Grundannahme. Nehmen wir als Beispiel die Zuverlässigkeit. Hilft eine Person einer anderen Person bei einer Handlung, die anderen Werten widerspricht – etwa bei Mobbing –, wäre es nicht hilfreich, aus der gezeigten Hilfsbereitschaft den Selbstwert zu begründen. Die Person würde damit viele andere Grundbedürfnisse gefährden.

Hier zeigen sich die Vor- und Nachteile der Formulierung von Handlungswerten. Sie haben den Vorteil, dass sie beobachtbar sind, sie haben den Nachteil, dass ihr Wert endgültig nur in Zusammenhang mit dem abstrakten Kriterium der Gleichwertigkeit beurteilt werden kann.

Bei der Erarbeitung der Liste der werteorientierten Selbstwertkriterien auf der Handlungsebene sind zusätzliche Ideen für Ausdifferenzierungen immer möglich. Um neue Ideen hinsichtlich ihres Mehrwertes zu beurteilen, können sie hinsichtlich unseres Zieles, einem stabilen, guten Selbstwert, reflektiert werden. Meistens lassen sich weitere Ideen in die genannten Kriterien einordnen. Oder sie stellen eine spezifischere oder noch näher am Handeln orientierte Ausformulierung eines der oben genannten Kriterien dar.

Für die positive Beurteilung des eigenen Selbstwertes durch Patientinnen ist es durchaus hilfreich, die grundsätzliche Annahme der Wertigkeit von Menschen und dem Leben in konkreten Handlungsweisen auszuformulieren.

Trotzdem entstehen keine in ihren Kernqualitäten unterschiedlichen Sammlungen von Selbstwertkriterien. Nur das Maß der Konkretisierung nimmt etwas zu.

Weitere Beispiele wären etwa die Fragen:

- Ist Zuverlässigkeit ein Aspekt von Ehrlichkeit, oder sollen wir sie extra benennen?
- Sollten »liebevoll« und »selbstfürsorglich« als eigene Qualitäten genannt werden, weil sie unser Ziel so schön zusammenfassen?
- Ist fair sein ein neuer Aspekt oder die Folge von Gleichwertigkeit und Einfühlsamkeit?
- Ist es hilfreich, Gewaltlosigkeit zu benennen, oder folgt sie aus der Wertschätzung?

Die Frage, wie ausdifferenziert die Wertesammlung sein sollte, muss nicht abschließend beantwortet werden, weil es nur darum geht, keine Kernqualität zu übersehen. Wer eine Qualität noch nicht als erwähnt empfindet, formuliert noch etwas dazu, wer durch die zentralen Wertekriterien der grundsätzlichen Wertigkeit und Gleichwertigkeit der Menschen oder Lebewesen alle Werte abgedeckt sieht, braucht nur diese zwei. Beide Ansätze haben Vor- und Nachteile. Die Patientin, die alle zwischenmenschlichen Werte mit den zwei Kernwerten abgedeckt sieht, braucht sich nicht viel zu merken, muss aber in jeder Situation mehr Konkretisierung leisten. Wer die Selbstwertkriterien schon verhaltensnäher formuliert, hat schneller konkrete Situationen vor Augen, muss sich dafür aber mehr merken und bei der konkreten Anwendung jeweils überprüfen, ob auch die Gleichwertigkeit erfüllt ist.

Diese Überlegungen fördern die Vertiefung der genannten Selbstwertkriterien, stellen aber keine grundsätzliche Änderung der zugrunde liegenden Qualitäten dar. Jede Patientin kann sich eine eigene Liste von Handlungsbegriffen erstellen, mit denen sie die Gleichwertigkeit am besten in Handlung umgesetzt empfindet.

1.6.7 Vorteile kooperativer Selbstwertkriterien

Wir schlagen vor, den Schwerpunkt bei der Verwendung von Selbstwertkriterien zukünftig auf die genannten zwischenmenschlichen Werte zu legen. Sie haben gegenüber den leistungs-, fähigkeits-, anerkennungs- und konkurrenzorientierten Selbstwertkriterien deutliche Vorteile und lassen sich überzeugend begründen. Wir möchten im Folgenden noch einmal kurz alle Vorteile zusammenfassen, die dafür sprechen, zwischenmenschliche Werte als Selbstwertkriterien am stärksten zu gewichten.

Vorteil: Begründet in den Therapiezielen und logisch daraus ableitbar

Eine Begründung für die vorgeschlagene Fundierung des Selbstwertes in den zwischenmenschlichen Werten besteht darin, dass sie für die Verwirklichung des übergeordneten Therapieziels am hilfreichsten sind.

Das auch der Reduktion der Symptome übergeordnete Therapieziel lautet meist: »Ich möchte dauerhaft glücklich sein«. Wenn in diesem Zusammenhang Selbstwertzweifel eine Rolle spielen, ist es wichtig, die Selbstwertkonstruktion auf eine Basis zu stellen, die dauerhaft ist.

Bezüglich der Dauerhaftigkeit und Stabilität ist das erste, schon lange bekannte, grundsätzliche Selbstwertkriterium – dass alle Menschen (alles Leben) durch ihre (seine) bloße Existenz wertvoll sind (ist) – unschlagbar. Es garantiert einen von Schicksalsschlägen und nicht beeinflussbaren Umständen unabhängigen lebenslangen Selbstwert. Kein anderes Kriterium kann in puncto Stabilität und Sicherheit mit dem Kriterium »Alle Menschen sind per Existenz wertvoll und gleich wertvoll« mithalten.

Vorteil: Selbstständigkeit bei der Beurteilung des Selbstwerts

Alle Selbstwertkriterien aus der Kategorie der zwischenmenschlichen Werte haben den Vorteil, dass sie unabhängig von der Beurteilung durch andere sind. Sie geben der Person maximale Selbstständigkeit im Selbstwert.

Das grundsätzliche Kriterium – dass alle Menschen (alles Leben) durch ihre (seine) Existenz wertvoll und gleich wertvoll sind (ist) – macht sowieso unabhängig von der Bewertung durch andere. Aber auch bei den handlungsorientierten Kriterien kann jede Person selbst entscheiden und beurteilen, ob sie nach diesen Werten handelt. Sie begleitet sich immer selbst und kann deshalb am besten einschätzen, welches Verhalten sie gezeigt hat.

Selbst im traurigen Fall einer juristischen Fehlverurteilung durch die Gesellschaft kann eine Person, wenn sie sich nach den zwischenmenschlichen Kriterien beurteilt, ihren Selbstwert aufrechterhalten. Sie weiß, dass sie die Tat nicht begangen hat – ungeachtet dessen, dass sie dennoch sehr unglücklich sein wird, weil die Befriedigung aller anderen seelischen Grundbedürfnisse sehr eingeschränkt ist. Aber zumindest den Selbstwert können wir mit der Wahl geeigneter Selbstwertkriterien auch in solch tragischen Situationen bewahren. Gerade für Patientinnen mit einer Zwangserkrankung, bei denen die Befürchtung, ins Gefängnis zu kommen, häufig anzutreffen ist, ist dies eine Entlastung. Nicht ganz so gravierend, aber deutlich häufiger, ist der Fall, dass einem von anderen Menschen eine Zuwiderhandlung gegen Werte unterstellt wird und diese deswegen den Kontakt beenden. Auch in solch einem traurigen Fall wäre der Selbstwert nicht gefährdet, weil wir selbst ja wüssten, dass wir uns gemäß den zwischenmenschlichen Werten verhalten haben.

Der Einwand, dass Menschen, wenn sie selbstständig über ihren Selbstwert entscheiden können und die Wahrheit ihnen zum Nachteil gereichen könnte, gerne lügen, relativiert sich im Zusammenhang mit Selbstwertproblemen in zweifacher Hinsicht. Glaubt das gesamte Gehirn diese Lüge, wird man kein Selbstwertproblem haben. Wahrscheinlicher aber ist es, dass die Seele sich die Realitätsverzerrung nicht lange glaubhaft machen kann. Dann kostet es viel Kraft, diese Selbsttäuschung vor sich selbst aufrechtzuerhalten. Es besteht die große Gefahr, eine psychische oder psychosomatische Störung zu entwickeln, oder die Realitätsverzerrung bricht über kurz oder lang zusammen (▶ Kap. 3.1.2). Möchte die Person dieses Leiden von sich abwenden, ist sie spätestens dann wieder an dem Punkt einer ehrlichen Bestandsaufnahme. Dann wäre eine kritische Reflexion ihrer bisherigen Selbstwertkriterien (hier: »Wertvoll bin ich nur, wenn ich keine Fehler mache«) nötig. Das setzt jedoch voraus, dass zuvor genug Stabilität aufgebaut wurde, um alle durch die realistische Sichtweise ausgelösten Gefühle – z. B. Ärger, Angst, Trauer – zu ertragen. Stabilität gewinnt man durch einen stabilen Selbstwert. Diese Wechselwirkung erfordert ein abwechselndes Stärken von Selbstvertrauen – also der Fähigkeit, Gefühle auszuhalten – und der Überzeugung, auch dann wertvoll zu sein, wenn man die Grenzen der eigenen Kompetenzen erkennt. In der Schematherapie greifen wir deshalb die Ebene der Einstellungen auf, und zugleich stärken wir auch ganz real – im Rahmen von Imaginationsübungen – die Erfahrung, Gefühle besser aushalten zu können als bisher angenommen.

Ein weiterer Vorteil der zwischenmenschlichen Werte als Selbstwertkriterien ist, dass sich jede dafür entscheiden kann, sie umzusetzen. Es bedarf dazu keiner außergewöhnlichen Begabung. Menschen, denen sogar die basalen Fähigkeiten fehlen, um zwischenmenschliche Werte zu verwirklichen – denken wir z. B. an Personen im Koma, mit Demenz oder einer schweren geistigen Behinderung usw. –, bleiben dennoch durch die grundsätzliche Annahme eines Wertes allein durch ihre Existenz als Lebewesen wertvoll.

Die Verwirklichung zwischenmenschlicher Werte impliziert die Anerkennung einer Bemühung. Eine Bemühung kann immer nur relativ zu den Gesamtumständen beurteilt werden. Diese Gesamtumstände kann die Person selbst am besten beurteilen. Damit kann sie selbst am besten beurteilen, ob sie dem Anspruch einer Bemühung gerecht geworden ist.

Vorteil: Kooperative Selbstwertkriterien erleichtern die Befriedigung aller anderen Grundbedürfnisse

Kooperation ist eine der beiden wichtigsten Überlebensstrategien für Menschen. Durchsetzung lohnt sich, wie wir dargestellt haben (▶ Kap. 1.5.1), nur zum Schutz der kooperativen Werte. Kooperation sichert die Befriedigung aller Grundbedürfnisse am besten ab. Wählen wir kooperative Werte als Selbstwertkriterien, verhalten wir uns in einer Weise, die sowohl den Selbstwert als auch alle anderen Grundbedürfnisse langfristig am besten befriedigt.

Unser Bindungsbedürfnis wird am wahrscheinlichsten befriedigt, da andere kooperativ veranlagte seelisch gesunde Menschen ihre Bindungspartnerinnen nach der Erfüllung kooperativer Werte auswählen. Menschen suchen nach kooperationsfähigen Menschen. Eine Beziehung ist umso stabiler, je gleichwertiger die Bedürfnisse aller Bindungspartner befriedigt werden. Am sichersten und stabilsten gelingt das mit den zwischenmenschlichen Werten als Selbstwertkriterien. Damit gelingt eine grundsätzliche Wertschätzung auch der anderen Person, was für die Bindung am förderlichsten ist.

Das Grundbedürfnis nach Selbstbestimmtheit und Sicherheit wird befriedigt, da wir in unserer Selbstbeurteilung mit den kooperativen Werten unabhängig von anderen sind. Kooperation bietet die größte Sicherheit einer dauerhaften Befriedigung aller anderen Grundbedürfnisse. Damit ist sie auch die beste Grundlage für ein langfristig möglichst lustvolles und unlustvermeidendes Leben.

Das Bedürfnis nach einer Verwirklichung von Gleichwertigkeit wird mit der Verwendung von kooperativen Werten als Selbstwertkriterien selbstverständlich gleichzeitig befriedigt.

So haben kooperative Werte als Selbstwertkriterien den großen Vorteil, dass sie die Befriedigung aller anderen Grundbedürfnisse mit absichern.

Vorteil: Menschen sind von der Sinnhaftigkeit kooperativer Werte bereits überzeugt

Die meisten Menschen können die universellen zwischenmenschlichen Werte benennen, ihren Nutzen zumindest nachvollziehen und sind meist von deren Sinnhaftigkeit auch auf der emotionalen Ebene schon überzeugt. Das hat zwei große Vorteile: Weder ist es nötig, die Menschen von der Wertigkeit dieser Kriterien zu überzeugen, noch müssen sie neue Werte lernen.

Es bleiben damit »nur« zwei Aufgaben: die zwischenmenschlichen Werte nicht nur für den Wert einer Handlung, sondern auch für den Selbstwert zu verwenden und sie auch auf sich selbst anzuwenden.

Zitat einer Patientin: »Dass die Werte auch für mich selbst gelten, ist mir nicht immer klar.«

Vorteil: Zwischenmenschliche Selbstwertkriterien erleichtern die Selbstakzeptanz

In der wissenschaftlichen Literatur wird davon ausgegangen, dass eine hohe Selbstakzeptanz mit seelischer Gesundheit und einer hohen Lebenszufriedenheit verbunden ist (Schütz, 2003; Hayes et al., 2012; Potreck-Rose & Jacob, 2018).

Selbstakzeptanz kann als implizite Entscheidung der Person angesehen werden, selbst so sein zu dürfen, wie sie in dem Moment ist. Sie stellt den dialektischen Pol zu dem menschlichen Bedürfnis dar, sich entwickeln, d.h. verändern zu wollen (was wir im Sinne Grawes dem Kontrollbedürfnis zuordnen). Stabile seelische Gesundheit erfordert die Verwirklichung beider Pole (Linehan, 2008). Lebenskompetenz ergibt sich aus dem Zurechtkommen mit diesem Konflikt zwischen Selbstakzeptanz und Selbstveränderung (▶ Kap. 1.1.3).

Die Selbstakzeptanz ist umso stabiler je weniger Bedingungen, Kompetenzen und Eigenschaften, daran geknüpft werden. Eine hohe und vor allem stabile Selbstakzeptanz kann nur erreicht werden, wenn das zu akzeptierende Bild von sich selbst möglichst realistisch ist. Alle Menschen weisen Inkompetenzen auf und machen Fehler – auch die Person selbst. Eine gute Selbstakzeptanz kann damit nur entstehen, wenn sich die Person erlaubt, auch Inkompetenzen zu haben und Fehler zu machen. Hat sie eine Selbstwertkonstruktion, bei der sie sich nur wertvoll finden darf, wenn sie keine Inkompetenzen hat und keine Fehler begeht, kann sie sich auch nicht stabil selbst akzeptieren, weil das ihren Selbstwertkriterien widerspricht und sie dann ihr Selbstwertbedürfnis gefährden würde. Damit ist eine entscheidende Voraussetzung für eine hohe Selbstakzeptanz eine Selbstwertkonstruktion, die durch Inkompetenzen und Fehlermachen nicht erschüttert wird. Mit der Wahl eines existenziell gegebenen Selbstwerts, der Gleichwertigkeit und den daraus abgeleiteten zwischenmenschlichen Werten als Selbstwertkriterien ist trotz Inkompetenzen und Fehlerhaftigkeit ein stabiler, positiver Selbstwert möglich. Vor allem das genannte Konzept der »tätigen Reue« (Frankl, 2021) als Selbstwertkriterium ermöglicht einen stabilen Selbstwert verknüpft mit der Verlässlichkeit der Bindungen trotz der Realität der Fehlerhaftigkeit aller Menschen. Damit wird eine möglichst hohe Konsistenz zwischen realistischem Selbstbild und Idealselbst erreicht. Die zwischenmenschlichen Werte als Selbstwertkriterien schaffen also eine stabile Voraussetzung für eine hohe Selbstakzeptanz.

1.6.8 Sich auf eine Bemühung beschränken

Neben der Wahl der geschicktesten Selbstwertkriterien stellt sich für das Erreichen eines positiven Selbstwerts abschließend noch die Frage nach der Quantität, in der diese Selbstwertkriterien erfüllt werden sollten, um sich selbst als wertvoll ansehen zu dürfen.

Aus mehreren Gründen kann es, wie es auch Kant (1797/1990) in seinem Text »Die Metaphysik der Sitten« darlegt, nur um eine *Bemühung*, die Selbstwertkriterien auf der Handlungsebene zu verwirklichen, gehen. Die Kräfte und Möglichkeiten einer Person sind begrenzt und aus der Logik der Gleichwertigkeit ist es angemessen, sich auch um sich selbst zu kümmern. Außerdem wird in der Psychotherapie von einer Eigenverantwortung des Erwachsenen ausgegangen. Es gilt also, bei der Quantität der Verwirklichung eines Selbstwertkriteriums mehrere Faktoren »unter einen Hut« zu bekommen. Ein Selbstwertkriterium kann kaum perfekt erfüllt werden. Es können sich Situationen ergeben, in denen wir nicht die Ressourcen haben, sowohl für uns als auch den anderen optimal zu sorgen. Damit geraten wir immer wieder in Wertekonflikte. Die besten Lösungen für Wertekonflikte sind, diese abwechselnd zu verfolgen, Kompromisse zu machen und das Ausmaß, wie viel wir in der jeweiligen Situation einen Wert verwirklichen, zu begrenzen.

Außerdem sind wir Menschen fehlerhaft. Wir werden auch deshalb nie alle Wertmaßstäbe immer in vollem Umfang und gleichzeitig verwirklichen können.

Wie gut eine Person in einer konkreten Situation zwischenmenschliche Werte verwirklichen kann, hängt immer auch von vielen Umständen ab. Wir benötigen für die Verwirklichung der Handlungswerte in konkreten Situationen bestimmte Fähigkeiten. Wir werden nie alles können. Ob wir von der Natur mit der entsprechenden Begabung ausgestattet oder in gesellschaftliche Umstände hineingeboren werden, die es uns ermöglichen, die notwendigen Fähigkeiten lernen zu können, liegt nicht in unseren Händen. Unsere aktuelle Verfassung, d. h., wie viel wir gerade leisten können und wie gut all unsere Grundbedürfnisse momentan versorgt sind, bestimmt mit, wie viele – in Anzahl und Ausmaß – zwischenmenschliche Werte wir gerade verwirklichen können.

Aus diesen Gründen kann es bei der Beurteilung des Selbstwerts aufgrund der Verwirklichung von zwischenmenschlichen Handlungswerten nur darum gehen, ob die Person sich den Umständen gemäß bemüht, diese umzusetzen. Das *Bemühen* ist das Maß für die *Quantität* der Erfüllung eines Selbstwertkriteriums. Wäre die vollständige Erfüllung aller Selbstwertkriterien zu jeder Zeit die Voraussetzung für unseren Selbstwert, wäre kein Mensch wertvoll. Das widerspräche unserem Ziel, möglichst viel Selbstwert für möglichst viele zu gewährleisten. Außerdem stünde das im Widerspruch zu einem liebevollen, wertschätzenden Umgang mit allen

Menschen und damit auch mit sich selbst. Eine Selbstüberforderung stellt keinen wertschätzenden Umgang mit sich selbst dar.

Dankbarkeit versus Selbstverständlichkeit

Im Zusammenhang mit der Frage, in welchem Ausmaß die Person ein Selbstwertkriterium erfüllen soll, steht auch das Verhältnis von Dankbarkeit zu Selbstverständlichkeit.

Machen wir uns noch einmal deutlich, wann Menschen glücklich sind. Zunächst sind sie dann glücklich, wenn sie ihre Lebensumstände so einschätzen, dass sie darin jetzt und auch in absehbarer Zukunft ihre Grundbedürfnisse ausreichend befriedigen können.

Kompliziert wie Menschen sind, reicht das allein jedoch nicht ganz aus. Das Glücklichsein hängt auch von der Einschätzung ab, wie viel Bedürfnisbefriedigung die Person erwarten kann oder nicht. Erwartet sie eine große Bedürfnisbefriedigung ohne große Anstrengung, wird sie sich über eine kleine Bedürfnisbefriedigung kaum freuen. Erwartet sie hingegen keine Bedürfnisbefriedigung, kann schon eine kleine Bedürfnisbefriedigung glücklich machen. Gehen wir davon aus, dass die Bedürfnisbefriedigung selbstverständlich ist, löst sie kaum Freude aus. Auch wenn wir glauben, dass wir selbst nichts zu einer Bedürfnisbefriedigung beigetragen haben, schwächt das die Freude. Die Person kann den Erfolg dann kaum zur Befriedigung der Grundbedürfnisse nach Selbstwert und Kontrolle nutzen. Je mehr Grundbedürfnisse die Person in einer Situation als befriedigt erlebt, desto glücklicher ist sie. Eine Bedürfnisbefriedigung als selbstverständlich zu betrachten oder zu viel zu erwarten, ist damit für das Glücklichsein wenig förderlich.

Dankbarkeit beinhaltet den genau entgegengesetzten Ansatz.

Schafft es die Person, keinerlei Bedürfnisbefriedigung als selbstverständlich zu betrachten, befindet sie sich oft in einer Perspektive der Dankbarkeit und erlebt damit häufiger Freude. In dieser Haltung geht die Person davon aus, dass es von Natur aus keinerlei Anspruch auf eine Bedürfnisbefriedigung gibt und sie diese nie ganz selbst bestimmt. Wie dargestellt, hängt eine Bedürfnisbefriedigung immer auch von den Talenten ab, die uns die Natur mitgegeben hat, *und* von den Umständen, in die wir zufälligerweise hineingeboren worden sind. Die Natur kennt bei der Vergabe von Talenten und hilfreichen Umständen keine Gerechtigkeit. Sie ignoriert Forderungen und Erwartungen. Deshalb können wir immer dankbar sein, wenn unsere Talente und die Umstände uns eine Bedürfnisbefriedigung ermöglicht haben. Das schließt die Zufriedenheit mit dem selbst erbrachten Anteil an der Bedürfnisbefriedigung nicht aus. Dankbarkeit erzeugt eine zusätzliche Freude.

Das heuristische Modell persönlicher Stärken von D. Bernstein (Bernstein, 2023) beschreibt 16 positive Eigenschaften des gesunden erwachsenen Selbst, gruppiert in vier Faktoren höherer Ordnung, wobei einer davon Transzendenz darstellt – unterteilt in Dankbarkeit und Weisheit. Miklósi et al. (2024) konnten in einer aktuellen Fragebogenstudie die faktorielle Validität der Bernstein's Strengths Scale (BSS) sehr gut belegen. Die Autorinnen untersuchten den Zusammenhang mit mentaler Gesundheit und stellten fest, dass Dankbarkeit dabei einen den anderen Faktoren sogar überlegenen und unabhängigen Einflussfaktor darstellt.

> Lebenskunst (im Sinne des Zieles, möglichst glücklich zu sein) besteht daher darin, sich über alles zu freuen, was mehr ist als nichts.

Dankbarkeit versus Selbstverständlichkeit ist damit eine weitere Orientierung bei der Frage, in welchem Ausmaß die Erfüllung zwischenmenschlicher Selbstwertkriterien nötig ist, um sich selbst als wertvoll empfinden zu dürfen.

Ergänzend sei erwähnt, dass wir Dankbarkeit in diesem Zusammenhang nicht als moralische Verpflichtung ansehen, sondern als eine kluge Strategie, um die Momente der Freude und damit des Glücklichseins zu vermehren.

Zusammengefasst können wir damit als Orientierung für das Ausmaß, in dem es hilfreich ist, zwischenmenschliche Werte als Selbstwertkriterien zu verwirklichen, folgende Faktoren benennen:

- Gleichwertigkeit und Eigenverantwortung – erfordern es zunächst, für das eigene Überleben und Glücklichsein zu sorgen.
- Menschen sind in ihren Kräften und Talenten immer begrenzt – das begrenzt auch das Ausmaß, in dem sie die zwischenmenschlichen Selbstwertkriterien verwirklichen können.
- Menschen machen ein Leben lang immer wieder Fehler – ein perfektes Ausmaß der Verwirklichung zwischenmenschlicher Selbstwertkriterien kann daher nicht erreicht werden.
- Dankbarkeit ist eine geschickte Strategie zum Glücklichsein – sie ermöglicht es, unter der Voraussetzung von Bemühung und unter Berücksichtigung der genannten Faktoren bei jedem dann erreichten Ausmaß zufrieden mit sich zu sein.

1.6.9 Gleichwertigkeit und Selbstwert

Aus dem Grundbedürfnis zur Verwirklichung von Gleichwertigkeit (▶ Kap. 1.5) ergeben sich für die Verbesserung des Selbstwerts mehrere wichtige Ableitungen und Aufgaben:

> - Aus der Gleichwertigkeit ergibt sich der Auftrag und die Berechtigung, auch sich selbst – wir sind ebenfalls Menschen, wir sind auch Lebewesen – so liebevoll bzw. wertschätzend zu behandeln, wie es in den Handlungswerten beschrieben worden ist.
> - Aus der Gleichwertigkeit ergibt sich nicht nur die Berechtigung und der Auftrag, sich selbst liebevoll zu behandeln, sondern auch die Logik, den eigenen Selbstwert anhand der genannten kooperativen Selbstwertkriterien zu beurteilen.

- Aus der Freiheit der Wahl des Handelns folgt die Verantwortung für die Folgen (Sartre, 1967). Das bedeutet: Wir sind, soweit es in unseren Möglichkeiten liegt, selbstverantwortlich, gut für uns zu sorgen.
- Auf der Handlungsebene kann es bei der Beurteilung des Selbstwertes nur um die Beurteilung der Bemühung gehen, das Selbstwertkriterium zu verwirklichen. Es gilt immer, unsere Möglichkeiten, die Umstände und Hintergründe bei der Beurteilung einer Handlung und des damit verbundenen Selbstwertes mitzubedenken. Die Konflikthaftigkeit unserer Existenz lässt selten die volle Erfüllung nur eines Selbstwertkriteriums zu (Kant, 1797/1990).

Das Wissen über das verwendete psychologische Modell und die Funktion des Grundbedürfnisses nach einer positiven Selbstbewertung schafft die Grundlage für eine überzeugende kognitive Umstrukturierung und eine neue emotionale Einordnung bisheriger dysfunktionaler Selbstwertkriterien. Die theoretischen Grundlagen werden dem Patienten ganz praktisch sukzessiv dort vermittelt, wo sie nötig sind, um ihm die Erklärungen und Argumente in die Hand zu geben, dysfunktionale Überzeugungen loszulassen und durch funktionale zu ersetzen.

1.6.10 Einfluss der Biografie auf die Selbstwertkriterien

Auch wenn der Zweck des Selbstwertbedürfnisses evolutionsbiologisch in der Motivation zum Generhalt begründet ist und damit auch die Selbstwertkriterien in gewisser Weise biologisch-genetisch vorgegeben sind, wählt das Individuum vor dem Hintergrund seiner kindlichen Lebensumstände aus den verschiedenen genannten Selbstwertkategorien diejenigen Selbstwertkriterien aus, die sein Überleben in der Kindheit und Jugend am besten abzusichern scheinen. Diese individuelle Auswahl der Selbstwertkriterien aus den genetisch-biologisch vorgegebenen Möglichkeiten findet in einem in die jeweilige Kultur eingebetteten Lernprozess statt, hauptsächlich im Zusammenhang mit der Qualität der ersten Bindungen und dem Selbstwertkonzept, das durch dieser ersten Bindungspersonen vermittelt wird.

Selbstwert – geprägt von den ersten Bindungen

Zum Zeitpunkt unserer Geburt sind wir alleine nicht überlebensfähig. Menschen sind ganz auf ihre ersten Beziehungen angewiesen. Jegliche Bedürfnisbefriedigung kann nur über andere Menschen, je nach Kultur meist über die primären Bezugspersonen, erfolgen.

Menschen verfügen von Geburt an über viele Talente, um ein Verständnis dafür zu entwickeln, wie sie in der Welt ihre Bedürfnisse befriedigen können. Diese Talente stellen aber nur ein Potenzial dar. Fast alle konkreten Fähigkeiten, um selbstständig in der Welt bestehen zu können, müssen von jedem Individuum aufs Neue erlernt werden. Dies macht die zentrale Bedeutung der ersten Bindungen für uns Menschen verständlich.

Die völlige Abhängigkeit von den ersten Bezugspersonen in der Bedürfnisbefriedigung nach der Geburt führt dazu, dass auch die Entwicklung unseres ersten Selbstwertkonzepts und unserer ersten Selbstwertkriterien in hohem Maße von den ersten Beziehungserfahrungen abhängt. Zum einen orientieren sich Kinder in der Wahl der Selbstwertkriterien an den ersten Beziehungen im Sinne eines Modelllernens, zum anderen wählen sie ihre Selbstwertkriterien aufgrund der Funktion, dadurch die primären Bindungen abzusichern.

Erfolgt eine wiederholte Frustration von Grundbedürfnissen, entwickelt das Kind langfristig schädigende Schemata und kurzfristig zum Überleben notwendige Bewältigungsstrategien, wie wir sie in den Kapiteln »Dysfunktionale Bewältigungsmodi« und »Seelische Abwehrmechanismen« (▶ Kap. 3.1.2) beschreiben.

Außerdem haben diese Erfahrungen Auswirkungen auf das erste Selbstwertkonzept und die Höhe des Selbstwertgefühls (Hefler, Böhnke & Butz, 1999, zitiert nach Potreck-Rose & Jacob, 2018; van Aken, Asendorpf & Wilpers, 1996).

Bindung und Selbstwert – sind das überhaupt zwei unterschiedliche Grundbedürfnisse?

Der Einfluss der ersten Bindungserfahrungen auf den Selbstwert ist so groß, dass diese beiden Grundbedürfnisse bei vielen Menschen sehr eng miteinander verknüpft sind.

Bei vielen Menschen, deren kindliche Grundbedürfnisse von den ersten Bezugspersonen sehr gut versorgt wurden und die zur Kommunikation von Bedürfnissen ermutigt worden sind, taucht das Grundbedürfnis nach einem positiven Selbstwert kaum als eigene Kategorie in ihrem Bewusstsein auf. Besteht eine emotionale Grundüberzeugung, (bedingungslos) liebenswert und wertvoll zu sein und sich auf die Geborgenheit verlassen zu können, wird das Selbstwertbedürfnis kaum bewusst wahrgenommen. Es wird als grundsätzlich befriedigt und damit als sicher erlebt.

Das Selbstwertbedürfnis erleben Menschen, deren Bindungs- und sonstige Grundbedürfnisbefriedigung in der Kindheit unsicher und bedroht gewesen ist, hingegen viel bewusster – meist in negativer Form, nämlich als Selbstwertzweifel oder Minderwertigkeitsgefühl.

Auch bleibt der Selbstwert sehr mit dem Vertrauen in Beziehungen verknüpft. Eine häufig auftretende Annahme oder Selbstwertkonstruktion lautet dann etwa: »Wenn ich wertvoll bin (Selbstwert), werde ich auch geliebt (Bindung). Wenn ich geliebt werde, bin ich auch wertvoll.« Bindung und Selbstwertkriterien werden in eine wechselseitige Funktion gebracht.

Man könnte sich also fragen, ob der Selbstwert überhaupt ein eigenes Grundbedürfnis ist oder nur dazu dient, Bindung herzustellen und abzusichern und damit nur Bindung als zentrales Grundbedürfnis existiert.

Für diese Annahme spricht auch, dass von Geburt an ein Bindungsbedürfnis vorhanden ist, das Selbstwertbedürfnis sich aber erst von einem unbewussten, natürlichen, egozentrischen, primären Narzissmus bei der Geburt – das kindliche Konzept »Die ganze Welt ist dazu da, meine Bedürfnisse zu befriedigen« entspricht in gewisser Weise einem zwar nicht bewussten, aber faktischen maximalen Selbstwert – zu einem individuellen bewussten Selbstwertbedürfnis entwickelt.

Wie wir dargestellt haben, motiviert das Selbstwertbedürfnis jedoch nicht nur dazu, Bindung herzustellen, sondern – durch die verschiedenen Kategorien von Selbstwertkriterien – auch zur Entwicklung von Fähigkeiten, zum Erbringen von Leistung und zur Durchsetzung. Es kann sogar zu Verhalten kommen, das den Selbstwert stabilisiert, dabei aber Bindungen schädigt.

Das Selbstwertbedürfnis motiviert also zu allen für das Überleben wichtigen Verhaltensweisen und nicht nur zur Befriedigung des Bindungsbedürfnisses. Da das Selbstwertbedürfnis sowohl zur Stärkung von Bindung als auch zur Selbstbestimmung motiviert, die der Bindung im Grunde widerspricht, kann es weder in dem einen noch dem anderen Grundbedürfnis subsumiert werden. Die Natur hat das Selbstwertbedürfnis als eigenständiges Grundbedürfnis entwickelt, als zusätzliche Motivation für die zentralen Überlebensstrategien.

Viele Verhaltensweisen von Menschen lassen sich nur mit dem Grundbedürfnis nach einem positiven Selbstwert erklären und nicht mit einem Bindungs- oder Selbstbestimmungsbedürfnis alleine.

Ein Patientenbeispiel zur Abgrenzung von Bindungs- und Selbstwertbedürfnis (die Unterschiedlichkeit zum Selbstbestimmungsbedürfnis haben wir oben schon begründet):

> Eine Patientin berichtet, dass sie sich die letzten Jahre sozial immer mehr zurückgezogen hat, weil sie den Kontakt mit anderen Menschen fast durchgehend als Bedrohung erlebt. Kommt es zu sozialen Kontakten, steht bei ihr die Befürchtung, von Menschen abgewertet zu werden, im Vordergrund. Diese Bedrohung ihres Selbstwertbedürfnisses erlebt sie als so unangenehm, dass sie dafür lieber auf Bindung verzichtet.

Damit spricht sowohl die empirische Befragung von Menschen als auch die Beobachtung von Verhaltensweisen für das Vorhandensein eines unabhängigen, von Bindung und Selbstbestimmung getrennten Grundbedürfnisses nach einer positiven Selbstbewertung. Sowohl die häufig enge Verflechtung der Grundbedürfnisse Bindung und Selbstwert als auch die trotzdem vorhandene grundsätzliche Trennung beider Bedürfnisse erfordern eine achtsame, getrennte Darstellung im Fallkonzept sowie differenzierte Interventionen in der psychotherapeutischen Behandlung.

Liebenswert sein

Ein liebevoller Umgang mit sich wird oft durch die Frage »Bin ich denn überhaupt liebenswert?« untergraben.

Im Begriff des »Liebenswertseins« wird die dargestellte enge Verknüpfung des Bindungsbedürfnisses (»liebens-«) mit dem Selbstwert (»-wert«) deutlich.

Die schon genannten Annahmen würden dann etwa so lauten: »Wenn ich wertvoll bin (Selbstwert), werde ich auch geliebt (Bindung); wenn ich geliebt werde (Bindung), bin ich auch wertvoll (Selbstwert). Wenn ich nicht geliebt werde, liegt das daran, dass ich nicht wertvoll bin.«

Meist besteht ein persönlicher, lebensgeschichtlicher Hintergrund für den Zweifel, liebenswert zu sein.

Inhaltlich ergibt sich der Zweifel – genau wie beim Selbstwert – aus der Unsicherheit, welche Kriterien berechtigt und hilfreich sind, um zu beurteilen, wann ein Mensch liebenswert ist. Verwenden wir für die Frage nach dem »Liebenswertsein« ebenso wie beim Selbstwert die zwischenmenschlichen Werte als Beurteilungskriterien, löst sich der Zweifel in mehrfacher Hinsicht auf. Die Person kann mit Hilfe der zwischenmenschlichen Werte als Entscheidungskriterium für ihr Liebenswertsein selbst dafür sorgen, diese in Handlungen umzusetzen. Sie kann selbst beurteilen, ob sie nach den zwischenmenschlichen Werten gehandelt hat, und benötigt dafür keine Bestätigung durch andere Menschen.

Welche Menschen werden geliebt? Dafür gibt es viele individuelle Gründe. Es gibt aber auch einen sehr allgemeinen, recht weit verbreiteten Grund, geliebt zu werden. Menschen, die nach zwischenmenschlichen Werten handeln, werden von allen geliebt, denen diese Werte wichtig sind.

So kann die Person davon ausgehen, dass sie, wenn sie ihren Selbstwert auf die zwischenmenschlichen Werte stützt, ebenfalls liebenswert ist.

Selbstwert – geprägt durch unsere kreativen Interpretationen von Erfahrungen

Das Bild von sich selbst, den anderen Menschen und davon, wie die Welt funktioniert, ist nicht alleine durch das Verhalten der primären Bezugspersonen, die Qualität dieser ersten Bindungen und die kulturellen Rahmenbedingungen bestimmt, sondern auch davon, wie das Kind diese Wahrnehmungen interpretiert. Welche Schlüsse das Kind aus der Wahrnehmung des unterschiedlichen Verhaltens der primären Bezugspersonen zieht, hängt auch davon ab, welche eigenen kreativen Ideen das Kind über die Gründe und Ursachen für dieses Verhalten der Eltern entwickelt. Diese Ideen begründen sich in den angeborenen körperlichen und geistigen Fähigkeiten, Talenten und dem emotionalen Temperament.

Einfluss angeborener Faktoren auf die Interpretation selbstwertrelevanter Erfahrungen

Wir gehen von a) körperlichen, b) geistigen Gegebenheiten, Fähigkeiten und Talenten sowie c) dem emotionalen Temperament, einschließlich der Reagibilität und der Ausprägung des Annäherungs- und des Vermeidungssystems (Grawe, 2004, S. 269), als bestimmenden angeborenen Faktoren aus.

a) Auf *körperlicher* Seite macht es bei der Interpretation der Gründe eines Ereignisses einen Unterschied, ob die Person sich selbst als sehr kraftvoll, energisch oder als von körperlichen Beschwerden belastet erlebt. Die Überzeugung, Einfluss nehmen zu können, selbstständig oder abhängig zu sein, hängt auch davon ab, wie gesund und kraftvoll sich die Person körperlich erlebt.

b) *Geistige Grundkompetenzen* bestimmen, wie schnell, realistisch und differenziert das logische Ableiten von Verallgemeinerungen aus den konkreten Wahrnehmungen gelingt und wie kreativ mögliche Gründe für Ereignisse generiert werden. Bleibt die Person innerhalb der Kategorie des Ereignisses verhaftet, oder kann sie das Ereignis kategorienübergreifend mit anderen Gegebenheiten verknüpfen?

Nehmen wir ein einfaches Beispiel: Eine Mutter wirkt beim Packen für eine gemeinsame Unternehmung mit dem Kind sehr angespannt. Das Kind könnte diese Anspannung als durch sich selbst bedingt interpretieren – »Die Mutter hat eigentlich keine Lust, etwas mit mir zu machen, sie liebt mich nicht richtig, ich bin ihr nicht wichtig, ich bin nicht wertvoll« – oder einen äußeren Grund heranziehen: »Sie hat einen stressigen Tag hinter sich und ist im Alltag oftmals überfordert, sie möchte mir aber trotzdem eine Freude bereiten, weil sie mich liebt und wertschätzt.«

c) *Emotionales Temperament* als Einflussfaktor für die Ableitung von Ursachen eines Ereignisses. Mit emotionalem Temperament ist die Bereitschaft gemeint, auf welche Reize und welche Reizstärke eine Person mit welchem Gefühl und mit welcher Intensität reagiert. Ob sie auf die Bedrohung eines Bedürfnisses eher schnell und vehement, ärgerlich oder ängstlich oder emotional kaum reagiert, hat nicht nur Einfluss auf die Handlungsweise, sondern auch auf die Interpretation der Gründe für dieses Ereignis. Viele Forschungsergebnisse zeigen eine stark angeborene Komponente in der Ausprägung der beiden wichtigsten Handlungssysteme auf, die voneinander getrennt in unserem Gehirn vorkommen: a) ängstlich gehemmt eine Gefährdung der Grundbedürfnisse zu vermeiden oder b) eher aktiv optimistisch annähernd die eigene Bedürfnisbefriedigung anzupacken (Grawe, 2004, S. 269).

Einfluss der kindlichen Lebenswelt auf die Selbstwertkonstruktion

Die spezifische Lebenswelt in der frühen Kindheit hat Eigenschaften, die darauf Einfluss nehmen, wie Ereignisse hinsichtlich der eigenen Selbstwertüberzeugung interpretiert werden.

Was sind wichtige Aspekte dieser spezifischen frühkindlichen Lebenswelt?

- Das Kind lebt anfänglich in einem egozentrischen Weltbild. Es geht davon aus, dass alles, was passiert, immer mit ihm zu tun hat bzw. auf das Kind ausgerichtet ist. Ein Kind bezieht prinzipiell alle Ereignisse auf sich.
- Es nimmt die Erwachsenen als viel einflussreicher und damit auch allwissender bezüglich der Umwelt wahr als sich selbst. Es unterstellt den Eltern dadurch tendenziell Allwissenheit und Allmacht. Das Kind geht davon aus, dass alles Verhalten der Eltern kompetent und richtig ist.
- Das Kind ist in jeglicher Grundbedürfnisbefriedigung von den Erwachsenen abhängig. Die Absicherung einer verlässlichen Beziehung zu den Eltern bzw.

primären Bezugspersonen steht deshalb auch als Mittel zum Zweck beim Handeln immer an erster Stelle.

Wechselwirkung von Bindungserfahrungen und kindlichen Eigenschaften auf das erste Selbstwertkonzept

Wenn wir uns die dargestellte Lebenssituation eines Kindes vor Augen führen, wird klar, dass das komplexe Zusammenspiel aller genannten Faktoren – angewendet auf die Bindungserfahrungen in früher Kindheit – den Spielraum der Interpretationen des Verhaltens der primären Bezugspersonen durch das Kind stark einengt. Das Kind wird mit großer Wahrscheinlichkeit das Verhalten der primären Bezugspersonen im Umgang mit ihm als durch den eigenen Wert begründet erachten.

Problematisch wird das vor allem beim Erleben von ablehnenden, abwertenden, überfordernden, schädigenden oder aggressiven ersten Bindungserfahrungen – also Bindungen, in denen die kindlichen Grundbedürfnisse wie Nähe, Geborgenheit, Willkommen-Sein, Schutz, Sicherheit, Zuverlässigkeit, Bestätigung und Förderung (Sulz, 2000) nicht erfüllt wurden.

Zur Veranschaulichung der großen Bedeutung der Bindung zu den ersten Bezugspersonen für die Entwicklung des eigenen Selbstwertkonzeptes des Kindes und der Bedeutung der Interpretation dieser Erfahrungen stellen wir uns ein liebloses Verhalten der primären Bezugspersonen vor:

> Das Kind erhält, wenn es auf sich und seine Bedürfnisse aufmerksam macht, keine Reaktion, erfährt genervte Ablehnung bis hin zu gewalttätiger Unterbindung seiner Bedürfnisäußerungen.

Das Bild, das sich das Kind aufgrund der Wahrnehmung dieses Szenarios von anderen Menschen, von der Funktionsweise der Welt, von sich selbst und von seinem Wert macht, könnte theoretisch sehr unterschiedlich ausfallen.

Eine wünschenswerte, aber eher unrealistische Interpretation des lieblosen Verhaltens der primären Bezugspersonen durch das Kind könnte wie folgt aussehen:

> Das Kind nimmt das schädigende Verhalten der Eltern wahr und bewertet dieses als pädagogisch sehr inkompetent. Als Ursache für die Inkompetenz der Eltern nimmt es deren fehlende pädagogische Ausbildung und deren eigene schlechte Bindungserfahrungen in deren Kindheit an. Die Eltern seien wegen des selbst erlebten Mangels an Grundbedürfnisbefriedigung gar nicht in der Lage, sich adäquat um ein Kind zu kümmern. Das Kind äußert diese Einschätzung und Bewertung gegenüber den Eltern, mahnt ein kompetenteres Verhalten an und droht ansonsten Konsequenzen an, wie etwa die Überlegung, sich andere Eltern zu suchen.

Auswirkungen dieser theoretisch möglichen Interpretation der Erfahrungen auf die Konzepte des Kindes von sich und der Welt könnten folgende sein:

Konzept über die Welt:
»Erwachsene können ganz schön inkompetent sein; man kann sich auch auf die Kompetenz naher Menschen nicht verlassen; es ist sinnvoll, die Bewertungen von anderen Menschen zu prüfen; nicht jeder Mensch schafft es, seiner Verantwortung gerecht zu werden; usw.«

Mögliches abgeleitetes Konzept über sich:
»Gut, dass ich so kompetent bin; wir sind alle gleich wertvoll, aber unterschiedlich kompetent; in diesem Fall bin ich ja mal wieder die Kompetentere; ich bin und bleibe wertvoll, deshalb ist auch ein wertschätzender Umgang mit mir angemessen; usw.«

Eine solche Interpretation wäre zwar richtig, ist angesichts der erlebten Frustrationen jedoch leider recht unrealistisch. Es fehlt dem Kind an Wissen über die Menschen und an Unabhängigkeit, um eine solche Sichtweise einnehmen zu können.

Aus diesem Grund fällt die Interpretation zumindest bezüglich des Selbstwertes in den meisten Fällen, in denen ein Kind frustrierend behandelt wird, leider anders aus.

Das Kind wird aufgrund der genannten Umstände tendenziell eher folgende Deutung entwickeln:

»Da die Eltern alles besser wissen als ich, haben sie mit ihrem Verhalten sicher auch recht. Wenn ich also nicht liebevoll behandelt werde, liegt das daran, dass ich mich falsch verhalte. Wenn ich mich falsch verhalte, heißt das, dass mein Wert in Frage steht, dass ich weniger wert bin als die anderen oder sogar gar nichts wert bin.«

Leider ist die Wahrscheinlichkeit, dass das Kind liebloses Verhalten der Eltern in dieser Weise interpretiert, sehr viel höher als die zuerst genannte zutreffendere Interpretation. Das Kind kann sich keine neuen besseren Eltern aussuchen. Es muss die Bindung absichern, um ein Kontrollgefühl zu erhalten. Das funktioniert vor dem Hintergrund der sehr beschränkten Möglichkeiten des Kindes besser, wenn es sich für die Abwertungen selbst die Schuld gibt. Die Eltern zu ändern, dazu hat es nicht die Macht. Das eigene Verhalten den Eltern anzupassen, darauf hat es noch am meisten Einfluss.

Neben den ersten Bindungserfahrungen und deren Interpretation durch das Kind spielen noch zwei weitere entwicklungspsychologische Phasen und Inhalte bei der Entwicklung des eigenen Selbstwertkonzeptes eine wichtige Rolle. Es sind die Zeit der Pubertät und die Schritte der moralischen Entwicklung.

Pubertät und Selbstwert

Weswegen ist die Pubertät wichtig für das Selbstwertkonzept?

Der entscheidende psychologische Entwicklungsschritt in der Pubertät – neben der physiologischen endgültigen Entfaltung von Körper und Gehirn – ist die neue Ausrichtung des Bindungs- und Geborgenheitsbedürfnisses. Stand bis zu diesem Zeitpunkt die Qualität und die Wirkung der Bindung an die Eltern oder andere primäre Bezugspersonen recht absolut im Vordergrund, wandelt sich das in der Pubertät. Jetzt ist es nicht mehr das wichtigste Bedürfnis, eine gute Beziehung zu den primären Bezugspersonen zu haben, sondern in der »Peergroup«, der Gruppe der Gleichaltrigen, integriert zu sein (Oerter & Montada, 1987, S. 276). Durch dieses neue Bedürfnis machen sich Jugendliche Gedanken, was sie tun können, um diese Integration zu erreichen bzw. abzusichern. Wichtige Voraussetzung für die Zugehörigkeit zur Peergroup ist es, von dieser als wertvoll angesehen zu werden. Jugendliche versuchen das meist auf zwei Arten zu verwirklichen. Eine Möglichkeit besteht darin, sich eine Peergroup zu suchen, die bereits sehr viel Übereinstimmung mit den eigenen Selbstwertkriterien aufweist. Daneben gibt es die Option, die Integration dadurch zu erreichen, dass die eigenen Selbstwertkriterien denen der Gruppe angepasst werden (vgl. Piaget – Assimilation und Akkommodation, nach Oerter & Montada, 1987). Je weniger Auswahlmöglichkeiten Jugendliche in ihren Lebensumständen haben, sich eine von den Selbstwertkriterien her ähnliche Peergroup zu suchen, desto stärker wird der Druck, die eigenen Selbstwertkriterien noch einmal zu ändern. In der Pubertät wiederholt sich also in abgeschwächter Form das gleiche Dilemma wie in der Kindheit: Die Selbstständigkeit ist noch nicht groß genug und das Bedürfnis nach Zugehörigkeit zu stark, als dass Jugendliche ihre Selbstwertkriterien ganz frei wählen könnten. Sie stehen in der Pubertät unter Druck, ihre Selbstwertvorstellung an die Maßstäbe der Peergroup anzupassen, um ihr Zugehörigkeitsbedürfnis abzusichern. Gelingt es ihnen nur schlecht, Anschluss an die Peergroup zu finden, besteht ähnlich wie früher als Kind bei den Eltern die Gefahr, den eigenen Selbstwert in Frage zu stellen. Wieder liegt die Logik nahe, den Grund dafür nicht bei der Gruppe zu suchen oder in den Umständen, sondern bei sich selbst. Erneut kann ein Minderwertigkeitskonzept entstehen.

Die moralischen Entwicklungsschritte und der Selbstwert

Als »Moral« bezeichnen wir, wie oben bereits beschrieben, unsere Überzeugungen, welche Art von zwischenmenschlichem Handeln wir als wertvoll und erstrebenswert ansehen. Zielsetzung von »Moral« ist die Absicherung von zwischenmenschlicher Kooperation. Damit ist sie nicht willkürlich und nicht nur kulturabhängig, sondern im Kern auch angeboren. Die Möglichkeit zur Kooperation ist, wie dargestellt, von der Natur mit der Entwicklung von zahlreichen Fähigkeiten und Motivationen abgesichert worden. Die Entwicklung moralischer Vorstellungen ist eine wichtige Strategie, Kooperation erfolgreich zu machen. Die Motivation zu moralischem Handeln ist deshalb in uns Menschen doppelt abgesichert. Zum einen wurde die Verwirklichung zwischenmenschlicher Werte – allen voran die Gleichwertigkeit – zum eigenständigen Grundbedürfnis (▶ Kap. 1.5). Zum anderen wurden zwischenmenschliche Werte zu einer von mehreren möglichen Kategorien von Selbstwertkriterien (▶ Kap. 1.6.1). Wir sind motiviert, moralisch zu handeln, weil wir uns dann wertvoll fühlen.

Die Ansichten über Moral und deren Begründungen bleiben nicht von Geburt an gleich, sondern entwickeln sich im Laufe des menschlichen Lebens in typischen Qualitäten weiter. Wir können in der Beurteilung des Wertes eines Objektes oder einer Handlung immer selbstständiger werden (Gilligan, 1976, zitiert nach Oerter & Montada, 1987). Dies spiegelt sich auch in der Entwicklung moralischer Vorstellungen wider.

Als zwei der bekanntesten psychologischen Wissenschaftler zur moralischen Entwicklung von Kindern und Jugendlichen gelten Piaget und Kohlberg (nach Oerter & Montada, 1987).

Piaget nennt bei der moralischen Entwicklung eines Menschen die Stufen Heteronomie und Autonomie. Mit Heteronomie meint er den Zustand, dass Werte, Normen und Regeln von Autoritäten, denen Macht und Wissen zugesprochen wird, übernommen und akzeptiert werden. Mit Autonomie bezeichnet er die Entwicklung etwa ab dem zehnten Lebensjahr, Normen und Werte als Abmachung zwischen den Menschen zu betrachten, die auf übergeordnete (wir würden sagen: auf angeborene zwischenmenschliche) Werte von Gerechtigkeit und Gleichberechtigung hin geprüft und situativ variiert werden (Piaget, 1954, nach Oerter & Montada, 1987).

Kohlberg unterscheidet sechs Stufen der Begründung moralischer Entscheidungen bei der individuellen menschlichen Entwicklung. Darüber hinaus teilt er die sechs Stufen in ein vormoralisches Niveau, ein konventionelles Niveau und ein postkonventionelles Niveau ein.

Im vormoralischen Niveau werden in Stufe eins moralische Entscheidungen wie bei Piagets Heteronomie nach mächtigen Autoritäten und drohenden Konsequenzen ausgerichtet.

In Stufe zwei wird die Befriedigung der eigenen Bedürfnisse in den Vordergrund gestellt. Das Gegenüber wird in seinen Interessen nur insoweit bedacht, wie es nötig ist, um das Gegenüber dazu zu bringen, das zu tun, was der eigenen Bedürfnisbefriedigung in dieser Situation nutzt.

Auf dem von Kohlberg als konventionell bezeichneten zweiten Niveau wird die moralische Ausrichtung stark vom Bedürfnis nach sozialer Zugehörigkeit bestimmt.

In Stufe drei ist die soziale Ausrichtung noch enger gefasst: auf die persönlich bekannte primäre Gruppe, wie Familie, Freunde, Verwandte usw.

In Stufe vier wird auch die Zugehörigkeit zu abstrakteren Gruppen wie dem Staat oder Religionen für die moralische Orientierung wichtig.

Auf dem postkonventionellen Niveau wird erkannt, dass moralische Normen gesellschaftlich-kulturelle Absprachen und Meinungen darstellen und somit wandelbar sind. Menschen bemühen sich, moralische Normen an übergeordneten allgemeingültigen Zielen und Werten zu orientieren.

In Stufe 5 wird Moral utilitaristisch begründet. Die Moral orientiert sich an dem Ziel, einen maximalen Nutzen für alle zu erzeugen. Als Nutzen würde die möglichst große Bedürfnisbefriedigung für möglichst alle angesehen werden.

Stufe 6 beschreibt den Versuch, die Ansprüche, die man an moralische Normen anlegen sollte, zu begründen. Als Anspruch gilt zum Beispiel Gerechtigkeit. Es geht darum, zu begründen, warum moralische Ansprüche z. B. gerecht sein sollten, das heißt für alle gleichermaßen gelten und von allen gleichermaßen mitbestimmt festgelegt werden sollten.

Bei den genannten Beschreibungen der moralischen Entwicklung gilt es noch zu ergänzen, dass Menschen nicht stringent auf einem moralischen Niveau handeln. Nach welchem moralischen Konzept eine Person in einer bestimmten Situation handelt, sagt nichts über ihr Wissen darüber aus, welche moralischen Konzepte es gibt. Personen können moralisch verwerflich handeln, obwohl sie die moralischen Konzepte aller Entwicklungsstufen der Moral kennen. Menschen können für verschiedene Situationen, verschiedene Personen und verschiedene Gruppen verschiedene moralische Entwicklungsniveaus verwenden (Yussen, 1976, nach Oerter & Montada, 1987).

Das impliziert den für die Psychotherapie von Selbstwertproblemen wichtigen Aspekt, dass es sich bei der Anwendung von moralischen Normen nicht nur um ein entwicklungsbedingtes Können handelt, sondern auch um eine Entscheidung. Menschen haben eine gewisse Freiheit, welche moralischen Überzeugungen sie beim Handeln in welcher Situation und welchem Menschen gegenüber anwenden möchten.

Mit den Selbstwertkriterien verhält es sich ebenso. Welche Selbstwertmaßstäbe ein Individuum wann und auf wen anwendet, kann selbst bei ein und derselben Person recht unterschiedlich sein. Diese Wahl ist auch eine Entscheidung für eine Überzeugung und nicht fest vorgegeben. Das heißt, Menschen können sich auch bei der Selbstbewertung weiterentwickeln und selbstständig entscheiden, welche von den möglichen Selbstwertkriterien sie in den Vordergrund stellen möchten.

1.6.11 Die Möglichkeit zur Entscheidung bei den Selbstwertkriterien

Wir haben von Natur aus mehrere Selbstbewertungskategorien. Sie motivieren uns zu den wichtigsten Verhaltensweisen. Menschen können also zwischen verschiedenen Selbstwertkategorien hin- und herwechseln. Wenn sie sich zum Schutz der eigenen Person und der Kooperation für die Durchsetzung entscheiden oder möglichst viele Fähigkeiten entwickeln und Leistung erbringen – vor allem, wenn diese auch noch für die gesamte Kultur konstruktiv ist – dann sind Sich-Durchsetzen, Konkurrenz, Kampf und Macht durchaus hilfreich. Für die Beurteilung unseres Selbstwertes sind die universellen zwischenmenschlichen Werte jedoch deutlich hilfreicher, wenn wir das Ziel haben, möglichst oft glücklich zu sein.

Das biologisch-genetische und kulturelle Vorhandensein von mehreren Bewertungskategorien hat den Vorteil, dass die Person eine gewisse Entscheidungsfreiheit hat, welche davon sie anwenden möchte. Diese Entscheidungsfreiheit kann sie jedoch nur konstruktiv nutzen, wenn sie sich der verschiedenen Wahlmöglichkeiten bewusst ist. Als Kind ist noch so wenig selbstständiges Wissen über die verschiedenen Möglichkeiten vorhanden, dass die »Wahl« der Selbstwertkriterien sehr von den ersten Bindungserfahrungen bestimmt wird. Bis zum Erwachsenenalter hat sich das Kind schließlich so viel Wissen angeeignet, dass es eine selbstständigere Entscheidung fällen kann, welche Selbstwertkriterien es verwenden möchte (▶ Kap. 1.6.10). Eine Motivation zur Veränderung lässt sich immer nur aus dem Wissen über eine bessere Möglichkeit in eine konkrete Handlung umsetzen. Leiden alleine kann zwar Handlungsmotivation erzeugen, reicht für die Umsetzung einer Handlung aber nicht aus. Haben Menschen das Wissen über eine bessere Möglichkeit, haben sie damit auch eine gewisse Wahlfreiheit bezüglich ihres Handelns (Sartre, 1991). Das Wissen über die verschiedenen Kategorien von Selbstwertkriterien erlaubt Menschen eine freie Wahl – zumindest darin, welche sie hilfreicher finden und welche sie in Zukunft in welcher Situation verwenden wollen. Dazu möchten wir Patientinnen in der Psychotherapie verhelfen.

Teil II Störungsmodell/Fallkonzeption

2 Diagnostik bei Selbstwertproblemen

Die Diagnostik seelischer Erkrankungen hat in der wissenschaftlichen Psychologie schon lange zwei Schwerpunkte: die bezeichnende Kategorisierung von Symptomen und die Analyse von verursachenden Faktoren.

Wie bereits dargestellt, sind Selbstwertprobleme eines der häufigsten Themen bei Psychotherapien (Kanning, 2000; Brockmann, Schlüter & Eckert, 2003; Ambühl & Orlinsky, 1999). Sie sind aber weder in der ICD-10 (Dilling, Mombour & Schmidt, 2015) noch im DSM-5 (Falkai & Wittchen, 2015) als eigenständige Erkrankung aufgeführt, sondern gelten entweder als Symptom oder als Ursache vieler dort genannter Störungen.

Als Symptom sind sie Bestandteil der beschreibenden Diagnostik einiger psychischer Erkrankungen. Am offensichtlichsten werden sie bei der Depression, der sozialen Phobie und bei Persönlichkeitsstörungen benannt. Als Mitursache spielen Selbstwertprobleme jedoch häufig bei allen seelischen Erkrankungen eine zentrale Rolle.

Die Analyse der psychischen Ursachen einer Erkrankung ist für eine veränderungsorientierte psychotherapeutische Methode der zentrale Ansatzpunkt. Das Aufdecken der verursachenden psychischen Strukturen einer symptomatischen Erkrankung als Ausgangspunkt für deren Veränderung findet in der Schematherapie hauptsächlich im Zuge der Entwicklung des individuellen Störungsmodells statt. Die Diagnostik und Erstellung des Fallkonzepts überschneiden sich in der Schematherapie deshalb stark.

Für die symptomorientierte Diagnostik der durch Selbstwertprobleme verursachten Erkrankung können alle bekannten störungsspezifischen diagnostischen Verfahren aus der Psychotherapie und Psychiatrie angewendet werden. Tauchen dabei Selbstwertprobleme auf, werden diese auch für das Störungsmodell vorgemerkt.

Ist eine symptomorientierte Diagnostik durchgeführt worden, gilt es abzuklären, ob bei der Patientin Selbstwertprobleme als Ursache ihrer Beschwerden vorliegen.

Die Diagnose von Selbstwertproblemen erfolgt hauptsächlich über drei Informationsquellen:

1. Die Patientin berichtet von Selbstwertproblemen.
2. Es zeigen sich Selbstwertprobleme in den verwendeten standardisierten Testverfahren.
3. Die Therapeutin nimmt Selbst- oder Fremdabwertungen bei der Beschreibung der Beschwerden oder der Darstellung der Problemsituationen wahr.

Dies stellen wir auch noch ausführlich in Teil IV dar. Wichtige Methoden zur Erstellung des Fallkonzepts in der Schematherapie sind die diagnostische Imagination und die diagnostische Stühlearbeit.

Zu 1. Benennung durch die Patientin
Am offensichtlichsten erfolgt die Diagnose eines Selbstwertproblems aufgrund der direkten Benennung durch die Patientin. Sie bringt ein eigenes Erklärungsmodell ihrer Beschwerden in die Psychotherapie ein. Dieses Störungsmodell kann das Thema Selbstwertprobleme als Belastung oder als Veränderungsanliegen beinhalten.

Zu 2. Testdiagnostik
Eine weitere diagnostische Möglichkeit besteht in der Verwendung von Fragebögen, die eine Gefährdung des Grundbedürfnisses nach einem positiven Selbstwert erfassen. In der Schematherapie verwenden wir dafür den Young-Schema-Questionnaire (YSQ-S3; Berbalk, Grutschpalk, Parfy & Zarbock, 2006). Hohe Werte im Schema »Unzulänglichkeit/Scham« verweisen am direktesten auf Selbstwertprobleme. Die Schemata »Streben nach Zustimmung und Anerkennung«, »Überhöhte Standards/Übertrieben kritische Haltung«, »Bestrafungsneigung«, aber auch »Anspruchshaltung/Grandiosität« geben ebenfalls Hinweise auf Selbstwertprobleme, können jedoch auch im Zusammenhang mit der Verletzung des Bindungsbedürfnisses auftreten. Die Ergebnisse bedürfen dann einer genaueren Betrachtung im Rahmen der Mikro- und Makroanalyse, in der Schematherapie z. B. mit Hilfe diagnostischer Stühleübungen.

Zu 3. Verhaltensbeobachtung
Die wichtigste diagnostische Methode in der Verhaltenstherapie ist die Beobachtung von Verhalten. Dafür kann geschildertes oder in der Therapie beobachtetes Verhalten herangezogen werden. Die Therapeutin achtet darauf, ob es bei der Beschreibung und Darstellung der Erkrankung, der Belastungen und der Entstehungsgeschichte der Beschwerden zu Selbst- oder Fremdabwertungen kommt.

Beobachtetes Verhalten beinhaltet meist validere diagnostische Informationen als durch die Person selbst berichtetes Verhalten.

Aus diesem Grund werden in der Schematherapie die zentralen Interventionen, die Imagination und die Stühlearbeit, auch zur Diagnostik eingesetzt.

Mit diesen Interventionen wird ein Rahmen geschaffen, in dem die Therapeutin die Patientin in ihren imaginativ aktualisierten Problemsituationen direkt beobachten kann.

Die Anforderungen an die Selbstreflexionsfähigkeit und an die sprachlichen Fertigkeiten der Patientin sind in der Imagination und Stühlearbeit weniger hoch als bei der rein sprachlichen Schilderung ihrer Probleme. Die Tendenz, Situationen sozial erwünscht darzustellen, ist im imaginierten Handeln und im Rollenwechsel der Stühlearbeit abgeschwächt. Die durch diese Techniken gewonnenen Informationen sind deshalb sowohl für die Patientin als auch für die Therapeutin meist sehr überzeugend.

Wir erläutern die Imagination und die Stühlearbeit in dem Abschnitt zu den Interventionstechniken der Schematherapie sehr ausführlich (▶ Teil III). Deshalb sei hier nur auf die nicht allzu großen Unterschiede zwischen diagnostischer und veränderungsorientierter Anwendung hingewiesen.

Diagnostische Imagination:
Kurze, rein diagnostische Imaginationsübungen dienen dazu, die biografischen Szenen aufzufinden, in denen die selbstwertbeeinträchtigenden Schemata entstanden sind. Hierzu wird zunächst das primäre Gefühl der Patientin möglichst intensiv hervorgerufen, meist anhand einer aktuellen symptomauslösenden Situation, die als Szene vor dem inneren Auge imaginiert wird. Die Patientin wird angeleitet, das primäre Gefühl beizubehalten, sich in Kindheit und Jugend zurücktreiben zu lassen. Durch diese sogenannte »Affektbrücke« wird die Verbindung zu einer verursachenden biografischen Szene hergestellt. An dieser Stelle wird der Prozess gestoppt und die Patientin aufgefordert, mit der Aufmerksamkeit in die Sitzung zurückzukehren. Die Informationen, die in den aufgefundenen Szenen enthalten sind, z. B. dass die Mutter das Kind ignorierte, als es sich nähebedürftig zeigte, werden gemeinsam reflektiert und die daraus abgeleiteten Interpretationen des Kindes, z. B. »Du bist es nicht wert, dass man dich wichtig nimmt«, in die Moduslandkarte (als Abwertermodus) eingeordnet.

Diagnostische Stühlearbeit:
Bei der diagnostischen Stühlearbeit ist es ähnlich: Es wird ebenfalls eine aktuelle symptomauslösende Situation aufgegriffen und die auftretenden Modi der Patientin voneinander getrennt auf Stühle gesetzt. Schwerpunktmäßig geht es dabei um das Herausarbeiten der dysfunktionalen Selbstwertkriterien (Abwertermodus), der primären Gefühle (Kindmodi) und des Symptomverhaltens (dysfunktionale Bewältigungsmodi). Dann wird die Übung gestoppt, die daraus gewonnenen Informationen gemeinsam reflektiert und in eine Moduslandkarte (▶ Kap. 3.2) eingefügt.

Bei beiden Techniken erfolgt *noch kein* Hinzuziehen des gesunden Erwachsenen oder anderer Hilfspersonen. Auch die Entmachtung des Abwerters oder die Versorgung der Kindmodi findet *noch nicht* statt.

> Für die Erstellung des Störungsmodells wird jedes in der diagnostischen Phase identifizierte Problemverhalten gemeinsam mit der Patientin sokratisch und psychoedukativ in die von der Schematherapie verwendeten psychischen Dimensionen aufgeteilt. Dies sind: maladaptive Schemata, bedrohte Grundbedürfnisse (in diesem Buch vor allem das Bedürfnis nach einer positiven Selbstbewertung), Modi und die dysfunktionalen innerseelischen Verarbeitungsmechanismen.
> Die Entwicklung des Störungsmodells ist ein rekursiver Prozess bestehend aus diagnostischen und veränderungsorientierten Interventionen im Verlauf der gesamten Psychotherapie (Kanfer, 1991).

Die Grundbedürfnisse, deren Entstehung und Funktion, haben wir zu Beginn ausführlich erläutert. Es folgt nun die Darstellung der Schemata, der Modi und der Abwehrmechanismen.

3 Störungsmodell und Fallkonzept erstellen

3.1 Grundbedürfnisse, maladaptive Schemata und das Modusmodell

Die gesunde Bewältigung belastender Lebensereignisse hängt stark damit zusammen, welche Kompetenzen einer Person im Umgang mit solchen Situationen vermittelt wurden und wie unterstützend die ersten Bindungserfahrungen waren.

Je frustrierender die Erfahrungen im Umgang mit den Grundbedürfnissen waren, desto eher entwickelt die Person dysfunktionale Bewältigungsstrategien. Selbstabwertende und katastrophisierende Einstellungen und Grundannahmen sowie die daraus resultierenden Gefühle prägen sich je nach Ausmaß der Verletzungen dauerhaft in das emotionale Gedächtnis ein. Je intensiver die Verletzungen, desto fester sind diese von dysfunktionalen Bewertungen und Gefühlen geprägten Erlebensschemata im emotionalen Gedächtnis abgespeichert und desto leichter werden sie im heutigen Alltag in ähnlichen Situationen aktualisiert.

Neben den zielführenden Möglichkeiten, unsere Grundbedürfnisse zu befriedigen, entwickelt die Person in solchen Zusammenhängen langfristig wenig hilfreiche Bewältigungsstrategien für belastende Situationen. Die in der Kindheit übernommenen und selbst entwickelten dysfunktionalen Bewältigungsmuster verhelfen ihr zunächst zu einer kurzfristigen Spannungsreduktion und haben dadurch entlastende Wirkung. Falls die zugrunde liegenden, weder hilfreichen noch logisch richtigen Bewertungen und emotionalen Erfahrungen (Schemata) nicht hinterfragt und korrigiert werden, besteht die Gefahr, dass sich das dysfunktionale Bewältigungsverhalten bis ins Erwachsenenalter fortsetzt und bei zusätzlichen Belastungen zu psychischen Erkrankungen führt.

Neben der Bedrohung der dargestellten Grundbedürfnisse als zentralem Ausgangspunkt unseres Störungsmodells werden in der Schematherapie hauptsächlich zwei weitere Unterteilungen des seelischen Geschehens für die Erstellung des Fallkonzeptes verwendet: das Konzept der maladaptiven Schemata und die Aufteilung der Person in vier Ich-Anteile bzw. Funktionsmodi.

3.1.1 Schemata

Als einen grundlegenden Baustein für die Beschreibung des psychischen Geschehens wählen Young et al. (2005) den Begriff des Schemas. Der Schemabegriff hat in der Psychologie eine lange Historie (ausführliche Darstellung bei Young et al.,

2005). Auch Grawe (2004, S. 187–192) verwendet den Begriff der motivationalen Schemata. Er bezeichnet damit aus den Grundbedürfnissen abgeleitete Ziele und Handlungsweisen des Individuums, die sich vor dem Hintergrund der Erfahrungen, Kompetenzen und Möglichkeiten der Person im Laufe des Lebens gebildet haben. Young et al. verstehen unter Schema »eine abstrakte Repräsentation der besonderen Charakteristika eines Ereignisses« (Young et al. 2005, S. 35). Young verwendet den Begriff aufgrund der psychotherapeutischen Orientierung v. a. im Zusammenhang mit psychischen Schädigungen.

Schemata werden von Young (2005) als im impliziten Gedächtnis abgespeicherte, komplexe Erlebensweisen verstanden, die durch frühe schädigende Beziehungserfahrungen, in denen die Grundbedürfnisse des Kindes frustriert wurden, verursacht sind. Sie stellen Interpretationsmuster dar, anhand derer alle späteren Erfahrungen unbewusst eingeordnet und bewertet werden. Young beschreibt im Wesentlichen 18 frühe maladaptive Schemata. Diese 18 Schemata hat er – gemischt nach der Art der Schädigungen kindlicher Grundbedürfnisse und den daraus folgenden dysfunktionalen Grundhaltungen sich selbst und anderen gegenüber – in fünf Schwerpunkte gegliedert, die als Domänen bezeichnet werden (siehe Neumann, Roediger, Laireiter & Kus, 2013; Neumann & Roediger, 2016):

- Domäne I: Abgetrenntheit und Ablehnung,
- Domäne II: Beeinträchtigung von Autonomie und Leistung,
- Domäne III: Beeinträchtigung im Umgang mit Begrenzungen,
- Domäne IV: Übertriebene Außenorientierung und Fremdbezogenheit,
- Domäne V: Übertriebene Wachsamkeit und Gehemmtheit.

Schemata und die verinnerlichten Beziehungserfahrungen können in einem ersten Schritt mithilfe der von Young und Kolleginnen entwickelten Fragebögen erfasst werden (Young Schema Questionnaire, YSQ-S3, Berbalk et al., 2006).

Domäne I: Abgetrenntheit und Ablehnung
Ursächlich für diese Schemata ist ein durch die Bezugspersonen frustriertes Bindungsbedürfnis. Infolgedessen besteht die Erwartung, dass Bedürfnisse nach sicherer und stabiler Bindung, Halt und Geborgenheit vom Gegenüber nicht erfüllt werden.

1) *Emotionale Entbehrung* – beinhaltet die Erfahrung, dauerhaft zu wenig oder gar keine Zuwendung, Schutz oder Empathie erhalten zu haben. Das daraus abgeleitete Selbstbild könnte lauten: »Ich bin für andere nicht wichtig, nicht erwünscht.«
2) *Emotionale Verlassenheit/Instabilität* – beinhaltet die Erfahrung, von Bezugspersonen durch Trennung, Krankheit, Tod etc. verlassen worden zu sein. Eine mögliche Überzeugung könnte sein: »Ich könnte jederzeit verlassen werden.«
3) *Misstrauen/Missbrauch* – Es besteht die Erwartung, in Beziehungen missbraucht, verletzt oder manipuliert zu werden. Dies drückt sich im Fremdbild »Andere sind bösartig und hintergehen mich« aus.

4) *Soziale Isolierung/Entfremdung* – beinhaltet das Erleben, sich zu keiner sozialen Gruppierung oder Gesellschaft zugehörig zu fühlen, sondern sich als fremd und isoliert zu erleben.
5) *Unzulänglichkeit/Scham* – ist charakterisiert durch die grundlegende Überzeugung, als Person beschämenswert und minderwertig zu sein. Selbstbild: »Ich genüge nicht, ich bin nicht wertvoll und nicht liebenswert.«

Domäne II: Beeinträchtigung von Autonomie und Leistung
Ursächlich ist ein durch die Eltern frustriertes Bedürfnis nach Eigenständigkeit. Diese Frustration führt zu dem Selbstbild, lebensuntüchtig und unselbständig zu sein, und ist gekennzeichnet durch ein mangelndes Vertrauen in eigene Fähigkeiten und Kompetenzen.

6) *Abhängigkeit/Inkompetenz* – beinhaltet eine emotionale Abhängigkeit und Orientierung an einem »starken Gegenüber« aufgrund der eigenen alltagspraktischen Inkompetenz. Selbstbild: »Ich komme alleine nicht mit dem Leben zurecht und muss mein Handeln deshalb an einer anderen Person ausrichten.«
7) *Anfälligkeit für Schädigungen* – ist charakterisiert durch Sorgen und Befürchtungen in Bezug auf den eigenen Körper, die eigene Psyche oder Katastrophen in der Umwelt.
8) *Verstrickung/Unentwickeltes Selbst* – Die Person ist extrem eng mit den Eltern verbunden, es besteht eine Abhängigkeit von dieser Geborgenheit, einhergehend mit nicht entwickelter eigener Identität.
9) *Erfolglosigkeit/Versagen* – Hierbei dominiert die Überzeugung, im Vergleich mit anderen hinsichtlich schulischer und beruflicher Lebensaufgaben zu versagen oder erfolglos zu sein.

Domäne III: Beeinträchtigung im Umgang mit Begrenzungen
Diese Schemata werden durch mangelnde Grenzsetzungen durch Eltern oder andere primäre Bezugspersonen begünstigt. Sie boten zu wenig Orientierung oder Führung und forderten vom Kind zu wenig Verantwortungsübernahme.

10) *Anspruchshaltung/Grandiosität* – entsteht aufgrund eines Erziehungsstils der Eltern, die ihr Kind idealisierten und verwöhnten. Es besteht die Überzeugung, anderen überlegen, mehr wert zu sein und besondere Rechte zu haben.
11) *Unzureichende Selbstkontrolle* – Der Betroffene kann wenig Frustrationen ertragen, ist einseitig lustorientiert, wenig anstrengungsbereit und kann diesbezügliche Impulse kaum selbst steuern oder sich disziplinieren.

Domäne IV: Übertriebene Außenorientierung und Fremdbezogenheit:
Die Bezugspersonen frustrierten das Bedürfnis nach bedingungsloser Selbstwertbestätigung und Autonomie. Das Kind erhielt Anerkennung nur bei der Befriedigung der Bedürfnisse der Bezugsperson oder bei außergewöhnlichen Leistungen. Es lernte, sich in extremem Maß auf die Bedürfnisse des Gegenübers zu konzentrieren, um dessen Erwartungen optimal zu erfüllen.

12) *Unterwerfung* – ist gekennzeichnet durch das Zurückstellen der eigenen Bedürfnisse zugunsten der Wünsche des Gegenübers. Die anderen werden als wertvoller erachtet.
13) *Selbstaufopferung* – ist charakterisiert durch übermäßiges Bemühen, die Bedürfnisse des anderen zu erfüllen, alles zu geben, um Aufmerksamkeit zu erhalten oder von ihm geschätzt zu werden.
14) *Streben nach Anerkennung und Zustimmung* – Das Selbstwerterleben und Bindung werden auf die Bestätigung, Anerkennung oder Bewunderung durch andere gestützt.

Domäne V: Übertriebene Wachsamkeit und Gehemmtheit
Ursächlich für die Schemata dieser Domäne ist ein rigider strenger Erziehungsstil der Eltern. Diese forderten einseitig Pflichterfüllung, Leistungsbereitschaft und Perfektionismus vom Kind und unterdrückten die Grundbedürfnisse nach Selbstbestimmung und Lustgewinn.

15) *Negativität/Pessimismus* – ist charakterisiert durch Überbetonung von leidvollen Lebensaspekten. Permanente Sorge, Unsicherheit und die Vorwegnahme eines schlechten Ausgangs sind kennzeichnend.
16) *Emotionale Gehemmtheit* – ist gekennzeichnet durch die starke Hemmung eigener triebhafter oder lustbezogener Impulse. Die Person zeigt weder positive noch negative Gefühle.
17) *Überhöhte Standards* – bedeutet, unerfüllbar hochgesteckte perfektionistische Ansprüche an die eigene Leistung zu haben.
18) *Strafneigung* – besteht in der Überzeugung, dass die Person für ihre (kleinsten) Fehler drastisch bestraft werden sollte.

Da Young die Schemata empirisch gewonnen hat, können sie unterschiedlichen funktionalen Bereichen der Person zugeordnet werden. Der Schwerpunkt der Schemata der ersten drei Domänen liegt auf dem durch die Frustration kindlicher Grundbedürfnisse entstandenen Bild von sich selbst und den anderen. Die Domänen IV und V stellen darüber hinaus bereits einen Bewältigungsversuch des Kindes im Umgang mit den frustrierenden Bezugspersonen dar (Young et al., 2005), ähnlich den *dysfunktionalen Bewältigungsmodi* im Modus-Modell.

Im Folgenden möchten wir aus den genannten 18 Schemata noch diejenigen hervorheben, die am deutlichsten auf Selbstwertprobleme hinweisen.

Selbstwertrelevante Schemata

Hohe Werte in den Schemata »Unzulänglichkeit/Scham« sowie »Anspruchshaltung/Grandiosität« verweisen am direktesten auf Selbstwertprobleme.

Unzulänglichkeit/Scham

»*Unzulänglichkeit/Scham*« ist charakterisiert durch die grundlegende Überzeugung, unerwünscht, minderwertig oder unfähig und aufgrund dessen wertlos zu sein (»Ich finde mich nicht liebenswert«). Dieses Schema ist begründet in der Erfahrung, von wichtigen Bezugspersonen bezüglich bestimmter Eigenschaften oder sogar der gesamten Person abgewertet worden zu sein. Eine andere Entstehungsform ist die wiederholte Erfahrung von Ablehnung oder mangelnder Liebe. Das Kind sucht eine plausible, jedoch die Bindung zu den Eltern bewahrende Erklärung und findet die Begründung im Wert der eigenen Person. Das Schema äußert sich in Form eines nach innen gerichteten Abwertermodus, der die Person situativ oder permanent abwertet.

Anspruchshaltung/Grandiosität

Ein von Young in seinen empirischen Erhebungen zum Selbstwertkriterium »besser sein als die anderen« identifiziertes dysfunktionales Erlebensschema nennt er »*Anspruchshaltung/Grandiosität*«. Dieses Erlebensschema umfasst die meisten der aufgeführten dysfunktionalen, konkurrenzorientierten Selbstwertkriterien (▶ Kap. 1.6.5). Es beinhaltet die Selbstwertkriterien »besser sein als andere« bzw. zugespitzt »die Beste sein«, Vergleiche mit anderen, »besonders stark sein, niemals schwach sein«, »besonderes Können« sowie »besondere Begabung, Talente«.

Das Schema zeigt sich in dem Selbstbild, etwas Besonderes und daher anderen überlegen zu sein. Ein Fragebogenitem des YSQ lautet beispielhaft: »Ich bin etwas Besonderes und sollte nicht den gleichen Einschränkungen unterliegen wie die anderen.«

Diese Überzeugung kann im Sinne eines primären Narzissmus aufgrund eines wenig Anforderungen und Grenzen setzenden, verwöhnenden oder idealisierenden Erziehungsstils der Eltern oder anderer primärer Bezugspersonen entstehen, aber auch durch eine Überkompensation von Abwertungen. Die Überzeugung, grandios und anderen überlegen zu sein, kann sehr instabil sein, je nachdem, ob die Eltern gleichzeitig drohten, das Kind zu entwerten bzw. es nicht mehr zu lieben, wenn es der Idealisierung nicht genügt.

Ein Patient berichtet, dass er von seinen Eltern als »Cellowunderkind« behandelt wurde, dem eine besondere Behandlung zusteht. Er erhielt aufwendigen Cellounterricht und wurde zu hochkarätigen Konzerten »genötigt«. Wenn er allen Anforderungen genügte, wurde er zur Belohnung sehr verwöhnt – zu Hause musste er dann keinerlei Pflichten erfüllen. Gleichzeitig litt er unter der ständigen Angst, den Ansprüchen der Eltern und des Cellolehrers nicht mehr zu genügen und völlig zu versagen. Heute leidet er unter dem Problem, anderen Menschen gegenüber kaum Empathie empfinden zu können. Er hat oft eine sehr arrogante Haltung, kann sich bei beruflichen Aufgaben nicht disziplinieren und belügt seine Partnerin, indem er eine Außenbeziehung führt. Ein Anteil in ihm ist zwar überzeugt, besonders zu sein: »Ich bin einfach klasse.« Andererseits gibt es aber eine ausgeprägte Abwerterstimme, die ihm ständig mit dem

Absturz droht »Du bist eigentlich ein Nichts, das wird irgendwann rauskommen und katastrophal enden.«

3.1.2 Modusmodell

Um die innerseelische Dynamik, die zu bestimmten Erlebens- und Handlungsweisen führt, inhaltlich möglichst einfach verstehen, beschreiben und vor allem Einfluss darauf nehmen zu können, haben sich in der Psychologie und vor allem in der Psychotherapie schon sehr früh Unterteilungen der Person in verschiedene Funktionseinheiten oder Ich-Anteile etabliert. Begonnen hat die Aufteilung der Person in Funktionseinheiten mit Freuds Unterscheidung in Es, Ich und Über-Ich.

Im schematherapeutischen Modell werden die verwendeten Ich-Anteile der Person als Ich-Zustände – als Modi – bezeichnet (Young et al., 2005).

Mit Modus beschreibt Young typische, inhaltlich abgrenzbare, aktuell aktivierte und damit vorherrschende Erlebenszustände sowie die dabei aktiven Schemata und die dazugehörigen Verhaltenstendenzen.

> Modi stellen eine momentane und situative Reduzierung der Gesamtperson und ihres Erlebens auf *inhaltlich abgrenzbare Teilbereiche* des Selbst dar.

Modi sind die umfassendste Organisationsstruktur, die in der Schematherapie für die Beschreibung des seelischen Geschehens verwendet wird. Jeder Modus beinhaltet alle weniger komplexen, in der Psychologie verwendeten Unterteilungen des seelischen Geschehens. Grundlegendere in der Psychologie verwendete Kategorien zur Beschreibung der seelischen Funktionen wären zuvorderst die Kategorien der »Allgemeinen Psychologie«. Die »Allgemeine Psychologie« unterteilt in Wahrnehmung, Gedächtnis, Lernen, Denken, Gefühle, Handeln, Motivation, Sprechen und Bewegungssteuerung (Spada, 1990). Komplexere seelische Funktionseinheiten sind die strukturellen Fähigkeiten nach der OPD (Arbeitskreis OPD, 2007) (▶ Kap. 3.1.2) und die Abwehrmechanismen nach Anna Freud (1984) (▶ Kap. 3.1.2). Alle Modi beinhalten auch mehrere neuroanatomisch unterscheidbare seelische Grundfunktionen, wie sie z. B. beim Annäherungs- oder Vermeidungssystem definierbar sind (Grawe, 2004). Sie sind damit aber selbst nicht neuroanatomisch definiert.

Die Unterscheidung der Person-Anteile in der Schematherapie erfolgt hauptsächlich nach dem Kriterium »hilfreicher oder nicht dauerhaft hilfreicher Zustand«. Es handelt sich also um eine Unterscheidung, die sich nicht mit einer gehirnanatomischen oder gehirnphysiologischen Differenzierung deckt. Auch entspricht sie nicht einer Unterteilung in allgemeinpsychologische Funktionen. Sowohl die dysfunktionalen als auch die funktionalen Modi beinhalten Gedanken, Gefühle und Handlungsweisen. In Modi werden inhaltlich abgrenzbare Bereiche der Person beschrieben, von denen jeder alle soeben genannten seelischen Grundfunktionen beinhalten kann. Modi können damit nicht auf die soeben genannten Aspekte der Psyche reduziert werden. Nach welchen Kriterien werden Modi dann unterschieden? Eine Person lässt sich in sehr viele inhaltliche Teilbereiche unterscheiden. Wir könnten etwa von einem »Arbeitsmodus« oder einem »Freizeit-« oder »Feierabendmodus« sprechen. Jüngere Menschen würden vielleicht einen »Chillmodus« beschreiben. Nach welchen Kriterien unterteilt die Schematherapie eine Person in Ich-Anteile?

> Modi stellen in der Schematherapie eine Unterteilung des seelischen Erlebens und der seelischen Fähigkeiten dar – bezogen auf eine bestimmte Lebensphase und auf die für eine Veränderung *relevanten funktionalen und dysfunktionalen* (▶ Kap. 1.6.4) *Einstellungen und Handlungsweisen* der Person.

Neben der Unterteilung der Person in verschiedene Lebensphasen ergibt sich die Wahl der Modi aus der Zielsetzung der Schematherapie. Schematherapie als Psychotherapie hat das Ziel, Beschwerden und Erkrankungen zu lindern. Aus diesem Grund erfolgt die Aufteilung der Person – neben der genannten Gliederung in die Lebensphasen Kind und Erwachsener – in funktionale und dysfunktionale inhaltliche Anteile.

Als psychotherapeutischer Ansatz ist die Unterscheidung in hilfreiche und nicht hilfreiche Überzeugungen, Interpretationen und Verhaltensweisen besonders wichtig. Ziel der Schematherapie ist es, die funktionalen Teilbereiche zu stärken und die dysfunktionalen zu entmachten bzw. diese einer funktionalen Einordnung und Verarbeitung zugänglich zu machen. Von einer kurz- und langfristig hilfreichen Verarbeitung abgetrennte (»mehr oder minder ... abgeschnitten«, Young et al., 2005, S. 75) dysfunktionale inhaltliche Person-Anteile sollen mit gesunden, kompetenten Anteilen verknüpft werden.

Die *funktionalen* Bereiche der Person werden in der Schematherapie dem

- gesunden Erwachsenenmodus und dem
- glücklichen Kindmodus

zugeordnet.

Die *dysfunktionalen* Zustände oder Anteile der Person werden in die Modi

- Abwerter- und Katastrophisierermodus (zuvor dysfunktionale innere Elternmodi, Young et al., 2005),
- verletzbarer, trauriger, ärgerlicher, undisziplinierter impulsiver Kindmodus und
- dysfunktionale Bewältigungsmodi

aufgeteilt und durch sie beschrieben.

Den verletzbaren und ärgerlichen Kindmodus ordnen wir den dysfunktionalen Modi zu. Hierbei ist jedoch zu beachten, dass die emotionale Reaktion des Kindes auf Bedürfnisfrustrationen in der Kindheit völlig angemessen und funktional gewesen ist. Sie hat der Patientin geholfen in der schwierigen Situation zu überleben.

Dysfunktional sind diese Reaktionen erst im Erwachsenenalter. Die Dysfunktionalität dieser Kindmodi liegt darin, dass sie vom Mitgefühl, vom Trost, von der Unterstützung und von einer realistischen Reflexion durch den gesunden Erwachsenenmodus abgetrennt – dissoziiert – sind. Sie brauchen in der Psychotherapie nicht grundsätzlich verändert, sondern nur einem unterstützenden, schützenden und tröstenden gesunden Erwachsenenmodus zugänglich gemacht und damit in die Erwachsenenperson integriert zu werden. Inhaltlich entmachtet und verändert werden in der Psychotherapie der Abwerter-/Katastrophisierermodus und die dysfunktionalen Bewältigungsmodi. Der gesunde Erwachsenenmodus wird gestärkt.

Ein dysfunktionaler Modus wird in einer heutigen Auslösesituation aktiviert, wenn eine Ähnlichkeit zu relevanten biografischen Situationen besteht und Gedächtnisinhalte samt der damals entstandenen Denk-, Gefühls- und Verhaltensmuster wachgerufen werden.

Gerät eine Person in einen dysfunktionalen Modus, werden ihr Erleben, Denken und ihre Handlungsmöglichkeiten auf die in diesem Modus vorhandenen, dysfunktionalen, mit sehr reduzierten Kompetenzen ausgestatteten Möglichkeiten eingeschränkt. Der Zugang zu allen ansonsten von der Person entwickelten hilfreichen und realistischen Denk-, Gefühls- und Handlungskompetenzen ist dann unterbrochen. Young beschreibt dysfunktionale Modi deshalb auch als »dissoziierte Zustände« (Young et al., 2005, S. 75). Ziel der Schematherapie ist es, die Dissoziierung dieser dysfunktionalen Modi aufzuheben und sie dem gesunden Erwachsenenmodus für einen funktionalen Umgang zugänglich zu machen. Die dysfunktionalen, dissoziierten Zustände sollen auf funktionale Weise in die psychische Verarbeitung integriert werden. Ein funktionaler Umgang mit den dysfunktionalen Modi besteht aus folgenden Komponenten:

- der Entmachtung des Abwerter-/Katastrophisierermodus,
- dem Schützen, Trösten und Ermutigen des verletzbaren Kindmodus,
- dem Trauern und realistischen Ermutigen zu konstruktiven Lösungen von ärgerlichen, undisziplinierten Kindmodi,
- dem Verständnis für die Nachteile und dem Verabschieden der dysfunktionalen Bewältigungsmodi.

Alle funktionalen Lebenskompetenzen und damit auch der hilfreiche Umgang mit den dysfunktionalen Modi werden im gesunden Erwachsenenmodus zusammengefasst. Zielsetzung ist es, dass die Patientin sich in Zukunft möglichst häufig in den beiden Modi gesunder Erwachsener und glückliches Kind befindet.

In der Schematherapie wird eine Unterteilung der Person in zehn inhaltlich unterscheidbare Person-Anteile oder Modi (Person-Zustände) verwendet, die in dysfunktional und funktional unterschieden werden können.

In der Arbeit mit der Patientin werden die zehn Modi zunächst in vier Gruppen zusammengefasst und nur entsprechend der individuellen Gegebenheit weiter ausdifferenziert. Die Zusammenfassung der zehn Modi zu vier Gruppen in Kombination mit einer individuellen Differenzierung dient dazu, die Patientin mit der Komplexität nicht zu überfordern und die Repräsentation der Modi auf verschiedenen Stühlen in der Stühlearbeit praktisch umsetzen zu können.

> Die Modi können zur Vereinfachung zunächst in vier Kategorien zusammengefasst werden:
>
> 1. Abwerter- und Katastrophisierermodus
> 2. Kindmodi (KM)
> 3. Dysfunktionale Bewältigungsmodi
> 4. Gesunder Erwachsenenmodus (GE)

Die aufgeführte Reihenfolge ergibt sich aus der kognitiv-verhaltenstherapeutischen S-O-R-K-Struktur bei der Erarbeitung des Störungsmodells auf Mikro- und Makroebene (Situation-Organismus-Reaktion-Konsequenz, nach Kanfer et al., 2011). Ausgehend von der aktuellen auslösenden Situation (S) wird in der Person eine Bewertung durch den Abwerter- und Katastrophisierermodus ausgelöst, was zur emotionalen Reaktion in einem Kindmodus führt und mit einem dysfunktionalen Bewältigungsverhalten gelöst werden soll (O/R). Es folgen kurzfristig positive – und damit aufrechterhaltende – sowie mittel- und langfristig negative Konsequenzen (K).

Die Kindmodi beinhalten funktionale und dysfunktionale Anteile. Der glückliche Kindmodus wird der Gruppe der funktionalen Modi zugeordnet. Der verletzbare, ängstliche, ärgerliche und undiszipliniert impulsive Kindmodus wird, wie oben begründet, zu den dysfunktionalen Modi gezählt.

Dysfunktionale Modi

Abwerter- und Katastrophisierermodus
Ursprünglich wurden diese Modi von Young als dysfunktionale innere Elternmodi bezeichnet. Sie wurden in die beiden Charakteristika »strafend« und »fordernd« unterteilt. Da diese aber nicht nur durch Eltern, sondern auch durch andere wichtige Bezugspersonen – wie z. B. Geschwister, Großeltern, Erzieher, Lehrer, aber auch Gleichaltrige aus der Peergroup – verursacht werden können (bzgl. des Selbstwerts vgl. Van Aken, Asendorpf & Wilpers, 1996), verwenden einige Autorinnen seit einiger Zeit die Begriffe »Innerer Kritiker« oder »Antreiber« (Roediger, 2016). Diese Bezeichnung ist unserer Auffassung nach aber nicht spezifisch genug. Es gibt auch eine konstruktive Kritik und einen konstruktiven Motivierer, die wir dem gesunden Erwachsenenmodus (GE) zuordnen würden. Deshalb wählen wir den Begriff Abwerter- und Katastrophisierermodus, womit die zwei wichtigsten dysfunktionalen Tätigkeiten dieses Modus unserer Auffassung nach am genauesten beschrieben werden. Der Nachteil dieser Bezeichnung besteht im Verlust der zeitlichen Bezugnahme zur Kindheit, wie sie im Begriff »dysfunktionale innere Elternmodi« enthalten ist.

Verletzbarer und ärgerlicher Kindmodus
Diese Modi beinhalten die in der Kindheit erlebten Frustrationen von Grundbedürfnissen und die damit einhergehenden basalen Gefühle, die aktuell durch den Abwerter- und Katastrophisierermodus reaktiviert werden.

In den Kindmodi erfolgt damit eine Reduktion der Verarbeitung der Situation auf die Möglichkeiten der Person als Kind. Die Situation wird aktuell so erlebt, als ob die Person das Kind von damals sei. Die erlebten Gefühle waren als Kind funktional und verständlich, wären heute aber – würde auf die gesunden Erwachsenenkompetenzen zugegriffen werden können – in ihrer erlebten Intensität nicht mehr notwendig. Der Zugang zu mittlerweile vorhandenen, kompetenteren Möglichkeiten der Person, die Situation und die Bewertung durch den Abwerter- und Katastrophisierermodus zu interpretieren und funktionaler darauf zu reagieren, ist in diesen Modi jedoch unterbunden. In den Kindmodi ist die Person von der Nutzung ihrer funktionalen erwachsenen Kompetenzen in unterschiedlichem Ausmaß abgetrennt, d. h. dissoziiert.

Dysfunktionale Bewältigungsmodi
Diese Modi beinhalten die von der Person in Kindheit und Jugend entwickelten dysfunktionalen Verhaltensweisen. Sie dienten dazu, das Überleben der Person als Kind zu gewährleisten. Mehr als zu überleben kann mit ihnen kaum erreicht werden. Sie haben darüber hinaus wenig Potenzial, auf Dauer glücklich zu machen.

Funktionale Modi

Glücklicher Kindmodus
Dieser Modus beinhaltet die Freude über die Befriedigung von Grundbedürfnissen sowohl in der aktuellen Situation als auch in der Erinnerung an vergangene und in der Imagination von zukünftigen Befriedigungen.

Gesunder Erwachsenenmodus
Damit wird der selbstständige, lebenskompetente Ich-Anteil bezeichnet. Er beinhaltet alle Fähigkeiten und alles Wissen, das für eine realistische, kurz- und langfristige sowie ausgewogene Befriedigung aller Grundbedürfnisse notwendig ist. Der GE-Modus beinhaltet funktionales Denken, Fühlen und Handeln.

Im Folgenden beschreiben wir die Differenzierung der genannten Kategorien in die einzelnen Modi.

Abwerter- und Katastrophisierermodus

Der verletzbare, der ärgerliche und der undiszipliniert-impulsive Kindmodus werden durch dysfunktionale Bewertungen und Bedrohungen ausgelöst, die von nahestehenden Bindungspersonen übernommen oder aus deren Verhalten abgeleitet wurden. Ausgangspunkt für die Entstehung dieser Modi ist eine Bedürfnisfrustration des Kindes. Das Kind sieht in diesem Moment das Verhalten, die Aussage oder die Bewertung der Bezugsperson als richtig an. Es interpretiert das Verhalten der Bezugsperson immer dahingehend, dass die eigene Person falsch, fehlerhaft, inkompetent oder ungenügend ist. Diese Bewertungen prägen sich als verallgemeinerte dysfunktionale Interpretationen der Welt, von Beziehungen und der eigenen Person ein. Hier finden sich die in der kognitiven Verhaltenstherapie nach Ellis und Beck als sogenannte »mussturbatorische«, dysfunktionale Grundannahmen bezeichneten Kognitionen und logische Denkfehler wieder. Im psychoanalytischen Kontext werden diese Bewertungen als »Introjekt« dysfunktionaler Elternanteile verstanden.

Abwertermodus

Der Abwertermodus stellt eine überhebliche, verachtende oder alles besserwissende Instanz dar, die Einzelaspekte oder die gesamte Person abwertet.
   »*Du bist inkompetent, unfähig, peinlich, hässlich, faul, falsch, dumm, schwach (...).*«

Insofern bedroht sie in erster Linie den Selbstwert und meist zusätzlich das Bindungsbedürfnis (▶ Kap. 1.6.10), indem sie die bemängelte Fehlerhaftigkeit als Argument für soziale Ablehnung und Ausgrenzung verwendet (katastrophisiert):
   »*... deshalb wirst du vom Gegenüber verstoßen, nicht mehr geliebt.*«

Die Abwerterstimme erzeugt im verletzbaren Kindmodus Gefühle von Angst, Trauer, Schuld und Scham. Auch ein ärgerlicher Kindmodus ist denkbar (»Das ist unfair!«).

> *Eine Patientin berichtet, dass sie, wenn sie draußen unterwegs ist, ständig andere Frauen beobachtet und prüft, ob diese schöner sind als sie. Die Abwerterstimme kommentiert dabei:* »*Schau, die hat schönere Beine als du, du bist halt fett und hässlich!*« *(Selbstwertbedrohung durch den Abwerter).* »*Kein Mann wird Dich lieben und bei Dir bleiben!*« *(Bindungsbedrohung durch den Katastrophisierer).*
>
> *Dies führt bei der Patientin zu Traurigkeit, die sie mit einem Essanfall als dysfunktionaler Bewältigungsstrategie (aktive Selbstberuhigung) zu regulieren versucht. Als auslösende biografische Situation erinnert sie die Kommentare der Mutter in Esssituationen als Kind:* »*Iss nicht so viel, es reicht jetzt, sonst wirst du dick. Ich (die Mutter selbst) habe gar keinen Hunger.*«
>
> *Damals hatte sich der Abwerter-/Katastrophisierermodus eingeprägt:*
> »*Hunger haben und Essen ist gefährlich*« *(Katastrophisierer).* »*Dein Körper ist falsch und zu dick*« *(Abwerter),* »*Deshalb bist du nichts wert*« *(Selbstwertbedrohung)*«, »*... und wirst abgelehnt*« *(Bindungsbedrohung).*
>
> *Dieser Modus hatte damals die Funktion, der Patientin eine vermeintliche Orientierung zu geben, wodurch die Bedrohung von Grundbedürfnissen (Selbstwert, Bindung) verhindert werden sollte.*

Katastrophisierermodus

Der Kern des Katastrophisierermodus besteht in der Behauptung einer maximalen zukünftigen Bedürfnisbedrohung. Er kann einzelne oder alle Grundbedürfnisse bedrohen. Er übertreibt sowohl die Wahrscheinlichkeit einer Katastrophe als auch die Dramatik eines Ereignisses bzw. dessen Folgen. Er beschwört in allen Dingen den schlechtesten Ausgang herauf und bewertet diesen als unerträglich.

Dieser Modus erzeugt vor allem ein Gefühl der Angst und Panik im Kindmodus. Patientinnen äußern zudem (komplexe) Gefühle von Überforderung, Hilflosigkeit bis hin zu Ohnmacht.

Aussagen des Katastrophisierers können etwa wie folgt lauten:

»Du wirst scheitern, du wirst alles verlieren, keiner wird dich mehr lieben und wertschätzen, es wird immer alles schlecht ausgehen, du wirst unerträglich leiden, alle werden krank werden und sterben.«

Dieser Modus bedroht in erster Linie das Bedürfnis nach Kontrolle und Sicherheit. Da sich das Bedürfnis nach Kontrolle und Sicherheit aber meist auf die Befriedigung aller Grundbedürfnisse bezieht, kann der Katastrophisierer, wie bereits erwähnt, alle Bedürfnisse bedrohen.

Für uns relevant ist die Bedrohung des Grundbedürfnisses nach einer positiven Selbstbewertung.

Ein Patient berichtet, dass er am neuen Arbeitsplatz massive Angst vor allem hat – besonders davor, dass man seine Angst bemerken könnte. Die katastrophisierende Stimme taucht gleich nach dem Aufwachen auf:

»Dies wird ein schrecklicher Tag werden; du wirst wieder die schwersten Aufgaben bekommen, bei denen du versagen wirst; alle werden das sehen – das wird peinlich« (Selbstwert); »Du wirst gekündigt werden; du wirst dann unter der Brücke enden und alle(s) verlieren« (Bedrohung aller Grundbedürfnisse).

Es stellt sich der Verhaltensimpuls ein, gar nicht zur Arbeit zu gehen oder vom Arbeitsplatz zu flüchten (dysfunktionale Bewältigungsstrategie: Vermeidung). Biografisch erinnert sich der Patient, dass die Großmutter, bei der er größtenteils aufwuchs, stets mit dramatischer Stimme verkündet hatte, dass alles immer schlecht ausgehe:

»Es wird einem immer alles wieder genommen im Leben, wir verlieren alles, man kann sich auf nichts verlassen« – diese Aussagen lösten bei dem Jungen Angst und Hilflosigkeit aus.

Aus Angst vor den angekündigten Bedrohungen internalisierte er die katastrophisierende Stimme. Im Erwachsenenalter leidet er unter einer Angststörung.

Wir sehen an diesem Beispiel, dass die Katastrophisiererstimmen das Verhalten der Eltern oder anderer Bezugspersonen und deren Lebenseinstellungen direkt oder indirekt widerspiegeln. Als Orientierung gebende Instanz werden die katastrophisierenden Bewertungen als richtige Einschätzungen der Realität abgespeichert.

Abwerter- oder Katastrophisierermodus – nach innen oder nach außen gerichtet

Meist ist der Abwerter- oder Katastrophisierermodus, wie in den obigen Beispielen beschrieben, *nach innen* gerichtet – im Sinne einer negativen Selbstbewertung gegen die eigene Person.

Bei manchen Personen kann sich der Abwerter- oder Katastrophisierermodus mit demselben Inhalt *nach außen, d. h.* gegen das Gegenüber, richten oder auch die Richtung unvermittelt wechseln (Roediger, 2016). *Nach außen* gerichtet wertet der Abwertermodus *das Gegenüber* ab »Der ist total dumm und deshalb wertlos.« Oftmals mündet ein nach außen gerichteter Abwertermodus in einen überkompensierenden Bewältigungsmodus (z. B. den anderen angreifen, kritisieren, abwerten).

> *Ein Patient berichtet, dass er eine extrem abwertende Stimme in sich trage, die ihn selbst verachte: »Du bist ein Nichts!«. Diese Verachtung könne schnell nach außen kippen: »Alle Menschen sind wertlos«, was in Gewaltfantasien (Amoklauf durchführen) münde. Diese zögen massive Scham- und Schuldgefühle nach sich, welche wiederum durch den nach innen gerichteten Abwertermodus erzeugt würden: »Weil du so denkst, bist du ein schlechter und verabscheuungswürdiger Mensch«.*

Ein nach außen gerichteter Katastrophisierermodus ist meist durch das Schema »Misstrauen« geprägt: »Der andere will dir Böses, er belügt dich und wird dir schaden.«

Ob sich die Abwerter- oder Katastrophisiererstimmen nach außen richten, hängt von mehreren Aspekten ab. Anteile einer Selbstüberhöhung (»Ich bin etwas Besonderes, besser als die anderen«) oder auch Temperamentsfaktoren wie höhere Extraversion, Impulsivität und der Grad an biologisch bedingter Aggressivität fördern einen nach außen gerichteten Abwerter- oder Katastrophisierermodus.

Kindmodi

Bei den Kindmodi handelt es sich um das Erleben der Basisemotionen – Freude, Angst, Trauer, Ärger, Ekel – und auch komplexer Gefühle wie Schuld und Scham mit der Funktion, uns auf das eingeschätzte Verhältnis von Grundbedürfnis zur aktuellen Situation aufmerksam zu machen. Wird ein Grundbedürfnis befriedigt oder eine Befriedigung in Aussicht gestellt, bedroht oder frustriert, bringt die Psyche diese Einschätzung durch das erlebte Gefühl zum Ausdruck und erzeugt einen entsprechenden Handlungsimpuls. Die erzeugten Handlungsimpulse zielen auf einen Schutz oder eine Verwirklichung der Befriedigung der Grundbedürfnisse ab.

Glücklicher Kindmodus

Dem glücklichen Kindmodus wird die primäre Emotion der Freude zugeordnet. Er wird aktiviert, wenn ein Grundbedürfnis befriedigt wurde bzw. in Erwartung einer

Befriedigung (Vorfreude). Je mehr Grundbedürfnisse befriedigt sind und je mehr die Person davon ausgeht, dass auch in Zukunft ihre Bedürfnisse befriedigt werden, umso »satter, zufriedener, glücklicher, unbeschwerter, leichter (…)« beschreiben sich die Menschen. Der Bauchraum fühlt sich warm und ruhig an, der Brustbereich entspannt, offen und weit. In den Extremitäten kann ein Kribbeln vorhanden sein – mit dem Impuls, zu springen, zu rufen, zu singen und zu pfeifen.

> *Ein Patient beschreibt das so:*
> *»Gestern war ich wandern, ich fühlte mich frei und unbeschwert. Es erinnerte mich an früher, an warme Sommertage, wenn ich bei meinen Großeltern zu Besuch war, und der Opa ging mit mir zum Fluss zum Angeln, wir standen oder saßen da stundenlang, und alles war friedlich, und ich fühlte mich sehr glücklich.«*

Der glückliche Kindmodus stellt eine sehr wichtige Kraftquelle dar. Glücklichsein ist der meisten Menschen Ziel. Damit motiviert der glückliche Kindmodus den gesunden Erwachsenenmodus, auch unangenehme Zeiten durchzustehen, um längerfristige Ziele zu erreichen.

Bei vielen erwachsenen Menschen ist dieser Modus durch den Druck, den der Abwerter- und Katastrophisierermodus erzeugt, »verschüttet« und für die Person kaum mehr spürbar.

In der Psychotherapie geht es darum, Zugang zu diesem unbeschwerten Zustand zu bekommen. Es gilt, den Abwerter- und Katastrophisierermodus zu entmachten und sich (wieder) Tätigkeiten zu erlauben, die nicht nur dem Überleben dienen, sondern auch anderen Grundbedürfnissen und Werten. Das reicht von kindlichen Tätigkeiten wie Drachen steigen lassen, barfuß durch den Wald laufen bis hin dazu, dass der GE Umstände herstellt, die das Auftreten von Freude und Unbeschwertheit ermöglichen (z. B. verpflichtungsfreie Zeit schaffen), oder dass er sogar zur Erfüllung von Lebensträumen beiträgt (Kinder, Haus, Weltreise usw.). Ein glücklicher Kindmodus kann nur zu Tage treten, wenn der GE-Anteil zumindest im Hintergrund präsent ist und für den sicheren Rahmen sorgt. Wir lassen den glücklichen Kindmodus nicht alleine nachts durch den Park streifen oder bei der Arbeit dem Chef in die Arme laufen.

Verletzbarer Kindmodus

Im verletzbaren Kindmodus spürt die Person die basalen Gefühle von Angst und Traurigkeit (Katastrophisierer), aber auch Schuld und Scham (Abwerter). Es ist ein leidvoller, aversiver Zustand. Diese Gefühle sind körperlich im Bauch- oder Brustraum spürbar in Form von schmerzhaftem Stechen, Brennen, einem Kloß im Magen, Verengung und Druck auf der Brust.

> *Eine Patientin berichtet, dass sie es kaum erträgt, alleine zu sein, und es am heftigsten ist, wenn sie eine Absage einer Verabredung durch eine Freundin erhält. Dann verspürt sie ein schmerzhaftes, stechendes Gefühl im Herzbereich, das sich wie Einsamkeit und Traurigkeit anfühlt. Sie erinnert sich, dass ihre Mutter sie, wenn sie als Kind traurig*

war und Trost brauchte, oft mit den Worten weggeschickt hat: »Ich habe viel zu tun, beschäftige dich bitte selbstständig, du bist doch schon groß!« (Frustration des Bindungsbedürfnisses).

Ärgerlicher und undiszipliniert-impulsiver Kindmodus

Im ärgerlichen und undiszipliniert-impulsiven Kindmodus spürt die Person Ärger, Wut oder Ekel. Diese Gefühle sind meist im Bauchbereich oder auch in den Extremitäten spürbar – mit dem Impuls, etwas zu tun, sich zu wehren, zu schlagen, zu schreien etc.

Ein Patient berichtet, dass er immer dann plötzlich heftigen Ärger spürt, wenn ihn jemand kritisiert, beispielsweise sein Chef. Er spüre dann einen verhärteten Kloß im Bauch und ein Kribbeln in den Händen. Er erinnert sich, dass er als Kind vom Vater dazu angetrieben wurde, handwerklich tätig zu sein, und danach stets abgewertet wurde: »Du hast wieder alles falsch gemacht, du Versager, aus dir wird niemals etwas werden« (Frustration des Selbstwertbedürfnisses).

Dysfunktionale Bewältigungsmodi

Allen dysfunktionalen Bewältigungsmodi ist gemeinsam, dass sie in der biografischen Entstehungssituation aufgrund des damaligen Verhaltens der primären Bezugspersonen hilfreich waren, im späteren Leben jedoch zu negativen Folgen führen, da das eigentlich frustrierte Grundbedürfnis mit diesen Strategien niemals wirklich zufriedengestellt werden kann. Da Menschen ihre Bewältigungsstrategien vor dem Hintergrund der großen zwischenmenschlichen Abhängigkeit als Kind entwickelt haben, sind die dysfunktionalen Bewältigungsstrategien zumeist stark auf den Umgang mit anderen Menschen ausgerichtet. Sie haben jedoch jeweils eine intrapsychische und interpersonelle Funktionalität.

> Dysfunktionale Bewältigungsmodi werden in folgende drei Gruppen von Verhaltensweisen eingeteilt:
>
> 1. Unterordnung
> 2. Vermeidung
> 3. Überkompensation

Die Bewältigungsmodi werden auf der Verhaltensebene beschrieben. Es kann sich um offen gezeigtes oder auch verdecktes Verhalten (z. B. sich sorgen, grübeln, tagträumen) handeln.

Unterordnender Bewältigungsmodus

Der *unterordnende Modus* dient der Herstellung von Bindung und Selbstwertbestätigung. Das Kind erfuhr zu wenig bedingungslose Liebe und Zuwendung und lernte, sich den Erwartungen der Bezugspersonen unterzuordnen, deren Wünsche zu erfüllen und die eigenen Bedürfnisse hinter die Sicherung des Bindungsbedürfnisses zurückzustellen. Angetrieben war es dabei von der Angst, die Bezugspersonen zu verlieren.

Im Kontakt mit anderen Menschen spüren diese Personen eigene Bedürfnisse kaum. Sie unterdrücken diese und passen sich in ihren Meinungen an das Gegenüber an. Es gelingt ihnen nicht, den eigenen Standpunkt zu vertreten, sich zu behaupten oder Grenzen zu setzen. Die Befriedigung der Bedürfnisse des Gegenübers steht im Vordergrund jeglichen Handelns. Manche Menschen opfern sich komplett für andere auf. Eine Mutter denkt z. B. nur an die Bedürfnisse ihrer Kinder oder der zu pflegenden Eltern (»Meine Eltern sind alt und krank, ich muss mich permanent kümmern, kann nicht in den Urlaub fahren, sonst geht es ihnen schlecht und ich habe ein schlechtes Gewissen«). Auch beruflich kann es aufgrund der mangelnden Grenzsetzung zu tiefer Verausgabung kommen (»Ich bin für meine Chefin immer auf Abruf per Handy zu erreichen, habe gar kein Freizeitleben«). Solchen Menschen gelingt es nur schwer, sich aus frustrierenden Beziehungskonstellationen zu lösen (»Mein Mann ist gemein zu mir, ich mache trotzdem alles, was er sagt, sonst mag er mich nicht mehr …«). Auf Dauer kann dies zu Erschöpfung, zur Hoffnungslosigkeit, jemals glücklich zu werden, und zu Depressionen führen.

Weitere Bezeichnungen für den *unterordnenden Modus* sind »bereitwilliger Erdulder« oder »angepasster Aufopferer«.

Gefühlsvermeidende Bewältigungsmodi

Auch Menschen in *gefühlsvermeidenden Modi* erhielten als Kind zu wenig Liebe und Zuwendung, waren jedoch eventuell noch anderen Bedrohungen (Abwertung, körperlicher Bedrohung oder anderen Grenzüberschreitungen) ausgesetzt, die emotionale Nähe zu anderen Menschen gefährlich machten. Sie lernten daher, zu großer Nähe auszuweichen.

a. Distanzierter Beschützermodus

Im d*istanzierten Beschützermodus* werden aufkommende Gefühle von der Person nicht bewusst gespürt bzw. schnell heruntergeregelt und dem anderen nicht gezeigt. Unberührbar und nach außen unkompliziert oder stark zu wirken, wurde von den Bezugspersonen belohnt oder modellhaft vorgelebt. Die Person wirkt nach außen glatt, fassadenhaft, sie gibt stets an, bei ihr sei »alles in Ordnung«. Sie ist emotional für andere nicht spürbar. Partnerinnen bemängeln »Ich komme nicht an sie heran, spüre entweder nur eine glatte Oberfläche oder eine diffuse Anspannung, weiß aber nicht, was sie wirklich will.« Der Kontakt zu dieser Person bleibt immer etwas distanziert. Diejenige wird von außen als recht selbstständige, »toughe« Person wahrgenommen, leidet aber innerlich unter Einsamkeitsgefühlen, die sie nicht kommunizieren kann.

b. Vermeidender Beschützermodus

Im *vermeidenden Beschützermodus* erlernt das Kind, Situationen aus dem Weg zu gehen, in denen unangenehme Gefühle wie Angst, Ärger oder Trauer aufkommen. In schwierigen Schwellensituationen wie Kindergarten- oder Schuleintritt, Besuch von Kindergeburtstagen oder Leistungssituationen erlebte das Kind einen Fluchtimpuls, floh aus der Situation oder vermied diese komplett. Dieses Verhalten wurde von den Bezugspersonen oftmals belohnt. Ein Patient, der in der Schule von Mitschülern gehänselt wurde, berichtet, dass er begann, die Schule zu schwänzen und die Großmutter zu Hause stets etwas Leckeres zu essen bereithielt. Diese Menschen erlernen nicht, unangenehme Gefühle zu ertragen, haben oftmals »Angst vor der Angst« und versuchen, allen Anlässen für diese Gefühle bestmöglich aus dem Weg zu gehen. Sie erlernen keine Lösungsmöglichkeiten und Strategien, um mit herausfordernden sozialen oder Leistungssituationen (Meinungsverschiedenheiten, Interessenkonflikten, Prüfungen, Bewerbungssituationen usw.) umzugehen.

c. Distanzierter Selbstberuhigermodus

Im d*istanzierten Selbstberuhigermodus* werden aufkommende unangenehme Gefühle von der Person durch gegensteuerndes Verhalten neutralisiert. Das Verhalten stellt eine Art Ablenkung dar und verschafft für einen kurzen Moment Erleichterung. Beispiele sind offenes Verhalten wie exzessives Sporttreiben, Putz- und Ordnungszwänge, Selbstverletzung, aber auch verdecktes, gedankliches Verhalten wie Tagträumen, Sich-Sorgen, Grübeln.

Eine weitere Strategie des distanzierten Selbstberuhigers ist die stoffliche Beruhigung durch übermäßiges Essen, Alkohol- oder Drogenkonsum. Diese Verhaltensweisen verfestigen sich sehr schnell aufgrund der angenehmen Spannungsreduktion. Suchtverhalten entwickelt sich. Eine Patientin berichtet: »Immer wenn ich mich sonntags einsam fühle, habe ich den plötzlichen Drang, Süßes zu essen, bis ich mich zumindest kurzzeitig ruhig und geborgen fühle.« Es handelt sich sozusagen um eine Art »Ersatzbefriedigung« im Sinne von Lustgewinn anstelle des eigentlichen frustrierten Grundbedürfnisses nach Bindung oder Selbstwert.

d. Aggressiver Beschützermodus

Im a*ggressiven Beschützermodus* werden aufkommende schmerzliche unangenehme Gefühle (Trauer, Angst) zwar ansatzweise gespürt, jedoch in Ärger auf den anderen umgewandelt und nach außen gerichtet. Auf der Grundbedürfnisebene dient das Verhalten der Leidvermeidung und dem Schutz von Kontrolle und Selbstbestimmung (»Ich habe dem anderen gezeigt, dass ich mich wehren kann, Recht habe etc.«) auch über alle anderen Grundbedürfnisse.

In alltäglicher Form äußert sich dieses Muster in Verhaltensweisen wie sich ständig über andere zu beschweren, sie zu kritisieren, an ihnen herumzumäkeln oder sie genervt »anzuzicken«.

Dieser Modus schadet der Person hauptsächlich selbst, weil er das Bindungsbedürfnis gefährdet.

Ein Patient berichtet:
»Immer wenn ich selbst unzufrieden bin, weil ich meinem Leistungsanspruch an diesem Tag nicht genügt habe, lasse ich den Ärger an meiner Partnerin aus, pieke in ihre Wunden und werfe ihr ihre Unzulänglichkeiten vor – z. B., dass sie es schon wieder nicht geschafft hat, so viel Sport zu machen, wie sie sich vorgenommen hatte. Mich stört das selbst, weil ich gar nicht so böse zu ihr sein möchte und mir eigentlich eine liebevolle Beziehung wünsche.«

Überkompensierende Bewältigungsmodi

Überkompensierende Modi dienen der Selbstwerterhöhung oder dem Gewinn von Kontrolle über den anderen. Das eventuell vorhandene Bindungsbedürfnis wird hierbei von der Person nachgeordnet und nicht berücksichtigt, ursprünglich zugunsten des eigenen Überlebens. In der Herkunftsfamilie erlebte das Kind eine starke Bedrohung durch die Bezugspersonen in Form von kompletter Vernachlässigung, Verachtung sowie körperlichem oder emotionalem Missbrauch. Das Kind begab sich dadurch in eine »Kampfhaltung«, die mehr oder weniger offen aggressiv ausgelebt wird. Die *überkompensierenden Modi* können auch modellhaft erworben worden sein, indem die Bezugspersonen Menschen außerhalb der eigenen Gruppe als gefährlich dargestellt und als einzige Lösung einen aggressiven Umgang mit ihnen vertreten haben (▶ Kap. 1.5.2).

Wir beschreiben kurz die einzelnen Unterformen:

a. Aufmerksamkeit gewinnen wollen

Aufmerksamkeitsheischendes Verhalten durch sehr dramatisches oder auch sexualisiertes Auftreten wird zur Kategorie der Überkompensation gezählt. Das Gegenüber soll in den Bann der Aufmerksamkeit gezogen werden, um damit die Grundbedürfnisse Bindung, Kontrolle und Selbstwert zu sichern. Dieses Verhalten zeigt sich zum Teil in sozial erwünschter Form bei Schauspielerinnen und anderen Berühmtheiten, die als »Diven« oder »Stars« auftreten. Die Bewunderung und das Staunen der Zuschauerinnen sind die Währung, mit deren Hilfe der eigene Selbstwert und die Bindung stabilisiert werden. Da die Zuhörerin jedoch nicht als eigenständiges Gesamtwesen wahrgenommen wird und selbst kein Interesse erfährt, fühlt sie sich nach einer Weile nicht gesehen und wertgeschätzt und geht auf Distanz. Die aufmerksamkeitsheischende Person verliert auf Dauer aufrichtige

Beziehungen. Das Gefühl von Einsamkeit, Minderwertigkeit und innerer Leere verstärkt sich.

b. Selbsterhöher-/Wichtigtuermodus

Beim *überkompensierenden Selbsterhöher*, oftmals gespeist durch das Schema Grandiosität, handelt es sich meist um Menschen, die ihren Selbstwert vom Bessersein sowie von der Wertschätzung, Anerkennung und Bewunderung durch andere Menschen abhängig machen.

Eine heikle Selbstwertstrategie, weil gesunde erwachsene Menschen es nicht als ihre Aufgabe ansehen, den Selbstwert einer anderen Person zu bestätigen. Eine häufige Frustration des Selbstwerts ist die Folge. Wird der Grund für diese Unsicherheit und Frustration nicht in der eigenen ungeschickten Selbstwertstrategie gesehen, sondern dem Verhalten anderer Menschen zugeschrieben, führt der Ärger nicht zu einer konstruktiven Veränderung der eigenen Selbstwertstrategien, sondern zu zwischenmenschlichen Konflikten. Die Person bleibt gekränkt auf ihrer Wut sitzen bzw. steigert sich hinein und kann aufgrund der Aussichtslosigkeit des Unterfangens erheblichen Schaden anrichten. Es kommt zu immer mehr Aggression oder Depression.

Die zentralen Strategien in diesem Modus bestehen darin, sich selbst in seiner Wichtigkeit in den Vordergrund zu drängen und den anderen in seinem Wert herabzusetzen. Mögliche Verhaltensweisen sind: angeben mit eigenen Erfolgen, Status oder materielle Errungenschaften hervorheben sowie andere – meist solche Menschen, die nicht zur eigenen Gruppe gezählt werden – abwerten.

Bis zu einem gewissen Maß funktioniert diese Strategie (Uhl & Voland, 2002). Diese Menschen können gesellschaftlich durchaus erfolgreich sein, indem sie es schaffen, sich in eine Position zu bringen, die ihnen dauerhafte Machtausübung ermöglicht. Hier sind Politiker denkbar, die sich zunächst demokratisch wählen lassen und dann Gesetze zu ihren Gunsten ändern, um ihre Machtposition zu zementieren. Ziel ist es, sich dauerhaft die eigene Überlegenheit und das »Besondersein« zu beweisen und bestätigen zu lassen. Alle im Zusammenhang mit dieser Strategie entstehenden Bindungen bestehen aber nur so lange, wie auch die Bindungsperson einen Vorteil aus dem gesellschaftlichen Erfolg zieht. Verliert die Person diese gesellschaftliche Position, verliert sie auch alle damit verbundenen Bindungen. Tragfähige Bindung auf der Basis von gegenseitigem Mitgefühl und kooperativen Werten findet nicht statt.

Der abstrakte Wert »Jeder Mensch oder jedes Lebewesen ist durch seine Existenz wertvoll« wird nur auf sich selbst bezogen. Handlungsorientierte Werte werden ausschließlich für das Verhalten anderer Menschen dieser Person gegenüber erwartet, nicht aber reziprok. Man könnte sich die Logik einer solchen Beschränkung wie folgt vorstellen:

> »Ich bin so toll, dass es selbstverständlich ist, dass die anderen meine Bedürfnisse berücksichtigen – diese sind hingegen so unbedeutend, dass ich deren Bedürfnisse nicht zu berücksichtigen brauche.«

Diese Einstellung wird nicht lange als Grundlage für eine Kooperation funktionieren. Damit gefährdet sie massiv die Befriedigung aller Bedürfnisse.

c. Manipulierer-/Trickser-/Lügnermodus

In diesem Modus wird das Gegenüber angelogen, ausgetrickst oder manipuliert, d. h., sein Unwissen wird zum eigenen Vorteil ausgenutzt. Dies stellt eine subtile Form von Gewalt dar, da das Gegenüber im Glauben gelassen wird, die Person meine es gut. Bei diesem Modus sind Abstufungen denkbar – vom Liebesentzug den Kindern gegenüber, wenn diese die Bedürfnisse der Eltern nicht beachten, bis hin zu kriminellen Handlungen wie Steuerhinterziehung oder Betrug.

> *Ein Patient berichtet, dass er jahrelang ein Doppelleben führte, d. h. seiner Frau nichts von einer weiteren Partnerschaft erzählen konnte. Er sei schon immer ein »Trickser« gewesen und benötige diesen Vorteil der Ehefrau gegenüber, um sich ihr überlegen zu fühlen.*

d. Zwanghafter, wahnhafter Kontrolleurmodus

In diesem Modus steht Kontrolle über andere im Vordergrund. Diese wird benutzt, um die eigenen Ängste vor Kontrollverlust zu reduzieren.

> *Eine Patientin berichtet, dass ihre Mutter, die eine massive Zwangsstörung hatte, sie und ihre Geschwister freitagnachmittags »grundreinigte« und sie dann über das gesamte Wochenende im »sauberen« Zuhause einschloss. Sie sollten keinen Schmutz mehr ins Haus bringen können, damit das Zwangssystem der Mutter nicht gefährdet wurde.*

Der Umgang mit anderen Menschen ist in diesem Modus oftmals misstrauisch bis hin zu paranoiden Überzeugungen (»Sie wollen mir schaden, deshalb muss ich sie kontrollieren«).

e. Pöbel-/Angreifermodus:

Dieses Verhalten ist durch offene Aggression gekennzeichnet. Der andere wird verbal angegriffen, beschimpft und »fertig gemacht«. Manchmal beobachten wir dies in banalen Alltagssituationen, beispielsweise wenn sich Rad- und Autofahrer im Straßenverkehr beschimpfen. Dies ist eine vergleichsweise harmlose Begebenheit. Schwieriger wird es, wenn eine Person zu schädigender Gewalt greift und diese Verhaltensweisen kontinuierlich zeigt.

f. Zerstörer-/Killermodus (Soziopath):

Diese letzte Art der *überkompensierenden Bewältigungsmodi* verkörpert die antisoziale Persönlichkeitsstörung. Solche Menschen verhalten sich aggressiv und schädigen dabei andere bewusst, ohne dabei Ärger oder Mitleid zu verspüren. Es kann sich um eine schwere Form von Rache für selbst erlittene Verletzungen handeln, gepaart mit dem Abwehrmechanismus der Abspaltung von Gefühlen (▶ Kap. 3.1.2). Möglich ist aber auch eine angeborene Störung des Ausmaßes von Aggressivität, eine fehlende Empathiefähigkeit oder eine gestörte Ausrichtung des Grundbedürfnisses nach Lust. Dabei erfreut sich die Person sadistisch am Leiden des Gegenübers. Macht und Gewalt werden dann als lustvoll empfunden, ohne eine Regulierung durch Mitgefühl, Werte und ohne Beachtung des Bindungsbedürfnisses. Die Verletzung bzw. Zerstörung der anderen Person – und damit auch der Beziehung zu ihr – wird in diesem Modus in Kauf genommen.

Seelische Abwehrmechanismen

Auf der beobachtbaren Verhaltensebene verwenden wir die genannte Unterteilung der Schematherapie in die verschiedenen Modi, um die dysfunktionalen Verhaltensweisen, Grundbedürfnisse zu befriedigen, zu beschreiben.

Um auf der beobachtbaren Handlungsebene das genannte dysfunktionale Bewältigungsverhalten leisten zu können und trotzdem das Bedürfnis nach innerer Konsistenz zu befriedigen (Grawe, 2004), bedarf es innerseelisch einiger Beeinflussung unserer angeborenen gesunden seelischen Verarbeitungsprozesse.

Diese innerseelischen dysfunktionalen Verarbeitungsweisen sind zwar in die schematherapeutische Konzipierung der Modi eingeflossen, aber von Young nicht explizit benannt worden. Bei der Beschreibung der Art und Weise, mit Schemata und unerfüllten Grundbedürfnissen umzugehen, und bei der grundsätzlichen Definition von Modi greift Young auf die psychischen Abwehrmechanismen der Psychoanalyse zurück (Young, 2005, S.75 und S.91).

Die klassische Beschreibung von dysfunktionalen innerseelischen Lösungen für Konflikte aus sich aufdrängenden Grundbedürfnissen und abwertend-bedrohlichen Grundannahmen über sich und die Außenwelt hat Anna Freud (2021) erstellt. Sie werden *Abwehrmechanismen* genannt, weil sie die natürliche Wahrnehmung von Grundbedürfnissen in Form von Gefühlen und die damit verbundenen gesunden Handlungsimpulse, diese Grundbedürfnisse zu befriedigen, abwehren.

Das Wissen um diese Abwehrmechanismen ist mittlerweile in der Alltagspsychologie so allgegenwärtig, dass es uns kaum mehr auffällt, wenn wir sie als Erklärung für das Verhalten eines Menschen nutzen. Sie werden inzwischen nicht mehr nur in einem psychoanalytischen Modell verwendet. Ein Grund für die weite Verbreitung besteht darin, dass sie teilweise sehr beobachtungsnah sind und gleichzeitig einen sehr hohen Erklärungswert für das Verhalten von Menschen haben. Verleugnet ein Mensch z. B. die Realität, ist das gut beobachtbar. Schiebt jemand für einen eigenen Fehler einem anderen »die Schuld in die Schuhe«, ist das gut beobachtbar. Sitzt jemand auf dem Sofa, vor dem Fernseher oder vor dem Computer und ist mit dem Bewusstsein in einer anderen Realität, ist das gut beobachtbar. Zeigt jemand auf ein berührendes Ereignis kaum eine emotionale Reaktion, sondern äußert lediglich sachliche Kommentare, ist das gut beobachtbar.

Die Abwehrmechanismen nach Anna Freud

In der Schematherapie als integrativem psychotherapeutischem Ansatz sind die aus der Psychoanalyse stammenden Abwehrmechanismen hauptsächlich in der Beschreibung der dysfunktionalen Bewältigungsmodi enthalten. Die Dissoziierung findet sich darüber hinaus im Modus-Modell in der Abgetrenntheit dysfunktionaler Modi von der konstruktiven Regulation durch den gesunden Erwachsenenmodus wieder.

> Die am häufigsten in der Schematherapie auftauchenden Abwehrmechanismen sind:
>
> - Dissoziierung in unterschiedlich starker Ausprägung
> - Vermeidung
> - Verdrängung
> - Verleugnung von Realitäten
> - Rationalisierung
> - fantasierte Wunscherfüllung
> - Regression
> - Projektion
> - Identifikation

Dissoziierung in unterschiedlich starker Ausprägung

Zentraler von der Schematherapie verwendeter Abwehrmechanismus ist zunächst die Dissoziation. Dissoziation beschreibt eine erschwerte oder fehlende Verknüpfung und Zugänglichkeit bestimmter abgespeicherter seelischer Kompetenzen oder Erlebnisinhalte mit und von anderen Bereichen des Gehirns.

Nach Ansicht Youngs stellt die Einengung der Person auf die verminderten Kompetenzen der verschiedenen dysfunktionalen Modi eine Dissoziation dar. In diesen Modi ist der Zugang zu den Kompetenzen des GE je nach Schwere der Störung unterschiedlich stark unterbunden. Es fehlt die Integration bestimmter Erlebensschemata in eine Gesamtperson. Von der leichten sozialen Phobie bis hin zur schweren Persönlichkeitsstörung, posttraumatischen Belastungsreaktionen oder gar psychotischen Zuständen fällt das Ausmaß der Dissoziierung sehr unterschiedlich aus.

Vermeidung

Die Vermeidung ist neben dem Kämpfen unsere wichtigste gesunde Schutzstrategie. Wieso wird sie dann auch bei den Abwehrmechanismen aufgeführt? Es ist wie bei vielen der Abwehrmechanismen: Sie können auf hilfreiche oder auf schädigende Weise verwendet werden. Die hilfreiche und die schädigende Weise, Vermeidung zu verwenden, lässt sich hauptsächlich darin unterscheiden, ob der Anlass, etwas zu vermeiden, auf einer realistischen Einschätzung der Gefahr und der Handlungskompetenzen sowie Möglichkeiten der Person beruht.

Ist die Gefahr real und haben wir keine andere Handlungsmöglichkeit, die uns schützen würde, ist Vermeidung eine sehr wichtige und hilfreiche Verhaltensweise.

Überschätzt die Person die Gefahr deutlich und vermeidet sie die Situation aufgrund dieser Fehleinschätzung bzw. Katastrophisierung, schränkt sie ihren Lebens- und Handlungsspielraum jedoch unnötigerweise drastisch ein. Damit reduziert sie die Möglichkeiten, ihre Grundbedürfnisse stabil zu befriedigen.

Verdrängung

Ein Abwehrmechanismus, Inkongruenzen (Grawe, 2004) oder seelische Verletzungen nicht als Leiden fühlen zu müssen, besteht darin, die Wahrnehmung des frustrierten Bedürfnisses nicht ins Bewusstsein kommen zu lassen.

Verdrängung bedeutet, das Vordringen einer Wahrnehmung ins Bewusstsein zu verhindern oder wieder rückgängig zu machen. Die bewusste Wahrnehmung eines Gefühls und des damit verbundenen Grundbedürfnisses wird durch Verdrängung wieder in einen unbewussten Zustand zurückgeführt.

Verleugnung

In der Verleugnung vermeidet eine Person eigenes Leiden, indem sie bei einer real stattgefundenen Grundbedürfnisfrustration sich selbst oder anderen gegenüber behauptet, dass diese Frustration nicht stattgefunden hat.

Rationalisierung

Erläutert eine Person sich selbst oder anderen gegenüber ausführlich, aus welchen vernünftigen, nachvollziehbaren und mit Argumenten unterlegten Gründen sie eine mögliche Bedürfnisbefriedigung nicht umsetzt oder weswegen ihr eine erfolgte Grundbedürfnisfrustration keinerlei Leiden verursacht, nennen wir das eine Rationalisierung.

Tagträumen, fantasierte Wunscherfüllung

Erfüllt sich die Person eine Grundbedürfnisbefriedigung nicht in der Realität, sondern imaginativ, nennen wir das eine fantasierte Wunscherfüllung oder Tagträumen.

Die Fähigkeit des Menschen, Gefühle nicht nur durch reale Ereignisse, sondern auch durch die Vorstellung von Situationen zu erzeugen, ist äußerst ausgeprägt. Menschen nutzen diese Fähigkeit unterschiedlich konstruktiv. Sie setzen sie als erfolgreiche Möglichkeit der Handlungssteuerung ein, indem sie sich verschiedene Szenarien von Handlungsweisen und Folgen vorstellen und deren Nützlichkeit emotional bewerten. Menschen nutzen diese Fähigkeit aber auch, um sich Anstrengungen und Ängsten vor der realen Handlung nicht stellen zu müssen. Damit bleibt eine reale Problemlösung oder Bedürfnisbefriedigung aus.

Regression

Bei einer Regression wechselt die Person auf frühere kindliche Entwicklungsstufen zurück. Dies ist ein auch bei der Einschränkung auf dysfunktionale Modi beteiligter Mechanismus – mit den gleichen Nachteilen. Probleme werden nicht im Sinne einer stabilen und ausgewogenen Grundbedürfnisbefriedigung gelöst, und die Person greift nicht auf alle ihre Kompetenzen zu.

Projektion

In der Projektion werden dem Gegenüber Bedürfnisse, Gefühle und Motivationen unterstellt, die die Person selbst hat. Da sie diese bei sich selbst als bedrohlich für ein Grundbedürfnis bewertet, schreibt sie sie lieber dem Gegenüber zu.

Identifizierung

Auf das Selbstwertthema angewendet könnte eine Person ihren Selbstwertzweifel kompensieren, indem sie sich mit etwas oder jemandem gleichsetzt, sich also als dazugehörig definiert zu etwas oder einer Gruppe, das oder die sie als wertvoll erachtet. Diese Gleichsetzung wird Identifizierung genannt.

Menschen nehmen gerne sehr vielfältige Identifizierungen vor. Sie identifizieren sich etwa mit einem Fußballverein, einem Musiker, einem Ort, einer Gegend, einer Nation oder einer Kultur – die Möglichkeiten sind nahezu unbegrenzt. Voraussetzung dafür, dass eine Identifizierung als Selbstwertstrategie funktioniert, ist lediglich, dass die Person das, womit sie sich identifiziert, als wertvoll erachtet.

Allen Abwehrmechanismen liegt die Eigenschaft zugrunde, dass sie die Realität verzerren. Das tun sie in unterschiedlichem Ausmaß. Je stärker die Realitätsverzerrungen, desto schädlicher wirkten sie. Sie sind unterschiedlich gut reversibel, aber realitätsverzerrend sind sie alle. Diese Verzerrung hat zur Folge, dass die langfristige Möglichkeit, stabil glücklich zu sein, durch die Abwehrmechanismen eingeschränkt wird. Eine psychische Erkrankung zu entwickeln ist die gravierendste Folge. Eine stabile Grundbedürfnisbefriedigung gelingt auf Dauer nur, wenn die Person Strategien anwendet, die die Realitäten möglichst zutreffend anerkennen (auf den Selbstwert bezogen vgl. Greve & Wentura, 2003).

Widerstand

Immer realistisch und vernünftig sein, das ist leichter gesagt als getan. Menschen verspüren durch das Grundbedürfnis nach Unlustvermeidung einen starken Druck, auch unangenehme Gefühle wie Trauer oder Angst kurzfristig zu vermeiden. Das Bedürfnis drängt sie zu einer solchen Vermeidung – selbst dann, wenn sie langfristig entweder nicht funktioniert oder so viel seelische Kapazität bindet, dass auch die Fähigkeit zur Freude eingeschränkt wird. Menschen möchten den Lustgewinn nicht aufgeben und deshalb Verluste nicht betrauern. Sie wollen sich ihren Ängsten nicht stellen.

Jede Änderung von Wissen und Konzepten über die Realität ist anstrengend und kostet Kraft. Mit jeder Veränderung der eigenen Selbst- und Weltsicht sowie der verwendeten Handlungsstrategien begibt sich die Person auf unbekanntes Terrain. Unbekanntes ist unsicher und macht Angst. Ängste möchten Menschen nicht spüren.

Um zu überprüfen, ob Ängste – seien es tiefsitzende Ängste aus Kindheit und Jugend oder auch aktuelle Ängste im Erwachsenenleben – noch begründet sind, ist neben der bewussten gedanklichen Reflexion und der Entwicklung realistischer Schutzstrategien die wichtigste Methode das Ausprobieren. Das bedeutet aber, dass es notwendig ist, zu wagen, diese Ängste zu spüren.

Etwas als veränderungswürdig zu bewerten, heißt auch, dass die Person es bisher noch nicht optimal gemacht hat. Einige Menschen interpretieren vor dem Hintergrund dieser Logik die Notwendigkeit einer Veränderung als Abwertung ihrer Person. Dass die Bedrohung des Selbstwerts nur an dem ungeschickt gewählten Selbstwertkriterium (hier fehlerfreier Perfektionismus) liegt, kann oft – zumindest zunächst – nicht gesehen werden.

Es gibt also einige Gründe, weswegen wir Menschen einen gewissen Druck haben, uns gegen eine Veränderung zu sträuben, auch wenn sie langfristig für uns von großem Vorteil wäre.

Dieses Sträuben gegen Veränderung aus Angst- und Trauervermeidung wird in der Psychoanalyse als Widerstand, in der Verhaltenstherapie als Vermeidung unangenehmer Gefühle oder diese auslösenden Situationen bezeichnet.

Unterscheidung von Selbstwertbedürfnis und Selbstwertkriterien reduziert den Widerstand

Die Unterscheidung in a) das Grundbedürfnis nach einer positiven Selbstbewertung und b) die Maßstäbe oder Kriterien, nach denen wir den Selbstwert beurteilen, erlaubt es uns, den Selbstwert zu verbessern, ohne ihn zu gefährden.

Ohne die Unterscheidung von Grundbedürfnis und Kriterium würde die Person das Infragestellen eines Selbstwertkriteriums als Bedrohung des Selbstwertes interpretieren. Die Bedrohung eines Grundbedürfnisses löst bei Menschen jedoch einen vehementen Verteidigungs- und Schutzimpuls aus. Die Person würde daher einen vehementen Widerstand gegen jeden Versuch zeigen, am Selbstwertkonzept etwas zu ändern.

Das menschliche Wesen im Konflikt

Eine wirklich häufig auftretende Qualität unseres seelischen Erlebens, die wir bereits mehrfach erwähnt haben und deshalb noch einmal gesondert darstellen wollen, ist der Konflikt.

Konflikte treten zwischen unterschiedlichsten Qualitäten auf. Menschen haben untereinander Interessenkonflikte, innerseelische Konflikte zwischen verschiedenen Grundbedürfnissen, Konflikte zwischen kurzfristigen und langfristigen Zielen, Konflikte zwischen Grundbedürfnissen und existenziellen Gegebenheiten und viele mehr.

Menschen möchten alles haben – die anderen wollen aber auch etwas bekommen.

Menschen streben nach maximaler Bedürfnisbefriedigung im Jetzt, wollen ihre Grundbedürfnisse aber auch für die Zukunft absichern.

Menschen sind bequem, brauchen für das »Glücklichwerden« jedoch viele Kompetenzen, die sie sich nur durch Anstrengung aneignen können.

Menschen möchten ganz selbstbestimmt sein, haben aber auch ein Bindungs- und sexuelles Bedürfnis, und dafür brauchen sie die anderen.

Sexuelle Abwechslung steigert den Lustgewinn, steht aber im Konflikt mit dem Bindungsbedürfnis.

Menschen möchten am liebsten völlige Sicherheit und Kontrolle, haben dazu in der realen Welt aber bei weitem nicht die Möglichkeiten.

Menschen möchten »nur« ihre eigenen Bedürfnisse befriedigen, schaffen das aber am besten mit Hilfe anderer und durch Kooperation.

Menschen möchten nicht leiden, sind aber so beschaffen, dass sie sofort Leid erleben, sobald ihre Bedürfnisse oder Werte nicht verwirklicht sind.

Menschen möchten nicht leiden, können aber viele Ursachen dafür gar nicht ändern.

Menschen möchten körperlich unversehrt bleiben und überleben, werden aber unweigerlich krank, alt, schwach und sterben.

Klingt wirklich nicht einfach. Das Ziel der Natur war es wohl nicht, dem Menschen das Glücklichsein leicht zu machen. Der Natur geht es darum, Wesen zu erschaffen, die motiviert sind, für ihr Überleben und den eigenen Generhalt zu sorgen.

Um glücklich zu sein, brauchen wir deshalb gute Lösungen für diese Konflikte.

Gesunde Lösungen für seelische Konflikte

Die konstruktivsten sozialen und seelischen Lösungen, die Menschen für Konflikte in ihrer Kulturgeschichte entwickelt haben, sind:

- der Kompromiss,
- das Setzen von Prioritäten,
- die abwechselnde Befriedigung verschiedener Konfliktseiten,
- die Akzeptanz und das Betrauern von unerfüllten Bedürfnissen.

Im Kompromiss verzichtet die Person auf die maximale Befriedigung eines meist aktuell stark mangelnden Bedürfnisses zugunsten der sicheren (Grundbedürfnis Sicherheit und Kontrolle) gleichzeitigen Befriedigung anderer Bedürfnisse oder der zukünftigen Befriedigung desselben Bedürfnisses. Die Person verzichtet beispielsweise darauf, sich mit ihrer Lösung eines Problems vollständig gegenüber anderen durchzusetzen, um die Beziehung nicht zu gefährden. Oder sie teilt ihr Essen, weil die andere Person dann in schlechten Zeiten ihrerseits das Essen mit ihr teilt.

Beim Prioritätensetzen entscheidet sich die Person für die Befriedigung des Bedürfnisses, das ihr im Moment am wichtigsten ist, und verzichtet dafür auf die Befriedigung eines anderen.

Beim Abwechseln als Lösung für Konflikte verzichtet die Person auf die aktuelle Befriedigung eines Bedürfnisses mit der Absprache oder dem Vorsatz, dies bei der nächsten Gelegenheit nachzuholen.

Der gesunde Erwachsenenmodus und seine grundlegenden Fähigkeiten

Im Folgenden beschreiben wir den gesunden Erwachsenenmodus der Schematherapie (Healthy adult mode nach J. Young et al., 2005). Er spielt für den Aufbau eines emanzipierten positiven und stabilen Selbstwerts eine Schlüsselrolle.

Der *gesunde Erwachsenenmodus* (GE) repräsentiert eine selbstfürsorgliche und anderen Menschen gegenüber grundsätzlich wertschätzende Haltung sowie alle Kompetenzen der Person für eine konstruktive Lebensbewältigung. Er ermöglicht eine achtsame und realistische Wahrnehmung der äußeren Umstände und der inneren Prozesse im »Hier und Jetzt«. Er achtet auf eine ausgewogene kurz- und langfristige Befriedigung aller Grundbedürfnisse. Er befähigt die Person zu einer bewussten Entscheidung darüber, wie sie sich verhält, und regt zu Verhaltensänderungen an. Entwicklungspsychologisch ist er zu Beginn des Lebens beim Säugling noch nicht vorhanden. Im besten Falle wird er von den Bezugspersonen von außen durch feinfühlige Grundbedürfnisbefriedigung gestärkt und durch Modelllernen und Ermutigung schrittweise in einem den psychischen Kapazitäten des Kindes angemessenen Tempo aufgebaut.

Er bewirkt die Unterbrechung von maladaptivem Bewältigungsverhalten, eine distanzierte Neubewertung/Entmachtung abwertender oder katastrophisierender internalisierter Bezugspersonenanteile und fürsorgliche Selbstinstruktionen als Einstieg in eine konstruktive Problemlösung. Der GE bestätigt die Gefühle des Kindmodus als Hinweis auf berechtigte Grundbedürfnisse. Der wütende Kindmodus wird begrenzt und die darin wirkende Energie in ein hilfreiches Selbstbehauptungsverhalten überführt. Den verletzbaren Kindmodi wird tröstend, beruhigend und unterstützend begegnet, so wie es »gute Eltern« tun. Ein gesunder Erwachsenenmodus wird im Kindesalter durch die Verinnerlichung eines fürsorglichen Verhaltens der Bezugspersonen, durch den Aufbau und die Aneignung von Wissen über die Außenwelt und sich selbst (Ciompi, 1988) sowie durch das Erlernen von Kompetenzen gebildet.

Die entscheidende Frage für die Entwicklung und Stärkung des GE – sowohl in der Kindheit als auch in der Psychotherapie – lautet:

> »Was braucht das Kind, um sich gesund und kompetent zu entwickeln?«

Mit dieser Frage werden die (nicht erfüllten) Grundbedürfnisse des Kindes in uns offengelegt. Damit können diese gezielt auch im Nachhinein befriedigt werden, falls sie in der Zeit von Kindheit und Jugend nicht beachtet wurden.

Die Stärkung des GE, wozu auch die Entwicklung von hilfreichen Selbstwertkriterien zählt, stellt neben der Entmachtung von dysfunktionalen Ich-Anteilen einen wichtigen Faktor für Veränderung in der Psychotherapie dar (Paetsch et al., 2022).

In einer aktuellen Situation ist der GE bei einer Person durch körperliche Zustände erkennbar, z. B. durch eine aufrechte Körperhaltung, das Rückgrat ist spürbar und die Füße haben Bodenkontakt. Die Person hält Blickkontakt mit dem Gegenüber und sitzt entspannt zurückgelehnt im Stuhl. Im Bauch- und Brustbereich ist ein Gefühl von Wärme, Entspanntheit und Weite spürbar. Die gedankliche Ebene ist von ruhigem Gedankenfluss, angenehm wacher Aufmerksamkeit und der Einnahme einer Beobachterperspektive geprägt. Es besteht eine gedankliche Kapazität für Flexibilität, Perspektivenübernahme und eventuell auch Humor. Die Haltung anderen Personen gegenüber ist wertschätzend, offen und interessiert. Die innere Haltung sich selbst gegenüber ist liebevoll und selbstfürsorglich im Hinblick auf die eigenen Grundbedürfnisse (nach Neumann, 2023). In diesem Modus haben wir die nötigen emotionalen und kognitiven Kapazitäten, um einerseits das Gegenüber wahrzunehmen und empathisch mitzufühlen sowie andererseits die eigenen Grundbedürfnisse und darauf hinweisende emotionale Reaktionen wie Freude, Ärger und Angst wahrzunehmen. Falls nötig, reagiert der GE mit Selbstbehauptung. Eigene dysfunktionale Modi werden funktional integriert oder entmachtet.

»Positive Schemata« zur Beschreibung des gesunden Erwachsenenmodus

Um den Zielzustand des *gesunden Erwachsenenmodus* (GE) zu konkretisieren, beschreiben Lockwood und Perris (2012, nach Paetsch et al., 2022) eine Reihe sogenannter »positiver Schemata«. Sie umfassen Kompetenzen bzw. funktionale Einstellungen, die sich in Studien als weitgehend voneinander unabhängige Dimensionen herausgestellt haben und den GE auf der gedanklich-emotionalen Ebene charakterisieren. Es handelt sich um Kompetenzen, die mit dem Fragebogen »Young Positive Schema Questionnaire« erfasst werden können (YPSQ, nach Paetsch et al., 2022):

Emotionale Offenheit und Spontaneität

Die Person kann anderen gegenüber, wenn es hilfreich ist, offen alle – auch unangenehme – Gefühle zeigen, was das Herstellen von Kontakt und die ausbalancierte Regulierung von Nähe und Distanz ermöglicht. Das (gesunde) Gegenüber reagiert empathisch auf das Zeigen von Trauer und Angst und kann Trost spenden oder Unterstützung anbieten. Das belastende Gefühl kann im Kontakt mit anderen reguliert und dabei das Bindungsbedürfnis befriedigt werden.

Emotionale Erfüllung

Dieser Bereich weist darauf hin, dass das Bindungsbedürfnis durch die besondere Zuwendung und Liebe einer Bezugsperson in der Vergangenheit als befriedigt erlebt wurde. Der Selbstwert wurde durch die Bedeutung gefestigt, die das Kind für die Bezugsperson hatte.

Soziale Zugehörigkeit

Dieser Bereich weist ebenfalls darauf hin, dass das Bindungsbedürfnis befriedigt wurde. Es geht jedoch über die engsten verwandtschaftlichen Beziehungen hinaus und beinhaltet auch die Zugehörigkeit zu größeren Gruppen – von der Peergroup bis zur gesellschaftlichen Integration (▶ Kap. 1.6.10).

Stabile Bindung

Dieser Bereich entspricht der Fähigkeit, Beziehungen zu vertrauen. Im Sinne von Bowlby und Ainsworth entspricht das einem »sicheren Bindungstyp« (▶ Kap. 1.6.10).

Erfolg

Das Verhältnis des GE zum Erfolg besteht in einem optimistischen, aber auch sehr realistischen Selbstvertrauen, eigene Grundbedürfnisse befriedigen und mit Lebensanforderungen zurechtkommen zu können.

Im Young Positive Schema Questionnaire wird dieser Aspekt des GE mit einer dysfunktionalen Selbstwertstrategie abgefragt:

> »Wenn es um den Job (oder die Schule) geht, bin ich normalerweise genauso gut wie (oder besser als) andere Leute.« (Beispielitem des YPSQ)

Diese Formulierung sollte vor dem Hintergrund einer differenzierteren Sicht zum Selbstwert und Selbstvertrauen, wie sie in diesem Buch beschrieben wird (▶ Kap. 1.6.1), verändert werden. Die Autorinnen haben darunter das Vertrauen der Person in ihre intellektuellen und lebenspraktischen Kompetenzen zu fassen versucht, dabei aber unserer Ansicht nach ein dysfunktionales Selbstwertkriterium verwendet. Erfolge sind seelisch sehr wohltuend und deshalb sehr wichtig. Um Erfolge zuverlässig zu generieren, ist es deshalb notwendig, die Ziele immer an den eigenen Möglichkeiten zu orientieren und nicht an einem Vergleich mit undefinierten anderen Menschen und der Zielsetzung, besser zu sein als diese. Hier wird sonst eine narzisstische Sicht der eigenen Person als GE bezeichnet. Eine akzeptable, sehr einfache Veränderung des Satzes könnte lauten: »Wenn es um den Job (oder die Schule) geht, bin ich normalerweise genauso gut wie (oder besser als) Menschen mit vergleichbaren Talenten und Lebensumständen.«

Eine gesunde, stabile Selbstwirksamkeitsüberzeugung und ein hilfreiches Selbstvertrauen stehen immer in einem möglichst realistischen Verhältnis zu den gegebenen und nicht veränderbaren Talenten und den begrenzten Möglichkeiten der Umstände, in die eine Person hineingeboren ist (vgl. das letzte Item des »Positive Schema Questionnaire« – realistische Erwartungen).

Grundlegende Gesundheit/Sicherheit

Diese Kompetenz besteht darin, dem eigenen Körper, den äußeren Umständen, der Welt an sich und der Zukunft zu vertrauen. Sie beruht auf einem grundlegenden Optimismus, der annimmt, dass alles gut verlaufen wird, solange es keine gegenteiligen Hinweise gibt. Besteht außerdem die Überzeugung, schwierige Situationen lösen zu können bzw. sich im Konfliktfall wehren zu können, führt dies zu der Einstellung, sich um zukünftige Ereignisse nicht sorgen zu müssen, sondern gelassen bleiben zu können.

Gesunde Selbstkontrolle

Die Person verfügt über die Kompetenz, sich selbst zu kurzfristig unangenehmen Aufgaben zu motivieren, um längerfristig zu einem erstrebenswerten Ziel zu kommen. Das Grundbedürfnis nach Autonomie und Selbstwert kann befriedigt werden.

Entwickeltes Selbst

Die Person fühlt sich weitgehend unabhängig von anderen Menschen, kann Entscheidungen alleine treffen und Verantwortung für das eigene Handeln übernehmen. Sie ist in der Lage, die eigene Meinung – auch in Bezug auf Selbstwertkriterien und Werte – zu vertreten und sich im Konfliktfall selbst zu behaupten. Das Grundbedürfnis nach Autonomie und Selbstwert kann befriedigt werden.

Empathische Rücksicht

Die Person kann bei Interessenskonflikten eigene Bedürfnisse nach Autonomie zugunsten von Kooperation mit anderen zurückstellen. Bei der Anwendung der vorgeschlagenen kooperationsorientierten Selbstwertkriterien wird der Selbstwert auch in solchen Situationen als befriedigt erlebt. Gleichzeitig werden das Bindungsbedürfnis sowie die langfristige Befriedigung aller anderen Grundbedürfnisse durch Kooperation abgesichert (▶ Kap. 1.5.2).

Selbstmitgefühl/realistische Erwartungen

Die Person verfügt über einen von Vergleichen mit anderen unabhängigen Selbstwert. Sie akzeptiert eigene Begabungs- oder Belastungsgrenzen und kann sich selbst angemessene Aufgaben setzen, ohne sich zu überfordern. Bei Leistung verwendet sie die eigene Bemühung und ihre individuellen Möglichkeitsgrenzen als Maßstab für ihren Selbstwert. Dies ermöglicht es, das Selbstwertbedürfnis sicher und dauerhaft zu befriedigen.

Dankbarkeit

Als weitere, wichtige Komponente des GE erachten wir die bereits oben aufgeführte Fähigkeit zur *Dankbarkeit* im Modell von Bernstein (Bernstein, 2023). Dankbar zu sein ermöglicht es der Person, sich an allem selbstständig Erreichten oder von außen Geschenktem vorbehaltlos zu erfreuen, und stellt daher eine überaus geschickte Strategie zum Glücklichsein dar.

Strukturelle Fähigkeiten des gesunden Erwachsenenmodus nach der OPD

Eine weitere hilfreiche Differenzierung gesunder Erwachsenenkompetenzen findet sich verständlich gegliedert in der Operationalisierten Psychodynamischen Diagnostik (OPD) wieder. Die Formulierung seelischer Grundfähigkeiten in der OPD deckt sich deutlich mit den »Positiven Schemata«. Die Übersicht im folgenden Kasten listet gesunde, in der Psychoanalyse als strukturell bezeichnete seelische Fähigkeiten auf und orientiert sich dabei inhaltlich an dem Werk *Operationalisierte Psychodynamische Diagnostik OPD-2* (Arbeitskreis OPD, 2007, S. 478).

Die OPD unterscheidet dabei zwischen den beiden Perspektiven »gesunde Handhabung der Innenwelt« und »gesunde Handhabung der Außenwelt«. Bei der Beschreibung der Fähigkeiten, sich selbst innerlich sowie den Umgang mit anderen Menschen erfolgreich und gesund managen zu können, unterscheidet die OPD darüber hinaus vier Themen: Wahrnehmung, Steuerung, Emotionskommunikation und Bindung.

Fähigkeiten im Umgang mit der Innenwelt

1. Selbstwahrnehmung:
   1.1. Selbstreflexion
   1.2. Affektdifferenzierung
   1.3. Identität
2. Selbststeuerung
   2.1. Impulssteuerung
   2.2. Affekttoleranz
   2.3. Selbstwertregulierung
3. Emotionale Kommunikation nach innen

3.1. Affekt erleben
   3.2. Fantasie nutzen
   3.3. Körperselbst
4. Bindung innen
   4.1. Internalisierung
   4.2. Introjekte nutzen
   4.3. Variable Bindung

Fähigkeiten im Umgang mit der Außenwelt

1. Objektwahrnehmung (Objekt = die andere Person)
   1.1. Selbst – Objekt – Differenzierung
   1.2. Ganzheitliche Objektwahrnehmung
   1.3. Realistische Objektwahrnehmung
2. Regulierung des Objektbezuges
   2.1. Beziehung schützen
   2.2. Interessenausgleich
   2.3. Antizipation
3. Kommunikation nach außen:
   3.1. Kontaktaufnahme
   3.2. Affektmitteilung
   3.3. Empathie
4. Bindung außen:
   4.1. Bindungsfähigkeit
   4.2. Hilfe annehmen
   4.3. Bindung lösen

Diese für eine gesunde Lebensbewältigung notwendigen grundsätzlichen psychischen Kompetenzen werden in der Schematherapie ebenfalls dem gesunden Erwachsenenmodus zugeordnet. Sie werden bei den therapeutischen Interventionen im Modusmodell vielfältig gefördert und genutzt.

Gesunde Erwachsenenkompetenzen und der Selbstwert

Bei den oben aufgeführten Kompetenzen wird deutlich, dass für deren Verwirklichung eine positive Selbstbewertung entweder Voraussetzung oder Ziel ist. Gleichzeitig wird erkennbar, dass die Verwendung zwischenmenschlicher Werte als Selbstwertkriterien es möglich macht, die in den positiven Schemata genannten Kompetenzen zu verwirklichen und dabei gleichzeitig ein stabiles Selbstwertgefühl zu erzeugen. Es besteht ein enger Zusammenhang zwischen den »Positiven Schemata« des gesunden Erwachsenenmodus und der Erzeugung eines stabilen Selbstwerts durch kooperative Selbstwertkriterien.

Auch bei denjenigen Kompetenzen, die auf den ersten Blick hauptsächlich der Befriedigung von Bindung dienen (»Emotionale Offenheit und Spontaneität«), zeigt sich eine enge Verknüpfung mit dem Selbstwert. Wenn die Person sich »grundsätzlich als in Ordnung« betrachtet, kann sie sich anderen mit ihren ängstlichen, ärgerlichen oder schmerzlich-traurigen Gefühlen risikolos zumuten. Dasselbe gilt für die Zugehörigkeit zu Gruppen: Wenn die Person sich selbst als wertvollen Menschen ansieht, kann sie sich auf Augenhöhe mit anderen erleben, d. h. mit denselben Ansprüchen, Rechten (und Pflichten), und in einen gleichwertigen Kontakt gehen. Die Person wird sich in diesem Zusammensein dann als integriert erleben.

Selbstreflexionsfähigkeit und Selbstwert

Wie wir gehört haben, ist für eine Veränderung von unkonstruktiven Gefühlen und Handlungsweisen immer eine bewusst denkende Handlungssteuerung nötig.

Voraussetzung dafür ist eine bewusst denkende Analyse des Problems. Diese erfordert eine bewusste Selbstreflexion. Für eine eigenständige, gezielte seelische Weiterentwicklung ist eine ehrliche, bewusste Selbstreflexion nötig.

Selbstreflexion erfordert nicht nur die intellektuelle Fähigkeit dazu, sondern auch eine ausreichende seelische Stabilität. Es muss ein Mindestmaß an Selbstvertrauen vorhanden sein, schmerzliche Gefühle, die durch die ehrliche Selbstreflexion ausgelöst werden, ertragen zu können. Der Umgang mit der Fehlerhaftigkeit von Menschen – und damit auch der eigenen – spielt eine wichtige Rolle für die Selbstreflexionsfähigkeit. Ein stabiler Selbstwert erhöht die Selbstreflexionsfähigkeit – die Selbstreflexionsfähigkeit ist Voraussetzung dafür, den Selbstwert zu verbessern.

Die bewusste Selbstreflexion ist in fast allen Psychotherapieformen die zentrale Methode, um Veränderung zu erreichen. Es ist daher in den meisten Psychotherapieformen auch ein Methodenziel, die Selbstreflexion zu verbessern.

3.2 Individuelles Fallkonzept mit Moduslandkarte

Die bisher genannten seelischen Grunddimensionen werden verwendet, um ein Modell des bisherigen dysfunktionalen psychischen Geschehens und – daraus abgeleitet – möglicher funktionaler Lösungen zu entwickeln. Eine schlüssige und gemeinsam mit der Patientin erarbeitete Fallkonzeption stellt die Grundlage und den zentralen gemeinsamen Ausgangspunkt des schematherapeutischen Vorgehens dar. Sie entspricht der vertikalen *und* horizontalen Verhaltensanalyse des verhaltenstherapeutischen Störungsmodells (z.B. nach Kanfer et al., 2011). Sie dient einerseits dem Verständnis der Person- oder O-Variable. Andererseits kann sie auch zur Mikroanalyse genutzt werden.

Zur Erstellung der Fallkonzeption dienen im ersten Schritt Informationen aus der biografischen Anamnese, den schematherapeutischen Fragebögen (z.B. Young

Schema Questionnaire, Berbalk et al., 2006; Schema Mode Inventory, SMI, Lobbestael et al., 2010) und Beobachtungen aus der Therapiesitzung als Informationsquellen. Mit Hilfe des Young Schema Questionnaire werden die zugrunde liegenden, biografisch entstandenen Schemata erfasst. Diese Grundüberzeugungen fließen in die aktuelle Reaktion ein, z. B. in Form von automatischen Gedanken in den Abwerter- und Katastrophisierermodus.

Von Jacob und Arntz (2015) sowie Roediger (2016) wurden unterschiedliche, grafisch gestaltete »Modusmodelle« vorgelegt, in welche die Modusreaktionen der Person überblicksartig eingetragen werden können. Beispielhaft verwenden wir hier die Moduslandkarte von E. Roediger. Die emotionale Ebene der dysfunktionalen Reaktion (z. B. Angst/Ärger) ist im Kindmodus repräsentiert. Dysfunktionale Einstellungen (nach Beck, 1993) finden sich im Abwerter- und Katastrophisierermodus wieder. Das Problemverhalten entspricht dem dysfunktionalen Bewältigungsmodus und kann den drei Bewältigungsstilen Unterordnung (1), Vermeidung (2) und Überkompensation (3) zugeordnet werden.

Fallbeispiel für die Moduslandkarte

Die Fallkonzeption und Erstellung der Moduslandkarte stellen wir anhand des Beispiels der Patientin Anna dar.

Symptomatik:
Die Patientin (29 Jahre, alleinlebend, geschieden) berichtet von ausgeprägten Depressionen mit anhaltendem Minderwertigkeits- und Einsamkeitsgefühl. Sie ist oft gekränkt und wütend, grundsätzlich enttäuscht von allen Menschen. Außerdem berichtet sie, dass sie infolge von Traurigkeit und Wut – insbesondere am Wochenende – unter massiven Essanfällen leidet. Als gegensteuernde Maßnahme berichtet sie von exzessivem, zwanghaftem Sporttreiben (Schwimmen, Laufen, Fitness).

Diagnosen: Depressive Störung, atypische Bulimia Nervosa, narzisstische und emotional instabile Persönlichkeitszüge.

Makroebene

Relevante biografische Erfahrungen
Die Familie ist kroatischstämmig und siedelte kurz nach der Geburt der Patientin nach Deutschland über. Sie lebte zunächst sehr beengt als Großfamilie in einer kleinen Wohnung. Bis zu ihrem 5. Lebensjahr war die Patientin sehr glücklich. Sie stand immer im Mittelpunkt und wurde von allen Erwachsenen verwöhnt. Insbesondere der Opa »beschützte und verehrte« sie.

Dann verstarb der Opa und der jüngere Bruder wurde geboren. Das war ein Wendepunkt für sie. Damals verlor sie alle Bestätigung und Geborgenheit. Der Vater ist streng, extrem leistungsfordernd. Sie wurde immer nur für das Sporttreiben gelobt. Die Mutter kümmerte sich kaum um sie. Die Mutter empfindet sie als kühl und distanziert. Die Patientin berichtete, dass sie sich von der Mutter nicht geliebt fühlte. Der jüngere Bruder wurde ihr immer vorgezogen.

Unerfüllte Grundbedürfnisse
Das Grundbedürfnis nach *Bindung* wurde bis zum Alter von 5 Jahren durch die Familie erfüllt. Der *Selbstwert* wurde ebenfalls bis dahin erfüllt, danach war er seitens der Eltern an Bedingungen geknüpft.

Selbstwertkriterien
Es bildeten sich die folgenden Selbstwertkriterien heraus: sportliche und schulische Leistungen, Leistungen im Haushalt sowie Schlanksein.

Dysfunktionale Bewältigungsstrategien
Die Erwartungen anderer zu erfüllen – durch Unterordnung und Aufopferung – stellt sowohl eine Selbstwertstrategie als auch eine bindungsbezogene Strategie dar. Sie war als Kind »immer ein Sonnenschein« und »immer lieb«, um Zuwendung zu bekommen. Sie durfte niemals weinen. Schwäche zu zeigen, wurde von den Eltern bestraft. Außerdem musste sie in Sport und Schule immer Leistung erbringen, um beachtet zu werden. Ab der Pubertät – mit der Entwicklung weiblicher Körperformen – verspürte sie plötzlich viel Wut und lehnte sich selbst ab. Sie war aber auch anderen gegenüber oft »böse«, log oft, war schnippisch und patzig. All diese Strategien verwendet sie noch heute.

Dysfunktionale Schemata
Im YSQ-S3 zeigen sich erhöhte Werte in folgenden *Schemata* (jeweils mit Beispielitem und Punktzahl). Ab einer Punktzahl von 20 kann von einer deutlich beeinträchtigenden Stärke des Schemas ausgegangen werden:

Domäne Abgetrenntheit und Ablehnung:

- Unzulänglichkeit/Scham »Ich finde mich nicht liebenswert« (26).
- Im Stich gelassen »Ich klammere mich an Menschen, die mir nahe sind, aus Angst, sie zu verlieren« (22).

Domäne *Beeinträchtigung im Umgang mit Grenzen*:

- Grandiosität »Ich bin etwas Besonderes und sollte nicht den gleichen Einschränkungen unterliegen wie alle anderen« (22).

Domäne *Übertriebene Außenorientierung*:

- Unterordnung »Ich ordne mich den Wünschen des anderen unter« (19).
- Aufopferung »Ich bin immer die, die für andere sorgt« (20).

Domäne *Übertriebene Wachsamkeit und Gehemmtheit*:

- Unerbittliche Ansprüche »Ich fühle mich unter ständigem Druck, voranzukommen und Dinge zu erledigen« (25).

Makro- und Mikroebene anhand der Moduslandkarte dargestellt
Die Moduslandkarte wird nun anhand einer typischen symptomauslösenden Situation erarbeitet (▶ Abb. 3.1 – Moduslandkarte von Patientin A).

Mikroebene

Auslösende Situation
Patientin: »Besonders schlimm war es am letzten Wochenende. Mein bester Freund sagte zu mir, dass er bereits mit einer anderen Freundin verabredet ist. Da brach bei mir alles zusammen.«

Modi
Die auftretenden Modi werden nun in einer diagnostischen Stühleübung aufgedeckt.

Abwertermodus
Der Abwertermodus ist für die Patientin leicht zugänglich. Während sie die abwertenden Sätze ausspricht, erinnert sie sich an die Stimme der Mutter, die sie als Kind oftmals streng zurückgewiesen hat, wenn sie Nähe oder Trost suchte (»Kümmere dich um dich selbst, ich habe keine Zeit«).

Kindmodi
Auf den Kindstühlen sitzend spürt sie eine ausgeprägte Traurigkeit und Angst, aber auch starke Wut. Die Gefühle können schnell abwechseln.

Dysfunktionale Bewältigungsmodi
Auf dem Bewältigungsstuhl werden alle auftretenden Bewältigungsverhaltensweisen eruiert, die von Unterordnung (trotz Kränkung den Sportkurs des Freundes besuchen) über Vermeidung (»Pokerface« zeigen, Essanfall, exzessives Sporttreiben) bis hin zu Überkompensation (über den Freund bei anderen schimpfen und ihn abwerten) reichen. Sie stellen einen Teufelskreis dar, da sie kurzfristig spannungsreduzierend wirken, mittelfristig jedoch zu negativen Konsequenzen führen (z. B. Einsamkeits- und Minderwertigkeitsgefühle werden verstärkt, der Freund distanziert sich).

Gesunder Erwachsenenmodus
Zum Abschluss dieser diagnostischen Stühlearbeit wird die Patientin gebeten, aufzustehen und bewusst in die Position der gesunden Erwachsenen zu gehen. Sie betrachtet nun an der Seite der Therapeutin stehend die Stühle der Modi von oben und reflektiert: »Das ist ja furchtbar, was die Abwerterstimmen (die Mutter) mit der kleinen Anna machen! Total ungerecht! (…).« Besonders erschrickt sie über die Bewältigungsmodi: »Und diese ganzen widersprüchlichen Verhaltensmuster sind schrecklich und völlig chaotisch, die machen ja alles nur noch schlimmer!«

Therapeutisches Anliegen der Patientin
Die Patientin gibt an, in der Therapie ihren Selbstwert stärken und dadurch unabhängiger von anderen Menschen werden zu wollen: »Ich will mich selbst annehmen und besser alleine zurechtkommen können.« Sie fügt noch hinzu: »Und die anderen sollen sich auch ändern, die sind so fies und ungerecht!« Diese nach außen gerichteten Abwerterstimmen, die in die überkompensatorischen Bewältigungsstrategien münden, werden im späteren Verlauf, nachdem erste biografische Imaginationsübungen durchgeführt wurden, von der Therapeutin empathisch konfrontiert werden.

Teil II Störungsmodell/Fallkonzeption

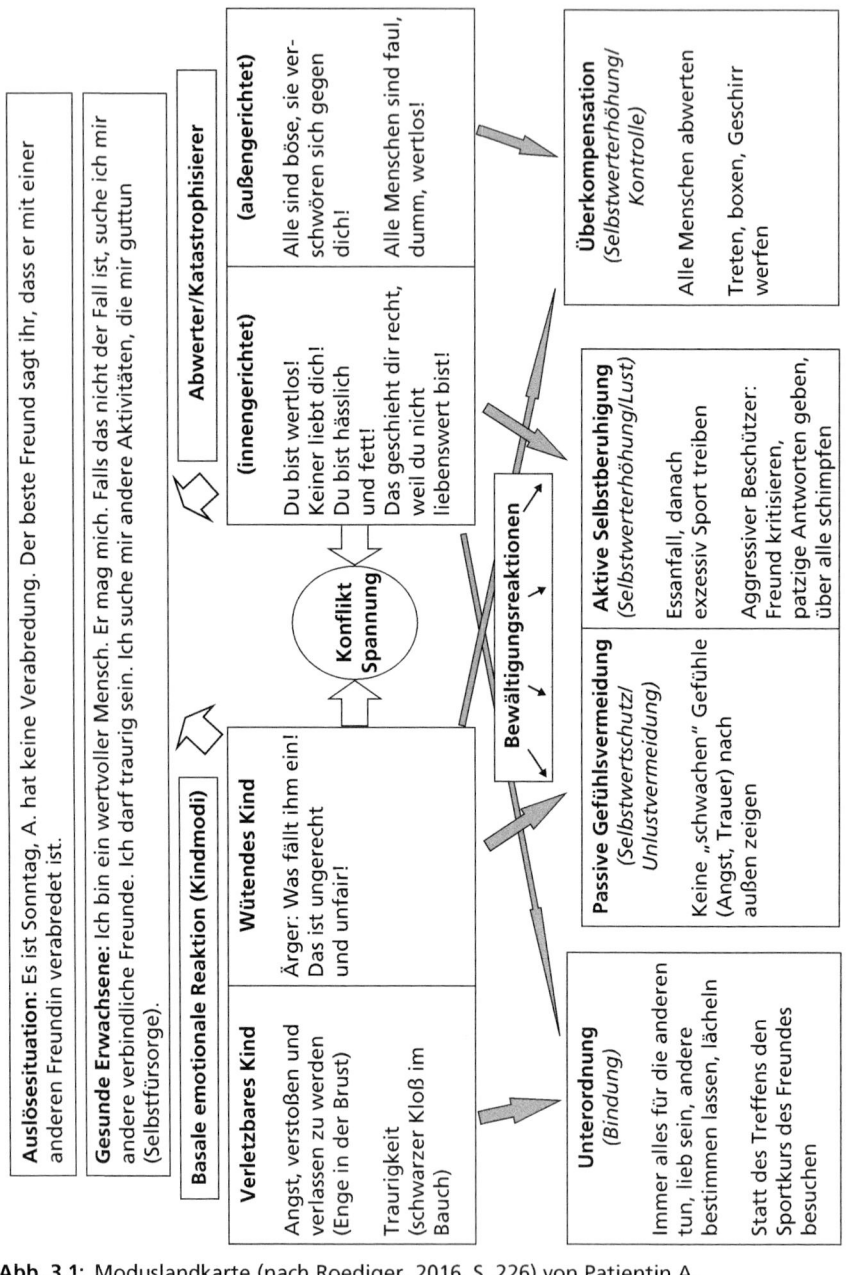

Abb. 3.1: Moduslandkarte (nach Roediger, 2016, S. 226) von Patientin A.

Teil III Interventionstechniken der Schematherapie

4 Verankerung hilfreicher Selbstwertkriterien im Denken und Fühlen

Das Handeln und Erleben des Menschen wird hauptsächlich von zwei unterscheidbaren Informationsverarbeitungsqualitäten bestimmt: a) der bewusst oder auch als explizit bezeichneten willentlich denkenden und b) der unbewussten, implizit-automatischen emotionalen Steuerung. Ein Großteil der Informationsverarbeitung findet unbewusst statt (Gazzaniga, 1998, nach Lane et al., 2015). Aktuelle neurophysiologische Forschung im Zusammenhang mit dem »Triple Network Model«, als neuropsychologische Darstellung der zwei genannten Verarbeitungsqualitäten, unterstreicht das Kontinuum der Emotionsregulation durch sowohl emotionale als auch bewusst denkende Mechanismen (Stromberg & Zickenheiner, 2022; Schimmelpfennig, Topczewski, Zaykowski & Jankoviak-Siuda, 2023).

> Das Ziel, ein möglichst stabiles und positives Selbstwertgefühl zu erreichen, erfordert es deshalb, die neuen Selbstwertkriterien sowohl durch die Einflussnahme auf der Ebene der willentlich bewusst denkenden als auch auf der Ebene der automatisierten emotionalen Selbststeuerung zu etablieren.

Aus diesem Grund werden in der Schematherapie sowohl kognitive als auch emotionsaktivierende Interventionen eingesetzt (Young, 2005; Brockman et al., 2023).

4.1 Bewusst denkende Ebene

Psychotherapie zielt darauf ab, sowohl in kognitiv-verhaltenstherapeutischen als auch in psychoanalytisch-tiefenpsychologischen Therapieformen Veränderung zu erreichen – und zwar durch das Bewusstmachen dysfunktionaler Annahmen sowie durch die Entwicklung neuer Sichtweisen und Bewertungen von sich selbst und der Umwelt. Damit setzt Psychotherapie traditionell relativ stark auf der Ebene des bewussten Denkens an.

Psychotherapie gibt Menschen eine Hilfestellung zur Selbsthilfe. Dies erfordert es, der Patientin eine gewisse bewusste Vorstellung davon zu vermitteln, wie Menschen seelisch funktionieren.

Dabei handelt es sich aber nur um eine notwendige und sehr effektive Voraussetzung für Veränderung. Im Kern besteht das Ziel in einer Veränderung von Gefühlen und Stimmungen auf der automatisierten emotionalen Ebene.

4.2 Unbewusst emotionale Ebene

Gefühle werden nicht durch eine Situation bestimmt, sondern durch die Interpretation und Bewertung der Ereignisse. Diese Interpretationen und Bewertungen sind in verallgemeinerten, meist in Kindheit und Jugend entwickelten Erlebnisschemata abgespeichert.

Um erlebte Basisgefühle zu ändern, ist es vor diesem Hintergrund notwendig, die sie auslösenden, verallgemeinerten, unbewusst und automatisiert verwendeten Annahmen darüber, wann diese Gefühle begründet, passend und hilfreich sind, zu verändern. Es geht also auch auf der Gefühlsebene um die Änderung der die Basisgefühle auslösenden Überzeugungen über sich selbst und die Umwelt. Damit geht es nicht nur auf der bewusst denkenden Ebene, sondern auch auf der emotionalen Ebene um die Änderung von bewertenden Konzepten. Auf der emotionalen Ebene sind diese Ideen, Gedanken, Annahmen und Konzepte meist unbewusst und automatisiert. Damit braucht auch eine »gefühlte Verbesserung« eine Änderung von Bewertungen, wenn auch auf unbewusst emotionaler Ebene. Erst dann ändern sich auch die erlebten Gefühle.

Da sich nichts, was im Langzeitgedächtnis abgespeichert ist, willentlich löschen oder überschreiben lässt, können maladaptive Schemata nur durch ein Hinzulernen verändert werden (Pittig et al., 2015). Dysfunktionale Interpretationen von meist in Kindheit und Jugend gemachten Erfahrungen werden mit neuen, realistischen und überzeugenden, hilfreichen Bewertungen und Erklärungen verknüpft. Diese notwendige Verknüpfung neuer Bewertungen auf der Basis eines überzeugenden Wissens mit den bisherigen dysfunktionalen Schemata gelingt umso besser, je stärker das Gefühlsschema während des ergänzenden Lernens aktiviert ist.

> Damit stellt die kognitive Erarbeitung funktionaler Selbstwertkriterien eine äußerst effiziente Basis für die notwendigen emotionsaktivierenden Interventionen dar.

Die erlebnisorientierten Interventionen verknüpfen das neue, auf kognitiver Ebene erarbeitete Selbstwertkonzept mit den bisherigen dysfunktionalen Schemata auf der Ebene der emotionalen Steuerung.

Das kognitive Erarbeiten der bisherigen und der zukünftigen Selbstwertkriterien stellt die Basis unserer neuen Selbstbewertungen dar. Auf sie kann in der weiteren Psychotherapie sowohl von der Therapeutin als auch von der Patientin immer wieder zurückgegriffen werden. Die Überzeugung, dass die werteorientierten Selbstwertkriterien die am besten begründeten und hilfreichsten Kriterien darstellen, gibt der Patientin die gewünschte Sicherheit, auf die sie sich bei gefühlten Selbstwertzweifeln immer wieder beziehen kann. Sie stellen in kognitiver Weise einen »sicheren Ort« der positiven Selbstbewertung dar (vgl. Roediger, 2016, S. 235). Sie ermöglichen jederzeit den aktiven, selbstbestimmten Wechsel in den gesunden Erwachsenenmodus.

Wie wir bereits dargestellt haben, sind die ersten Selbstwertkriterien, die Menschen im Leben entwickeln, äußerst abhängig von der Qualität der ersten Bindungserfahrungen.

Außerdem sind die ersten Selbstwertkriterien – seien sie hilfreich oder nicht – stärker in emotionalen Schemata als in bewusst vernünftigen Überzeugungen abgespeichert.

Aus diesen Gründen ist es für die Festigung und langfristig auch gefühlte Verankerung der neuen Selbstwertkriterien, für die die Patientin sich entschieden hat, wichtig, die alten Selbstwertkriterien in ihren biografischen Zusammenhang zu stellen und die zu den Umständen der Entstehung passenden Gefühle noch einmal möglichst intensiv zu fühlen.

Aus den dargestellten Gründen sind die wichtigsten Interventionen bei der Psychotherapie von Selbstwertproblemen a) die Methoden der kognitiven Umstrukturierung und b) die emotionsaktivierende Imagination und Stühlearbeit.

Beide Methodenebenen werden in der Schematherapie schon ab der diagnostischen Phase kombiniert verwendet – oft auch in schnellen, bis hin zu satzweisen Wechseln.

Zum besseren Verständnis stellen wir die Interventionsmethoden jedoch zunächst getrennt dar.

4.3 Reihenfolge der genannten psychotherapeutischen Schritte

Die Reihenfolge der genannten Schritte stellt den idealtypischen Ablauf dar, wie er in der Psychotherapie erfolgt. Dieser ist so jedoch nicht zwangsläufig einzuhalten. Außerdem kann jederzeit zwischen den verschiedenen Interventionen hin- und hergewechselt werden. Regulativ ist stets die aktuelle therapeutische Absicht.

Zielsetzungen, welche die Wahl der psychotherapeutischen Intervention bestimmen, sind z. B.: a) Emotionsaktivierung oder emotionale Stabilisierung und Regulation, b) Entwicklung von Grundlagen und seelischen Grundfertigkeiten oder c) die Assoziation neuer Bewertungen mit emotionalen Schemata. Die Therapeutin versucht, am Anfang der Psychotherapie möglichst unmittelbar das Angebot der Patientin aufzugreifen. Beginnt die Patientin die Psychotherapie von sich aus mit einer hohen emotionalen Beteiligung, sollte dieses Angebot als Chance wahrgenommen werden. Es kann dazu genutzt werden, sofort eine Verbesserung des Selbst- und Emotionsmanagements herzustellen – etwa indem das Erleben der Patientin im Rahmen der Erstellung der Moduslandkarte in die Modi der Schematherapie aufgeteilt wird. Gleichzeitig wird das Erleben der Gefühle gefördert und als wichtige Orientierung positiv bewertet.

Ist das Bedürfnis der Patientin, ihr Erleben zum Ausdruck zu bringen, fürs Erste zufriedengestellt, kann das Therapiemodul der kognitiven Umstrukturierung der dysfunktionalen Selbstwertkonstruktion jederzeit eingefügt werden.

5 Kognitive Umstrukturierung

Bei der kurzen Darstellung der Methoden der kognitiven Umstrukturierung beziehen wir uns zum größten Teil auf Albert Ellis, Aaron T. Beck und Donald Meichenbaum, dargestellt in dem Buch von Beate Wilken – *Methoden der kognitiven Umstrukturierung* (2024).

Die Grundannahme der kognitiven Umstrukturierung ist die seit Epiktet (vgl. Schmidt-Salomon, 2024) bestehende, sowohl in psychoanalytischer als auch verhaltenstherapeutischer Tradition verwendete Idee, dass nicht die Realität (von der Person unabhängig Gegebenes), sondern deren Interpretation und Bewertung die Gefühle und das Handeln des Menschen bestimmt.

Aufgrund dessen müssen die den Interpretationen zugrunde liegenden Annahmen über sich selbst und die Umwelt sowie die Bewertungen der eigenen Person und ihrer Umwelt verändert werden, wenn Gefühle verändert werden sollen.

Das Ziel einer Psychotherapie ist die Veränderung oder Abschwächung von leidvollen Gefühlen. Wie bereits erwähnt, erfordert dies die Veränderung der dysfunktionalen Interpretationen und Bewertungen.

Ellis und Beck haben typische dysfunktionale Interpretationen und Bewertungen aufgezeigt. Diese lassen sich auf einem Spektrum von sehr konkreten, situationsspezifischen bis hin zu verallgemeinerten, grundsätzlichen Annahmen über sich selbst und die Außenweltwelt einordnen. Außerdem hat insbesondere Beck noch auf typische logische Denkfehler bei der Entwicklung von dysfunktionalen Annahmen über sich selbst und die Umwelt aufmerksam gemacht.

Ellis unterscheidet bei den dysfunktionalen Überzeugungen folgende Bereiche:

1. Imperative, grundsätzliche und unrealistische Forderungen, die die Patientin an sich selbst stellt.
2. Verallgemeinerte Selbst- und Fremdabwertungen der ganzen Person.
3. Ereignisse, die erwartet werden oder bereits stattgefunden haben, werden als Katastrophe bewertet.
4. Die eigene Leidensfähigkeit wird als äußerst gering eingeschätzt. Frustrationen werden als unerträglich schlimm bewertet.

> Dysfunktionale Selbstwertkriterien lassen sich bei Ellis hauptsächlich in imperative, grundsätzliche und unrealistische Forderungen sowie in verallgemeinerte Selbst- und/oder Fremdabwertungen einordnen. Schon bei Ellis ist damit die negative Selbstbewertung eine für die Krankheitsverursachung zentrale Dimension.

Beck bezeichnet dysfunktionale Überzeugungen als *unempirische* – also nicht der realen Erfahrung entsprechende –, depressionsfördernde Gedanken. Er unterscheidet zwischen den situativ angewendeten, bewusstseinsnahen »automatischen Gedanken« und den zugrunde liegenden, zunächst eher unbewussten, aber bewusstseinsfähigen »Grundannahmen«. Die typischen dysfunktionalen Grundannahmen bei Depressionen beschreibt Beck als negative Bewertungen von sich selbst, der Umwelt und der Zukunft.

> Mit der Kategorie »*negative Bewertungen von sich selbst*« finden sich dysfunktionale Selbstwertkriterien als eine zentrale Ursache von Depressionen damit auch bei Beck.

Beck macht darüber hinaus auf *typische logische Fehler* bei der Interpretation von Erfahrungen aufmerksam, die zu den dysfunktionalen automatischen Gedanken und Grundannahmen führen:

1. *Willkürliche Schlussfolgerungen*
   Es werden negative Verallgemeinerungen gemacht, ohne dass es dafür nachgewiesene Erfahrungen gibt.
2. *Negativ selektives Verallgemeinern*
   Es werden negative Aspekte aus Erfahrungen isoliert und als Grundlage negativer Verallgemeinerungen herangezogen.
3. *Übergeneralisieren*
   Negative Einzelereignisse werden zu allgemeingültigen Aussagen erhoben.
4. *Maximieren und Minimieren*
   Ein negatives Ereignis wird überbewertet, ein positives Ereignis wird unterbewertet – im Vergleich zu einer mehrheitlichen Betrachtung von außen.
5. *Personalisieren*
   Negative Ereignisse werden als selbstverschuldet oder auf die eigene Person bezogen interpretiert, ohne dass es dafür empirische Beweise gibt.
6. *Schwarz-Weiß-Denken*
   Die Vielschichtigkeit von Ereignissen wird in der Bewertung nicht berücksichtigt. Etwas ist entweder ganz positiv, meist jedoch ganz negativ.

Ein bei Selbstwertproblemen häufig zu beobachtender Denkfehler ist das *Bewerten von sich selbst und anderen mit unterschiedlichem Maß* – sowohl qualitativ als auch quantitativ. Diese Unterscheidung beinhaltet mehrere von Beck genannte Denkfehler.

Der Kern dysfunktionaler Grundannahmen besteht bei Selbstwertproblemen in der Wahl der Selbstwertkriterien. Deshalb gilt es, bei der kognitiven Umstrukturierung an der Veränderung dysfunktionaler Selbstwertkriterien und logischer Denkfehler anzusetzen.

> In der Schematherapie werden die aufgeführten *dysfunktionalen Überzeugungen* von Ellis und Beck den »dysfunktionalen Elternanteilen« bzw. genauer dem *Abwerter- und Katastrophisierermodus* zugeordnet.

Die zentralen Strategien der kognitiven Umstrukturierung der Selbstwertkriterien sind der *sokratische Dialog* und die *Psychoedukation*. Die damit erreichten Veränderungen werden durch *emotionsfokussierende Interventionen* auch an den Gefühlsschemata verankert. Alle Interventionen werden der Patientin dergestalt vermittelt, dass sie diese zwischen den Sitzungen und abschließend bis zum Ende der Psychotherapie auch selbstständig durchführen kann. Dazu werden kontinuierlich auch *psychoedukative Interventionen* angewendet, um der Patientin das für die Veränderung ihrer dysfunktionalen Überzeugungen notwendige Wissen aus dem Grundlagenkapitel zu vermitteln. Nur die selbstständige Umsetzung der in der Psychotherapie erarbeiteten neuen Bewertungen und Einstellungen in konkretes Handeln im Alltag sichert den Erfolg der Psychotherapie. Damit ist die *Festlegung von Übungsaufgaben für die Patientin zwischen den Sitzungen* auch in der Schematherapie ein essenzieller Bestandteil.

5.1 Sokratischer Dialog

Die drei Schritte der kognitiven Umstrukturierung dysfunktionaler Selbstwertkriterien bestehen im Aufdecken und Hinterfragen bisheriger dysfunktionaler Kriterien, im Erarbeiten funktionaler Selbstbewertungsmaßstäbe und in der Entscheidung für die hilfreichsten Selbstwertkriterien.

Therapeutinnen benötigen für diese Interventionen eine Vorstellung davon, welche Selbstwertkriterien sie als hilfreich und welche sie als instabil ansehen. Diese Beurteilung sollte umfassend begründet sein, um dysfunktionale Argumente der Patientinnen fundiert hinterfragen zu können. Die Bewertung der am meisten verwendeten Selbstwertkriterien ist im Grundlagenkapitel ausführlich dargestellt und wird im Kapitel III Interventionen noch weiter ausgeführt.

Als Therapeutin gilt es, die Patientin anzuregen, die drei Schritte 1) Bestandsaufnahme durchführen, 2) Alternativen finden und 3) Entscheidungen treffen möglichst selbstständig durchzuführen. Je selbstständiger die Patientin ihre dysfunktionalen und ihre neuen hilfreichen Kriterien aufdeckt und bewertet, desto geringer der Veränderungswiderstand (▶ Kap. 3.1.2, Abschnitt »Widerstand«) und umso höher die Identifikation mit den neuen Selbstwertkriterien.

Die zentrale Strategie für die kognitive Umstrukturierung ist der sokratische Dialog.

> Der Kern des *sokratischen Dialogs* besteht darin, die Patientin *durch Fragen anzuregen*, bisherige dysfunktionale Selbstwertkriterien zu erkennen, in Frage zu

> stellen, alternative Kriterien zu generieren und sich für die zukünftigen Kriterien zu entscheiden.

Sokratische Fragen, um dysfunktionale Selbstwertkriterien zu verändern, lassen sich in zwei Argumentationsweisen unterscheiden:

1. Sind die von der Patientin verwendeten Selbstwertkriterien hilfreich, ihr übergeordnetes Ziel zu erreichen?
2. Gibt es vernünftige logische Gründe, die gegen die Wichtigkeit und Angemessenheit der bisher verwendeten Selbstwertkriterien sprechen?

Voraussetzung für diese Argumentationsweisen ist eine zuvor erfolgte *Zielklärung* mit der Patientin. Diese kann sehr zügig erfolgen, da für die kognitive Umstrukturierung das grundsätzliche Ziel, »glücklich zu sein,« und ein Verständnis dafür, wann Menschen im Allgemeinen glücklich sind, meist am wirkungsvollsten sind. Als Basis wird das Wissen aus dem Abschnitt »Glücklichsein und hilfreiche Selbstwertkriterien« (▶ Kap. 1.6.4) verwendet. Die Zielklärung kann, wenn sie in der Diagnostikphase noch nicht erfolgt ist, an dieser Stelle eingefügt werden.

> *Psychoedukativ* kann die Therapeutin z. B. äußern:
> »Für die Beurteilung, ob ein Selbstwertkriterium hilfreich ist oder nicht, bräuchten wir noch ein Ziel, das Sie im Leben erreichen möchten.«
>
> *Sokratisch:*
> »Was ist denn Ihr ganz grundsätzliches, übergeordnetes Ziel im Leben?«
>
> Die Patientin kann bei der Zielfindung auch noch stärker unterstützt werden:
>
> *Psychoedukativ:*
> »Meistens haben Menschen das Ziel im Leben, glücklich zu sein.«
>
> *Sokratisch:*
> »Wie sieht das bei Ihnen aus?«
>
> Steht Glücklichsein als Ziel fest, wird noch der Zusammenhang zu den Grundbedürfnissen und im Speziellen zum Selbstwert hergestellt:
>
> »Was denken Sie, wann sind wir Menschen denn grundsätzlich glücklich? Was hat Glücklichsein mit den Grundbedürfnissen zu tun?«
>
> Die Antworten der Patientin werden mit einer Zusammenfassung validiert.
>
> »Das heißt also, Menschen sind glücklich, wenn ihre Grundbedürfnisse befriedigt werden und die Aussicht besteht, dass das auch in Zukunft möglich ist. Das heißt in Bezug auf den Selbstwert, wir sollten überlegen, welche Selbstwert-

maßstäbe oder Bewertungskriterien die größte Aussicht haben, dass Sie diese selbstbestimmt dauerhaft erfüllen können. Dann wären Ihr Selbstbestimmungsbedürfnis und Ihr Selbstwertbedürfnis dauerhaft befriedigt, und wir wären am Ziel.«

Mit der Basis der Zielklärung können von der Patientin genannte dysfunktionale Selbstwertkriterien auf ihre Funktionalität hin hinterfragt werden.

1. Beispiele zur ersten sokratischen Argumentationsweise:
»Hilft Ihnen dieses Selbstwertkriterium, glücklich zu sein?
Erreichen Sie mit diesem Selbstwertkriterium einen positiven Selbstwert?
Wie stabil ist Ihr Selbstwert, wenn Sie sich nach diesem Kriterium beurteilen?
Wie selbstständig, wie selbstbestimmt sind Sie, wenn Sie sich nach diesem Kriterium beurteilen?«
2. Beispiele zur zweiten Argumentationsweise:
»Wann finden Sie Menschen – unabhängig von Ihnen selbst – wertvoll?
Welche Umgangsweisen zwischen Menschen finden Sie wertvoll?
Suchen Sie sich Ihre Freundinnen auch nach diesem Wertekriterium aus?
Nach welchen Kriterien suchen Sie sich Ihre Freundinnen aus?
Sind Ihnen Gleichwertigkeit, Fairness und Gerechtigkeit wichtig?
Wieso beurteilen Sie sich und Ihre Freundinnen oder Partnerinnen mit unterschiedlichen Maßstäben?
Finden Sie, dass Sie sich selbst gleichwertig, fair und gerecht betrachten im Vergleich dazu, wie Sie andere Menschen, Ihre Freundinnen, Partnerinnen oder Familienmitglieder bewerten?

Im Teil IV »Interventionen zur Stärkung einer positiven Selbstbewertung im gesunden Erwachsenenmodus – Anwendung« stellen wir viele weitere sokratische Fragevarianten bezogen auf dysfunktionale Selbstwertkriterien dar.
Deshalb hier nur ein kurzes Beispiel:

Der Patient, Hans, beschreibt eine negative Selbstbewertung und darauffolgend bedrückte Gefühle.

Patient: »Kürzlich im Urlaub habe ich wieder gemerkt, dass ich oft neidisch auf andere Menschen schaue, wenn diese in einem schöneren Hotel übernachten, in einem besseren Restaurant essen oder luxuriösere Autos fahren. Ich finde die anderen dann finanziell erfolgreicher als mich selbst. Ich bekomme dann eine ausgeprägt schlechte Stimmung. Ich fühle mich als Versager.«

Therapeutin: »Das ist eine sehr interessante Situation. Es ist sehr hilfreich, dass Sie diese hier einbringen. Wir können sie nutzen, um besser zu verstehen, wie bei Ihnen ein schlechtes Gefühl entsteht.
Also schauen wir uns die auslösende Situation und wie es

Ihnen erging nochmal etwas genauer an.
(Als Einstieg in den sokratischen Dialog erfolgt jetzt zunächst eine Validierung des Erlebens)
Wenn die anderen erfolgreicher sind als Sie, löst das bei Ihnen schlechte Stimmung aus?«

Der Patient bestätigt das.

Patient: »Ja, das stimmt.«

Die kognitive Umstrukturierung beginnt damit, den Zusammenhang von bedrohtem Grundbedürfnis und verwendetem Selbstwertkriterium als Ursache der unangenehmen belastenden Gefühle herauszuarbeiten.

Therapeutin: »Mal ungeachtet dessen, ob Ihre Einschätzung überhaupt stimmt,
(an dieser Stelle wäre eine Realitätsprüfung uneffektiv, da damit das dysfunktionale Selbstwertkriterium nicht geändert und in einer anderen Situation vom Patienten wieder zur Anwendung gebracht werden würde. Zunächst ist es deshalb effektiv, hilfreiche Selbstwertkriterien zu etablieren und erst danach Realitätsprüfungen durch sokratische Fragen anzuregen)
was wäre bedrohlich daran, wenn die anderen finanziell erfolgreicher wären als Sie?
(Diese Frage – »Was wäre bedrohlich …? Was befürchten Sie …?« – wird so lange wiederholt, bis die Bedrohung eines Grundbedürfnisses ausgesprochen wird. Es kann aber auch direkt nach dem Grundbedürfnis gefragt werden. Dies kann mit einem kleinen psychoedukativen Einschub über das Konzept der Grundbedürfnisse ergänzt werden, gemäß dem Kapitel »Grundbedürfnisse als psychologisches Modell« (▶ Kap. 1.1), falls dies noch nicht geschehen ist).
Ich frage mich, welches Grundbedürfnis Sie als bedroht erleben, wenn die anderen Menschen finanziell erfolgreicher sind als Sie oder wenn Sie sich als Versager sehen?«

Patientinnen können in dieser Frage nach dem bedrohten Grundbedürfnis auch durch die Vorgabe von Antwortmöglichkeiten unterstützt werden:

»Haben Sie dann Angst, keine Wohnung mehr bezahlen zu können, Ihre Selbstständigkeit zu verlieren, sich gar nichts mehr zu essen leisten zu können, oder befürchten Sie, dass Ihr Partner, Ihre Kinder, Ihre Freunde, Sie deswegen verlassen usw.? Was meinen Sie: Was erleben Sie in diesem Moment als bedroht?«

Die Frage nach der Einordnung des Erlebten in Bezug auf die bedrohten Grundbedürfnisse erleichtert es Patientinnen im Laufe der Psychotherapie außerordentlich, die vielen Situationen, in denen sie sich schlecht fühlen, auf wenige oder gar nur ein Problem – in unserem Fall auf ein Selbstwertproblem – zu reduzieren. Das erleichtert das Verständnis und stärkt das Kontrollbedürfnis der Person, Einfluss auf ihre Stimmung nehmen zu können. Je einfacher das psychologische Modell ist, desto besser können Patientinnen selbstständig Einfluss auf ihr Erleben gewinnen.

Patient: »Ich fühle mich dann weniger wert als die anderen.«
Therapeutin: »Spannend. Sie machen Ihren Selbstwert also von Ihrem finanziellen Erfolg abhängig? (Validierung).«

Der Patient bestätigt das.

Patient: »Ja, das stimmt.«

Aufdecken der Dysfunktionalität des verwendeten Selbstwertkriteriums:

Therapeutin: »Da stellen sich mir gleich mehrere Fragen:
Finden Sie es liebevoll und hilfreich, Ihren Wert von Ihrem finanziellen Erfolg abhängig zu machen?
Finden Sie, dass dies ein geschicktes Selbstwertkriterium ist?
Erreichen Sie so einen stabilen, positiven Selbstwert?
Wählen Sie Ihre Freunde auch nach ihrem finanziellen Erfolg aus?
Nach welchen Kriterien wählen Sie Ihre Freunde aus?
Warum verwenden Sie unterschiedliche Bewertungen für sich selbst und die anderen?
Wieso verwenden Sie diesen Maßstab für Ihren Selbstwert?
Wie sind Sie auf die Idee gekommen, Ihren Wert von Ihrem finanziellen Erfolg abhängig zu machen, obwohl dieser Wert Ihnen eine schlechte Stimmung bereitet? Usw.«

Jetzt können zur Veränderung der dysfunktionalen Selbstwertkriterien noch viele weitere sokratische Fragen angeschlossen werden, wie wir sie in Teil IV »Interventionen zur Stärkung einer positiven Selbstbewertung im gesunden Erwachsenenmodus – Anwendung« aufführen.

5.2 Psychoedukation

Das Ziel einer Psychotherapie ist es, nicht nur die aktuellen Beschwerden der Patientin zu verringern, sondern sie grundsätzlich zu ermächtigen, selbstständig mehr positiven Einfluss auf ihr Erleben nehmen zu können. Selbstbestimmung und Kontrolle als Grundbedürfnis zu befriedigen, fördert die Zufriedenheit und seelische Gesundheit von Patientinnen.

Um dieses Ziel zu erreichen, gilt es, parallel zu den individuellen therapeutischen Interventionen auch ein Modell des seelischen Geschehens im Allgemeinen zu vermitteln.

Aus den im Grundlagenkapitel dargestellten Wissensinhalten werden der Patientin alle diejenigen Aspekte nahegebracht, die ihr das Erkennen und Verstehen ihrer Problemursachen und die Veränderung ihrer dysfunktionalen Selbstwertkriterien erleichtern. Die Vermittlung empirisch fundierter Argumente hilft Patientinnen, die Überzeugung zu gewinnen, zwischenmenschliche Werte als hilfreichste Selbstwertkriterien anzusehen und diese auch auf sich selbst anwenden zu dürfen. Je fundierte eine Überzeugung ist, desto stärker ist sie und umso mehr bestimmt sie die eigenen Gefühle.

Die Ausführlichkeit und die Wortwahl der Psychoedukation werden möglichst stark an die Sprache, das Verständnis und die Art der individuellen Patientin angepasst (eher emotions- oder eher intellektuell orientierte Person, ▶ Kap. 4.1 und ▶ Kap. 4.2).

5.2.1 Psychoedukation: Wie der Patientin das Schemamodell vermittelt wird

> Die allen anderen Interventionen vorausgehende psychoedukative Intervention in der Schematherapie besteht in der Erklärung des verwendeten psychotherapeutischen Modells. Der Einfluss von *Grundannahmen*, *Schemata*, sowie die wichtigsten Interventionen – die *kognitive Umstrukturierung*, die *Imagination* und die *Stühlearbeit* – werden der Patientin dargestellt und begründet.
>
> Die Vermittlung des *Modusmodells ist für die zentralen Interventionen der Schematherapie, die Imagination und die Stühlearbeit* von zentraler Bedeutung.

Diese für die Schematherapie notwendige Psychoedukation kann zu Beginn der Psychotherapie oder spätestens vor Beginn der Arbeit mit dem Modusmodell erfolgen. Bereits in der diagnostischen Analyse bislang von der Patientin verwendeter Selbstwertkriterien wird die Aufteilung in funktional und dysfunktional vorgenommen, indem eine Zuordnung zu den Modi des gesunden Erwachsenen und des Abwerters erfolgt.

Für die Vermittlung des verwendeten seelischen Modells werden als »Königsweg« sokratische Fragen eingesetzt. Dort, wo die Patientin nicht selbst allgemeine seelische Geschehnisse erklären kann, werden kurze Erläuterungen gegeben. Zusätzlich wird die Patientin zum Lesen psychologischer Literatur (Bibliotherapie) oder zum Hören passender Podcasts angeregt.

Inhaltliche Schwerpunkte der Psychoedukation sind die Schematherapie und die allgemeinpsychologischen Themen dieses Buches.

Beispiele sokratischer Fragen zur Einleitung von Psychoedukationen

»Bei dem, was Sie sagen, stellt sich mir die Frage: Was ist eigentlich Ihre Vorstellung davon, was uns Menschen im Allgemeinen zum Handeln motiviert?«
»Welche Ziele haben Menschen im Leben?«
»Wann finden Menschen sich wertvoll?«
»Welchen Zweck haben Gefühle?«
»Wann ärgern sich Menschen?«
»Wann sind Menschen traurig?«
»Was sind die Gemeinsamkeiten von Ärger und Trauer?«
»Wodurch unterscheiden sich Ärger und Trauer?«
»Was haben Akzeptanz und Trauer miteinander zu tun?«
»Sind Gefühle immer die Wahrheit?«
»Welchen Zweck hat unser Denken?«
usw.

Psychoedukation in Form einer Erklärung von Seiten der Therapeutin:
Reine Erklärungen werden an den Stellen eingefügt, an denen die Patientin noch keine eigene Vorstellung davon hat, wie das seelische Geschehen im Allgemeinen funktionieren könnte, und eine selbstständige Ableitung dessen eine Überforderung darstellen würde. Eine grundsätzliche Zielsetzung jeder Intervention ist es, bei der Patientin für ein Erfolgserlebnis zu sorgen – auch bei der Psychoedukation. Das Erfolgserlebnis und die damit verbundene Selbstwirksamkeitsüberzeugung sind am größten, wenn die Patientin sich möglichst selbstständig ein psychologisches Modell erarbeitet. Aber auch das durch eine Erklärung von Seiten der Therapeutin ausgelöste verbesserte Erkennen und Verstehen von Ursachen für das Handeln und Erleben von Menschen vermittelt Selbstwirksamkeit und ein Erfolgserlebnis – wenn auch etwas schwächer als mit Hilfe sokratischer Fragen. Es gilt deshalb abzuwägen, ob die Gefahr einer Frustration – indem die Patientin keine Antwort auf eine sokratische Frage findet – größer ist als der Zugewinn an Selbstwirksamkeit durch das selbstständige Erarbeiten eines bestimmten Aspekts des verwendeten allgemeinen psychologischen Modells.

Die Erarbeitung eines allgemeinen psychologischen Modells erfolgt im Prozess der Psychotherapie kontinuierlich in kleinen Schritten. Der Umfang einer psychoedukativen Einheit richtet sich nach zwei Kriterien:

1. Die Aufnahmefähigkeit der Patientin darf nicht überschritten werden.
2. Je wichtiger eine emotionale Aktivierung der Patientin im Verlauf der Therapie ist, desto kürzer fallen die psychoedukativen Einheiten aus.

Um eine emotionale Aktivierung der Patientin möglichst wenig zu unterbrechen, empfehlen wir, die kognitive Erarbeitung der neuen Selbstwertkriterien zu einem Zeitpunkt im therapeutischen Prozess durchzuführen, an dem die Patientin nicht von sich aus schon eine hohe emotionale Beteiligung anbietet. Emotionale Beteiligung herzustellen kann recht mühsam sein. Deshalb werden emotionale Angebote der Patientin möglichst sofort genutzt.

Bei eher durch rationales Denken gesteuerten Menschen wird die kognitive Umstrukturierung der Selbstwertkriterien zu Beginn der Psychotherapie durchgeführt. Das schafft Vertrauen und befriedigt das Kontrollbedürfnis der Patientin. Sie kann sich dann leichter auf eine emotionale Arbeit einlassen, und das sokratische Hinterfragen ihrer Konzepte führt eher zu einer stärkeren emotionalen Beteiligung. Mit dieser Reihenfolge kognitiver und emotionaler Interventionen steht schnell ein neues Selbstwertkonzept zur Verfügung, auf das bei den emotionalen Interventionen zurückgegriffen werden kann.

Bei Patientinnen, die zu Beginn der Psychotherapie eine hohe emotionale Beteiligung anbieten, wird der Block zur Erarbeitung neuer Selbstwertkriterien nach ersten emotionsfokussierten Interventionen eingefügt, wenn die Patientin sich in ihren Gefühlen verstanden und ernst genommen sieht. Der kognitive Block wird dann eingesetzt, wenn sich bei den emotionalen Interventionen die Frage nach den Selbstwertkriterien aufdrängt. Die emotionsabschwächende Wirkung der kognitiven Umstrukturierung kann auch genutzt werden, wenn eine zu hohe emotionale Beteiligung der Patientin vorliegt.

6   Emotionsaktivierende Interventionen

Die wichtigste Ergänzung der Schematherapie zur kognitiven Verhaltenstherapie besteht in der kontinuierlichen Fokussierung auf die den Beschwerden zugrunde liegenden Emotionen und in deren Aktivierung. Verhaltenstherapeutisch kann das Vorgehen der Schematherapie in den Sitzungen als möglichst häufige imaginative Exposition und gleichzeitig stattfindende kognitive Umstrukturierung angesehen werden.

Theoretischer Hintergrund ist die Annahme, dass im impliziten Gedächtnis abgespeicherte emotionale Erfahrungen in Form von emotionalen Schemata das Erleben heutiger Situationen beeinflussen. Mittlerweile wird von vielen Autorinnen verschiedener Therapieverfahren die Meinung vertreten, dass die Aktivierung und Verarbeitung von Emotionen unerlässlich für den Therapieerfolg ist (u. a. Beutler, Clarkin & Bongar, 2000). Allerdings stellt die Aktivierung dieser auf Erlebnissen in der Vergangenheit basierenden Emotionen und der dazugehörigen Auslösesituationen eine anspruchsvolle Aufgabe für die Psychotherapeutin dar. In der Schematherapie wird der emotionale Prozess wirksam evoziert und durch ein klar definiertes Vorgehen konstruktiv gelenkt. Das explizite Herausarbeiten und kognitive Umstrukturieren dysfunktionaler Selbstwertkriterien stellt bei Selbstwertproblemen eine höchst effektive Intervention dar, um die Veränderung emotionaler Schemata in eine funktionale Richtung sicherzustellen.

6.1   Schritte im emotionalen Veränderungsprozess

Im emotionalen Veränderungsprozess wird die Patientin darin unterstützt, Ängste und Minderwertigkeitsgefühle zunächst in Ärger auf den Abwertermodus umzuwandeln.

Es gilt, die Patientin zu ermutigen, berechtigten Ärger auf jene Menschen, die zu den unkonstruktiven Selbstwertkriterien beigetragen haben, zuzulassen, zu fühlen und zum Ausdruck zu bringen. Die Patientin soll den Ärger nutzen, um sich von Abwertungen abzugrenzen. Verinnerlichte, abwertende und angstmachende biografische Bindungspersonen sowie deren Selbstwertkriterien werden *entmachtet*.

Wagt es die Patientin, lieblose Behandlungen zu kritisieren und sich auch in der Realität von Abwertungen und Drohungen abzugrenzen, gilt es, den Ärger über vergangene Verletzungen in Trauer umzuwandeln. Es ist wichtig, sich für die schädigenden Umstände in Kindheit und Jugend zu trösten.

Erlaubt sich die Patientin, ihren Ärger als Schutz zu nutzen, über nicht verwirklichte Bindung und Wertschätzung zu trauern und sich dafür zu trösten, folgt im emotionalen Prozess ein Zustand selbstfürsorglicher Gelassenheit.

Therapeutischer Prozess auf der emotionalen Ebene:

Angst → *Ärger* → *Trauer* → geschützte, selbstfürsorgliche, gelassene, versöhnte *Entspannung*

Dieser emotionale Prozess verbindet die neuen konstruktiven Selbstwertkriterien mit den dysfunktionalen emotionalen Schemata und verändert diese im Sinne einer Neubewertung und Entmachtung. Erlebte Verletzungen werden mit veränderter emotionaler und kognitiver Bewertung konstruktiv ins biografische Gedächtnis integriert.

6.2 Imagination

Wie wir im Kapitel 1 »Menschliche Grundbedürfnisse und ihre Funktion« dargestellt haben, besteht die seelische Motivation für alle Handlungen auf psychologischer Ebene im Kern darin, die eigenen Grundbedürfnisse befriedigen zu wollen. Allerdings erleben Menschen diese Grundbedürfnisse nie direkt und können sie auch nicht abstrakt wahrnehmen. Wie in ▶ Kap. 1 erläutert, erleben wir statt den Grundbedürfnissen immer unsere Gefühle. Diese zeigen uns auf, wie es um die Befriedigung unserer Grundbedürfnisse steht. Für die Interpretation der aktuellen Situation und unserer Handlungsmöglichkeiten greifen wir auf emotionale Schemata zurück. In ihnen sind Erfahrungen – meist schon aus Kindheit und Jugend – zu ähnlichen Situationen und den damaligen Interpretationen von Ursachen und Handlungsmöglichkeiten abgespeichert. Diese projiziert die Person dann auf die aktuelle Situation, um sie zu verstehen, sie in Relation zu ihren aktuellen Grundbedürfnissen zu setzen und ihre Handlungsmöglichkeiten abzuschätzen. Damit erlebt die Person auch das damalige Gefühl wieder. Dieses Gefühl motiviert uns auf der erlebten Ebene zum aktuellen Umgang mit der Situation und beeinflusst die Art, wie wir in ihr versuchen, unsere Grundbedürfnisse zu befriedigen – oder eben auch nicht. Von unserem Empfinden her sind wir also nicht durch unsere Grundbedürfnisse motiviert, sondern immer durch ihre »Stellvertreter oder Botschafter«, die Gefühle. Wir handeln nach der Zielsetzung, angenehme Gefühle zu erreichen oder unangenehme Gefühle vermeiden zu wollen.

Damit ist es als letzter Schritt wichtig, dafür zu sorgen, dass unsere neuen Selbstwertkriterien auch unser Gefühl bestimmen. Wir beabsichtigen, kompensatorisch zu den alten dysfunktionalen neue Gefühlsschemata zu etablieren.

Wie wir bereits dargestellt haben, sind unsere Gefühle immer stark von unseren alten Erfahrungen mit ähnlichen Situationen bestimmt. Deshalb ist es für eine Änderung von Minderwertigkeitsgefühlen essenziell, den emotionalen Bezug zur Ursprungssituation herzustellen, in der die Minderwertigkeitsgefühle entstanden sind. Dafür kommen in der Schematherapie *Imaginationsübungen* unter Verwendung einer »Gefühlsbrücke in die Vergangenheit« zum Einsatz und zum Teil auch die sogenannte *Stühlearbeit*.

Ziel einer solchen Imaginationsübung ist es, bis zu den zugrunde liegenden früheren Verletzungen von Grundbedürfnissen auch gefühlt vorzudringen und diese Situationen und vor allem die damit verbundenen Gefühle noch einmal zu erleben. Erleben wir diese Gefühle möglichst intensiv, soll eine neue, hilfreichere Bewältigung an dieses Gefühl geknüpft, damit verbunden und hinzugelernt werden. So kann durch viel Wiederholung und Übung auch eine Verbesserung des Selbstwertgefühles erreicht werden. Ein weiteres wichtiges Ziel besteht in der *Akzeptanz* und dem *Betrauern*, dass die eigenen Lebensumstände in Kindheit und Jugend so waren, dass wir ungeschickte Selbstwertkriterien übernommen oder entwickelt haben.

Imaginationsübungen entstammen einer langen Tradition psychotherapeutischer Verfahren, so z. B. der Hypnotherapie nach Milton Erickson oder dem IRRT nach Schmucker (2014). Nach vielen Autoren – darunter C. G. Jung, A. T. Beck und Schmucker – hat sich das *bildhafte Vorstellen* als eine der wirksamsten Möglichkeiten zur Aktivierung des mit der ursprünglichen Situation verbundenen Gefühls erwiesen. Dies wurde mittlerweile auch durch bildgebende medizinisch-diagnostische Verfahren empirisch nachgewiesen: Das reale Ereignis und das vorgestellte Ereignis decken sich – bis auf die motorischen Zentren – in großem Ausmaß in den aktivierten Gehirnregionen (vgl. Arntz, 2012).

> In der Schematherapie wird *Imagination* mit zwei Schwerpunkten eingesetzt:
> 1. Zur *Diagnostik* mit der Zielsetzung, Ursachen und biografische Zusammenhänge der Probleme zu erkennen und zu verstehen.
> 2. Zur *Gefühlsexposition mit der Zielsetzung, dysfunktionale emotionale Schemata zu verändern* – durch das Erarbeiten, Assoziieren mit und Hinzulernen von hilfreicheren Bewertungs-, Erlebnis- und Verhaltensweisen.

Im Folgenden wird die Imagination in der Veränderungsphase im Sinne einer Gefühlsexposition und Neubewertung kurz skizziert, da es sich hierbei um die ausführlichste Variante handelt.

6.2.1 Ablauf der Imagination

Die Therapeutin erfragt zunächst eine gut erinnerbare Alltagssituation, in der die Patientin das symptomatische Problemverhalten erlebt und beobachtet hat, das sie daran hindert, ihre Grundbedürfnisse zu verwirklichen.

»Wann ging es Ihnen in der depressiven Stimmung letzte Woche am schlechtesten?«
»Wann fühlten Sie sich in Ihrem Selbstwert letzte Woche am stärksten bedroht?«

Vor der eigentlichen Imagination können Techniken zur Kontrolle der emotionalen Erregung eingesetzt werden (z. B. die Imagination eines sicheren Ortes oder Skills der Aufmerksamkeitslenkung, wie eine möglichst konkrete Beschreibung von Sinneseindrücken im Hier und Jetzt). Ist die Patientin dagegen in zu hohem Maße emotional distanziert, kann zunächst eine Achtsamkeitsinstruktion gegeben werden, um die Gefühle möglichst intensiv wahrzunehmen. Eine bequeme Sitzposition und das Schließen der Augen erleichtern die Konzentration auf das Innenleben. Beschreibt die Patientin die ausgewählte Alltagssituation bereits mit guter emotionaler Beteiligung, kann sofort begonnen werden.

Auslösesituation imaginieren: Intensivierung des Basisgefühls

Die Patientin wird aufgefordert, sich die Situation möglichst bildhaft vorzustellen und wie einen inneren Film ablaufen zu lassen – so, als würden die Ereignisse gerade jetzt passieren. Der emotionalste Moment wird fokussiert, die auftauchenden Gefühle werden exploriert, Körperempfindungen erfragt und intensiviert:

»Wann geht es Ihnen am schlechtesten?«
»Wo spüren Sie dies im Körper? Richten Sie Ihre Aufmerksamkeit dorthin. Lassen Sie das Gefühl zu. Wie heißt das Gefühl?«

Zielsetzung ist dabei, ein primäres Basisgefühl zu spüren und zu benennen (z. B. Angst, Ärger oder Traurigkeit) und nicht eine dysfunktionale Bewältigungsstrategie (z. B. Leere, Erstarrung, diffuse Anspannung). Komplexere Gefühle, wie sie bei Selbstwertproblemen oft vorkommen – meist Minderwertigkeitsgefühle oder Schuld und Scham (▶ Kap. 1.5.2), aber auch Hilflosigkeit und Ohnmacht – werden in die Basisgefühle und die inhaltliche Bewertung getrennt (▶ Kap. 1.6.2). Die Bewertung wird den abwertenden oder katastrophisierenden Personen bzw. dem Abwerter- oder Katastrophisierermodus zugeordnet. Diese Aufteilung erfolgt sehr behutsam, damit das dazu passende Basisgefühl wahrgenommen und benannt werden kann, ohne die emotionale Aktivierung zu unterbrechen:

»Wie würden Sie den Gefühlsanteil bei Ihrem Minderwertigkeitsgefühl bezeichnen – vielleicht als Angst oder als Trauer, oder macht Sie das wütend?«.

Eine intensive Emotionsaktivierung ist daran zu erkennen, dass die Gefühle auch körperlich spürbar sind, meist im Bauch- oder Brustbereich (s. o.): »Enge im Brustkorb«, »Kloß im Bauch«, »Tränen steigen in die Augen«. Diese körperlichen Merkmale sind hilfreiche Indikatoren für die Therapeutin.

Affektbrücke in die biografische Entstehungssituation

Nun wird die Patientin gebeten, das Erleben des belastenden Gefühls weiter beizubehalten, sich aus der beschriebenen aktuellen Situation zu lösen und sich in Jugend oder Kindheit zurücktreiben zu lassen:

»Lassen Sie sich nun zurücktreiben in Ihre Jugend oder Kindheit und Bilder und Szenen aufsteigen, die zu diesem Gefühl passen, ohne dies aktiv zu steuern. Alles, was auftaucht, passt, alles darf sein.«

Ist ein Bild oder eine Szene gefunden, wird die Patientin aufgefordert, diese Szene wiederum wie einen Film ablaufen zu lassen als wäre es jetzt. Die Therapeutin fragt nun:

»Wie alt ist die kleine Sarah?« Wo befindet sie sich? Beschreiben Sie mir die Szene oder das Bild in allen Sinneseindrücken. Was hören Sie? Was sehen Sie? (…)«.

Die Patientin wird durch die Exploration, ähnlich wie in der Ausgangssituation, darin unterstützt, ihre basalen Gefühlsreaktionen möglichst intensiv zu erleben. Hierzu ist es hilfreich, die Patientin aufzufordern, in die Rolle des Kindes zu schlüpfen und sie im Folgenden zu duzen. Der emotional am stärksten belastende Moment wird erfragt und die Szene an dieser Stelle angehalten, das Kind wird nach seinem Grundbedürfnis gefragt:

»Wann geht es dir am schlechtesten? Wir halten den Film an dieser Stelle an und machen nun ein Experiment. Kleine Sarah, was brauchst du jetzt eigentlich? Wonach sehnst du dich?«

Hinzuziehen des gesunden Erwachsenenmodus und weiterer Hilfspersonen

Nun wird die Patientin aufgefordert, zu imaginieren, dass in der Situation helfende Erwachsene hinzutreten, die sie schützen und für ihre Bedürfnisbefriedigung sorgen. Je nach vorhandener Ausprägung des gesunden Erwachsenenanteils (GE) bei der Patientin und je nach Phase in der Therapie kann dieser a) die Therapeutin sowie b) sich selbst als gesunden wohlwollenden Erwachsenen oder c) zusätzlich andere hilfreiche Personen hinzutreten lassen. Es ist sinnvoll, von Beginn der Therapie an immer gemeinsam (Therapeutin und Patientin als »GE-Team«) in das Bild einzutreten, auch wenn der Hauptteil der Entmachtung zunächst modellhaft durch die Therapeutin erfolgt. Damit wird von Anfang an das Ziel vermittelt, dass eine zunehmende Verantwortungsübernahme durch die Patientin selbst erfolgen soll. Nun wird die Patientin aufgefordert, bewusst in die Rolle des GE zu schlüpfen. Dies kann durch Instruktionen erleichtert werden wie:

»Richten Sie sich innerlich auf, so dass Sie Ihre gesamte Körpergröße spüren, recken und strecken Sie sich (...). Spüren Sie Ihre Wirbelsäule, Ihre breiten Schultern und Ihre gesamte Lebenserfahrung (...). Stellen Sie sich nun vor, dass wir beide von außen kommen und die Szene betreten. Sie sehen, was sich da (...) abspielt. Wie finden Sie das, was der Vater mit der kleinen Sarah macht?«

Hier ist es sinnvoll, darauf zu achten, als Therapeutin selbst Ärger und Empörung zu erleben und dies über die Stimme auszudrücken, um die Distanzierung und das Erleben des Ärgers der Patientin zu unterstützen.

Entmachtung der schädigenden Personen

Nun erfolgt die *Entmachtung* der in der Szene vorhandenen, das Kind vernachlässigenden, verletzenden und – bezüglich unseres Themas – abwertenden Personen (meist die Eltern, aber auch Peers, Lehrerinnen etc.). Falls die Schädigung des Kindes dadurch gekennzeichnet ist, dass die Eltern fehlen, z. B. bei Überforderung, Gewalt oder Ausgrenzung durch andere Personen (Lehrerinnen, Mitschülerinnen), sollten sie zunächst in die Szene »hineingebeamt« und auf ihre grundsätzliche Verantwortung für die Gesamtsituation hingewiesen werden:

»Es ist Ihr Versäumnis, dass Ihre Tochter alleine eine solche Situation durchstehen muss. Das ist eine komplette Überforderung und absolut nicht altersgerecht! Sie müssen sie dabei begleiten. Sie müssen ihr die Unabhängigkeit des Selbstwerts von der Behandlung durch die anderen Menschen vermitteln und sie dadurch stärken!«

Im zweiten Schritt werden dann die unmittelbar beteiligten Personen entmachtet.
Bei der imaginativen Entmachtung ist es zu Beginn der Therapie meist erforderlich, dass die Therapeutin sehr aktiv ist und explizite Vorschläge für die zu erfolgende Abgrenzung macht. Sie stellt dabei ein außerordentlich wirkungsvolles Modell dar. Bei körperlicher oder sexueller Gewalt ist oftmals schnelles Eingreifen gefragt, der Täter wird meist bereits kurz vor der Durchführung der Handlung unterbrochen und mit Hilfe von weiteren Schutzpersonen (Polizei) unschädlich gemacht. Hier sind der Kreativität keine Grenzen gesetzt. Für den Schwerpunkt des Buches ist es wichtig, auf die Unabhängigkeit des Selbstwertes von der Bewertung durch die beteiligten Personen unter Anwendung dysfunktionaler Selbstwertkriterien aufmerksam zu machen.

»Sie (der Vater) haben Sarah vermittelt, dass sie nur etwas wert ist, wenn sie beste Leistungen bringt. Mit diesem menschenverachtenden und absolut schädlichen Selbstwertkonzept wollen wir nichts zu tun haben! Es gehört zu Ihrer eigenen Lebensgeschichte mit Ihrem eigenen strafenden Vater! Wir vertreten ein konstruktives, alles Leben wertschätzendes Selbstwertkonzept!«

Zwischenmenschliche Selbstwertkriterien werden als hilfreichste Maßstäbe verwendet – sie werden von der Patientin erlernt, gefestigt und sie wird ermutigt, diese auch auf sich selbst anzuwenden. Diese werden von der Therapeutin modellhaft mit Klarheit und Bestimmtheit geäußert. Hinsichtlich der Lieblosigkeit der Bewertungen und Verhaltensweisen der für die Verletzungen verantwortlichen Beteiligten wird ohne jeglichen Zweifel Stellung bezogen, um das Kind zu entlasten. Im weiteren Verlauf der Übung und der Therapie ermutigt die Therapeutin die Patientin zunehmend, selbst die Rolle der Beschützerin und Entmachterin zu übernehmen. Die Patientin übt immer wieder, sich selbst stärker zu behaupten und deutlicher Position zu beziehen, bis ihr dies stabil und eigenständig gelingt.

Die Reaktion der Bezugspersonen wird nun überprüft:

»Wie reagiert der Vater nun?«

Meist reagiert die Bezugsperson auf dysfunktionale Weise (»… der Vater ist gekränkt, schimpft …« oder: »er bricht weinend zusammen und sagt, dass er sich umbringt«). Dies kann von der Therapeutin als dysfunktionale Bewältigungsstrategie des Vaters benannt werden:

»Ah, das hatten wir gar nicht anders von Ihnen erwartet, Sie reagieren wieder im altbekannten Muster, dem aggressiven Beschützermodus. Dies ist enttäuschend.«

Der Entmachtungsdialog wird so lange fortgeführt, bis der Schutz des Kindes sichergestellt ist und eine Abgrenzung von der schädigenden Person erfolgt ist. Letzteres wird von der Therapeutin erfragt:

»Wie geht es Dir, kleine Sarah, jetzt?«

Im Kindmodus (KM) sollte die Patientin an dieser Stelle zumindest ein Gefühl von Erleichterung verspüren. Falls nur Abwerter- und Katastrophisiererstimmen auftauchen, die sich z.B. in Form von Schuldgefühlen der Bezugsperson gegenüber äußern (Die kleine Sarah äußert: »Ich fühle mich jetzt schuldig, weil es dem Vater schlecht geht, ich habe Angst, dass er sich jetzt umbringt«), sollte dies markiert und der Entmachtungsdialog zunächst mit dem Abwerter- und Katastrophisierermodus fortgeführt werden.

Versorgung des Kindmodus

Nun wird die Patientin aufgefordert, in den gesunden Erwachsenenanteil zu schlüpfen, sich dem Kind zuzuwenden und ihm das zu geben, was das Kind von ihm braucht (z.B. Körperkontakt, Interesse, Zuwendung, Halt). Die Befriedigung des kindlichen Grundbedürfnisses wird ausführlich und intensiv imaginiert.

> »Stellen Sie sich vor, wie Sie die Kleine auf den Arm nehmen. (...) Was möchten Sie ihr nun noch sagen?«

Hier gilt analog zur vorherigen Entmachtung: Zunächst sollte die Therapeutin modellhaft sehr aktiv sein, und sie kann die Versorgung im Sinne einer partiellen Nachbeelterung nahezu komplett übernehmen. Im weiteren Verlauf der Therapie sollte dies zunehmend selbstständiger von der Patientin übernommen werden. Hierbei wird ein Dialog zwischen GE und Kindmodus (KM) angeleitet, bei dem die Patientin zwischen den beiden Rollen hin- und herwechselt. Das Kind wird dabei stets gefragt:

> »Wie geht es dir jetzt? ... und was brauchst du noch von der Großen?«

Im GE soll die Patientin wertschätzend versorgend auf die geäußerten Bedürfnisse des Kindes reagieren. Werden von Kind- oder Erwachsenenseite Widerstände bei der Versorgung geäußert (KM: »Ich vertraue dem GE nicht« oder GE: »Ich mag das Kind nicht«), zeigt die Therapeutin die darin enthaltenen Abwerter- und Kritikerstimmen und dysfunktionalen Bewältigungsstrategien als Ursachen dafür auf. Diese Stimmen werden dann in gewohnter Weise entmachtet:

> »Ich merke, dass nun eine Abwerterstimme auftaucht. Was sagt diese? (...) Lassen Sie uns diesen Abwerter zunächst entmachten.«

Das neue Gefühl des KM – etwa Entspannung oder Erleichterung – wird nun körperlich und gedanklich verankert:

> »Spüren Sie nochmals ganz intensiv die Stelle des Körpers mit dem veränderten Gefühl. Kreieren Sie einen Satz, der die neue Erfahrung ausdrückt«.

Langfristigen Schutz sicherstellen

Um dem Bedürfnis des KM nach nachhaltigem Schutz gerecht zu werden, können nun gemeinsam langfristige Lösungsmöglichkeiten überlegt werden: Der GE kann beispielsweise anbieten, in das damalige Kinderzimmer mit einzuziehen. Dies hat den Vorteil, dass er in allen Interaktionen mit den Eltern quasi als »Puffer« mit dabei ist und das Kind immer schützen kann. Bei sehr malignen, destruktiven oder vernachlässigenden Eltern (z.B. Ausübung von körperlicher, sexueller oder psychischer Gewalt), kann es notwendig sein, dem Kind ein komplett neues Zuhause zu kreieren, indem z.B. der Umzug in eine eigene Wohnung oder ein Haus erfolgt. Dies bedeutet, eine eigene alternative Welt zu schaffen, in der das Kind, der GE und eventuell weitere Bezugspersonen (oder Tiere) von nun an leben. Danach kann entschieden werden, ob der Kontakt zu den Eltern komplett abgebrochen oder auf ein überschaubares Maß begrenzt wird (»Die Mutter darf einmal in der Woche für eine Stunde auf einen Kaffee vorbeikommen«). Jede Imaginationsübung kann in diesem neuen Szenario enden. Diese Arbeit hat viele Ähnlichkeiten mit der Etablierung eines »Sicheren Ortes« (Reddemann, 2007).

Rückkehr in die Ausgangssituation

Abschließend wird die Patientin gebeten, mit dem veränderten Gefühl imaginativ in die ursprüngliche aktuelle Auslösesituation zurückzukehren. Sie wird ermutigt, sich mit dem veränderten »neuen« Gefühl im gesunden Erwachsenenmodus wieder in die aktuelle Situation zurückzuversetzen. Die Patientin soll nun vor dem Hintergrund der veränderten Gefühle neue Handlungsimpulse aufsteigen lassen. Die Therapeutin erläutert das weitere Vorgehen:

> »Wir lassen nun die Gegenwartsszene nochmals ablaufen, als wäre es jetzt. Begeben Sie sich als GE mit dem neuen Gefühl von Erleichterung hinein. Falls jetzt Abwerter- oder Katastrophisiererstimmen auftauchen, entmachten wir diese zunächst (…).
> Was möchten Sie nun – aus der neuen Haltung heraus – tun? Stellen Sie sich dies möglichst konkret vor wie in einem Film (…). Wie reagiert das Gegenüber nun auf das neue Verhalten?«

Ist der GE in der biografischen Situation so weit gestärkt worden, dass die Patientin sich adäquat gewehrt hat, zeigt sich meist, dass sie sich im gesunden Erwachsenenmodus auch in der Gegenwartsszene adäquat schützen und für ihre Bedürfnisbefriedigung sorgen kann.

6.3 Stühlearbeit

In der *modusbasierten Arbeit mit Stühlen*, der zweiten wichtigen emotionsfokussierenden Intervention der Schematherapie, werden Dialoge der einzelnen Modi, die jeweils einem anderen im Raum stehenden Stuhl zugordnet werden, initiiert. Diese Intervention ist dem Psychodrama entlehnt und gleicht einem Rollenspiel, bei dem jeder Modus einer Rolle gleicht, welche die Patientin selbst einnimmt, als wären es eigenständige Personen. Ausgangspunkt sind Gegenwartssituationen, bei denen das Problemverhalten oder das Problemerleben auftritt. Auch Stühleübungen können diagnostisch (meist zu Beginn der Therapie) und veränderungsorientiert eingesetzt werden. Im Folgenden beschreiben wir die veränderungsorientierte Variante.

Als Grundlage der Stühlearbeit ist der Patientin die schematherapeutische Aufteilung der Person in die typischen Ich-Zustände und deren Zielsetzungen erläutert worden (▶ Kap. 3.1.2). Im Therapieraum werden mehrere Stühle im Kreis aufgestellt (▶ Abb. 6.1), entsprechend der auftretenden Modi. Die Patientin setzt sich jeweils auf den Stuhl, der den Modus repräsentiert, aus dem heraus sie gerade erlebt oder handelt.

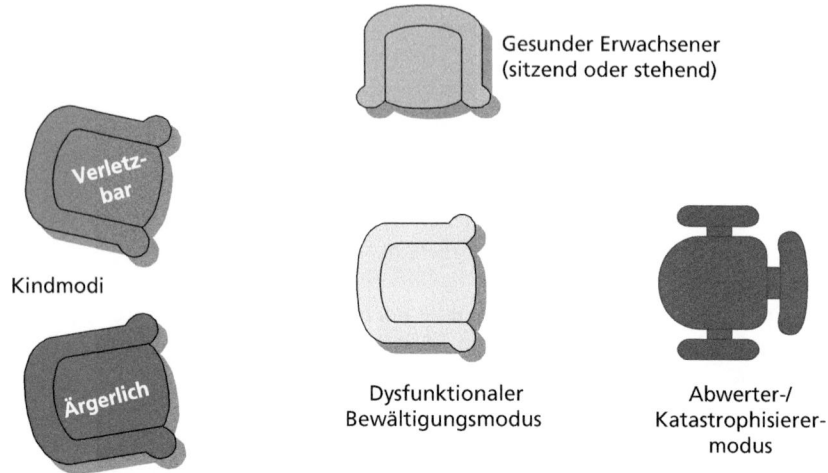

Abb. 6.1: Aufstellung der Stühle im Raum

Dann wird zunächst – ähnlich wie bei der Imagination – eine relevante Auslösesituation aus dem Alltag ausgewählt:

»Wann ging es Ihnen in den letzten Tagen am schlechtesten, welche Situation bereitete Ihnen Angst, wann spürten Sie, dass der Selbstwert einbrach oder bedroht war?«

Der Stühledialog beginnt damit, dass der Modus aufgegriffen wird, der vordergründig aktualisiert ist. Das können sowohl Abwerter- als auch Kind- oder dysfunktionale Bewältigungsmodi sein.

Oft wird aufgrund von Selbstabwertungen der Patientin mit der Stühlearbeit begonnen. Dysfunktionale Selbstwertkriterien ordnen wir dem Abwertermodus zu. Deshalb stellen wir die Stühlearbeit zunächst vom Abwertermodus ausgehend dar.

Oft interagieren Patientinnen aber auch in einem dysfunktionalen Bewältigungsmodus. Deshalb erläutern wir nach der Darstellung der Stühlearbeit ausgehend vom Abwertermodus noch das Vorgehen mit dem interaktionell schwierigeren dysfunktionalen Bewältigungsmodus als Ausgangspunkt.

6.3.1 Ausgangspunkt – aktualisierter Abwerter- oder Katastrophisierermodus

Abwertermodus – Selbstwertkriterien aufdecken

Die Patientin wird gebeten, auf dem für den Abwerter- oder Katastrophisierermodus vorgesehenen Stuhl Platz zu nehmen, aktiv in die Rolle des abwertenden oder angstmachenden Modus zu schlüpfen und die dysfunktionalen Androhungen und Abwertungen laut und in »Du-Form« in Richtung des gegenüberstehenden Kindmodus-Stuhls auszusprechen.

(Einige Patientinnen behalten eine vermeidende Haltung bei: »Ich weiß nicht, mir fällt nichts ein.« Sie äußern die Gedanken nur sehr vorsichtig und gehemmt. Diese Haltung entspricht einer dysfunktionalen Bewältigung. Die Patientin wird in solchen Fällen ermutigt, deutlichere Worte zu finden, oder es wird die Variante mit dem Bewältigungsmodus als Ausgangspunkt gewählt.)

Die Therapeutin fragt aktiv nach, ob es noch etwas Schlimmeres oder Grundlegenderes gibt, das der Abwerter androht:

»Was ist bedroht, wenn die kleine Sarah dumm ist?« Oder etwas provozierend: »Zu dick zu sein, ist ja erst mal nichts Schlimmes, sondern eventuell eine ganz normale Eigenschaft, aber was wollen Sie, Abwerterin, denn damit über die Person sagen?« Oder: »Sagen Sie ihr ganz direkt mit den allerschlimmsten, abgründigsten Worten, was Sie wirklich von ihr als gesamter Person halten!«

Es wird der Zusammenhang zur Bedrohung von Grundbedürfnissen als Kernangst hergestellt, indem gezielt danach gefragt wird.

»Welches Grundbedürfnis bedroht der Abwerter und/oder Katastrophisierer?«

Hilfestellungen durch die Therapeutin könnten sein: »Sagt er, du bist nichts wert, oder du bist es nicht wert, geliebt zu werden, oder alle werden dich verlassen, oder du wirst vernichtet, zerstört, sterben?«

Damit wird das Gefühl des Kindmodus maximal intensiv evoziert. Bei der Befragung des Abwerter- und Katastrophisierermodus kann optional auf die biografische Ebene gewechselt werden:

»Verraten Sie uns: Welche Person sind Sie eigentlich? Wer spricht da? Von wem werden Sie geschickt?«.

Das dient dazu, verständlich zu machen, in welcher Lebenssituation der Abwerter- und Katastrophisierermodus im Kind entstanden sind bzw. um wessen Botschaften es sich handelt. Diese Zuordnung erleichtert die spätere Distanzierung und Entmachtung durch den GE (und ähnelt in diesem Aspekt den vorher beschriebenen biografischen Imaginationsübungen).

Verletzbarer oder ärgerlicher Kindmodus

Nun erfolgt ein Stuhlwechsel auf den Stuhl des verletzbaren oder ärgerlichen Kindmodus mit dem Erleben der durch den Abwerter-/Katastrophisierermodus erzeugten Gefühle. Es erleichtert der Patientin das Zulassen aller Gefühle ohne Vermeidung, wenn sich die Therapeutin im Sinne eines »Hilfs-Ichs« neben bzw. sogar leicht hinter die Patientin begibt und sie duzt. Diese Phase dient der intensiven Aktualisierung der basalen Emotionen. Wie in der Imagination werden einfache, »kindgerechte« Fragen mit sanfter einfühlsamer Stimme gestellt:

> »Wie alt bist du? Was fühlst du? Wo spürst Du das im Körper? Lass es zu. Das Gefühl ist richtig (…).«

Zielsetzung ist es, der Patientin den Zugang zu allen zur Situation passenden Gefühlen zu ermöglichen. Meist hat die Situation beängstigende, traurige und ärgerliche Aspekte.

Jedes Gefühl wird intensiv validiert, bis die Patientin es sich in seiner spontan auftretenden Stärke erlaubt. Dann wird sie ermutigt, nachzuspüren, ob auch die anderen Gefühle jeweils möglich sind. Abwertend katastrophisierende Äußerungen ermöglichen es einer gesunden Person, sowohl Angst als auch Trauer und Ärger zu spüren. Dazu soll auch der Patientin verholfen werden. Die Therapeutin unterstützt vor allem dasjenige Gefühlserleben, das von der Patientin vermieden wird, also entweder Ärger oder Trauer/Angst.

Für die Entmachtung ist das Gefühl des Ärgers hilfreich. Ist die Patientin bei der Angst oder Trauer, wird sie aufgefordert, zu spüren, ob noch ein anderes Gefühl auftaucht:

> »Bitte wechsle nun auf den Stuhl des ärgerlichen Kindes. Gibt es hier ein kleines Fitzelchen Ärger? Wo spürst du das im Körper, ärgerliche Sarah? Lass es etwas intensiver werden!«

Um das Ärger-Erleben zu intensivieren, kann auch nach Handlungsimpulsen gefragt werden. Hierbei ist es hilfreich, wenn die Therapeutin die Stimmlage variiert und den ärgerlichen KM mit kräftigerer Stimme anspricht.

Die Hinwendung zum GE wird vorbereitet, indem die Therapeutin – wie in der Imagination – an beide Kindmodi die Frage richtet:

> »Was brauchst Du, ärgerliche/ängstlich-traurige Sarah, eigentlich von der Großen?«

Diese Frage zielt auf die Grundbedürfnisse des Kindes ab. Die Kindmodi artikulieren meist unterschiedliche, eventuell sogar gegensätzliche Bedürfnisse. Auf dem verletzbaren KM-Stuhl äußert das Kind meist: »Ich möchte gehalten/geliebt werden«, auf dem ärgerlichen KM-Stuhl dagegen: »Ich will, dass die Große aufsteht und den anderen die Meinung sagt.« Hier ist es wichtig, die Person zu unterbrechen, falls sie komplizierte, ausgefeilte Lösungsvorschläge macht und somit (vermeidend) den KM verlässt.

»Bleiben Sie im KM, es geht um ganz basale Grundbedürfnisse.«

Manchmal richtet das Kind den Wunsch nach außen (»Meine Mutter soll mich trösten«). Die Therapeutin validiert dies und lenkt die Aufmerksamkeit wieder zurück auf die Große.

»Diesen Wunsch kann ich verstehen. Deine Mutter schafft das nicht. Die Große übernimmt das und ist ganz für dich da. Was brauchst du von ihr?«

Beide Kindmodi zusammen repräsentieren die gesamte Bandbreite aller Grundbedürfnisse (am wichtigsten: Bindung, Autonomie, Selbstwert, Gleichwertigkeit, Lustgewinn). Der GE hat immer die Aufgabe für die realistische Befriedigung der Kindmodi zu sorgen. Der »Auftrag« dazu wird von den KM ausgesprochen.

Hilfe durch den gesunden Erwachsenenmodus

Die Patientin wird aufgefordert, sich in die Rolle des gesunden Erwachsenenmodus (GE) zu begeben. Dies wird unterstützt, indem sie aufsteht, sich streckt, ihre gesamte Körpergröße spürt oder sich größer imaginiert. Patientin und Therapeutin blicken nebeneinanderstehend auf die anderen Modi.

»Schlüpfen Sie nun ganz bewusst in die Rolle des GE. Sie sind nun diejenige, die den Überblick hat und mit Ihrer gesamten Lebenserfahrung auf die Szene schaut. Blicken Sie nun wie von oben auf den Abwerter-/Katastrophisierermodus und die Kindmodi (…). Optional äußert die Therapeutin: »Wir besinnen uns nun auf Ihre Werte und Ziele. Wo möchten Sie insgesamt hin mit der Kleinen? (…)« »Nun lassen Sie nochmals die Szene auf sich wirken«.

Und sie fragt weiter mit Empörung in der Stimme:

»Wie finden Sie das, was der Abwerter mit der kleinen Sarah macht?«

Entmachtung

Nun erfolgt der Entmachtungsdialog zwischen dem gesunden Erwachsenenmodus und dem Abwerter- und Katastrophisierermodus. Zunächst können die Abwertungen und Drohungen von der Therapeutin wiederholt werden, um beim GE Ärger zu provozieren. Auch hier kann die Therapeutin analog zur Imagination zunächst modellhaft die Führungsrolle einnehmen, um die Patientin zu ermutigen. Sie leitet die Patientin an, zunehmend selbst aktiver zu werden, den Abwerter- und Katastrophisierer zu stoppen, ihm zu widersprechen, sich abzugrenzen und/oder diesen wegzuschicken. Die Patientin wechselt zwischen beiden Rollen hin und her. Dieser Dialog wird möglichst so lange fortgeführt, bis die Patientin auf dem Abwerter-/Katastrophisiererstuhl leiser wird oder sogar verstummt. Oftmals versucht der Abwerter-/Katastrophisierermodus, am Ende das letzte Wort zu haben, und äußert mit beleidigtem oder drohendem Tonfall: »Dann mach halt deinen Mist alleine, du schaffst das eh nicht. Du wirst schon sehen, wohin das führt!« Hilfreich ist, wenn die Patientin in der Position des GE das für diese Sitzung abschließende Wort übernimmt und den Dialog zumindest mit einer Abgrenzung beendet: »Ja, das werde ich sehen. Das ist meine Sache und meine Verantwortung.« Danach wird die Patientin aufgefordert, sich liebevoll dem Kindmodus zuzuwenden.

Versorgung

Dabei wird die zuvor entstandene Empathie für den Kindmodus genutzt, und es werden die Gefühle und Bedürfnisse des Kindes validiert und einfühlsam beantwortet: »Ich sehe, dass du traurig bist. Das ist verständlich, weil der Abwerter so böse Sachen sagt, die nicht in Ordnung sind. Der Abwerter ist damals entstanden, weil (...). Er hat unrecht. Du bist wertvoll. Ich mag dich, du bist das Wichtigste, das ich habe. Ich bleibe immer bei dir und schütze dich. Niemand darf uns abwerten, das lasse ich nicht zu.« Die Patientin wird nun aufgefordert, auf dem Kindstuhl Platz zu nehmen, und gefragt:

> »Wie geht es Dir jetzt, kleine Sarah mit dem, was die Große gesagt hat? Wo spürst du das im Körper? Was brauchst Du noch von der Großen?«

Erst wenn die Patientin auf dem Kindstuhl glaubhaft äußert, dass sich das Gefühl nun in Richtung »leichter, entspannter, ruhiger, wärmer« verändert hat, hat der GE seine Aufgabe (zumindest für diese Sitzung) erfüllt. Das neue Körperempfinden wird verankert.

Transfer in den Alltag/Hausaufgaben

Die wichtigsten hilfreichen, rationalen Gedanken des gesunden Erwachsenenmodus werden am Ende der Stühleübung nochmals zusammengefasst und aufgeschrieben, um sie stärker im Gedächtnis zu verankern und in Form von Hausaufgaben einüben zu können.

6.3.2 Ausgangspunkt – aktualisierter dysfunktionaler Bewältigungsmodus

Falls eine Patientin im Alltag oder in der Therapiesituation immer wieder ein hartnäckiges Bewältigungsverhalten zeigt, ist es sinnvoll, in der Stühlearbeit den Bewältigungsmodus (BM) direkt in den Fokus zu nehmen. Auch Motivationsprobleme können mit dieser Übungsvariante wirksam aufgegriffen werden, da die alte dysfunktionale Dynamik zwischen Abwerter- und Bewältigungsmodus kontrastierend zum neuen konstruktiven Verhalten des gesunden Erwachsenenmodus anschaulich und erfahrbar aufgezeigt werden kann.

In Bezug auf die Arbeit mit Selbstwertproblemen stellt der BM die Erfüllung der im Abwertermodus gespeicherten dysfunktionalen Selbstwertkriterien oder die Vermeidung, sich mit diesen zu bewerten, in einer spezifischen Auslösesituation dar (Leistung bringen bis zur Schmerzgrenze, aber auch: den anderen abwerten etc.). Um die beiden Anteile bzgl. eines Selbstwertproblems zu unterscheiden, können wir den Abwerter auch als die dysfunktionalen Kriterien vorgebend bezeichnen (z. B. »Nur wenn du in jeder Situation 100 % Leistung bringst, bist du etwas wert«), den BM hingegen als ausführende Instanz – sich den Kriterien unterwerfend, diese vermeidend oder überkompensierend –, die kurzfristig Spannungsreduktion herstellt. Diese Trennung der beiden Modi bezüglich ihrer emotionalen Wirkung (Traurigkeit/Angst auslösend versus Traurigkeit/Angst reduzierend) ist grundlegend für das Problemverständnis der Patientin und von entscheidender Bedeutung für die spätere Entmachtung durch den GE. Die negativen langfristigen Folgen der dysfunktionalen Bewältigungsstrategien werden demonstriert und vor allem erlebt, indem die Patientin sich in den Kindmodus versetzt und die dauerhafte Bedürfnisfrustration spürt.

Zur Stellung der Stühle im Raum: Der Bewältigungsstuhl steht zwischen Abwerter- und Kindstühlen, mit der Rückenlehne zu den Kindmodi. Er stellt damit eine »Schutzmauer« für das Kind vor den Angriffen des Abwerters dar (▶ Abb. 6.1).

Den Dysfunktionalen Bewältigungsmodus (BM) befragen

Die Therapeutin fordert die Patientin auf, auf dem BM-Stuhl Platz zu nehmen, und beginnt damit, den Bewältigungsmodus zu befragen:

- »Wie heißen Sie?«

Es ist sinnvoll, das Verhalten zu benennen, hierdurch erfolgt eine erste emotionale Distanzierung. Im Rahmen der Selbstwertarbeit könnte der Modus z. B. »Selbstwertbeschützer« genannt werden. Dies greift eine inhaltliche Funktion auf. Die ursprüngliche Einteilung des Bewältigungsmodus umfasst die Kategorien Unterordnung, Vermeidung, Überkompensation.

- »Wie fühlt es sich für Sie auf diesem Stuhl/in dieser Funktion an?«

Oftmals geben die Patientinnen an, dass es sich sehr vertraut, sicher, aber auch anstrengend und erschöpfend anfühlt; der Körper sei recht angespannt.

Die Therapeutin erfragt nun biografische und aufrechterhaltende Zusammenhänge:

- »Wie lange gibt es Sie schon im Leben von Sarah? Weshalb gibt es Sie? Wozu dienten Sie damals?« (…)
- »Wozu sind Sie heute gut?« (…)

Sie erfragt nun die kurzfristigen und langfristigen Konsequenzen:

» Wie geht es Ihnen kurzfristig auf diesem Stuhl?« (...)
» Und wie geht es Ihnen, wenn Sie das noch 10 Jahre lang so machen ...?«

Verletzbarer oder ärgerlicher Kindmodus

Die Therapeutin bittet die Patientin, auf den Kindstühlen hinter dem BM-Stuhl Platz zu nehmen:

» Wie geht es dir, kleine ängstliche Sarah, mit der Bewältigungsstrategie X? Wie fühlt sich das im Körper an?«
» Wie geht es dir, kleine ärgerliche Sarah?«
» Wie geht es dir, wenn der BM das noch 10 Jahre lang so weitermacht? Wie fühlt sich das im Körper an?«
» Was brauchst du eigentlich (stattdessen) von der Großen?«

Meist äußern Patientinnen auf den Kindstühlen, dass sie kurzfristig erleichtert sind, weil der BM sie vor dem Abwerter schützt (»Ich habe weniger Angst, er gibt mir Sicherheit«). Daher ist es sehr wichtig, nach den langfristigen Konsequenzen zu fragen. Dies führt oftmals zu einem emotionalen Wendepunkt, wenn deutlich wird, dass wichtige Grundbedürfnisse durch den BM nicht befriedigt, sondern im Gegenteil sogar frustriert werden.

Hilfe durch den gesunden Erwachsenenmodus

Aus dieser Position heraus wird die Stühleübung wie gewohnt mit der *Entmachtung* des Abwertermodus und der *Versorgung* der Kindmodi fortgesetzt, wie bei der Stühlearbeit mit dem Ausgangspunkt Abwertermodus oben dargestellt.

Nach erfolgter Entmachtung und Versorgung der Kindmodi kann mit dem Stuhl des Bewältigungsmodus im Raum experimentiert werden. Oftmals kommt von Patientinnen selbst der Impuls, den Stuhl wegzuschieben. Falls nicht, kann dies von der Therapeutin vorgeschlagen werden.

» Lassen Sie uns ausprobieren, wie es sich anfühlt, wenn der BM-Stuhl etwas beiseite genommen wird. Das muss nicht dauerhaft sein, wir können ihn jederzeit wieder dazuholen.«

Durch die Intervention des Stuhl-Wegschiebens tritt eventuell Angst im KM auf. Dies bedeutet, dass der Schutz der Kindmodi vor dem Abwerter durch den GE noch nicht ausreicht. Dann wird zunächst der GE weiter gestärkt.

» Sie scheinen Ihrem gesunden Erwachsenen noch nicht recht zu vertrauen. Gehen Sie nochmal in den gesunden Erwachsenenmodus und beschützen Sie das Kind noch stärker. Erst wenn sich Ihr Kindanteil vom gesunden Erwachsenen genug beschützt fühlt, können Sie auf den Bewältigungsmodus verzichten.«

Bei sichtlichen Motivationsproblemen und Verantwortungsabgabe an die Therapeutin kann die Therapeutin die Situation zuspitzen und mit der Patientin in der GE-Position stehend zu ihr sagen:

»Sie dürfen das alte Verhalten und Ihre Selbstwertkriterien gerne beibehalten. Niemand verlangt oder fordert eine Veränderung von Ihnen. Es geht (nur) um Ihr eigenes Leben, um Ihr eigenes Glücklichsein. Vielleicht ist es besser, beim alten Muster zu bleiben, dann gehen Sie kein Risiko ein. Aber alles hat seinen Preis. Entweder Sie wagen etwas, oder Sie – und vor allem die kleine Sarah – müssen die langfristigen Folgen, von denen wir gerade gehört haben, erleiden. Sie dürfen das ganz freiwillig entscheiden, niemand nimmt Ihnen das ab, Sie müssen ja auch die Konsequenzen und Risiken einer Veränderung tragen.«

Um das Loslassen vom dysfunktionalen Beschützermodus zu fördern, kann der GE oder ein Kindmodus sich zum Abschied auch für den geleisteten Schutz und das Überleben beim BM bedanken:

»Hallo Beschützer, du hast es gut mit mir gemeint, du hast mich vor dem Abwerter beschützt und mir geholfen, so weit im Leben zu kommen, wie ich gekommen bin. Aber ich bin jetzt nicht mehr nur ein Kind. Ich habe jetzt auch immer den gesunden Erwachsenen bei mir. Der beschützt mich jetzt, ohne dass er mir gleichzeitig schadet, so wie du es getan hast. Du kannst dich jetzt zurückziehen (…).«

Transfer in den Alltag/Hausaufgaben

Die wichtigsten hilfreichen, rationalen Gedanken des gesunden Erwachsenenmodus werden wie gewohnt am Ende der Stühleübung nochmals zusammengefasst und aufgeschrieben, um sie stärker im Gedächtnis zu verankern und in Form von Hausaufgaben einüben zu können (vgl. ▶ Kap.10 »Abwerter entmachten und gesunden Erwachsenenmodus stärken – im Alltag einüben«).

Teil IV Interventionen zur Stärkung einer positiven Selbstbewertung im gesunden Erwachsenenmodus – Anwendung

7 Kognitive Umstrukturierung – Analyse, Reflexion und Entscheidung

7.1 Analyse bisheriger Selbstwertkriterien

Sind wir in einer ersten diagnostischen Phase der Psychotherapie als Therapeutin zu dem Schluss gekommen, dass Selbstwertprobleme bei den Beschwerden und den Anliegen der Patientin eine wichtige verursachende oder aufrechterhaltende Rolle spielen, arbeiten wir zunächst das Selbstwertkonzept – vornehmlich die Selbstwertkriterien – der Patientin heraus.

Unser Vorgehen erfolgt möglichst sokratisch. Das heißt, die Therapeutin knüpft mit Fragen an Bewertungen an, die die Patientin äußert. Meist greifen wir Selbstbewertungen auf. Ist jedoch die dysfunktionale Selbstwertstrategie, andere abzuwerten, sehr ausgeprägt, können wir auch Fremdbewertungen der Patientin als Einstieg in das Thema Selbstwertkriterien verwenden.

Ausgangspunkt für die Analyse der Selbstwertkriterien ist das Angebot, das die Patientin zum Thema macht. Dies erfolgt analog der Unterscheidung bei der Diagnostik der Selbstwertprobleme.

7.1.1 Patientin benennt Minderwertigkeit von sich aus als Problem

Nennt die Patientin von sich aus Selbstwertprobleme als Ursache ihrer Beschwerden, kann nach der diagnostischen Phase direkt nach den verwendeten Selbstbewertungskriterien gefragt werden. Eine Psychoedukation hinsichtlich der Bedeutung der Selbstwertkriterien wird hinzugefügt (▶ Kap. 1.6.3).

Am einfachsten und klarsten ist es für Patientinnen, von einer konkreten Situation auszugehen. Es kann die letzte Situation genommen werden, eine typische oder eine besonders schwere Situation, in der Minderwertigkeitsgefühle aufgetreten sind.

Therapeutin: »Sie haben Selbstwertprobleme als Ursache ihrer Beschwerden angegeben. Lassen Sie uns diese zunächst besser verstehen, bevor wir überlegen, wie Sie Ihren Selbstwert verbessern können. Nehmen wir ein konkretes Beispiel. In welcher Situation hatten Sie zuletzt Selbstwertprobleme?«

Die Patientin schildert die letzte oder eine typische Situation, in der Selbstwertprobleme aufgetaucht sind. Dabei benennt sie offen oder implizit Kriterien, warum sie sich in dieser Situation als minderwertig angesehen hat. Bei Selbstwertproblemen werden Selbstwertkriterien aus den oben beschriebenen dysfunktionalen Selbstwertkategorien genannt. Diese werden von der Therapeutin als Selbstwertkriterien hervorgehoben. An ihnen wird die allgemeine Bedeutung von Selbstwertkriterien bei Selbstwertproblemen in einer kurzen Psychoedukation deutlich gemacht.

Therapeutin:	»Sie haben sich also minderwertig gefühlt, weil Sie nicht …. so fähig, kompetent, erfolgreich, durchsetzungsfreudig, beachtet, bewundert usw. … waren und wurden, wie Sie das selbst von sich erwartet haben oder wie Sie denken, dass die anderen das von Ihnen erwarten? Das ist in dieser Situation Ihr Maßstab, Ihr Anspruch, Ihr Selbstwertkriterium, nach dem Sie sich bewerten – oder welche Bezeichnung würden Sie für das, wonach Sie sich selbst bewerten verwenden?«
Psychoedukation:	»Anhand unserer ersten Situation sehen Sie: Bei Selbstwertproblemen spielen die Maßstäbe, nach denen Sie sich beurteilen, die Erwartungen, die Sie an sich stellen, und die Kriterien, wann Sie sich als minderwertig bewerten, eine zentrale Rolle. Lassen Sie uns deshalb noch weiter herausarbeiten, von welchen Kriterien Sie Ihren Selbstwert ansonsten noch so abhängig machen. Dann können wir überprüfen, ob das geschickte Selbstwertkriterien sind oder ob es noch andere, bessere gibt. Ob Sie Kriterien verwenden, die Ihnen helfen, Ihr Ziel, glücklich zu sein, gut und stabil zu erreichen, oder Selbstwertkriterien, die Ihr Minderwertigkeitsgefühl oder Ihre Ängste erzeugen.«

Daran anknüpfend wird zur Vervollständigung und Überprüfung der Selbstwertkriterien nach weiteren Situationen gefragt, in denen bei der Patientin Minderwertigkeitsgefühle aufgetreten sind. Damit wird eine Liste der von der Patientin verwendeten Selbstwertkriterien erstellt.

Selbststudium
Der Patientin wird aufgetragen, sich auch selbstständig zwischen den Sitzungen weiter zu beobachten und sowohl Situationen mit Selbstwertproblemen als auch die dabei verwendeten Selbstwertkriterien aufzudecken und schriftlich festzuhalten. Dies dient der Überprüfung der Analyse der verwendeten Selbstwertkriterien. Außerdem verbessert sich dadurch das Bewusstsein der Patientin für ihre verwendeten dysfunktionalen Selbstwertkriterien. Dieses Bewusstsein erhöht die Möglichkeit der Patientin zur selbstbestimmten Änderung (▶ Kap. 5). Die Selbstreflexionsfähigkeit als zentrale Voraussetzung für eine erfolgreiche Psychotherapie wird gefördert (▶ Kap. 3.1.2).

Nach der Analyse der Selbstwertkriterien anhand einer ersten Situation kann bei einer ausgeprägten Selbstreflexionsfähigkeit der Patientin auch direkt nach den von ihr ansonsten verwendeten Selbstwertkriterien gefragt werden.

Therapeutin: »Da taucht bei mir die Frage auf: Welche Maßstäbe oder welche Kriterien verwenden Sie denn im Allgemeinen bei Ihrer Selbstbewertung? Beurteilen Sie Ihren Selbstwert immer nach Ihrer ... Leistung, Kompetenz, Ihrem Erfolg, Ihrer Durchsetzungsfähigkeit, Anerkennung usw. ...? Wie wäre es, wenn Sie mal versuchen, die Selbstwertkriterien zu sammeln, die Sie verwenden?«

7.1.2 Selbst- und Fremdabwertungen werden von der Therapeutin beobachtet

Hat die Patientin Selbstwertprobleme nicht selbst als Ursache ihrer Beschwerden benannt, treten in der Beschreibung der Beschwerden und der Problemsituationen aber wiederholte Selbst- oder Fremdabwertungen auf, nimmt die Therapeutin dies zum Anlass, Selbstabwertungen als Mitursache für die Entstehung der seelischen Erkrankung zu hypothetisieren. Die Patientin gefährdet mit diesem Verhalten eigene Grundbedürfnisse (Selbstwert, Bindung, Gleichwertigkeit), so dass von einer schädlichen Wirkung dieses Verhaltens ausgegangen werden kann. Die Therapeutin interveniert bei Selbst- oder Fremdabwertungen mit Fragen zu den Bewertungskriterien.

Diese Fragen werden auf psychoedukative Weise mit der Erläuterung der wichtigen Bedeutung von Selbstwertkriterien für das Selbstwertgefühl und dessen Rolle bei der Entstehung seelischer Erkrankungen begründet. Zielsetzung ist dabei, gemeinsam mit der Patientin ein psychologisches Störungsmodell der Beschwerden zu entwickeln.

Nehmen wir für die Darstellung dieses Vorgehens ein Beispiel aus der Praxis:

Ein junger Erwachsener, von Beruf Logopäde, hat erhebliche Ängste, den vermuteten Ansprüchen seiner Klientinnen nicht gerecht werden zu können. Er denkt auch am Feierabend sorgenvoll an Klientinnen, von denen er ausgeht, dass er ihnen nicht helfen kann. Er träumt ängstlich von der Arbeit. Er verallgemeinert die Belastung dahingehend, dass er befürchtet, niemals mit irgendeinem Beruf dauerhaft glücklich werden zu können. Die Stimmung ist deutlich gedrückt, es kommt zu Panikattacken.

Von welchen Zielen wird das Handeln des jungen Logopäden bestimmt?
Ausgangspunkt für unsere Analyse ist das Leiden, von dem der Patient berichtet. Daraus ergeben sich zunächst die folgenden Fragen:

- Welche Grundbedürfnisse erlebt der Patient als bedroht, wenn er die Leistungserwartungen anderer Menschen nicht erfüllt?

- Was befürchtet er, wenn er das nicht schafft?
- Wie hoch sind die Ansprüche an den Erfolg seiner Arbeit?

Später kommt noch die Frage hinzu, wieso der Patient diese Maßstäbe verwendet.
Psychoedukativ kann das Störungsmodell an dieser Stelle schon in zwei Komponenten aufgeteilt werden: Selbstwertkriterien und biografische Ursachen, diese Selbstwertkriterien zu verwenden. Dem Patienten wird die Notwendigkeit erläutert, hintereinander auf beiden Ebenen zu intervenieren. Vielen Patientinnen ist die biografische Ebene sehr wichtig. Deshalb wird dem Patienten vermittelt, dass die kognitive Umstrukturierung die konstruktive Basis für die biografische Intervention darstellt.
Die Antworten auf die Fragen nach den Bewertungskriterien können wir schematherapeutisch dem Abwerter- und Katastrophisierermodus zuordnen.
Wir setzen den Abwertermodus auf einen eigenen Stuhl (diagnostische »Stühlearbeit«). Der Patient wird gebeten, auf diesem Stuhl Platz zu nehmen und sich zu erlauben, die strenge Selbstbewertung in einem Rollenspiel ganz ohne Hemmnisse und in größtmöglicher Intensität an sich selbst zu richten – symbolisiert durch einen Stuhl gegenüber. Der angesprochene leere Stuhl symbolisiert die Kindmodi – verängstigt, verärgert, traurig.

Therapeutin:	Sie fordern in der Arbeit sehr hohe Leistung von sich. Und Sie haben Angst, diese Leistungserwartungen nicht erfüllen zu können. Wie viel Leistung fordern Sie denn von sich? Was ist dabei Ihr Maßstab? Was befürchten Sie, wenn Sie diese Leistungserwartungen, die Sie an sich stellen, nicht erfüllen? Lassen Sie uns diese selbstkritische und Angst machende Seite doch noch genauer bewusst machen. Wir geben dieser strengen Seite mal einen eigenen Stuhl, und dann soll diese Seite mal zeigen, wie sie dem Dennis Angst macht und ihn abwertet. Setzen Sie sich doch mal auf diesen Stuhl. Dort gegenüber, auf dem anderen Stuhl, sitzen Sie als Dennis. Jetzt bewerten Sie Dennis und wie er arbeitet mal so streng, wie Sie das gerade geschildert haben.«

Der Patient macht aus dieser Perspektive folgende Äußerungen über sich als Dennis.

Patient:	»Du bist ein schlechter Logopäde. Du genügst nicht als Logopäde. Du wirst in keinem Beruf so viel leisten, dass du darin bestehen kannst. Wenn du die Erwartungen deiner Klientinnen nicht erfüllst und sie gesund machst, wirst du deine Arbeit verlieren, und es wird sich niemand mehr für dich interessiere. Du bist dann nicht mehr liebenswert und wirst vereinsamen. Nur wenn du dafür sorgst, dass es dem Gegenüber gut geht, bekommst du Zuneigung und Wert-

schätzung. Nur wenn das Gegenüber dich wertschätzt, bist du auch wertvoll und liebenswert.«

Damit nennt der Patient die Bedrohung von physiologischen Grundbedürfnissen, Bindung und Selbstwert als Ursachen seiner Ängste und seiner Depression.

Sowohl Bindung/Geborgenheit als auch Wertschätzung sind bei diesem Patienten an die Erfüllung von Leistungserwartungen anderer Menschen geknüpft.

Der Patient kann gefragt werden, ob eines der bedrohten Bedürfnisse im Vordergrund steht. In diesem Fall benennt der Patient den Selbstwert als das stärker bedrohte Bedürfnis.

Dann werden die Selbstwertkriterien, die sich in dieser Konstruktion zeigen, noch einmal pointiert benannt.

Therapeutin: »Sie machen ihren Selbstwert und die Frage, ob Sie liebenswert sind, ganz davon abhängig, ob Sie genügend leisten und ob Sie die Wünsche der anderen Menschen erfüllen. Und andere Menschen entscheiden dann darüber, ob Sie etwas wert und liebenswert sind?«

Der Patient bestätigt diese Ideen.

Patient: »Ja, sieht so aus, als ob ich das von mir erwarte«.
Psychoedukation: »Anhand dieser Situation sehen Sie: Bei Selbstwertproblemen spielen die Maßstäbe, nach denen Sie sich beurteilen, die Erwartungen, die Sie an sich stellen, die Kriterien, wann Sie sich als minderwertig beurteilen, eine zentrale Rolle. Lassen Sie uns deshalb noch weiter herausarbeiten, von welchen Kriterien Sie Ihren Selbstwert abhängig machen. Dann können wir überprüfen, ob das geschickte Selbstwertkriterien sind oder ob es noch andere, bessere gibt. Ob Sie bisher Kriterien verwenden, die Ihnen helfen, Ihr Ziel, glücklich zu sein, gut und stabil zu erreichen.«

Hier kann dann wie im ersten Beispiel nach weiteren Situationen gefragt werden, in denen der Patient sich abwertend und streng beurteilt und sich in seinem Selbstwert von der Beurteilung durch andere abhängig macht.

Selbststudium:
Die Sammlung von Situationen, in denen der Patient sich abwertet, wird als schriftliche Aufgabe auch außerhalb der Sitzungen etabliert. Diese Selbstbeobachtungen dienen als weitere Grundlage der Analyse dysfunktionaler Selbstwertkriterien. Die Fähigkeit, in eine selbstreflexive Beobachterposition zu gehen, wird damit kontinuierlich eingeübt, und die Unabhängigkeit in der eigenen Kompetenzentwicklung von einer andauernden Psychotherapie wird gefördert.

7.2 Funktionalität bisheriger Selbstwertkriterien sokratisch in Frage stellen

Hat die Patientin sich ihre bisher verwendeten Selbstwertkriterien bewusst gemacht, werden sie auf ihre Funktionalität hin reflektiert. Wie hilfreich und geschickt sind die bisher von der Patientin verwendeten Selbstwertkriterien, um die Ziele seelische Gesundheit und Glücklichsein stabil verwirklichen zu können?

7.2.1 Die therapeutische Beziehung: Limited Reparenting und empathische Konfrontation

Die Reflexion der Funktionalität der bisherigen Selbstwertkriterien stellt die erste empathische Konfrontation im Ablauf der Psychotherapie dar. In diesem Zusammenhang möchten wir noch kurz auf die Gestaltung der therapeutischen Beziehung hinweisen. Sich in eine Psychotherapie zu begeben, ist nicht nur angenehm und psychisch einfach. Menschen möchten ihre Beschwerden lindern. Dies erfordert jedoch meist eine Veränderung von gewohnten Verhaltensweisen und grundlegenden Ansichten über sich selbst und die Welt. Die Art und Richtung dieser Veränderung sind für die Patientin zu Beginn der Psychotherapie meist unbekannt, und sie muss sich auf das Wohlwollen und die Kompetenz der Therapeutin verlassen. Diese Anforderungen gefährden vorübergehend das Grundbedürfnis nach Kontrolle und Selbstbestimmung und – je nach Selbstwertkriterien – auch das Selbstwertgefühl. Deswegen ist es spätestens vor Beginn der Infragestellung bisheriger Selbstwertkriterien wichtig, dass bereits eine tragfähige von Unterstützung und Wertschätzung geprägte therapeutische Beziehung aufgebaut worden ist. Die bisher durchlaufene diagnostisch-analytische Therapiephase gab der Therapeutin die Gelegenheit, durch reichlich Validierung, Einfühlungsvermögen und Interesse der Patientin die Sicherheit der Wertschätzung zu vermitteln. Diese nährenden Aspekte der Gestaltung des Kontakts werden in der Schematherapie als »Reparenting« oder »Nachbeelterung« bezeichnet (Young et al., 2005; Brockman et al., 2022): Die Therapeutin versorgt dabei insbesondere diejenigen Grundbedürfnisse der Patientin, die durch deren reale Eltern nicht hinreichend erfüllt wurden.

Erst wenn die Patientin Vertrauen in das nahezu unbedingte Wohlwollen der Therapeutin gewonnen hat, kann mit dem sokratischen Infragestellen dysfunktionaler Selbstwertkriterien begonnen werden. Nun kommt der begrenzende Aspekt der Beziehungsgestaltung hinzu, der in der Schematherapie als »limited« (Young et al., 2005; Roediger, 2016) bezeichnet wird. Hierbei sollte kontinuierlich sichergestellt werden, dass die Patientin das Infragestellen der Selbstwertkriterien durch die Therapeutin als *durch Sorge um die Patientin* motiviert wahrnimmt. Besteht daran Zweifel, z.B. durch beobachtbares vermeidendes Verhalten, sollte dies von der Therapeutin direkt angesprochen werden: »Ich merke, dass Sie mit meiner Rückmeldung nicht einverstanden sind.« Die Patientin wird dann mit in die Verantwortung genommen, eine Lösung für den weiteren Aufbau von Vertrauen zu finden: »Was brauchen Sie von mir, um Vertrauen in mich zu haben, dass ich gute Absichten habe, aus Sorge handle und mit Ihnen zusammen eine bessere Lösung für Ihre Beschwerden finden möchte?« Erst wenn dieses Vertrauen gegeben ist, beginnen wir mit der kritischen Reflexion der Funktionalität und Dysfunktionalität der bisher verwendeten Selbstwertkriterien.

Im Folgenden führen wir beispielhaft häufig von Menschen verwendete dysfunktionale Selbstwertkriterien auf. Wir geben Beispiele für mögliche sokratische Fragen, um Patientinnen anzuregen, die Vor- und Nachteile ihrer bisher verwendeten dysfunktionalen Selbstwertkriterien, deren Begründungen und deren Überzeugungskraft selbst zu reflektieren und einzuordnen. Grundlage für den sokratischen Dialog ist das zuvor beschriebene Wissen über das Grundbedürfnis nach einer positiven Selbstbewertung. Unser Maßstab für die Reflexion der bisher verwendeten Selbstwertkriterien ist die Frage:

> Wie überzeugend, hilfreich und geschickt ist das von der Patientin verwendete Selbstwertkriterium im Hinblick auf das Ziel, ein stabiles, positives Selbstwertgefühl zu erreichen?

Dies ist Voraussetzung für das übergeordnete Ziel, seelisch gesund und möglichst oft glücklich zu sein.

7.2.2 Nutzwert, Fähigkeiten, Leistung und soziale Anerkennung – sokratisch in Frage gestellt

Die Selbstwertkriterien einer Person können sehr individuell und spezifisch formuliert sein. Aufgrund dessen kann keine Liste aller möglichen persönlichen Selbstwertkriterien erstellt werden. In fast allen individuellen dysfunktionalen Selbstwertkriterien lassen sich jedoch – etwas abstrakter betrachtet – die gleichen Grunddimensionen von dysfunktionalen Annahmen wiederfinden. Diese abstrakteren dysfunktionalen Dimensionen von Selbstwertkriterien finden sich auch in der Unterteilung von Schütz (2003) wieder. Häufige dysfunktionale Selbstwertdimensionen sind »Nutzwert«, »Fähigkeiten/Leistung« und »soziale Anerkennung«. Machen wir uns die Dysfunktionalität dieser Selbstwertdimensionen bewusst, haben wir die Problematik der meisten Selbstwertkriterien reflektiert und verstanden. Damit können wir die meisten individuellen dysfunktionalen Selbstwertkriterien von Patientinnen sokratisch problematisieren.

»Nutzwert für andere« als Selbstwertkriterium

Auf die Frage, warum sie jemand anderen wertschätzen, nennen Menschen oft einen bestimmten Nutzen, den diese Person für sie hat. Dieser Gedanke führt häufig dazu, dass auch der eigene Wert am Nutzen für andere festgemacht wird.

Den Nutzen einer Person für einen anderen Menschen als Selbstwertkriterium zu verwenden, birgt für das Erreichen des Ziels, einen stabilen und positiven Selbstwert zu etablieren, gewisse Tücken (vergleiche hierzu auch die Diskussion einer utilitaristischen und deontologischen Ethik und deren Probleme bei Thies, 2006).

Der Nutzwert eines Menschen für andere kann aus mehreren Gründen weder das einzige noch ein in allen Fällen notwendiges Kriterium für den Wert eines Menschen sein:

Der Nutzwert birgt immer die Gefahr, dass dieser Nutzen nicht erbracht werden kann oder zu einem bestimmten Zeitpunkt zu Ende geht, ohne dass dies dem eigenen Einfluss der Person unterliegt. Es ist jederzeit möglich, dass der Nutzen einer Person für eine andere aufgrund von fehlenden Kompetenzen, Krankheit, Alter oder anderen Schicksalsschläge entfällt, oder dadurch, dass der konkrete Andere diesen Nutzen nicht mehr benötigt. All das kann sich ereignen, ohne dass die Person irgendeine Kontrolle darüber hat. Damit wäre auch bei der Befriedigung des Grundbedürfnisses nach einer positiven Selbstbewertung nie Sicherheit und Stabilität erreichbar. Zudem kann das, was dem einen nützt, zum Schaden vieler anderer oder von uns selbst sein. An wessen Nutzen oder Schaden sollen wir dann unseren Selbstwert festmachen? Es muss also noch wichtigere grundsätzlichere Wertekriterien geben.

Ein konkreter Nutzwert für eine spezifische Person kann also nie alleine als Selbstwertkriterium dienen, um einen sicheren und stabilen Selbstwert zu entwickeln.

Um diese Problematik aufzuheben, haben wir zwei Möglichkeiten:

- Erstens gilt es, den Nutzwert für das Gegenüber als Selbstwertkriterium an die zugefallenen Möglichkeiten zu knüpfen. Nur wenn der Person die Möglichkeit gegeben ist, dem anderen zu nutzen, kann der Nutzen als Selbstwertkriterium verwendet werden. Diese Möglichkeiten müssen in der Person – ihren Kompetenzen und ihren Kräften – und in den Umständen vorhanden sein.
- Zweitens gilt es zu prüfen, ob eine Handlung, die dem anderen nützt, allen Menschen gleichermaßen – und damit auch der Person selbst – dauerhaft nützt. Nur wenn der Nutzen für den anderen auch für alle anderen Menschen einen Nutzen bedeutet oder zumindest niemandem schadet, ist der daraus abgeleitete Selbstwert stabil.

Zur Verdeutlichung ein einfaches Beispiel:

Würden wir bei einem Bankraub für den Bankräuber das Fluchtauto fahren – er wäre begeistert. Wir hätten einen großen Nutzen für den Bankräuber, aber wertvoll wäre unsere Tat trotzdem nicht. Den Selbstwert auf diese Tat zu stützen ist möglich, würden wir aber nicht empfehlen. Denn höchstwahrscheinlich wäre unser Selbstwert dann nicht von großer Dauer. Kaum eine andere Person würde unseren Wert durch diese Tat bestätigt sehen und uns dafür wertschätzen.

Wir möchten eine Handlungsorientierung für unseren Selbstwert haben. Diese Orientierung ergibt sich, wenn die Person den Nutzen für andere als Selbstwertkriterium auf allgemeingültig nützliche Handlungsweisen für das Glück aller beschränkt. Ein Nutzen kann also nur dann zum hilfreichen Selbstwertkriterium werden, wenn er allen Menschen beim Glücklicherwerden helfen würde.

Nehmen wir den Nutzen einer Handlung für die Kooperation der Menschen im Allgemeinen – z. B. fair sein – als Selbstwertkriterium, dann braucht unser Handeln nicht einmal einen konkreten, augenblicklichen Nutzen für eine bestimmte andere Person zu haben. Verwenden wir einen universellen zwischenmenschlichen Wert als nützliche Handlung für andere, können wir unseren Selbstwert erhalten und beurteilen, ohne eine konkrete Person benennen zu müssen, für die wir nützlich sind. Verhalten wir uns nach Werten, die Kooperation fördern, hat unsere Handlung einen Nutzen im Allgemeinen und über längere Zeit.

Wir sind in unserem Überleben als soziale Wesen auf Dauer von anderen abhängig. Deshalb ist es hilfreich, kooperativ miteinander umzugehen. Zeigen wir Verhalten, das diese Kooperation für alle erleichtert, ist dieses Verhalten deswegen für alle nützlich und damit auch im Allgemeinen wertvoll. Wir brauchen keinen anderen mehr, um beurteilen zu können, ob unsere Handlung wertvoll ist. Daraus ergibt sich ein stabiler, weil selbstständig zu beurteilender Selbstwert.

Wird der Selbstwert nur vom Nützlichsein für andere abhängig gemacht, besteht die Gefahr, eigene andere Grundbedürfnisse zu vernachlässigen. Glücklich wird eine Person nur, wenn alle Grundbedürfnisse befriedigt sind – und nicht nur der Selbstwert. Es bedarf also einer ausgewogenen Mischung zwischen dem Nutzen einer Handlung für sich selbst und dem für andere. Oder, wie wir oben bereits diskutiert haben, einer guten Lösung des Konflikts zwischen kurzfristigem und langfristigem Nutzen für alle und damit auch für die Person selbst.

Nehmen wir das »Nützlichsein für andere« als Selbstwertkriterium, haben wir darüber hinaus noch nicht festgelegt, wie viel Nutzen wir dem anderen erbringen sollen, um uns wertvoll fühlen zu dürfen. Auch dafür benötigen wir einen Maßstab. Wie wir im Kapitel »Sich auf eine Bemühung beschränken« darstellen (▶ Kap. 1.6.8), kann es bei der Nützlichkeit nur um eine Bemühung gehen.

Zu guter Letzt brauchen wir neben dem Nützlichsein für andere auch noch ein Selbstwertkriterium, mit dem wir den Wert eines Menschen beurteilen können, der für andere keinen oder keinen Nutzen mehr erbringen kann.

Bei der Beurteilung von Selbstwertkriterien im Hinblick auf ihr Potenzial ist es aus den genannten Gründen hilfreich, zu prüfen, ob sich in dem jeweiligen Kriterium ein Nutzwert für andere Menschen verbirgt. Wenn dies der Fall ist, gilt es, zusammenfassend folgende Punkte zu reflektieren:

1) Handelt es sich bei dem verwendeten Selbstwertmaßstab um einen allgemeingültigen Nutzen für alle Menschen, einschließlich der eigenen Person, sowie um die Förderung von freiwilliger Kooperation?
2) Wird es zusätzlich als nützlich angesehen, zunächst auch für die eigene Bedürfnisbefriedigung zu sorgen?
3) Ist mit dem Nutzwert eine Balance in der Befriedigung aller Grundbedürfnisse möglich?

4) Werden neben dem Nutzwert auch noch davon unabhängige Selbstwertkriterien verwendet, die den Wert der Person auch dann bestätigen, wenn die Möglichkeit, für eine andere Person nützlich zu sein, verloren geht oder nicht vorhanden ist?

Fähigkeiten und Leistung als Selbstwertkriterium

Ähnlich kritisch wie die Selbstwertkriterien, die einen Nutzwert für andere beinhalten, sind alle Maßstäbe zu betrachten, in denen sich eine Fähigkeit oder Leistung als Kriterium verbirgt. Fähigkeiten und Leistung als Grundlage des Selbstwerts beinhalten – ähnlich wie der Nutzwert für andere – zwei grundsätzliche Probleme: Zum einen ist nicht jede Leistung per se wertvoll (denken wir an unser einfaches Bankraub-Beispiel beim Nutzwert), und zum anderen kann eine Leistungsfähigkeit unverschuldet nicht gegeben sein oder jederzeit im Leben verloren gehen. Damit wäre nicht nur die Leistungsfähigkeit verloren – ein an sich schon sehr schmerzlicher Zustand –, sondern auch der Selbstwert.

Leistungsergebnisse hängen immer von den Möglichkeiten ab, diese Leistung überhaupt zeigen zu können. Und diese Möglichkeiten können von Person zu Person sehr unterschiedlich ausfallen. Auf viele davon hat die Person gar keinen Einfluss und kann sie kaum verändern. Nehmen wir als Beispiel unsere Talente: Die Natur verteilt sie völlig willkürlich. Ist eine Person handwerklich sehr unbegabt, wird sie ihren Freunden beim Hausbau wenig helfen können. Ist sie sehr unmusikalisch, wird sie nie große Leistungen als Musikerin erbringen. Wenige Menschen verfügen über besondere Talente. Wie viel und welche Leistung gilt es dann zu erbringen, um als wertvoll zu gelten?

Wenn allen Menschen die Möglichkeit gegeben sein soll, sich wertvoll zu fühlen, kann die Höhe einer Leistung als Selbstwertkriterium wieder nur als Bemühung verstanden werden und nicht über das Resultat. Die Höhe einer Leistung muss als Selbstwertkriterium an den aktuellen und auch langfristigen Möglichkeiten der Person gemessen werden.

Außerdem stellt sich die Frage, nach welchen Kriterien wir den Inhalt einer Leistung bewerten. Wie bei der Nützlichkeit kann Leistung alleine damit kein ausreichendes Selbstwertkriterium sein. Wir benötigen zusätzlich Wertvorstellungen, anhand derer beurteilt werden kann, welche Leistung inhaltlich als wertvoll erachtet wird. Soll Leistung allen Menschen einen sicheren und positiven Selbstwert ermöglichen, führt uns die Frage nach dem Inhalt der Leistung wieder zu unseren zwischenmenschlichen Werten als letztendlichen Wertvorstellungen. Eine Leistung ist dann zielführend wertvoll, wenn sie inhaltlich zwischenmenschliche Werte verwirklicht oder zumindest nicht im Widerspruch zu ihnen steht.

Leistung ist für die Befriedigung all unserer Grundbedürfnisse eine Voraussetzung und damit enorm wichtig. Erfolge sind sehr befriedigend; sie stillen stets unser Bedürfnis nach Selbstbestimmung und Kontrolle. Fähigkeiten und Leistung sind für die Befriedigung aller Grundbedürfnisse von entscheidendem Wert – außer für den Selbstwert, um es etwas pointiert auszudrücken. Für den Selbstwert bedarf es einiger Bedingungen, die wir an Leistung als Selbstwertkriterium stellen müssen. Ansonsten tut uns Leistung als Kriterium dafür, ob wir uns dauerhaft wertvoll fühlen können, nicht gut.

Leistung und Fähigkeiten als Selbstwertkriterien brauchen damit – wie auch der Nutzwert – die drei folgenden Einschränkungen:

1) Als Selbstwertkriterien sind Fähigkeiten und Leistung nur allgemein und stabil hilfreich, wenn sie inhaltlich nicht den zwischenmenschlichen Werten widersprechen.
2) Auch bei der Leistung kann es nur um ein Bemühen entsprechend der kurz- und langfristigen Möglichkeiten der Person gehen.
3) Im Leben besteht immer die Gefahr, schlimmstenfalls gar keine Leistungsfähigkeit zu besitzen oder diese durch Krankheit, Unfälle, das Älterwerden oder andere Umstände zu verlieren. Deshalb braucht es für einen stabilen Selbstwert eine Möglichkeit, das Individuum auch in solch misslichen Situationen als wertvoll anerkennen zu können.

Die Bewertung durch andere als Selbstwertkriterium

Neben Nutzwert, Fähigkeiten und Leistung ist der Gedanke, dass die Bewertung durch andere über den Selbstwert der Person entscheidet, sicher die dritte am häufigsten vorkommende problematische Selbstwertkonstruktion.

Das individuelle und artspezifische Ziel dieser Selbstwertkonstruktion haben wir bereits dargestellt. Die Bewertung durch andere sehr wichtig zu nehmen, fördert Bindung, Integration und die Möglichkeiten zur Kooperation. Die Steigerung der Motivation zur Zusammenarbeit ist eines von mehreren Zielen, für das der Selbstwert erfunden wurde.

Trotzdem birgt diese Selbstwertkonstruktion einige Tücken. Wird sie überbetont, besteht die Gefahr, dass wiederum das übergeordnete Ziel, wofür die Kooperation erfunden wurde, aus den Augen verloren wird. Kooperation ist kein Grundbedürfnis, sondern eine Strategie. Sie soll dazu dienen, die Befriedigung aller Grundbedürfnisse abzusichern und zu verbessern. Wird der Selbstwert vollständig von der Bewertung durch andere abhängig gemacht, besteht die Gefahr, die Befriedigung der übrigen eigenen Grundbedürfnisse zu vernachlässigen. Um das zu verhindern, ist es nötig, auch die Menschen, von deren Beurteilung man den eigenen Selbstwert abhängig macht, wiederum selbst zu beurteilen: Wessen Einschätzung ist uns wichtig bzw. unterstützt unsere umfassende Grundbedürfnisbefriedigung, und von wessen Beurteilung grenzen wir uns ab?

Hilfreich für die Person ist es, ihren Wert nur von Menschen abhängig zu machen, die auch ihre eigene Grundbedürfnisbefriedigung als berechtigt und notwendig erachten. Es gilt also, Menschen für die Beurteilung des eigenen Selbstwertes auszuwählen, die auch den Wert der Gleichwertigkeit und damit eines fairen Umgangs miteinander vertreten. Damit werden jedoch Wertvorstellungen darüber, wie Menschen miteinander umgehen, über die Kategorie »Bewertung durch eine andere Person« gestellt. Nicht mehr die andere Person ist das wichtigste Kriterium, um den Selbstwert zu beurteilen, sondern deren zwischenmenschliche Wertvorstellungen und Verhaltensweisen. Beurteilt eine Person andere nach diesen zwischenmenschlichen Werten, stellt sich die Frage, warum sie diese Werte nicht gleich selbst als Kriterien für den eigenen Selbstwert verwendet.

Die Wahl der zwischenmenschlichen Werte – im Kern die Verwirklichung von Gleichwertigkeit – als Selbstwertkriterium führt im Gegensatz zur beliebigen Anerkennung durch andere zu einer großen Unabhängigkeit im Selbstwert. Damit erreicht die Person einen stabilen Selbstwert. Darüber hinaus wird das Grundbedürfnis nach Selbstbestimmung befriedigt. Und schließlich können die beiden neben dem Erwerb von Fähigkeiten wichtigsten Überlebensstrategien – »Kooperieren« und »Sich-Durchsetzen« – ausgewogen und situativ optimiert eingesetzt werden.

Um erfolgreich glücklich zu werden, benötigt die Person eine eigene Meinung darüber, wann sie einen Menschen und dessen Verhalten als wertvoll ansieht. Warum sollten andere das besser wissen als sie selbst?

Marktwert versus Selbstwert

Eine etwas zugespitzte, aber für Patientinnen sehr gut erinnerbare und damit sehr wirkungsvolle Möglichkeit, den Selbstwert zu stabilisieren, ist die Unterscheidung in den »Marktwert« und in den Selbstwert der Person.

Im gesellschaftlichen »Marktwert« können die problematischen Aspekte der drei Selbstwertkriterien Nutzwert, Leistung/Fähigkeiten sowie die Bewertung durch andere verständlich zusammengefasst und dadurch einfach von einem stabilen Selbstwert unterschieden werden.

Natürlich haben Menschen einen gesellschaftlichen »Marktwert« – vor allem im Beruf, auf dem Beziehungs- oder Heiratsmarktmarkt, im sexuellen Kontakt oder auch im sozialen Miteinander. Eine Chefin stellt niemanden alleine wegen seiner zwischenmenschlichen Werte ein. Die erste Anziehung bei Beziehungen läuft meist über das Aussehen – und ebenso die Auswahl. Und soziale Kontakte sind sehr von der Zugehörigkeit zu einer gesellschaftlichen Gruppe und vom Nutzen für andere bestimmt.

Für ein glückliches Leben gilt es, sich diesem Kampf um das Sich-Behaupten im Marktwert zu stellen. Die Patientin wird dabei kontinuierlich und nachdrücklich ermutigt, möglichst viele Fähigkeiten aus ihren Talenten zu entwickeln – und so viel zu leisten, wie es ihre Kräfte zulassen. Ressourcenaktivierung ist ein wichtiger Wirkfaktor in jeder Psychotherapie (Grawe, 2004). Man sollte mit der Patientin alles betrauern, was sie aufgrund der ihr von Natur aus mitgegebenen oder zugefallenen Umstände auf dem »gesellschaftlichen Markt« nicht erreichen kann.

Nur den Selbstwert vom Marktwert abhängig zu machen – dass das weder geschickt noch notwendig ist, davon gilt es, die Patientin mit den aufgeführten Argumenten in einem sokratischen Dialog, unterstützt durch Psychoedukation, begründet zu überzeugen.

Neben den genannten wichtigen drei Dimensionen von Selbstwertkriterien und ihren dysfunktionalen Aspekten möchten wir anschließend beispielhaft noch einige konkrete mögliche dysfunktionale Selbstwertkriterien reflektieren. Wir wollen damit veranschaulichen, wie die Dysfunktionalität dieser Selbstwertkriterien auf sokratische Weise aufgedeckt werden kann. Wir gliedern diese Beispiele zunächst anhand der Dimensionen von Schütz (2003) und fügen noch die Identifizierung als besondere Form von dysfunktionaler Selbstwertkonstruktion an.

7.2.3 Zugehörigkeit und Anerkennung – sokratisch in Frage gestellt

Von anderen gemocht, geliebt und wertgeschätzt werden

Diese Selbstwertkriterien finden sich in den folgenden beispielhaften Überzeugungen von Patientinnen wieder:

»Wenn die anderen mich wertvoll finden, mich mögen, mich wertschätzen, mich lieben, ist bewiesen, dass ich wertvoll bin.
Wenn ich gemocht und geliebt werde, bin ich wertvoll, denn andere Menschen mögen und lieben nur wertvolle Menschen.
Wenn mich meine Eltern wertschätzend behandeln, ist das ein Beweis dafür, dass ich wertvoll bin, denn Erwachsene wissen ja auch sonst alles besser«.

Mit solch einer Selbstwertkonstruktion geht die Person davon aus, dass nur die anderen wissen – oder zumindest besser wissen –, ob eine Person wertvoll ist. Damit können nur die anderen über den Wert der Person entscheiden und nicht sie selbst. Das ist neben beruflicher Karriere, materiellem Wohlstand und Anzahl und Erfolg der Kinder eines der am häufigsten verwendeten, wenig hilfreichen Selbstwertkonzepte.

Psychoedukation: »Wenn wir uns vergegenwärtigen, wie das erste Selbstwertkonzept entsteht, wird die prominente Stellung dieses Selbstwertmaßstabes verständlich. Unser erstes Selbstwertkonzept steht in fundamentalem Zusammenhang mit der Qualität unserer primären Beziehungen. Die Abhängigkeit eines Kindes von den ersten Bindungspersonen ist existenziell. Wird ein Kind von den primären Bezugspersonen wenig wertschätzend behandelt, zweifelt es mit großer Wahrscheinlichkeit seinen Selbstwert an und versucht ein Leben lang, von anderen Menschen doch noch die Bestätigung seines Wertes zu bekommen. Bindung, Bestätigung durch andere und der Selbstwert werden wenig hilfreich miteinander verknüpft.«

Patientenbeispiel aus der psychotherapeutischen Praxis

Ein Patient überträgt die erlebte Unsicherheit, als Kind von seinen Eltern geliebt zu werden, als Erwachsener auf die sexuelle Treue seiner Partnerin und darauf, von ihr nicht verlassen zu werden. Er denkt: »Wenn meine Partnerin mir sexuell treu ist, dann verlässt sie mich nicht, und dann ist bewiesen, dass ich etwas wert bin«.

Da er jedoch nicht darüber bestimmen kann, wie seine Partnerin handelt, steht sein Selbstwert ständig in Frage. Er liefert seinen Selbstwert der Willkür der Partnerin aus. Diese Unsicherheit im Selbstwertgefühl nährt wiederum seinen Zweifel, ob er wertvoll genug ist, von seiner Partnerin nicht verlassen zu werden: ein Teufelskreis mit dem Resultat, in ständiger Angst und Eifersucht zu leben.

Patient:	»… ja, aber von anderen Menschen gemocht und geliebt zu werden, ist doch ein Zeichen dafür, dass man liebenswert ist. Und wenn die anderen einen wertvoll finden, dann ist das doch eine zuverlässige Bestätigung dafür, wertvoll zu sein.«
Therapeutin:	»Ich finde auch, dass ›liebenswert sein‹ ein hilfreiches Kriterium für den Selbstwert ist. Es stellen sich für mich bei Ihrer Formulierung nur zwei Fragen: Wann ist ein Mensch denn liebenswert? Welche Menschen wählen Sie denn aus, von deren Wertschätzung, Gemochtwerden oder Geliebtwerden Sie Ihren Selbstwert abhängig machen?«
Patient:	»Ich wähle Menschen aus, die ich wertvoll finde.«
Therapeutin:	»Und wer beurteilt das, ob Sie diese Menschen wertvoll finden?«
Patient:	»Hmm, das entscheide ich selbst.«
Therapeutin:	»Nach welchen Kriterien beurteilen Sie denn diese Menschen?«
Patient:	(lacht) »Nach meinen (zwischenmenschlichen) Werten.«
Therapeutin:	»Dann haben Sie ja eine eigene Meinung, nach welchen Maßstäben Sie den Wert eines Menschen beurteilen. Wieso wenden Sie diese Maßstäbe denn nicht gleich selbstständig auf sich an? Dann könnten Sie Ihren Selbstwert ganz eigenständig beurteilen und wären nicht so abhängig von anderen Menschen.«
Therapeutin:	(Weitere sokratische Fragen könnten sein:) »Warum wissen eigentlich alle anderen erwachsenen Menschen besser als Sie, wann ein Mensch wertvoll ist? – Sie sind doch genauso erwachsen. Keiner kennt Sie so gut wie Sie sich selbst. Deshalb können doch Sie am besten beurteilen, ob und welche Selbstwertkriterien Sie erfüllen, um ein wertvoller Mensch zu sein! Sie machen sich mit dem genannten Ansatz völlig abhängig von der Willkür anderer Menschen – möchten Sie das?

> Wie können Sie die Qualitäten des Beurteilers einschätzen, wenn Sie keine eigenen Kriterien für den Wert eines Menschen haben?
> Haben Sie keine eigenen Kriterien, welches Handeln Sie wertvoll finden, kann das Gegenüber ja von Ihnen verlangen, was es möchte! Auch wenn das Ihren Wertvorstellungen widerspricht.
> Wenn Sie doch eigene Wertvorstellungen von gutem Handeln haben, mit welchem Argument begründen Sie, dass Sie diese nicht selbst auf Ihren Selbstwert anwenden?
> Wieso bewerten Sie andere Menschen anders als sich selbst?«

Die Antworten auf diese Fragen verdeutlichen, dass die Idee, dass andere den Wert des Patienten besser beurteilen können als er selbst, nur in Zusammenhang mit der unglücklichen Biografie des Patienten steht. Mit Argumenten lässt sich das Konzept, dass andere es besser wissen als die Person selbst, ob sie wertvoll ist, kaum begründen.

Bewunderung durch andere

> Patientin: »Wenn ich bewundert werde, ist das ein Beweis dafür, dass die anderen mich wertschätzen.
> Wenn ich bewundert werde, muss ich ja etwas an mir haben, was wertvoll ist.«

Hier wäre die Selbstwertstrategie »Wenn die anderen mich wertvoll finden, ist bewiesen, dass ich wertvoll bin« noch etwas auf die Spitze getrieben. Die Person sucht noch mehr Sicherheit, auch wirklich wertvoll zu sein, indem sie nicht nur die Bestätigung ihres Wertes durch Anerkennung erhofft, sondern den deutlichen Ausdruck davon in Form von Bewunderung. Zugespitzt ergibt sich aus dem Anliegen, bewundert zu werden, wie beim überkompensierenden Modus dargestellt, das Verhalten des »Angebens«. Dass das in bestimmten Momenten bis zu einem gewissen Maße auch klappt, stellen Uhl und Voland (2002) in ihrem Buch »Angeber haben mehr vom Leben« anschaulich dar. Bei Young fließt diese Grundeinstellung in das Schema »Streben nach Zustimmung und Anerkennung« ein.
Trotzdem hat diese Strategie erhebliche Nachteile.
Da es sich um eine Steigerung der zuvor genannten Selbstwertstrategie handelt, können alle Fragen an diese Idee erneut gestellt werden.

> (Die sokratischen Fragen, die in den Beispielen der nächsten Kapitel angeführt werden, sind als Anregung gedacht. Sie können alle kreativ und an die Sprachgewohnheit der Patientin angepasst formuliert werden. Auch wird bei jeder konkreten Patientin nur eine jeweilige kleine Auswahl davon verwendet.)

Therapeutin:	(*sokratisch*) »Möchten Sie sich der Meinung anderer ausliefern, ohne deren Gründe, Sie zu bewundern, zu prüfen? Finden Sie das überhaupt wertvoll, was diese Menschen bewundern? Mit welcher Absicht bewundern die anderen Menschen Sie? Sind Sie ihnen vielleicht nur nützlich? Wie lange werden Sie diese Bewunderung bekommen? Möchten oder können Sie das, wofür Sie bewundert werden, überhaupt auf Dauer leisten? Wie ist die Qualität der Beziehungen, die Sie sich dadurch erschaffen? Können Sie sich auf solche Beziehungen auch in schlechten Zeiten stützen? Ohne selbstständige Kriterien, wann Sie einen Menschen unabhängig von der Bewunderung als wertvoll empfinden: Ist das nicht doch ein recht unsicherer und ausgelieferter Zustand voller offener Fragen? Oder wie ist Ihr Gefühl jetzt?«

Das Selbstwertkriterium »Bewunderung« führt zu einer hohen Instabilität des Selbstwertes und gefährdet damit das Grundbedürfnis nach Sicherheit und Bindung. Die Funktionalisierung des Gegenübers zum Bewunderer führt ab einem gewissen Ausmaß zu dessen Rückzug. Die mit Angeberei erreichten Bindungen sind in »schlechten« Zeiten kaum tragfähig.

Viele Freunde haben

Patientin:	»Nur wenn ich viele Freunde habe, kann ich mir sicher sein, wertvoll zu sein.«

Die Anzahl der Freunde wird als Beweis genommen, wertvoll zu sein – auch das kein hilfreiches und tragfähiges Selbstwertkriterium. Es stellen sich folgende Fragen.

Therapeutin:	(*sokratisch*) »Wie viele Freunde muss ein Mensch haben, um wertvoll zu sein? Ist es egal, welche Freunde ein Mensch hat? Warum wissen die anderen besser als Sie, wann ein Mensch wertvoll ist? Woran machen andere Menschen Ihren Wert fest? Waren die Handlungsweisen wertvoll, mit denen Sie diese Freundschaften erworben haben? Usw.«

Alles ungeklärte Fragen und deshalb kein hilfreiches Selbstwertkriterium.

Die Strategie, viele Freunde zu haben, kann dazu dienen, die Angst vor dem Verlassenwerden zu kompensieren und das Bindungsbedürfnis und den Selbstwert abzusichern.

Cool sein

Hier mal beispielhaft ein Selbstwertkriterium, eher aus dem Bereich Jugend und junge Erwachsene.

»Ich muss cool sein, damit die anderen mich toll finden – dann bin ich wertvoll«.

Was sind die Schwierigkeiten bei diesem Selbstwertmaßstab?
Zum einen ist »cool sein« ein sehr unpräziser Begriff, zum anderen besteht erneut eine Abhängigkeit von der Bewertung durch andere.
»Cool sein« erklärt sehr wenig, weil wir dazu wissen müssten, was als cool gilt. Diese Definition nicht offen zu diskutieren, ist Bestandteil des Selbstwertkonzeptes. Nur wenn man ohne zu fragen weiß, was als cool gilt, ist man ein wirklich wertvolles Mitglied der Gruppe.
Damit beinhaltet »cool sein« auch das Selbstwertkriterium »Wenn ich zur Gruppe gehöre, bin ich wertvoll«. Außer Acht bleibt dabei die Beurteilung, ob die Gruppe mit ihren Handlungsweisen es überhaupt wert ist, ihr anzugehören.
»Cool sein« würde eventuell auch bedeuten, Gefühle nicht nach außen zu zeigen. Dies ist ebenso wenig zielführend. Die Person unterdrückt damit die Wahrnehmung ihrer Bedürfnisse. Sie erhält von anderen Menschen keine Empathie, weil sie ihr emotionales Erleben nicht mitteilt und eine tragfähige Nähe zu anderen Personen so nicht entstehen kann. In der Schematherapie wird diese emotionale Hemmung, die im »Coolsein« proklamiert wird, dem distanzierten Beschützermodus zugeordnet.

7.2.4 Konkurrenz und Durchsetzung – sokratisch in Frage gestellt

Im Vergleich mit anderen mindestens genauso gut oder besser sein

Sehr verbreitet ist die Selbstwertstrategie, zu versuchen, im Vergleich mit anderen in irgendetwas mindestens genauso gut oder besser zu sein. Das wird dann als Beweis für den eigenen Wert erachtet.
Dieses Selbstwertkriterium lässt mehrere Fragen unbeantwortet.

Therapeutin: (*sokratisch*) »Ist es egal, worin Sie genauso gut oder besser sein müssen als andere, damit Ihr Wert bewiesen ist?
Wenn wir etwas besser können als andere, ist noch nicht beantwortet, ob das, was wir können oder getan haben, an sich wertvoll ist. Wie sollen wir diese Frage lösen?

> Mit Hilfe welcher Kriterien bewerten Sie denn die Handlung an sich?
> Wer entscheidet über den Wert der Handlung an sich?
> Wieso nehmen Sie dann nicht gleich diese Kriterien für Ihren Selbstwert, da haben Sie doch eine eigene Meinung und wären selbstständiger?
> Etwas gut zu können, hängt doch sehr von den Talenten ab. Wie viel Einfluss hat ein Mensch darauf, welche und wie viele Talente er von der Natur zugeteilt bekommen hat?
> Wie viel Einfluss hat eine Person darauf, in einem Land geboren zu sein, in dem man eine gute Ausbildung bekommt und man das ganze Wissen der Menschheit erlernen kann?
> Finden Sie es fair, Menschen als weniger wert zu betrachten, die weniger Glück hatten – bei den Talenten, die ihnen die Natur geschenkt hat, oder bei den Umständen, in die sie hineingeboren wurden, um überhaupt etwas lernen zu können, worin sie gut oder besser sind?
> Wenn sich nur die Besten wertvoll fühlen dürfen, fühlen sich dann nicht die meisten wertlos? Finden Sie, dass das ein hilfreiches Konzept ist?
> Wie wirkt sich das auf Ihre Beziehungen aus, wenn Sie ständig Vergleiche anstellen?
> Wie lange werden Sie die Beste sein, Ihr ganzes Leben lang? Es kommen doch immer junge Menschen nach, die manches dann glücklicherweise besser können, oder?
> Erreichen Sie mit diesem Ansatz einen stabilen Selbstwert?«

Mit diesen beispielhaften Fragen kann der Patientin die Unsicherheit dieses Selbstwertkriteriums vermittelt werden.

An dieser Stelle kann ihr auch die wichtige Unterscheidung zwischen Vergleichen und Bewerten vermittelt werden, um ihr nicht die wertvolle Orientierungsmöglichkeit des Vergleichens im Allgemeinen zu rauben.

Vergleichen, Beschreiben und Bewerten – Bedeutung für den Selbstwert

> Psychoedukation: »Vergleichen mit der Außenwelt und damit auch mit anderen Menschen ist eine fundamental wichtige Tätigkeit unserer Psyche. Wir nehmen uns nur als eigenständige Wesen war, indem wir uns mit unserer Außenwelt vergleichen. Erst durch das Vergleichen bekommen wir ein differenziertes Bild von uns selbst und von der Außenwelt. Der wichtigste Vergleich für die Entwicklung eines differenzierten Selbstbildes und Bewusstseins unserer selbst ist der Vergleich mit anderen Menschen (Mead nach Oerter & Montada, 1987).

Ganz auch im Sinne Einsteins »alles (gemeint ist jede Wahrnehmung) ist relativ« ist unser Selbstbild immer ein Bild der Relation zu unserer Umwelt, hauptsächlich zu anderen Menschen. Eine Beschreibung ohne einen Bezug, das heißt einen Vergleich mit Anderem – Personen oder Dingen –, herzustellen, ist für uns Menschen nicht möglich. Vergleichen ist also für das Verstehen aller Qualitäten eines Objektes fundamental und eine gesunde und wichtige Tätigkeit des Gehirns. Nicht das Vergleichen ist problematisch für den Selbstwert, sondern das Bewerten.

Wir können uns das Können eines Menschen gut vorstellen, wenn wir sagen, dass er etwas am besten kann. Das wäre ein Vergleich, der uns hilft, etwas zu verstehen. Aber ob wir sein Können als wertvoll bewerten, ist damit noch gar nicht gesagt. Das hängt ganz davon ab, nach welchen Bewertungsmaßstäben wir sein Können bewerten. Wir Menschen trennen oft nicht zwischen dem Beschreiben anhand eines Vergleichs und dem Bewerten anhand eines Bewertungsmaßstabes. Sie können ja mal darauf achten, wenn Sie eine Aussage machen, ob es sich um eine Beschreibung oder um eine Bewertung handelt. Wichtig ist das Bewerten einer Situation hinsichtlich dessen, ob es uns dabei hilft, Grundbedürfnisse zu befriedigen oder zu beschützen, oder ob es uns die Befriedigung der Grundbedürfnisse erschwert.

Weil das Grundbedürfnis nach Selbstwerterhöhung ein Bedürfnis nach Selbstbewertung ist, gilt es, den zugrunde liegenden Bewertungsmaßstäben oder Bewertungskriterien besondere Aufmerksamkeit zu schenken. Weil dieses Bedürfnis eine Selbstbewertung beinhaltet, ist es hier für einen stabilen, positiven Selbstwert am wichtigsten, sich zunächst die Bewertungsmaßstäbe bewusst zu machen, die wir für diese Selbstbewertung bisher verwenden und die wir in Zukunft verwenden möchten. Es ist nützlich, diese Maßstäbe in Relation zu unserem Ziel – z. B. Glücklichsein – zu setzen und zu prüfen, ob sie uns tatsächlich helfen, dieses Ziel zu erreichen. Ebenso sollten wir hinterfragen, ob die bisher verwendeten Maßstäbe die einzig möglichen sind und wie diese Kriterien bei uns entstanden sind.

Wir vergleichen nicht nur hinsichtlich der Qualität (Habe ich wertvoll gehandelt?), sondern auch der Quantität (Habe ich wertvoll genug gehandelt?).«

Therapeutin: (*sokratisch*) »Was können wir als hilfreichen Maßstab für die Quantität verwenden, mit der wir zwischenmenschliche Werte verwirklichen sollen, bis wir uns erlauben, uns wertvoll zu finden?
Ist es geschickt das höchste Maß, das je ein Mensch geleistet

hat, als Referenz für die Quantität zu nehmen?
Wer leistet mehr – ein Teilnehmer der Paralympics oder der Olympischen Spiele?«
Usw.

7.2.5 Fähigkeiten, Leistung und Erfolg – sokratisch in Frage gestellt

Erfolg und Karriere

Patientin: »Nur wenn du es schaffst, in deiner beruflichen Karriere mindestens so weit zu kommen wie die anderen oder – noch konkurrenzorientierter formuliert – weiter zu kommen als die meisten, bist du wertvoll.«

Die Therapeutin validiert und interveniert dann sokratisch.

Therapeutin: »Erfolg ist eine wunderbare Sache. Erfolg bedeutet die Befriedigung von Grundbedürfnissen. Freuen Sie sich, so oft und so viel es geht über Ihren beruflichen Erfolg. Das Selbstvertrauen, eine erfolgreiche Lebensbewältigung zu schaffen, wirkt emotional sehr wohltuend und stabilisierend. Nur für den Selbstwert, da ist die Verwendung von Erfolg als Kriterium nur bedingt geeignet.«

Jetzt werden die sokratischen Fragen aus den allgemeinen Kapiteln Leistung und Vergleichen angefügt.

Stark sein, nicht schwach sein, alles alleine schaffen müssen

Patientin: »Nur wenn ich stark bin, bin ich wertvoll.
Nur wenn ich es alleine schaffe, bin ich wertvoll.
Wenn ich es nicht alleine schaffe, bin ich schwach, und das heißt, ich bin dann nichts wert.
Wenn ich etwas nicht kann, nicht schaffe, mich nicht traue oder zu bequem bin, etwas zu tun usw., bin ich schwach.
Wenn ich Gefühle zeige oder über Gefühle rede, bin ich schwach.
Bedürfnisse zu haben ist schwach.
Wenn ich schwach bin, bin ich wertlos. Usw.«

Die Therapeutin validiert zunächst und interveniert dann sokratisch.

| Therapeutin: | »Ein erst mal knackig kurzer klarer Maßstab – denkt man. Aber wenn ich genauer darüber nachdenke, weiß ich gar nicht genau, was mit Starksein überhaupt gemeint ist. Starksein ist ja zunächst ein physikalischer Begriff. Die körperliche Stärke eines Menschen ist hauptsächlich von der Natur vorgegeben und damit schon mal keine individuelle Leistung, sondern ein Geschenk. Sagt ein Geschenk der Natur etwas über den Wert eines Menschen aus?
Was wir über das Physikalische hinaus mit Starksein sonst noch verbinden, wird zumindest mit diesem Wort sehr unklar kommuniziert. Nur weil jemand stark ist, heißt das noch lange nicht, dass die Person mit dieser Stärke irgendetwas Wertvolles erschafft.
Damit verliert sich die Bedeutung von Stärke völlig im Wert dessen, was damit geleistet wird. Wenn ich mir das so überlege, dann ist Stärke an sich gar kein fundiertes Selbstwertkriterium. Es braucht einen Bezug zu einem grundlegenderen Maßstab. Der Begriff Schwäche oder Stärke kommuniziert diesen Maßstab überhaupt nicht.
Welche Handlungen von Menschen finden Sie denn inhaltlich wertvoll – unabhängig davon, ob sie stark ausgeführt wurden oder nicht.« |
|---|---|

An den Beispielen wird deutlich, dass jede Verknüpfung mit stark oder schwach darauf geprüft werden kann, ob es sich um einen hilfreichen Selbstwertmaßstab handelt.

Dies erfolgt wieder mit den mittlerweile geläufigen sokratischen Fragen.

Aussehen/Schönheit

Fallbeispiel

Eine 24-jährige Patientin berichtet, dass sie sich kaum aus dem Haus traut, da sie so vielen anderen Frauen begegnet, die sie als schöner bewertet als sich selbst. Sie verbringt mehrere Stunden des Tages damit, sich herzurichten, zu schminken und zu kleiden. Sie grübelt den ganzen Tag über mögliche Schönheitsoperationen nach. Außerdem ist sie suchtartig in den sozialen Medien unterwegs und vergleicht und bewertet sich dort ständig im Hinblick auf ihr Aussehen.

Wie wir schon erwähnt haben, sind Strategien, die mehrere Bedürfnisse befriedigen, besonders beliebt. Das Aussehen eines Menschen diente evolutionsbiologisch vermutlich zunächst der Gewinnung eines Partners. Es erfüllte also das Grundbedürfnis nach Sexualität und – je nach Bindungsverhalten der jeweiligen Tierart – auch nach Geborgenheit sowie der Gründung einer Partnerschaft zur Lebensbewältigung und Fortpflanzung. Über diese zentrale Funktion der Befriedigung von

Sexualität, Bindung und Kinderwunsch haben sich das Aussehen und die Schönheit bei uns Menschen auch zu einer wichtigen Selbstwertstütze entwickelt. In Zeiten von privaten Fernsehsendern und des Internets hat sich das nochmal sehr zugespitzt. »Schönheits-OPs« boomen, Kleidung wird konsumiert wie nie zuvor. Sich ganz auf dieses eine Selbstwertkriterium – das Aussehen – zu stützen, ohne kaum einen sonstigen Lebensaspekt als Inhalt zu haben, wird weithin kultiviert. In einer Welt, in der Bilder wichtiger sind als Worte, verlagert sich der Fokus von Inhalten auf äußere Erscheinung.

Als Selbstwertkriterium ist das, wie gewohnt, nicht zu empfehlen. Unsere gängigen Gegenargumente gelten auch im Fall der Schönheit.

Patientin: »Wenn ich schön bin – schöner als die anderen, die Schönste –, ist bewiesen, dass ich wertvoll bin.«

Die Therapeutin validiert zunächst und interveniert dann sokratisch.

Therapeutin: »Ich hoffe, Sie erfreuen sich möglichst intensiv an Ihrer Schönheit. Die Schönheit einer Person ist ein genussvolles und hilfreiches Geschenk der Natur. Schönheit macht das Leben tatsächlich meist etwas leichter. Nur wenn Sie die Schönheit zur Grundlage für Ihren Selbstwert machen, da bekomme ich schon die Sorge, dass Ihnen das nicht wirklich guttut.
Schönheit ist ein genussvolles Geschenk der Natur und deshalb sehr vergänglich. Wenn Sie Ihren Selbstwert also an die Schönheit koppeln, ist auch der Selbstwert vergänglich. Nicht sehr beruhigend? Also ich – ich würde mich gerne grundsätzlich für immer wertvoll fühlen wollen. Was meinen Sie, welches Selbstwertkriterium wäre hilfreicher als die Schönheit?
Außerdem stelle ich mir die Frage, ob es nicht auch schöne Menschen gibt, die verwerfliche Handlungen begehen.
Sind diese Menschen dann, weil sie schön sind, trotzdem genauso wertvoll wie Menschen, die wertvoll handeln?«

Begabung und Talente

Patientin: »Ich bin wertvoll, weil ich handwerklich so geschickt bin, ... weil ich so unterhaltsam bin, ... weil ich so sportlich bin, ... weil ich so musikalisch bin, ... weil ich mathematisch so begabt bin, ... weil ich sprachlich so begabt bin usw.«

Die Therapeutin validiert zunächst und interveniert dann sokratisch.

Therapeutin:	»Es macht das Leben viel leichter und angenehmer, viele und/oder sehr ausgeprägte Begabungen und Talente zu haben. Es lässt sich damit viel leichter »sein Geld« verdienen. Zumindest, wenn es etwas ist, was andere Menschen für ihre Bedürfnisbefriedigung nutzen können. Man ist begehrt und bewundert. Man kann etwas, erreicht etwas, ohne sich übermäßig anstrengen zu müssen, oder man gehört zu den Besten, wenn man sich zusätzlich auch noch anstrengt. Traumhaft.
	Aber ist die Person damit mehr wert? Ist mit einer Begabung alleine schon irgendetwas Wertvolles gemacht? Sind Begabungen kein Geschenk der Natur, über das man sich sehr freuen kann, womit aber erst einmal noch nichts Wertvolles erschaffen ist? Hat die Person dafür etwas geleistet? Ist damit sichergestellt, dass sie ein wertvolles Ziel verwirklicht? Und wie stabil ist unser Selbstwert dadurch? Wir können im Leben jederzeit durch einen Schicksalsschlag unser Können, unsere Begabungen und unsere Talente verlieren. Knüpfen wir unseren Selbstwert nur daran, verlieren wir mit dem Schicksalsschlag nicht nur unser Können und unsere Begabungen, sondern auch unseren Selbstwert. Fühlt sich sehr instabil an, was meinen Sie?«

Intelligenz

Intelligenz möchten wir noch als einzelnes Beispiel für eine als Selbstwertkriterium verwendete Begabung kurz erwähnen, weil sie so häufig herangezogen wird. Vor allem das scheinbare Fehlen von Intelligenz wird häufig als Maß für die Minderwertigkeit einer Person genommen. Viele Menschen tragen aufgrund von erlebten Abwertungen im Rahmen ihrer Schullaufbahn eine Abwerterstimme in sich, die ihnen ihre Intelligenz abspricht und sie mit dem Wert ihrer Person verknüpft.

Die Abwerterstimme bewertet die Patientin z. B. wie folgt:

»Du bist eh dumm und unfähig und deshalb nichts wert.«

Patientinnenbeispiel

Eine Patientin berichtet, dass ihre Familie als Flüchtlinge nach Deutschland gekommen ist und sie in der Grundschule Probleme mit der neuen Sprache hatte. Sie ist deshalb von den Lehrerinnen oft abgewertet worden: »Du kannst das nicht und wirst es auch nie lernen«.

Aktuell beginnt sie mit einem neuen Job, hat Angst, zu versagen und wieder gekündigt zu werden. Die alte, abwertende und katastrophisierende Stimme sagt den ganzen Tag über, dass sie unfähig ist und bestimmt bald gekündigt wird. Diese Abwertung und Angstmacherei führt zu einer Daueranspannung und zu

Konzentrationsschwierigkeiten. Aus Fahrigkeit macht sie dann Fehler, und ein Teufelskreis der Angst entsteht.

Die Therapeutin validiert zunächst und interveniert dann sokratisch.

Therapeutin: »Intelligenz hat viele Vorzüge. Sie erleichtert die Bewältigung von allen Lebensanforderungen und Bedürfnissen. Mit Intelligenz lässt sich leichter und mehr Geld verdienen, man hat deutlich mehr Flexibilität bei der Wahl und Veränderung seiner Lebensgestaltung, und es fällt leichter, andere Menschen für sich zu gewinnen.
Und wenn man seine Selbstwertkriterien intelligent wählt, hilft Intelligenz sogar dabei, sich selbst als wertvoller zu empfinden. Aber Sie haben es schon bemerkt: Sie hilft einem bei der klugen Wahl eines Selbstwertkriteriums, sie ist selbst keines, das hilfreich wäre.
Wie alle Begabungen ist sie instabil und ungerecht verteilt. Spätestens bei einer dementiellen Erkrankung entschwindet sie. Wir haben nichts dafür geleistet, sondern sie geschenkt bekommen – usw.«

Wir können daran wieder alle sokratischen Fragen aus dem obigen Beispiel Begabung/Talente anfügen.

Können und Kompetenz

Patientin: »Ich bin wertvoll, weil ich kochen, putzen, schreinern, programmieren, Englisch sprechen usw. kann.«

Können und Kompetenz werden von uns Menschen ähnlich der Leistung ganz selbstverständlich (▶ Kap. 1.6.3) als Selbstwertkriterien verwendet. Können und Kompetenz unterscheiden sich jedoch in einem wichtigen Punkt von Begabungen und Talenten wie der Intelligenz: Sie beinhalten schon die Anstrengung als Leistung. Damit gilt es, diese Selbstwertkriterien für die kognitive Umstrukturierung zunächst in ihre beiden Bestandteile Talent und Fleiß zu zerlegen. Dann können diese gemäß der oben aufgeführten Vorgehensweise für Leistung und Talente einzeln als Selbstwertkriterien sokratisch in Frage gestellt werden.

Die Therapeutin validiert zunächst und interveniert dann sokratisch.

Therapeutin: »Etwas zu können ist eine wirklich wichtige und schöne Sache. Dadurch, dass wir etwas können, sind wir lebenstüchtig. Mit Können und Kompetenzen befriedigen wir alle unsere Grundbedürfnisse. Nur für den Selbstwert – da frage ich mich, ob eine Kompetenz als Selbstwertkriterium wirklich so vielversprechend ist. Nicht alles, was jemand kann, ist

	auch wertvoll. Und nichts, was man kann, ist auf Dauer sicher und stabil, auch nicht darin, es weiterhin zu können. Wir brauchen also Maßstäbe dafür, welches Können wir überhaupt als wertvoll erachten. Und was machen wir als ältere Menschen, wenn wir etwas, das wir einmal konnten, nicht mehr können? Sind wir dann nichts mehr wert? Damit scheint mir Kompetenz als eigener Selbstwertmaßstab nur unzureichend geeignet. Außerdem stellt sich noch die Frage: Ist das Können mein Verdienst oder wurde es mir durch mein angeborenes Talent geschenkt? Wie kommen wir denn dazu, etwas zu können?«
Patientin:	»Wir müssen fleißig etwas lernen und wir müssen die entsprechenden Begabungen haben.«

Jetzt können wieder alle in den Kapiteln Leistung und Begabung genannten Problematisierungen sokratisch angewendet werden.

Aus psychologischer Sicht ist es viel hilfreicher, Können als Quelle der Freude zu betrachten und nicht als Selbstwertkriterium. Freuen können Menschen sich über ihre Fähigkeiten, weil sie dadurch Kontrolle und viele Möglichkeiten erhalten, alle ihre Grundbedürfnisse zu befriedigen – geschickterweise nur nicht das Selbstwertbedürfnis.

Fast noch häufiger als das Können als Selbstwertkriterium wird das Nicht-Können als Beweis der eigenen Minderwertigkeit verwendet.

»Weil du etwas nicht kannst, bist du nichts wert«.

Mit dieser Logik waren schon viele Kinder konfrontiert. Und dieser Gedanke hat sich oft bis ins Erwachsenenleben festgesetzt. Doch auch diese Argumentation lässt sich – gleichermaßen wie das Können – in Frage stellen.

Bildung und Wissen

Patientin:	»Ich bin wertvoll, weil ich gebildet bin und etwas weiß.«

Die Therapeutin validiert und interveniert wie dargestellt sokratisch.

Bildung und Wissen sind nur eine spezielle Form von Fähigkeit und Begabung. Damit können auch diese Selbstwertkriterien mit denselben Fragen und Argumenten wie Leistung und Begabung sokratisch hinsichtlich ihrer Funktionalität in Frage gestellt werden.

Perfektionismus

Patientin:	»Nur wenn ich alles perfekt löse und keine Fehler mache, bin ich wertvoll.«

Die Therapeutin validiert wie gewohnt zunächst und interveniert dann sokratisch.

Therapeutin: »Wenn etwas sehr gut gelingt, ist das für alle beteiligten Menschen eine sehr erfolgreiche Sache. Da würde ich Ihnen recht geben. Trotzdem stellen sich mir doch einige Fragen.
Ist es für den Selbstwert wirklich egal, was die Person macht?
Zählt also nur, dass sie es perfekt macht (hier lässt sich das einfache Beispiel eines perfekten Bankraubs einfügen)?
Gibt es Menschen, die alles immer perfekt ausführen?
Was braucht ein Mensch denn, um etwas perfekt zu machen?
Liegt es immer in den Händen der Person, etwas perfekt auszuführen?
Kann von einem Schüler die gleiche Qualität wie vom Meister erwartet werden?
Kann von einem untalentierten Menschen das gleiche Resultat erwartet werden wie von einem talentierten?
Kann von einem Arzt im Feld die gleiche Leistung erwartet werden wie von einem Arzt im »Hightech«-Krankenhaus?
Usw.«

Auch hier kann zusätzlich wieder auf alle sokratischen Fragen aus dem Bereich Leistung und Fähigkeiten zurückgegriffen werden.

Keinen Fehler machen

Patientin: (*im Abwertermodus*) »Nur wenn du keinen Fehler machst, bist du wertvoll.«

Fallbeispiel

Eine Patientin berichtet, stundenlang zu brauchen, um einen kurzen Vortrag vorzubereiten, weil sie jedes Wort mehrmals überprüfen muss. Der innere Abwerter kommentiert die ganze Zeit: »Du machst eh alles falsch! Wenn sie (die Zuhörer) Fehler entdecken, wirst du von den Kolleginnen ausgegrenzt, abgewertet und gekündigt!« Die Patientin leidet unter massiver Anspannung und Angst bei Vorträgen, öffentlicher Aufmerksamkeit und in Prüfungssituationen.

Ein Blick auf den biografischen Hintergrund macht dies verständlich. Die Patientin erinnert sich an verschiedene Situationen in der Schule, in denen sie von einem Lehrer wegen Fehlern vor der Klasse bloßgestellt wurde. Die Mitschülerinnen lachten und hänselten sie danach. Die Mutter stimmte dem Lehrer zu und betonte, dass es extrem wichtig sei, alles fehlerfrei zu machen, um im Leben zurechtzukommen, von anderen geschätzt zu werden und um sich selbst als wertvoll empfinden zu können.

Die Therapeutin interveniert sokratisch.

Therapeutin: »Kennen Sie Menschen, die keine Fehler machen? Machen nicht alle Menschen Fehler?
Das heißt aber: Würden wir Fehlerfreiheit als Selbstwertkriterium wirklich verwenden, würde das bedeuten, dass kein Mensch wertvoll wäre. Fehlerfreiheit ist ein unerreichbares Ziel. Möchten Menschen einen unerreichbaren Selbstwert?
Außerdem ist mit der Fehlerfreiheit noch nichts über den Wert der fehlerfrei ausgeführten Handlung an sich ausgesagt. Auch bei Fehlerfreiheit brauchen wir noch grundlegendere Wertvorstellungen. Usw.«

Als hilfreiches Selbstwertkriterium ist Fehlerfreiheit deshalb ebenfalls durchgefallen.

7.2.6 Mischung aus gesellschaftlicher Anerkennung, Leistung, Erfolg und konkurrenzorientierter Durchsetzung – sokratisch in Frage gestellt

Es folgen nun einige Selbstwertkriterien, die alle aufgrund der gleichen Kritikpunkte als wenig hilfreich einzustufen sind. Um Wiederholungen zu vermeiden, stellen wir die Kritik am Ende der Liste gesammelt für alle im Folgenden genannten Selbstwertkriterien dar.

Menge und Art der materiellen Güter, die man erwirbt oder besitzt

Der Besitz von materiellen Gütern ist ein von Menschen sehr häufig verwendetes Kriterium, um den Selbstwert zu stützen. Weit verbreitet sind Gedanken wie:

»Wenn ich im Vergleich mit den anderen in meinem Leben mehr materielle Güter besitze oder erwerbe, ist mein Wert bewiesen«.

Statussymbol (Selbstwertsymbol)

Wie könnte eine von Statussymbolen geprägte Selbstwertkonstruktion aussehen? Sie wäre vielleicht in folgendem Gedanken verankert:

»Wenn ich im Vergleich mit der gesellschaftlichen Gruppe, der ich mich zuordne, die von dieser Gruppe als am wertvollsten angesehenen materiellen Güter besitze, bin ich wertvoll.«

Gesellschaftliche Position, Macht, Einfluss und Wichtigkeit

Patientin: »Je mehr Einfluss und Macht ein Mensch in der Gesellschaft hat, desto mehr ist er wert«.

Sokratisches Hinterfragen dieser gesamten Gruppe von Selbstwertkriterien

Allen in dieser Gruppe aufgeführten Selbstwertkriterien gemeinsam sind zwei schon bekannte problematische Aspekte: Bei den in dieser Gruppe genannten Selbstwertkriterien spielt die Leistung eine große Rolle sowie das Bessersein als die anderen. Damit sind alle bei leistungs- und konkurrenzorientierten Selbstwertkriterien bereits vorgebrachten sokratischen Interventionen auch auf diese Selbstwertkriterien anwendbar.

7.2.7 Identifizierungen als Selbstwertstrategie

Die Identifikation unterscheidet sich von den bisherigen Selbstwertkriterien. Sie ist kein eigener Maßstab, sondern eine wichtige seelische Strategie. Sie wird für verschiedene psychische Aufgaben verwendet, häufig aber auch zur Stabilisierung des Selbstwerts. Bei der Identifikation als Selbstwertstrategie erfüllt die Person nicht selbst direkt eines der bisher aufgeführten Selbstwertkriterien, sondern sie setzt sich mit etwas oder jemandem gleich, das bzw. der eines der genannten Selbstwertkriterien beinhaltet oder erfüllt. Eine in gewisser Weise recht geschickte, weil bequeme Art und Weise, den eigenen Selbstwert zu stabilisieren: Die Person muss selbst nichts tun und stabilisiert trotzdem ihren Selbstwert. Vielleicht ist das der Grund dafür, dass Menschen diese Strategie so gerne anwenden.

Was sind häufige Objekte, mit denen Menschen sich gleichsetzen, um ihren Selbstwert zu stabilisieren? Im Prinzip können sie das mit allem machen, was sie als wertvoll empfinden. Häufige Bereiche sind Personen, Gruppen, Orte und Kulturen.

Personenidentifikationen:
Am häufigsten ist sicher die Gleichsetzung mit den eigenen Kindern. Eltern sehen ihren Selbstwert als erhöht an, wenn ihre Kinder als wertvoll eingeschätzte Selbstwertkriterien erfüllen – vom frühen Laufen- oder Sprechenkönnen, möglichst noch vor allen anderen, über gute Schulnoten und musikalische Begabung bis hin zu sportlichem, beruflichem, gesellschaftlichem oder materiellem Erfolg, um nur einige Möglichkeiten zu nennen.

Identifikationen können auch in Bezug auf alle zwischenmenschlichen Handlungswerte erfolgen: »Ich bin wertvoll, weil ich ein Kind habe, das sehr hilfsbereit, respektvoll, einfühlsam usw. ist«.

Solche Identifikationen sind nicht nur mit den eigenen Kindern möglich, sondern mit allen Menschen, von deren Wert die Person überzeugt ist.

Als Jugendliche wählen wir zur Stützung unseres Selbstwertes Identifikationsobjekte wie Sport-, Musik- oder Filmstars oder heutzutage oft auch Menschen, die viele Klicks im Internet erhalten.

Als Erwachsene betonen Menschen häufig, welche wichtigen Personen – Bürgermeister, Professoren, Unternehmer, Schriftsteller, Politiker usw. – sie kennen oder mit denen sie schon zu tun hatten. Die Nähe der Beziehung zur betreffenden Person wird hervorgehoben, und man fühlt sich dadurch genauso wertvoll wie das Identifikationsobjekt.

Gruppenidentifikationen:
Menschen identifizieren sich nicht nur mit einzelnen Personen, sondern auch mit gesellschaftlichen Gruppen, deren Wert sie als gegeben ansehen. Schätzt sich eine Person als Bestandteil einer Gruppe ein, die sie als wertvoll empfindet, betrachtet sie auch ihren eigenen Wert als bewiesen. Identifikationen mit Gruppen als Selbstwertstrategie können von der Freiwilligen Feuerwehr über den Fußballverein oder sonstige Sportvereine bis hin zu gesellschaftlichen Gruppen wie Arbeitern, Facharbeitern, Handwerkern, Selbstständigen, Akademikern usw. reichen.

Geografische Identifikationen:
Dies ist eine häufig angewendete – und das friedliche Zusammenleben der Menschen oft erschwerende – Art der Identifikation zur Stabilisierung des Selbstwertes. Eine Person sieht ihren Wert als bestätigt an, weil sie in einer bestimmten Region lebt, die sie als wertvoller als andere Orte einstuft. Das reicht von Stadt vs. Land über Stadtviertel und Städte bis hin zu Regionen, Ländern und Kontinenten. Geografische Identifikationen als Selbstwertstrategie werden als Lokalpatriotismus oder Nationalismus bezeichnet.

Kulturidentifikationen:
Die Zugehörigkeit zu einer bestimmten Kultur, Sprache oder Religion wird als Beweis für den eigenen Selbstwert betrachtet. Sie geht oft mit einer geografischen Zuordnung einher, wird in Zeiten multikultureller Gesellschaften aber immer unabhängiger von dieser Zuordnung.

Was erachten wir als problematisch an der Identifikation als Selbstwertstrategie?
  Zunächst ist mit der Identifikation der Wert des Identifikationsobjektes noch in keiner Weise begründet. Es gilt, diese dem Identifikationsobjekt zugesprochenen Selbstwertkriterien genauso kritisch zu hinterfragen, wie wir das oben mit den konkreten Selbstwertkriterien gemacht haben.
  Zum anderen erscheint es unbegründet, warum eine Person als wertvoll gelten sollte, nur weil sie sich mit einer anderen Person identifiziert, die wertvoll gehandelt hat. Wenn wir eine Handlung als Selbstwertkriterium heranziehen, macht sich der Wert einer Person am eigenen Handeln fest und nicht am Handeln anderer. Diese Kritik ist zwar logisch, für die seelische Gesundheit jedoch wenig relevant. Wichtiger ist die Abhängigkeit, die sich durch diese Strategie ergibt. Die Person handelt nicht selbst, sondern identifiziert sich mit etwas, das sie nicht selbst

erschaffen hat. Damit hat sie keine Kontrolle über die Verwirklichung des Selbstwertkriteriums. Das widerspricht dem Bedürfnis nach einem sicheren Selbstwert.

Allerdings haben Identifikationen als Selbstwertstrategie durchaus eine verführerische Komponente. Sie sind sehr bequem, die Person muss sich nicht selbst anstrengen, sie benötigt kaum Fähigkeiten – außer reichlich Fantasie – und kann, wenn sie ein Identifikationsobjekt verliert, mit minimalem Aufwand zu einem anderen übergehen. Gerade im Sport lässt sich gut beobachten, wie schnell das Idol gewechselt wird, wenn es nicht mehr erfolgreich ist. Und ständig werden neue erfolgreiche Identifikationsobjekte »geboren« bzw. erschaffen, die unabhängig von der Vergänglichkeit der eigenen Leistungsfähigkeit sind.

7.3 Zwischenmenschliche Werte als hilfreiche Selbstwertkriterien erarbeiten

In den ersten beiden Interventionsschritten hat die Therapeutin der Patientin die bisher von ihr verwendeten dysfunktionalen Selbstwertkriterien bewusst gemacht und auf sokratische Weise erhebliche Zweifel an deren Funktionalität hervorgerufen. Diese durch den sokratischen Dialog ausgelöste kognitive Dissonanz regt die Patientin zur Suche nach besseren Selbstwertkriterien an.

Jetzt werden die funktionalen Selbstwertkriterien – sie entsprechen den zwischenmenschlichen Werten und sind fast allen Menschen klar – als hilfreichere und geschicktere Alternative ins Bewusstsein gebracht. Diese hilfreichen Selbstwertkriterien werden dem gesunden Erwachsenenmodus zugeordnet.

Es werden hauptsächlich zwei Methoden verwendet, um die zwischenmenschlichen Werte als funktionale Selbstwertkriterien herauszuarbeiten.

1. Zum einen wird ganz direkt nach den Vorstellungen der Patientin gefragt, wann sie einen Menschen im Allgemeinen als wertvoll empfindet. Viele Menschen verwenden zwischenmenschliche Werte als moralische Maßstäbe und als Bewertungskriterien für andere Personen. Deshalb beantworten sie diese Frage ganz unkompliziert mit genau diesen Werten.
Nennt die Patientin bei dieser Frage auch dysfunktionale Selbstwertkriterien, stellt die Therapeutin diese, wie oben beschrieben, erneut sokratisch in Frage.
2. Als zweite Möglichkeit, um die zwischenmenschlichen Werte als die hilfreichsten und wichtigsten Selbstwertkriterien herauszuarbeiten, verwenden wir die sogenannte »Gute-Freundinnen-Technik« (Kanfer, 2011). Wir differenzierten die Antworten dabei aber deutlich stärker nach den bereits diskutierten funktionalen Kriterien als Kanfer (2011) dies in seinem Buch »Selbstmanagementtherapie« tut.

7.3.1 Direkte Frage – Wann ist ein Mensch wertvoll?

Therapeutin: »Wenn ich mir Ihre Selbstbewertungen/Ihre Selbstwertkriterien so vor Augen führe/anhöre, kommt mir die Frage: Was ist denn eigentlich Ihre Meinung – wann ist ein Mensch grundsätzlich wertvoll? Was sind Ihre allgemeinen Kriterien dafür, wann ein Mensch, unabhängig von Ihnen selbst, wertvoll ist?«

Viele Menschen nennen auf diese Frage hin die abstrakte Überzeugung, die wir dem gesunden Erwachsenenmodus zuordnen und die wir oben bereits den zwischenmenschlichen Werten als hilfreiche Selbstwertkriterien zugeordnet haben.

Patientin: »Alle Menschen sind grundsätzlich wertvoll.«

Die Therapeutin validiert folgendermaßen.

Therapeutin: »Wow, das ist jetzt mal ein Statement. Das ist natürlich das psychologisch geschickteste Selbstwertkriterium, das die Menschheit bisher erfunden hat. Da haben Sie recht. Diese abstrakte Einschätzung, die aus unserem Grundbedürfnis nach Gleichwertigkeit folgt, ist die hilfreichste Überzeugung, die man für einen stabilen, positiven Selbstwert haben kann.«

Zwischenmenschliche Selbstwertkriterien auf der Handlungsebene

Für die Festigung der neuen Selbstwertkriterien ist es jedoch sehr hilfreich, auch Maßstäbe dafür zu haben, welches Verhalten bzw. welche Art zu handeln – vor dem Hintergrund der Zielsetzung, möglichst »glücklich zu sein« – geschickt ist und deshalb auch als wertvoll angesehen werden kann. Selbstwertkriterien auf der Handlungsebene geben Patientinnen Sicherheit in der Selbstbewertung. Sie bieten eine gute Orientierung für das Handeln in allen Lebenslagen. Handlungen, die eine freiwillige, gewaltfreie Kooperation fördern, sind – wie wir herausgearbeitet haben – diejenigen mit dem größten Potenzial, möglichst viele Menschen und damit auch sich selbst dauerhaft glücklich zu machen.

Beispiel für die sokratische Erarbeitung von Handlungswerten

Die Therapeutin validiert zunächst und interveniert dann sokratisch.

Therapeutin: »Sie haben jetzt den Wert der Menschen/der Lebewesen sehr grundsätzlich definiert. Das ist wirklich das wichtigste und das geschickteste Vorgehen, weil damit alle Menschen in jeder Verfassung und in jedem Lebensabschnitt wertvoll sein

| | können. Wenn Sie es schaffen, sich selbst in Ihrem Selbstwert nur daran zu orientieren, ist das deshalb das Beste. Oft ist es für uns Menschen im Alltag aber auch hilfreich, wenn wir beurteilen können, welches Verhalten wir im Umgang miteinander als wertvoll empfinden. Wenn Sie das für sich als hilfreich betrachten, können wir dazu noch ein paar Bewertungskriterien sammeln. Sie haben grundsätzlich recht: Am hilfreichsten ist es, wenn Sie sich selbst nur nach Ihrem allgemeinen Maßstab – »alle Menschen/alles Leben ist wertvoll« – bewerten. Wie Sie möchten. Verhaltenskriterien haben den Nachteil, dass das wieder an Leistungen erinnert und wir im Leben nicht immer in der Lage sind, Leistung zu erbringen. Dieses Wissen sollten wir unbedingt in Erinnerung behalten, wenn wir Verhaltenskriterien suchen.«|

Therapeutin: »Wenn wir uns neben der Annahme, dass alle Menschen/alle Lebewesen grundsätzlich wertvoll sind, noch überlegen, welche Handlungen von Menschen wir wertvoll finden: Welche Handlungsweisen würden Sie dann nennen?«

Typischerweise folgt nun eine Aufzählung von kooperativen Werten durch die Patientin. Diese ordnen wir dem gesunden Erwachsenenmodus zu.

Patientin: »Ich finde es wertvoll, wenn Menschen wertschätzend, verständnisvoll, hilfsbereit, einfühlsam, verlässlich, ehrlich, verantwortungsbereit usw. miteinander umgehen.«

Selbstwertkriterien in die vier Kategorien einordnen

Wurden die bisher verwendeten dysfunktionalen und die hilfreicheren zwischenmenschlichen Selbstwertkriterien von der Patientin herausgearbeitet, kann ihr an dieser Stelle das Wissen über die vier Kategorien von Selbstwertkriterien, die Menschen üblicherweise verwenden, vermittelt werden. Die Vermittlung dieses Wissens hat lernpsychologisch und lernphysiologisch mehrere Aufgaben, die wir in ▶ Kap. 4 ausführlich dargestellt haben.

Psychoedukation: »Toll, jetzt fällt mir auf: Sie haben mittlerweile (fast) alle von Menschen verwendeten hilfreichen und weniger hilfreichen Kategorien von Selbstwertkriterien genannt.
Die Selbstwertkriterien, die wir Menschen verwenden, sind nämlich gar nicht so zufällig. Menschen greifen normalerweise immer auf Selbstwertkriterien aus vier Kategorien zurück. Die erste Kategorie umfasst ›Fähigkeiten, Leistung, Erfolg‹, in der zweiten verwenden wir ›Durchsetzung, Konkurrenz, Kampf‹, dann ›soziale Anerkennung und Integration‹ und schließlich noch die Kriterien, die Sie zuletzt ge-

nannt haben, die ›grundsätzlichen oder zwischenmenschlichen Werte‹.«

Lerntheoretisch ist es sinnvoll, diese Kategorien auf ein Flipchart zu schreiben.

Therapeutin: »Können Sie die Kriterien, die Sie bisher genannt haben, diesen Kategorien zuordnen?
Toll, was Sie über das Funktionieren der Psyche des Menschen mittlerweile alles so erarbeitet haben. Die Natur verwendet diese vier Kategorien von Selbstwertkriterien natürlich nicht zufällig – sie haben einen Zweck. Wir haben ja gesagt: Grundbedürfnisse dienen dazu, uns zum Handeln zu motivieren. Was meinen Sie: Zu welchem Handeln motiviert es uns, wenn wir uns wertvoll fühlen, wenn wir Fähigkeiten haben und Erfolge erreichen? ...«

Es wird so viel Wissen aus den Kapiteln von Teil I »Grundlagenwissen als Basis der kognitiven Umstrukturierung und der emotionsfokussierten Interventionen« vermittelt, wie es der Aufnahmefähigkeit und der Neugier der Patientin entspricht. Auf jeden Fall wird dabei die Wahlmöglichkeit hervorgehoben, welche Kategorie von Selbstwertkriterien sie in Zukunft in den Vordergrund rücken möchte.

Therapeutin: »Wir haben als Menschen also vier Kategorien von Selbstwertkriterien zur Verfügung. Damit haben wir auch eine Wahlmöglichkeit. Sie können sich entscheiden, welche Selbstwertkriterien Sie in Zukunft hauptsächlich verwenden möchten. Welche finden Sie am hilfreichsten? ...«

Zuletzt wird auch schon der Bogen zur nächsten Interventionsebene gespannt.

Therapeutin: »Was meinen Sie, warum verwenden Sie für sich bisher eigentlich hauptsächlich die Selbstwertkriterien aus der Kategorie ...?«
Patientin: »Weil ich das so gelernt habe.«
Therapeutin: »Von wem/aufgrund welcher Lebensumstände haben Sie das denn so gelernt?«

Ausmaß der Erfüllung von Handlungswerten

Bei den zwischenmenschlichen Werten, die Handlungen beschreiben, ist es zusätzlich notwendig, ein Maß für die Quantität zu etablieren, mit der eine Person dieses Verhalten zeigen soll. Für die Beurteilung einer Handlung benötigt die Person nicht nur eine Beschreibung, »welche Handlung sie wertvoll findet«, sondern auch, unter welchen Umständen und in welchem Ausmaß sie dieses Verhalten für angemessen hält.

Die Therapeutin validiert zunächst und interveniert sokratisch.

Therapeutin: »Ich finde ihre Sammlung von Selbstwertkriterien sehr beeindruckend. Bei diesen Kriterien ist mir nur eine Ergänzung sehr wichtig: Sind wir Menschen nur wertvoll, wenn wir diese Kriterien immer und zu 100% erfüllen?«
Wäre es ein realistischer, liebevoller und wertschätzender Umgang mit einer Person, wenn wir sie nur wertvoll finden, wenn sie immer und zu 100% alle zwischenmenschlichen Werte erfüllt?
Was ist, wenn ein Mensch einen Fehler macht, ist er dann nichts mehr wert?
Die Person ist ja auch ein Mensch. Wenn sie gut für sich sorgt, dann sorgt sie also ebenfalls für einen Menschen. Soll sie jetzt für sich sorgen oder für die anderen?
Fänden Sie es gerecht, wenn sie immer nur für die anderen sorgen dürfte?
Ist ein Mensch nichts mehr wert, nur weil er nicht die Fähigkeit hat zu helfen?
Usw.«

Ziel dieser sokratischen Intervention ist es, zu einer Definition der Quantität zu gelangen, die der Kant'schen Bemühung entspricht. Bei der Verwirklichung von zwischenmenschlichen Werten als Selbstwertkriterium auf der Handlungsebene kann es immer nur um eine Bemühung gehen (▶ Kap. 1.6.8).

Erfragen der grundsätzlichen und abstrakten Vorstellung über den Wert eines Menschen

Wird bei der Frage nach dem grundsätzlichen Wert eines Menschen nicht als Erstes eine abstrakte allgemeine Werteformulierung genannt, sondern Selbstwertkriterien auf der Handlungsebene, kann deren Nachteil aufgezeigt werden. Daraus kann die Nützlichkeit der zusätzlichen Formulierung eines abstrakteren Wertekriteriums abgeleitet werden.

Die Therapeutin validiert und interveniert sokratisch.

Therapeutin: »Sie haben jetzt ganz wichtige zwischenmenschliche Werte als Selbstwertkriterien genannt. Diese sind wirklich sehr hilfreich. Aber auch die zwischenmenschlichen Handlungswerte haben einen kleinen Nachteil. Sie stellen in gewisser Weise wieder eine Leistung dar. Damit haben wir aber wieder das gleiche Problem, das wir schon bei der Leistung als dysfunktionales Selbstwertkriterium diskutiert haben. Wie können wir z.B. den Wert eines Menschen begründen, der im Koma liegt und nichts von diesen wertvollen Verhaltensweisen zeigen kann? Ist dieser Mensch auch noch wertvoll?«

Das legt die folgende Antwort der Patientin nahe.

Patientin: Alle Menschen sind wertvoll – durch ihre bloße Existenz, weil sie da sind, weil sie leben.«

7.3.2 Warum schätzen Sie Ihre beste Freundin

Die abstrakte Frage »Wann ist ein Mensch wertvoll?« stellt recht hohe Ansprüche an die Selbstreflexionsfähigkeit der Patientin.
Als Unterstützung für diesen Reflexionsprozess hat sich in der Psychotherapie eine konkrete Hilfsfrage etabliert. Diese wird auch als »Gute-Freundinnen-Frage« bezeichnet (Kanfer, 1991). Zur Erarbeitung hilfreicherer Selbstbewertungsmaßstäbe wird dabei wie folgt gefragt:

Therapeutin: »Warum finden Sie Ihre beste Freundin wertvoll? Was mögen Sie an ihr? Was ist Ihnen wichtig bei Ihrer besten Freundin? Aus welchen Gründen haben Sie sich diese Freundin ausgesucht? Usw.«

Der Vorteil dieser Fragen besteht darin, dass Patientinnen darauf zunächst aus einer Perspektive antworten, die unabhängiger von ihrer eigenen Person und Lebensgeschichte ist. Mit dieser Fragestellung können liebevolle Bewertungskriterien genannt werden, und es lässt sich zugleich möglicherweise auch die Unterschiedlichkeit der Bewertungsmaßstäbe herausarbeiten, die die Person auf sich selbst und andere anwendet.
So wird die Patientin in eine die eigene Person oder Handlung von außen betrachtende Beobachterperspektive gebracht. Das erleichtert es ihr, die von sich selbst unabhängigen Wertmaßstäbe als Grundlage zu nutzen, um im zweiten Schritt zu reflektieren, weswegen sie diese fürsorglichen Kriterien nicht auf sich selbst anwendet.
Die Annäherung an eine Verbesserung der Selbstwertkriterien durch die Frage, »warum die Patientin ihre beste Freundin wertschätzt oder was sie an ihr mag«, birgt jedoch auch gewisse Tücken. Diese möchten wir für die Entwicklung hilfreicher Selbstwertkriterien kurz aufzeigen.
Zunächst besteht das Problem, dass sich in den Antworten auf die »Beste-Freundinnen-Frage« oft verschiedene Wertekategorien vermischen. Meist wird Nützliches mit Angenehmem, Beneidenswertem und allgemein zwischenmenschlich Wertvollem vermischt. Zwar können zwischenmenschliche Werte angesprochen werden, es können aber genauso gesellschaftlich tradierte, dysfunktionale Wertekriterien genannt werden. Wir können als Antwort z. B. bekommen:

»Weil sie reich, intelligent, schön, witzig, erfolgreich usw. ist« – aber auch: »Weil sie mir zuhört, weil sie hilfsbereit ist und zuverlässig«.

Wenn wir uns die Unterschiede zwischen Angenehmem (also konkretem aktuellen Nutzwert für mich), tradierten, unreflektierten und von Machtverhältnissen mitgeprägten gesellschaftlichen Normen sowie allgemein hilfreichen zwischenmenschlichen Wertvorstellungen nicht bewusst machen, fehlt die Sicherheit, dass beim Wechsel in die Perspektive einer guten Freundin tatsächlich die hilfreicheren universellen zwischenmenschlichen Werte als Kriterien genannt werden.

Die Tragweite der Wertewahl über die eigene Person hinaus wird nicht thematisiert, und damit wird auch nicht der Wert der neuen Kriterien in seinem vollen, auch existenziellen Potenzial (Frankl, 1985) unterschieden. Ebenso bleibt die Freiheit der eigenen Wahlmöglichkeit der Werte unbegründet.

In der Therapie kann vor dem Hintergrund dieser Nachteile mit der Frage nach den Gründen für den Wert der besten Freundin begonnen werden. Die Antworten sollten aber mit dem bisher erarbeiteten Wissen sortiert und bewertet werden. Diese Unterscheidungen und Bewertungen werden analog der sokratischen Problematisierung der zuvor aufgeführten dysfunktionalen Selbstwertkriterien begründet. Hauptkriterium der Bewertungen ist dabei immer die Frage: Wie hilfreich ist das jeweilige Selbstwertkriterium für das Ziel, einen positiven und stabilen Selbstwert zu entwickeln.

Auch eine zweite wichtige Frage bleibt bei der »Beste-Freundinnen-Technik« unbeantwortet: Warum darf die Patientin die liebevollen Wertekriterien, die sie auf ihre beste Freundin anwendet, auch auf sich selbst übertragen? Diese Übertragung lässt sich nur aus dem Wert der Gleichwertigkeit aller Menschen ableiten – oder aus einer Vorstellung von Fairness und grundsätzlicher Wertschätzung aller Menschen. Hätte die Patientin diesen Wert nicht, würde ihr auch die Frage nach den Gründen für den Wert der besten Freundin nicht dabei helfen, ihre dysfunktionalen Selbstwertkriterien zu verändern. Es gäbe dann keine gute Begründung dafür, die auf die Freundin angewendeten Wertekriterien auch auf sich selbst zu übertragen. Damit sind Gleichwertigkeit, Fairness und Wertschätzung die eigentlich hilfreiche Grundlage für einen stabilen Selbstwert für alle Menschen. Gerade diese zentrale Wertvorstellung wird bei der »Beste-Freundinnen-Technik« jedoch kaum genannt. Es gilt daher, sie – wie oben beschrieben – auch in der Arbeit mit der »Beste-Freundinnen-Technik« zusätzlich sokratisch bewusst zu machen und durch die Vermittlung des aufgeführten Grundlagenwissens zu verankern.

Unterscheidung zwischen individuellem Nutzwert und universellem zwischenmenschlichem Nutzwert für die Kooperation

Für die Einordnung der Antworten auf die Frage, weshalb die Patientin ihre beste Freundin wertschätzt, als funktional oder dysfunktional ist die Trennung in »individuellen Nutzwert der Freundin für die Patientin« und »den Wert der Freundin als Mensch unabhängig von der Patientin« hilfreich.

Interessanterweise beantworten die meisten Menschen die Frage, was sie an ihrer Freundin schätzen, mit Hinweisen auf Handlungen, die für die zwischenmenschliche Kooperation im Allgemeinen nützlich sind. Hin und wieder mischt sich aber doch ein individuelles Interesse darunter. Dies gilt es aufzudecken, damit die Patientin sich nicht Verhaltensweisen auferlegt, die nur einem persönlichen Nutzen dienen. Solche individuellen Bedürfnisse darf man selbstverständlich haben. Unser Ziel ist aber, einen dauerhaft stabilen Selbstwert zu ermöglichen. Deshalb nehmen wir für den Selbstwert nur solche Handlungen als Kriterien, die jederzeit für alle Menschen von Nutzen sind. Denn nur kooperatives Verhalten stellt ein Handeln dar, das immer und für alle Menschen nützlich ist. Deshalb werden diese Kriterien herausgearbeitet.

Ein kleines plakatives Beispiel: Die Patientin erwähnt bei der Sammlung von Verhaltenswerten, die sie bei ihrer Freundin schätzt, Folgendes.

Patientin: »Meine Freundin schaut auch gerne Fußball. Das schätze ich an meiner Freundin.«

Um hier auf den Unterschied zwischen einem individuellen Nutzen und einer allgemeinen Förderung von Kooperation hinzuweisen, könnten verschiedene Fragen gestellt werden:

Therapeutin: »Ihnen macht es Freude, mit Ihrer Freundin Fußball zu schauen. Ist das für Sie angenehm, oder macht das ihre Freundin im Allgemeinen als Mensch wertvoller?
Macht das ihre Freundin für Sie wertvoller – oder insgesamt als Mensch?
Ist ein Mensch, der nicht gerne Fußball schaut, im Allgemeinen weniger wert als jemand, der sich für Fußball interessiert?
Würden Sie sagen, das ist ein Kriterium für den Wert ihrer Freundin als Mensch, oder befriedigt das eher Ihr Bedürfnis nach Gemeinsamkeit, Nähe oder Lustgewinn?
Wenn eher Letzteres zutrifft, können wir das als individuellen Nutzwert für Sie bezeichnen. Ein individueller Nutzwert ist natürlich auch etwas Wertvolles – mein Heizungsbauer kommt z. B. immer, wenn die Heizung kaputt ist. Dafür ist er mir sehr wertvoll – das wäre sein Nutzwert für mich. Aber er hat neben seinem Nutzwert für mich natürlich auch noch einen davon unabhängigen Wert als Mensch.«

Wir können bei diesen Beispielen auch noch weiter in die Unterschiede bei der Allgemeingültigkeit des jeweiligen Nutzwertes und damit der Wichtigkeit des Kriteriums differenzieren.

| Therapeutin: | »Geht Ihre Freundin mit Ihnen shoppen, um Sie zufriedenzustellen? Repariert Ihr Heizungsbauer Ihre Heizung, um Sie glücklich zu machen?« |
| Therapeutin: | »Welche Motivation davon finden Sie wertvoller, und warum?« |

Verhalten, das allgemein die Kooperation fördert, ist für Menschen – da dauerhaft nützlich – am wertvollsten.

Die Frage nach der Bewertung durch eine wohlwollende Freundin hat den Vorteil, dass sie sehr konkret ist und manchen Menschen dadurch den Zugang zu allgemeinen Wertvorstellungen erleichtert. Sie hat aber auch die genannten Nachteile und bedarf daher noch der oben beschriebenen sokratischen Reflexion, Unterscheidung und Ergänzung.

Weitere Hilfestellungen zur Formulierung von Handlungswerten

Es folgen weitere sokratische Fragen, mit deren Hilfe die Therapeutin Patientinnen unterstützen kann, denen es schwerfällt, zwischenmenschliche Werte als Selbstwertkriterien zu benennen. Die Therapeutin kann kleine Beispielsituationen einbringen, in denen sich Bewertungskriterien widerspiegeln, oder gezielt nach Lösungen für Werteprobleme fragen. Das setzt natürlich voraus, dass die Therapeutin hilfreiche Wertekriterien kennt und auswählt.

Ein Beispiel für eine mögliche Unterstützung beim Erarbeiten einer abstrakten Werteformulierung wurde oben schon genannt:

| Therapeutin: | »Ein Mensch, der im Koma liegt – ist dieser Mensch noch wertvoll? Wie begründen Sie das?« |
| | *Abstraktes Selbstwertkriterium: Alle Menschen/Lebewesen sind durch ihre Existenz wertvoll.* |

Die Unterstützung bei der Erarbeitung der Werte auf der Handlungsebene kann durch kleine einfache Beispielsituationen erfolgen:

Therapeutin:	»Hat Ihnen Ihre Freundin schon mal bei einem Umzug/bei der Hausarbeit/bei Krankheit geholfen?« »Welches Wertekriterium sehen Sie in diesem Verhalten?«
	Selbstwertkriterium: hilfsbereit.
	»Konnten Sie sich darauf verlassen, dass sie Ihnen hilft, nachdem sie es zugesagt hat?«
	Selbstwertkriterium: zuverlässig.
	»Hört Ihre Freundin Ihnen zu, wenn Sie ihr von Ihrem Liebeskummer erzählen?«
	Selbstwertkriterium: einfühlsam, wertschätzend.
	»Wenn Ihre Freundin Ihnen gesteht, dass sie den Geburtstag

7 Kognitive Umstrukturierung – Analyse, Reflexion und Entscheidung

einer gemeinsamen Freundin vergessen hat, welche Gefühle entstehen dann bei Ihnen?« »Warum bekommen Sie diese Gefühle?«
Selbstwertkriterium: Ehrlichkeit, Vertrauen.
»Finden Sie, die gemeinsame Freundin sollte ihr das Vergessen des Geburtstages verzeihen, wenn sie sich entschuldigt, ein Wiedergutmachungsgeschenk übergibt und verspricht, dass das nicht wieder vorkommt?«
Selbstwertkriterium: fehlerverzeihend unter bestimmten Bedingungen wie aktiver Reue (Frankl, 2021).
»Jemand lässt sich seinen Rasen im Garten von einem geflüchteten Menschen ohne Arbeitserlaubnis mähen und zahlt ihm 3 Euro die Stunde – wie finden Sie das?«
Wertekriterien: Fairness, Gerechtigkeit, Gleichwertigkeit, Ehrlichkeit.

Solche Hilfestellungen haben natürlich einen suggestiven Aspekt. Diesen können wir abschwächen, indem wir nach jeder Nennung nachfragen:

Therapeutin: »Lassen Sie diesen Wert auf sich wirken ... Finden Sie diesen Aspekt persönlich wirklich wertvoll?«

Oder die Therapeutin wechselt ab und provoziert auch Widerspruch, indem sie Beispiele für Selbstwertkriterien nennt, denen sich die Patientin nicht anschließen möchte. Stimmt die Patientin trotzdem zu, kann die Therapeutin den dysfunktionalen Bewältigungsstil aus der Schematherapie von Unterordnung und Anpassung problematisieren.

Hat die Therapeutin die universellen, zwischenmenschlichen, Kooperation fördernden Selbstwertkriterien entweder mit direktem Erfragen oder mit Hilfe der »Beste-Freundinnen-Technik« herausgearbeitet und die fragliche Nützlichkeit und Begründung der bisherigen dysfunktionalen Selbstwertkriterien aufgedeckt, können wir die zentrale Frage stellen.

Therapeutin: »Wieso beurteilen Sie sich selbst eigentlich nicht nach diesen Kriterien?«

7.3.3 Unterschiedliche Selbstwertkriterien bei sich und den anderen

Patient: »Dann habe ich wohl zwei Bewertungssysteme: eines, das ich auf mich anwende, und eines, das ich auf die anderen anwende.« – *lacht* – »Das ist doch unfair.«

Dies ist die Aussage eines Patienten, der langsam den Mut findet, seine zwischenmenschlichen Wertvorstellungen auch als Grundlage für die Selbstbewertung zu nehmen, und beginnt, diese auf sich selbst anzuwenden.

Es ist tatsächlich interessant zu beobachten, wie stark getrennt und unterschiedlich bei vielen Menschen mit Selbstwertproblemen die allgemeinen Vorstellungen von einem wertvollen Handeln und die Beurteilungskriterien für den eigenen Selbstwert sind.

> »Man kann sich des Eindrucks nicht erwehren, dass die Menschen gemeinhin mit falschen Maßstäben messen, Macht, Erfolg und Reichtum für sich anstreben und bei anderen bewundern, die wahren Werte des Lebens aber unterschätzen« (Freud, 2021, S. 31).

Psychologisch würden wir heute nicht von »falsch« und »wahr« sprechen, sondern von »hilfreich« und »ungeschickt« im Hinblick auf das Ziel, glücklich zu werden – oder von »abhängig von der Bewertung durch andere« vs. »selbstständig«. Das Vorhandensein zweier unterschiedlicher Bewertungskategorien bei vielen Menschen hat aber schon Freud verwundert.

Bedenkt der Patient seinen zentralen Grundwert der Gleichwertigkeit, kann er diese Unterschiedlichkeit in der Bewertung von sich und anderen nicht weiter rechtfertigen.

Worin liegt dann die Ursache für diese Differenz in der Bewertung? Darauf gibt es eine wichtige Antwort: Die Unterschiedlichkeit ist vor allem im biografischen Hintergrund zu suchen. Eine fürsorgliche Selbstbewertung wurde dem Patienten in Kindheit und Jugend nicht nahegebracht.

7.3.4 Emotionale Beweisführung

Jetzt möchten wir noch auf ein letztes, aber äußerst häufig von Patientinnen vorgebrachtes Argument eingehen, das zur Rechtfertigung bisheriger, dysfunktionaler Selbstwertkriterien herangezogen wird: die sogenannte *emotionale Beweisführung* für die Richtigkeit der dysfunktionalen Selbstbewertung.

Es gilt, der Patientin den Fehler in der emotionalen Beweisführung überzeugend zu erläutern. Die folgende Darstellung sollte der Patientin – möglichst sokratisch ergänzt durch psychoedukative Elemente – vermittelt werden.

Therapeutin:	»Wir haben mittlerweile schon viele Argumente dafür gefunden, die Bedeutung von Leistung, Durchsetzung, sozialer Anerkennung usw. als Selbstwertkriterien abzuschwächen und sich zu erlauben, den eigenen Wert möglichst stark auf der Grundlage von Gleichwertigkeit und zwischenmenschlichen Handlungswerten zu definieren. Trotzdem habe ich den Eindruck, Sie zögern noch etwas, sich zu erlauben, sich selbst als wertvoll anzusehen. Haben Sie eine Idee, warum das so ist?«
Patientin:	»Ich finde die Gründe, dass ich mich wertvoll fühlen darf, zwar überzeugend, aber ich fühle mich eben trotzdem noch minderwertig.«

7 Kognitive Umstrukturierung – Analyse, Reflexion und Entscheidung

Therapeutin: »Und dieses Gefühl nehmen Sie als Beweis dafür, dass Sie doch weniger wert sind als andere Menschen?«
Patientin: »Ja, stimmt, so mache ich es.«
Therapeutin: »Dann sollten wir uns mal überlegen, wie (komplexe) Gefühle wie das Minderwertigkeitsgefühl überhaupt zustande kommen. Sind Gefühle immer die Wahrheit?«

Die Therapeutin interveniert psychoedukativ mit möglichst vielen sokratischen Fragen (das Ausmaß der Erläuterungen und die Wortwahl richten sich wie gewohnt nach der Aufnahmefähigkeit und den Sprachgewohnheiten der Patientin).

Therapeutin: »Wenn wir eine Sache dahingehend bewerten wollen, ob sie richtig oder falsch ist, ob sie gut für uns ist oder schädlich, ob sie unseren Bedürfnissen entspricht oder nicht, lösen wir diese Fragestellung normalerweise dadurch, dass wir in uns hineinspüren, wie sich das Thema anfühlt. Bei der Wahrnehmung unserer Bedürfnisse ist das notwendig und hilfreich. Wir haben bei den Bedürfnissen keine andere Möglichkeit. Wir können sie nicht direkt wahrnehmen, sondern nur indirekt über unsere Empfindungen oder unsere Gefühle. Gefühle sind für das Verwirklichen unserer Bedürfnisse also äußerst wichtig. Nur durch sie wissen wir, welche Bedürfnisse wir haben. Um uns selbst zu verstehen und um zu erkennen, was uns motiviert, ist das »In-sich-Hinein-Spüren« sehr hilfreich.
Genauso wichtig ist es jedoch, die Grenzen des »In-sich-Hinein-Fühlens« zu kennen.
Denn in sich hineinzuspüren, um etwas zu beurteilen, kann bei bestimmten Themen auch sehr fehlerbehaftet sein. Schauen wir uns deshalb nochmal an, was wir machen, wenn wir in ein Gefühl hineinspüren.
Auf welches Wissen greifen wir zu, wenn wir in uns hineinspüren? ...
Wie entstehen so komplexe Gefühle wie das Minderwertigkeitsgefühl oder Scham überhaupt? ...
Wir greifen bei dem »In-uns-Hinein-Fühlen« nicht auf eine unabhängige überindividuelle Wahrheit zu, sondern auf die gelernten Gefühlsschemata. Diese Gefühlsschemata sind aus der Verallgemeinerung unserer interpretierten Erfahrungen entstanden. Wenn wir in uns hineinfühlen, greifen wir also durchaus auf Erfahrungen mit der Realität zurück, aber eben nur zum Teil. Zum größeren Teil beziehen wir uns auf unsere Interpretationen und die Verallgemeinerungen dieser Erfahrungen. Das Gefühl, das wir dabei spüren, resultiert aus den Gründen, die wir damals für unsere Erfahrungen

angenommen haben. Und diese vermuteten Gründe können falsch gewesen sein oder jetzt einfach nicht mehr passen. Weil wir beim »In-uns-Hinein-Fühlen« auch auf Erfahrungen zurückgreifen und weil unsere Interpretationen davon meist richtig und hilfreich waren, fahren wir recht gut damit, um etwas zu beurteilen. Aber eben nicht immer.

Was bei der Wahrnehmung von Bedürfnissen notwendig ist, wird bei der Prüfung anderer Themen auf ihre Richtigkeit hin unsicher. Wir gehen zu selbstverständlich davon aus, dass wir mit dem »In-uns-Hinein-Fühlen« einen Beweis dafür erzeugen können, ob etwas richtig oder falsch ist. Wenn wir uns wertlos fühlen, ziehen wir daraus den Schluss, dass an diesem Gefühl etwas wahr sein muss.

Wir übersehen dabei, dass das Gefühl nicht nur die Erfahrung widerspiegelt – etwa »Ich wurde oft abgewertet, niemand hat mich gelobt oder mir Selbstvertrauen vermittelt, die Eltern haben mich lieblos behandelt« –, sondern auch unsere Interpretation dieser Erfahrung. Zum Beispiel: »Wenn die Eltern mich abwerten, wird das an mir liegen. Dann bin ich anderen Menschen nichts wert, daraus folgt, ich bin wertlos«. Der Erfahrungsanteil – »Ich wurde oft abgewertet« – mag stimmen, die Schlussfolgerung jedoch, dass dies ein Beweis dafür ist, dass wir wertlos sind, ist so logisch nicht begründet. Es gibt noch viele andere mögliche Gründe dafür, warum wir abgewertet wurden – etwa durch inkompetentes Verhalten der Eltern.

Die meisten emotionalen Schemata entwickeln wir in der Kindheit. In der frühen Kindheit, in der das erste Selbstwertkonzept entsteht, verfügen wir noch über sehr wenig Wissen über uns selbst und die Welt. Wir haben kaum Möglichkeiten, unterschiedliche Ursachen für bestimmte Ereignisse in Betracht zu ziehen. Daher sind die Schlussfolgerungen aus den gemachten Erfahrungen in der frühen Kindheit mit hoher Unsicherheit verbunden und entsprechend fehleranfällig. Werden wir von den Eltern in unseren seelischen Grundbedürfnissen schlecht versorgt, schließen wir daraus auf unsere Minderwertigkeit. Wird uns von den Eltern direkt vermittelt, nichts wert zu sein, fehlt uns häufig das unabhängige Wissen, um ihnen zu widersprechen. So kann sich das Minderwertigkeitsgefühl als emotionales Schema festsetzen. Und dann nehmen wir dieses Gefühlsschema unser Leben lang als Beweis für unsere Minderwertigkeit, obwohl es aufgrund falscher Interpretationen entstanden ist.

Deshalb ist es, wenn wir unter Selbstwertzweifel leiden, wichtig, nicht mit dem Gefühl zu prüfen, ob dieser Zweifel berechtigt ist, sondern mit dem bewussten Denken. Es ist notwendig, den biografischen Zusammenhang des aktuellen Gefühls zu reflektieren und die Bewertungskriterien mit vernünftigen Argumenten zu prüfen.

Das Gefühl des Selbstwertzweifels ist kein Beweis dafür, dass der Zweifel berechtigt ist. Das Gefühl »beweist« durchaus etwas, aber eben nicht das, was wir oft annehmen. Es beweist nicht, dass der Selbstwertzweifel zutrifft, sondern lediglich, dass wir mit diesem Thema schlechte Erfahrungen gemacht haben. Alles andere sind unsere möglicherweise falschen Interpretationen der damaligen Verhältnisse.

Gefühle verweisen also nicht immer auf die »Wahrheit«, sondern auf interpretierte Erfahrungen, die wir gemacht haben. Die Erfahrung selbst stimmt, die Interpretation damals vielleicht nicht. Und genau das sollten wir mit unserem Verstand prüfen – wahrscheinlich hat die Natur ihn genau dafür erfunden.

Die Änderung von Gefühlen ist ein langwieriger Prozess, selbst wenn sie falsch sind.

Sie müssen leider noch eine Weile dieses Spannungsgefühl aushalten, dass Sie wissen, dass Sie wertvoll sind, Ihr Gefühl aber behauptet, Sie seien minderwertig.

Aber jedes Mal, wenn Sie dem Minderwertigkeitsgefühl mit Überzeugung widersprechen, wird es ein kleines Stückchen schwächer.

Außerdem brauchen Sie ab sofort nicht mehr das zu tun, was das Minderwertigkeitsgefühl von Ihnen verlangt. Sie brauchen nicht mehr zu schweigen, Sie brauchen sich nicht mehr zurückzuhalten, Sie dürfen ab sofort Ihre Bedürfnisse verwirklichen. Darauf brauchen Sie nicht zu warten.«

Bevor wir uns dem damit eingeführten nächsten Behandlungsschritt widmen, dem biografischen Verständnis der Entwicklung des ersten Selbstwertkonzeptes, folgen zunächst noch zwei Fallbeispiele zur Beschreibung der bisher beschriebenen Interventionen.

7.4 Fallbeispiel – Kognitive Umstrukturierung dysfunktionaler Selbstwertkriterien

Das psychotherapeutische Vorgehen in den folgenden Fallbeispielen entspricht dem dargestellten Ablauf der Interventionen. Es sei nochmal kurz erwähnt:

I. Störungsmodell/Fallkonzep/Moduslandkarte erarbeiten
II. Kognitive Umstrukturierung mit Hilfe von sokratischem Dialog und Psychoedukation
   1. Bisherige dysfunktionale Selbstbewertungskriterien herausarbeiten
   2. Die Begründung und die Nützlichkeit der bisherigen Selbstwertkriterien überprüfen und in Frage stellen
   3. Hilfreichere Selbstwertkriterien erarbeiten
III. Erlebnisorientierte Interventionen – Imagination und Stühlearbeit
   4. Aufbau des GE-Modus:
      Die neuen Selbstwertkriterien auf sich selbst anwenden (entspricht einem selbstfürsorglichen und liebevollen Umgang mit sich selbst). Den alten, im Abwertermodus abgespeicherten, dysfunktionalen Selbstwertkriterien widersprechen und sie damit entmachten.
   5. Die Entstehungsgeschichte der dysfunktionalen Selbstwertkriterien betrauern.
IV. Selbstständiges Einüben der neuen Selbstbewertungen und der Entmachtung des Abwerters (GE festigen).

Fallbeispiel mit dem Schwerpunkt der kognitiven Umstrukturierung

Ausgangssituation
Sabine, in beruflicher Ausbildung zur Krankenschwester, berichtet, dass sie unter depressiven Beschwerden leidet (BDI über 30). Sie schafft es deshalb nicht mehr, sich auf ihr Examen vorzubereiten. Die jetzigen depressiven Beschwerden begannen, als sie herausfand, dass ihr Freund, mit dem sie sich in einer treuen Partnerschaft wähnte, laufend noch andere sexuelle Kontakte pflegt. Sie bewundert ihn jedoch sehr und kann sich ein glückliches Leben ohne ihn nicht vorstellen.

Störungsmodell/Moduslandkarte
Die diagnostische »Stühlearbeit« generiert folgende innere Abwerter- und Katastrophisiererstimme (dysfunktionale Selbstwertkriterien):

»*Du bist grundsätzlich hässlich und deshalb wertlos. Du wirst nie mehr einen Menschen treffen, den du so toll findest, wie deinen jetzigen Freund. Mit deinem Aussehen bekommst du sowieso überhaupt keinen Partner mehr ab, wirst immer alleine bleiben (Bindungsbedrohung) und deswegen bist du wertlos (Selbstwertbedrohung).*«

Dysfunktionaler Bewältigungsmodus
Die zunächst gezeigte Unterwürfigkeit als dysfunktionale Bewältigungsstrategie mit Missachtung eigener zentraler zwischenmenschlicher Werte und sonstiger eigener Bedürfnisse führt nicht zum Ziel einer zuverlässigen treuen Beziehung. Damit etabliert sich eine subjektiv erlebte Hilflosigkeit. Sie generiert eine mittelgradige depressive Reaktion.

7 Kognitive Umstrukturierung – Analyse, Reflexion und Entscheidung

Therapie-/Entwicklungsziele
Aus dieser kurzen Falldarstellung ergeben sich für die Überwindung der Aussichtslosigkeit und Depression auf der Modusebene folgende Entwicklungsziele:

Gesunder Erwachsenenmodus
Sich von dem das Bindungsbedürfnis und die Gleichwertigkeit verletzenden Freund zu trennen, kann der Patientin erst gelingen, wenn sie ihre aus der Untreue geschlossene Selbstabwertung ändert. Die depressiven Verallgemeinerungen, nie mehr einen Partner zu finden und ohne einen solch passenden Partner nicht glücklich werden zu können, gilt es in nützlichere realistischere Annahmen zu verwandeln. Erst wenn sie diese Sichtweisen konstruktiv ändert, kann sie den Abschiedsschmerz auf sich nehmen. Erst dann kann sie ihre Wut und Trauer auf den Partner zulassen, statt depressiv zu reagieren. Erst wenn sie sich als wertvoll ansieht, kann sie ihren verletzbaren Kindmodus trösten und zuversichtlich sein, einen wertschätzenden Partner zu finden.

Zu etablierende Selbstwertkriterien und daraus abgeleiteter Umgang mit dem verletzbaren Kindmodus im gesunden Erwachsenenmodus sind:

Patientin: »Alle Menschen sind gleich wertvoll. Ich bin genauso wertvoll wie alle anderen – auch wenn ich nicht die Schönste bin. Das Verhalten meines Freundes entspricht nicht meinen zwischenmenschlichen Wertvorstellungen. Ich bin grundsätzlich wertvoll und verhalte mich anderen Menschen gegenüber wertschätzend, deswegen bin ich liebenswert und werde einen Partner finden, der mich ebenfalls wertschätzt. Einen Menschen, der sich so egoistisch und so wenig einfühlsam verhält, möchte ich nicht als Partner. Ich habe ganz viel Mitgefühl mit der kleinen Sabine. Das Bedürfnis von Sabine nach einer wertschätzenden Partnerschaft ist völlig berechtigt. Sabine darf traurig sein, dass es mit diesem Partner nicht funktioniert. Ich bin aber auch zuversichtlich, dass wir einen wertschätzenden Partner finden. Er muss auch nicht so gut aussehen wie der jetzige, weil mein Selbstwert davon unabhängig ist, wie gut mein Partner aussieht.«

Eine vom Verhalten des bisherigen Freundes unabhängige stabile Selbstwertkonstruktion ist in diesem Fallbeispiel die Basis für die Überwindung der Depression.

Interventionen – kognitive Umstrukturierung
Da die Patientin von sich aus anspricht, dass sie sich wegen ihres Aussehens und der Zurückweisung durch den Freund hässlich und damit nicht mehr wertvoll findet, können in diesem Fall ihre Selbstwertkriterien direkt problematisiert werden. Diese können zügig aufgegriffen werden, nachdem ein erster Beziehungsaufbau über Mitgefühl für ihren Schmerz erfolgt ist. Es wird sofort deut-

lich, dass die Patientin ihren Wert als Mensch und ihren Nutzwert – hier noch genauer: ihren Marktwert auf dem »Beziehungsmarkt« – dysfunktional gleichsetzt. Das ist nicht verboten, aber ungeschickt.

Ein sokratischer Einstieg ist in folgender Weise möglich:

Therapeutin: »Habe ich das richtig verstanden? Sie empfinden sich nicht mehr als wertvoll, weil Sie sich nicht schön finden? Sie finden sich nicht schön, weil Ihr Freund Ihnen sexuell untreu ist? Sie machen Ihren Wert davon abhängig, wie sich ihr Partner verhält. Sie machen Ihren Wert davon abhängig, wie schön Sie sind. Hm … da sträubt sich bei mir natürlich einiges. Da machen Sie es sich ja schon sehr schwer. Jetzt mal ungeachtet dessen, ob Ihre Einschätzung überhaupt stimmt, würde ich gerne erst einmal mit Ihnen darüber sprechen, wovon Sie den Wert eines Menschen eigentlich abhängig machen wollen. Damit wir da mal eine solide Basis haben, um über die anderen Themen in Ruhe sprechen zu können.«

Um die eigene Konstruktion zu verlassen und zunächst auf eine allgemeine und damit weniger dysfunktionale Betrachtung der Frage zurückgreifen zu können, wird die »Gute-Freundinnen-Perspektive« vorgeschlagen:

Therapeutin: »Nehmen wir, damit es nicht gleich zu kompliziert wird, mal eine gute Freundin von Ihnen. Können Sie sich diese mal vorstellen. Wer wäre das?«

Die Patientin nennt eine Freundin.

Therapeutin: »Okay. Nehmen wir Lisa. Finden Sie Lisa als Mensch wertvoll? Was schätzen Sie an ihr? Warum finden Sie Lisa wertvoll?«

Sowohl die von der Patientin ursprünglich verwendeten dysfunktionalen Selbstwertkriterien als auch die aus der Gute-Freundinnen-Perspektive genannten werden gemäß den oben aufgeführten sokratischen Erörterungen und psychoedukativen Erläuterungen in ihrer Funktionalität bewertet. Die Patientin wird damit unterstützt, sowohl auf abstrakter Ebene – »Alle Menschen sind gleich wertvoll, alles Leben ist gleich wertvoll, die Menschenwürde ist nicht angreifbar usw.« – als auch auf Handlungsebene – »Lisa fühlt mit mir mit: Das entspricht dem Selbstwertkriterium der Einfühlsamkeit« – hilfreichere Selbstwertkriterien zu generieren.

8 Emotionsaktivierende Interventionen

8.1 Analyse der biografischen Ursachen dysfunktionaler Selbstwertkriterien

Warum verwendet eine Patientin dysfunktionale Selbstwertkriterien, wenn es sogar biologisch bedingt deutlich hilfreichere gibt? Wodurch wird die Wahl der ersten Selbstwertkriterien im Leben bestimmt?

Für die Veränderung dysfunktionaler Selbstwertkriterien ist es wichtig, dass sich die Patientin von der gefühlten Annahme befreit, dass diese die richtigen und einzig möglichen sind (▶ Kap. 7.3.4). Es gilt, der Patientin deshalb ein Erklärungskonzept zu vermitteln, warum sie bisher dysfunktionale Selbstwertkriterien verwendet, obwohl diese weder richtig noch hilfreich oder notwendig sind. Die Wahl der von der Person verwendeten Selbstwertkriterien aus den biologisch gegebenen Möglichkeiten ist hauptsächlich in den ersten Bindungserfahrungen und nicht in deren allgemeingültiger Richtigkeit begründet. Diesen biografischen Zusammenhang gilt es der Patientin zu verdeutlichen.

> In der Schematherapie erfolgt die *biografische Einordnung* der dysfunktionalen Selbstwertkriterien hauptsächlich *mit Hilfe von Imagination und Stühlearbeit*, unterstützt durch *psychoedukative Elemente* auf der Basis des Kapitels »Einfluss der Biografie auf die Selbstwertkriterien« (▶ Kap. 1.6.10).

Schon bei der diagnostischen, aber noch stärker bei der veränderungsorientierten Anwendung dieser Interventionen wird der biografische Zusammenhang der bisher von der Person verwendeten dysfunktionalen Selbstwertkriterien aufgezeigt.

In der *Imagination* werden das aktuelle Erleben und die aktuellen Belastungen explizit in den Zusammenhang zur biografischen Entstehung der dysfunktionalen Erlebnisschemata und Selbstwertkriterien gestellt.

Bei der *Stühlearbeit* ist der biografische Aspekt schon durch die verwendeten Modi gegeben. Wie im Kapitel »Modusmodell« (▶ Kap. 3.1.2) dargestellt, unterteilt die Schematherapie die Person in Modi, die sowohl einen funktionalen als auch einen biografischen Bezug beinhalten. Der biografische Bezug wird mit der Unterscheidung der Modi in Kindheit (bzw. Jugend) und gegenwärtiges bzw. Erwachsenenalter definiert. Die Kindheit ist mit den Kindmodi, mit den unterschiedlichen verinnerlichten dysfunktionalen primären Bindungspersonen (Abwerter- und Katastrophisierermodus) und den dysfunktionalen Bewältigungsstrategien (dysfunktionaler Bewältigungsmodus) repräsentiert. Das Erwachsenen- bzw. gegenwärtige Alter stellt sich mit den Kompetenzen im gesunden Erwachsenenmodus und seinen erarbeiteten hilfreichen Selbstwertkriterien dar.

8.2 Imagination – Anwendung am Patientinnenbeispiel

Im Folgenden wird die konkrete Anwendung der *Imagination* anhand eines Fallbeispiels dargestellt.

Fallbeispiel

Sonja, 41 Jahre, verheiratet, drei Kinder, berichtet von Depressionen und massiven Selbstwertproblemen, unter denen sie schon seit ihrer Kindheit leidet.

In der Vorarbeit haben wir ausführlich die bisherigen Selbstwertkriterien aufgedeckt, deren Vor- und Nachteile diskutiert und herausgearbeitet, welche Selbstwertkriterien die Patientin wirklich wertvoll und hilfreich findet. Die Patientin hat die neuen werteorientierten Selbstwertkriterien schriftlich festgehalten und wiederholt sie regelmäßig.

Als Einstieg in die Imagination nehmen wir eine Situation, in der Sonja in ein traurig depressives Gefühl gekippt ist, das auf Gedanken von Hilflosigkeit und Minderwertigkeit hinweist.

Auslösende Situation beschreiben und Basisgefühl aktualisieren
Sonja berichtet, dass sie im Urlaub beim Spaziergang am Strand mit ihrem Mann plötzlich sehr traurig geworden ist. Es gab in der aktuellen Situation keinen erkennbaren Auslöser, im Gegenteil, sie verstanden sich sehr gut und lachten sogar viel. Sie kennt diese plötzliche, tiefe Traurigkeit aber schon lange. Sonja wird von der Therapeutin angeleitet, die Augen zu schließen und das Gefühl der Traurigkeit, spürbar im Bauch- und Brustbereich, noch etwas stärker werden zu lassen.

Affektbrücke in die Vergangenheit
Sonja wird aufgefordert, sich mit dem Gefühl in Jugend oder Kindheit zurücktreiben zu lassen und Bilder oder Szenen aufsteigen zu lassen, die zu diesem Gefühl passen. Sie erzählt, dass eine Kindheitsszene auftaucht, bei der sie etwa 8 Jahre alt ist.

Patientin: »Ich sehe meine zwei Schwestern und mich, es ist Sonntagnachmittag, es ist nur meine Mutter zu Hause, und wir Schwestern sind ausgelassen und spielen Fangen im Esszimmer. Wir lachen viel und sind völlig unbeschwert. Da sagt meine Mutter: ›Achtung, Vater kommt gleich.‹ Wir hören seine typischen schlurfenden Schritte, mit denen er die Treppe hochgeht, und bekommen große Angst. Der Vater tritt ein, mit aggressivem Blick. Er brüllt uns an, was uns einfällt, so laut zu sein, und beginnt, meine älteste Schwester zu schlagen. Wir anderen rennen in unsere Zimmer, versuchen, uns in Sicherheit zu bringen. Ich verharre voller Angst und Verzweiflung in meinem Versteck im Kleiderschrank.«

Gesunden Erwachsenenmodus auch in Form anderer Hilfspersonen hinzuziehen
Die Therapeutin leitet nun an, die Szene weiterhin mit geschlossenen Augen an der Stelle anzuhalten, an der das Gefühl »am schlimmsten« ist.

Therapeutin: »Bitte schlüpfen Sie nun in die Rolle der Großen Sonja (GE) von heute, strecken Sie sich, machen Sie sich groß und stark. Stellen Sie sich nun vor, dass die Große Sonja gemeinsam mit mir (der Therapeutin) die Szene betritt. Wir kommen in das Haus der Familie genau in dem Moment, in dem der Vater die Treppe hochgeht, und schreiten ein, als er gerade losbrüllen möchte (in diesem Moment ist die Angst am stärksten). Wie geht es Ihnen als ›große Sonja‹, wenn Sie sehen, was der Vater tut?«
Große Sonja: »Er ist grausam! Ich bin wütend auf ihn!«

Die Therapeutin validiert und verstärkt das Gefühl.

Therapeutin: »Ja, das kann ich verstehen, dass Sie da wütend sind. Was möchten Sie dem Vater sagen? Sagen Sie es ihm direkt!«

Entmachtung des Vaters durch die Therapeutin und den GE
Der Vater wird nun von der großen Sonja und der Therapeutin in der Vorstellung unterbrochen, eingegrenzt und entmachtet. Grundlage für diese Entmachtung sind unsere universellen zwischenmenschlichen Wertvorstellungen und die kooperativ fundierten Selbstwertkriterien, die wir als Therapeutin offen vertreten, die wir zuvor mit der Patientin erarbeitet haben und die wir jetzt modellhaft vorschlagen.

Therapeutin: »Stopp!! Was fällt Ihnen ein, Ihre Töchter so zu erschrecken und zu verletzen? Das dürfen Sie nicht! Sie handeln lieblos, abwertend, menschenverachtend, überhaupt nicht hilfreich, nicht unterstützend, nicht förderlich, nicht beschützend, pädagogisch völlig inkompetent! Spielen und Begeisterung sind bei Kindern etwas sehr Wertvolles – für alle Menschen! Wie sollen Kinder sonst all das lernen, was sie später für ein selbstständiges Leben brauchen! Wie sollen Kinder ohne Spielen und Begeisterung lernen, glücklich und erfolgreich mit dem Leben zurechtkommen! Wer wird Sie dann noch lieben, wenn Sie alt und gebrechlich sind, wenn Sie sich so lieblos verhalten? Sie werden Ihrer Aufgabe als Vater in keiner Weise gerecht! Sie handeln äußerst schädlich für alle, auch für sich selbst! Schämen Sie sich und entschuldigen Sie sich, oder verschwinden Sie! Usw.«

Versorgung von Sonja als Kind
Im nächsten Schritt geht die große Sonja (GE) auf die kleine Sonja zu, bestätigt sie in ihren Gefühlen, tröstet und beruhigt sie.

Große Sonja: »Liebe Sonja, bei einem so bösen, aggressiven und dummen Vater ist es vollkommen verständlich, dass man so große Angst bekommt. Da würde ich, wenn ich noch ein Kind wäre, auch Angst bekommen. Es ist wirklich sehr traurig, so einen wütenden, bösen und dummen Vater zu haben. Sein Verhalten macht uns auch wütend. Und das ist auch richtig so. Gott sei Dank brauchen wir den Vater jetzt nicht mehr. Jetzt bin ich immer bei dir. Auf mich kannst du dich immer verlassen. Ich bleibe für immer bei dir und beschütze dich. Ab jetzt bist du nie mehr ohne Schutz und nie mehr alleine. Ab jetzt können wir uns gegen solche aggressiven Menschen wie deinen Vater wehren. Toll, dass wir ihm die Meinung gesagt haben. Wo würdest du dich jetzt am wohlsten fühlen? Usw.«

Dauerhaften Schutz etablieren
Gemeinsam wird eine Möglichkeit gesucht und festgelegt, Sonja für immer vor dem Vater zu schützen. Schließlich entscheidet sich die große, selbstständige und erwachsene Sonja (GE), die kleine Sonja (KM) in der Vorstellung an einen sicheren Ort, die jetzige eigene Wohnung, zu bringen. Als »Abschlussbild« stellt sich Sonja vor, wie die beiden – die große, selbstständige, erwachsene Sonja mit einer eigenen Meinung darüber, wann ein Mensch wertvoll ist und wie man sich selbstwertschätzend verhält, und die kleine Sonja – nun gemeinsam in der Küche sitzen und Kakao trinken. Sie berichtet, dass sie sich ruhig und entspannt fühlt, was sie im Brust- und Bauchbereich spüren kann.

Von Selbstwirksamkeit bestimmtes Gefühl in die Ausgangssituation mitnehmen
Sonja wird nun angeleitet, das neue Gefühl von Freude, Erleichterung und Entspannung beizubehalten und sich in der Vorstellung wieder zurücktreiben zu lassen in die Ausgangsszene der Imagination (Spaziergang mit ihrem Mann im Urlaub). Sie berichtet, dass sie sich jetzt auch in dieser Ausgangssituation leicht und unbeschwert fühlt und die Natur um sich herum und die Nähe mit ihrem Mann wahrnehmen und genießen kann.

Die Imagination wird in den folgenden Therapiesitzungen mehrmals mit unterschiedlichen verletzenden biografischen Situationen wiederholt. Die Anzahl an Imaginationen, die durchzuführen sind, sollte an die Schwere der strukturellen Störung der psychischen Grundfunktionen angepasst werden (nach Arbeitskreis OPD, 2017). Meist verlagert sich der Schwerpunkt der Interventionen im weiteren Verlauf der Psychotherapie hin zu Stühleübungen zu diversen Problemsituationen des Alltags.

8.3 Stühlearbeit – Anwendung am Patientinnenbeispiel

In der modusbasierten *Arbeit mit Stühlen*, der zweiten wichtigen emotionsfokussierten Intervention der Schematherapie, wird eine Veränderung der Gefühlsschemata (Kognition und Emotion) durch Dialoge der einzelnen Ich-Anteile (Modi) gefördert. Wie bereits beschrieben, verwenden wir dabei mindestens vier Modi: den Abwerter, das Kind, die dysfunktionale Bewältigung und den gesunden Erwachsenen. Diese Aufteilung wird der Patientin spätestens vor den erlebnisorientierten Interventionen erläutert und begründet. In der Regel erfolgt die Erklärung jedoch schon im Rahmen der diagnostischen Stühleübungen. Diesen vier Ich-Anteilen ordnen wir jeweils einen eigenen Stuhl zu. Wir benötigen also mindestens vier Stühle (▶ Abb. 6.1).

Wir verwenden erneut das Patientinnenbeispiel aus der Imagination. Nachdem Sonja von der plötzlichen tiefen Traurigkeit während des Spaziergangs mit ihrem Mann berichtet hat, kann ergänzend zur Imagination eine Stühlearbeit durchgeführt werden. In der Stühlearbeit liegt der Schwerpunkt auf der Festigung des gesunden Erwachsenenmodus und seiner Kompetenzen. Dies geschieht durch die Aktivierung und Einübung von Mitgefühl, die Neubewertung der damaligen Ereignisse auf Basis der neuen Wertvorstellungen, den Schutz und den Trost des inneren Kindmodus sowie die Verwirklichung der eigenen Bedürfnisse.

Auslösende Situation beschreiben und Basisgefühl aktualisieren
Die Therapeutin leitet Sonja an, sich auf ihre Gefühle und Gedanken in der beschriebenen Situation am Strand mit ihrem Mann zu konzentrieren. Zunächst setzt sich Sonja auf den Stuhl des Kindmodus und wird nach ihrem Gefühl gefragt:

Therapeutin: »Was fühlst du, kleine Sonja? (…)«
Sonja: (auf dem Kindstuhl sitzend) »Ich fühle große Traurigkeit.«
Therapeutin: »Wo spürst du das im Körper?«

Um das Erleben zu intensivieren, kann die Patientin dabei die Augen schließen.

Abwertermodus und dysfunktionale Selbstwertkriterien aufdecken

Therapeutin:	»Welche Gedanken schießen dir nun in den Kopf?«
Sonja:	»Du hast keine Freude verdient!«
Therapeutin:	»Oh …, wer spricht denn da, welcher Anteil ist das denn?«
Sonja:	(schmunzelt) »Das ist der Abwerter.«
Therapeutin:	»Ja, das scheint mir auch so. Dann setzen Sie sich mal auf den Abwerterstuhl. Was sagt er sonst noch alles? Sagen Sie alles, was der Abwerter/Angstmacher so denkt, möglichst intensiv in der Du-Form zu Ihrem verletzbaren Kindanteil.«
Sonja:	(auf dem Abwerterstuhl sitzend) »Auf Spaß folgt immer die Strafe! Du bist es nicht wert, glücklich zu sein. Du bist es nicht wert, geliebt zu werden. Dein Mann wird nicht bei dir bleiben. Es wird alles ganz schlimm enden. Du wirst für immer alleine und verlassen sein.«

Gesunden Erwachsenenmodus festigen und Abwerter entmachten
Sonja wird nun aufgefordert, aufzustehen, in die Rolle der gesunden, erwachsenen Sonja (oder alternativ in die einer beobachtenden, wohlwollenden Person, wie etwa einer guten Freundin) zu schlüpfen und sich die Szene gemeinsam mit der Therapeutin mit Abstand aus der Beobachterperspektive anzuschauen und zu bewerten:

Therapeutin:	»Wie finden Sie das, was der Abwerter und Katastrophisierer mit der kleinen Sonja macht? … Wie er ihr Angst macht und sie abwertet?«
Sonja:	(in der stehenden Beobachterperspektive) »Das finde ich gemein, und es ärgert mich auch etwas.«
Therapeutin:	»Ja, genau, der Abwerter und Katastrophisierer ist wirklich lieblos und destruktiv. An wen erinnert Sie diese Stimme? (…) Wir atmen tief durch und besinnen uns: Wie möchten wir selbst als Erwachsene mit anderen Menschen umgehen? Trauen Sie sich nun, Ihre zwischenmenschlichen Werte zu vertreten, und widersprechen Sie dem Kritiker möglichst emotional, damit die Botschaft wirklich ankommt!«

Sonja entmachtet den Abwerter.

Sonja:	»Hör auf, die kleine Sonja so zu verängstigen und abzuwerten! Du bist die Stimme des Vaters, der war aggressiv und grausam. Sonja ist unbeschwert, und das darf sie auch sein. Sonja ist ein wertvoller und liebenswerter Mensch! Sie ist einfühlsam, hilfsbereit, wertschätzend und fair. Das macht sie liebenswert und wertvoll. Was hast du denn für Argumente für deine Behauptungen? In Zukunft werde ich immer für sie einstehen und sie beschützen!«

Sonja wird nun aufgefordert, zurück auf den Abwerterstuhl zu wechseln und zu antworten. Danach werden die weiteren Abwertungen und Katastrophisierungen erneut vom gesunden Erwachsenenanteil und von dessen Position aus widerlegt. Dieser Dialog und Wechsel der Modi wird so lange fortgesetzt, bis Sonja auf dem Abwerterstuhl angibt, dass ihr keine weiteren Abwertungen und keine Gegenargumente mehr gegen die Selbstwertkriterien des gesunden Erwachsenen einfallen.

Schließlich äußert sie den Impuls, den Abwerterstuhl aus dem Raum stellen zu wollen, was dann auch umgesetzt wird.

Gesunde Grundbedürfnisse der kleinen Sonja wahrnehmen
Im nächsten Schritt wird Sonja aufgefordert, sich der kleinen Sonja zuzuwenden. Auf dem Kindstuhl sitzend, wird sie von der Therapeutin gefragt.

Therapeutin:	»Kleine Sonja, was brauchst du eigentlich von der Großen?«
Sonja:	(im Kind- und Bedürfnismodus) »Ich brauche jemanden, der zu mir steht, mich versteht, mich beschützt und sich für mich wehrt.«

Versorgung der kleinen Sonja durch die große Sonja im gesunden Erwachsenenmodus
Sonja wechselt nun auf die Position der gesunden Erwachsenen und tröstet und beruhigt die kleine Sonja.

Sonja:	(gesunde, erwachsene Sonja) »Du bist wertvoll, so wie du bist. Jedes Leben ist wertvoll und wir sind alle gleich wertvoll. So wie der Abwerter sich verhält, das ist kein wertvolles Verhalten. Wenn man wertschätzend und einfühlsam miteinander umgeht, das macht wertvolle Menschen für uns aus. Abwertungen machen niemanden glücklich. Ich bleibe jetzt immer bei dir und beschütze dich vor Angriffen (...)«

Sie setzt diesen Dialog so lange fort, bis die kleine Sonja »zufrieden« ist und sagt, dass sie sich nun geborgen, entspannt und wertvoll fühlt.

9 Schwierige Fallbeispiele – kognitive Umstrukturierung integriert in emotionsaktivierende Interventionen

9.1 Extremes Schulderleben bei Vergehen gegen zwischenmenschliche Werte

Fallbeispiel

Der Patient Hans, 31 Jahre, berichtet, dass er unter Alkoholeinfluss ein Kind totgefahren hat: »Ich leide unter extremen Schuldgefühlen. Zu Recht, ich habe aus reiner Dummheit, Arroganz und Fahrlässigkeit ein Leben ausgelöscht und das der dazugehörigen Eltern und Geschwister für immer zerstört. Ich habe so viel Schuld auf mich geladen, dass ich keine Lebensberechtigung mehr habe. Einen Wert, Lebensfreude oder Glücklichsein darf ich mir nicht mehr zusprechen. Das wäre extrem egoistisch und widerspricht außerdem meinem ganzen Wertesystem. Ich würde andere Menschen dafür auch verurteilen. Die meisten Menschen würden sagen, es wäre besser, wenn dieser unkontrollierte, dumme Mensch tot wäre – und nicht dieses unschuldige Kind, das noch ein langes glückliches Leben vor sich gehabt hätte und vielleicht viel Gutes in die Welt gebracht hätte.«

Es handelt sich hierbei um ein extrem einschneidendes Ereignis von großer Schuld – selbst nach zwischenmenschlichen Selbstwertkriterien.

Biografie
Hans berichtet von einer bis zu diesem Ereignis nahezu unauffälligen Lebensgeschichte. Beide Eltern haben ihn sehr geliebt und in allem unterstützt. Die Grundbedürfnisse nach Bindung und Autonomie wurden ausreichend erfüllt. Er hat immer alles bekommen, was er wollte – materiell wurde er verwöhnt. Auch seine Ziele hat er stets erreicht: In der Schule lief alles glatt, und nach der Ausbildung übernahm er den elterlichen Betrieb und ist damit recht erfolgreich. Das Bedürfnis nach Selbstwert wurde von den Eltern gestärkt und ist auch stets »vom Leben« bestätigt worden. Mit Niederlagen, die es bisher kaum gegeben hat, und mit Konflikten kann er allerdings nicht gut umgehen. Kurz vor dem Unfall hatte er einen Streit mit seiner Partnerin, war deshalb sehr aufgewühlt, trank Alkohol und stieg in einem unüberlegten Moment ins Auto.

Therapieziele
Vorrangiges Ziel ist die Integration der Schuld in einen stabilen Selbstwert.

Weitere Ziele könnten sich danach ergeben, falls weitere biografisch begründete Themen auftauchen, die einen konstruktiven Umgang mit Konflikten dauerhaft verhindern.

Fallkonzeption
Die Fragebogendiagnostik ergibt erhöhte Werte in den Schemata »Grandiosität«, »Unerbittliche Ansprüche« sowie »Emotionale Gehemmtheit« im YSQ-S3.

Es werden zwei diagnostische Stühleübungen durchgeführt: a) Auslösesituation: Streit mit der Freundin und b) Auslösesituation: Bewusstwerden der Tat kurz nach dem Unfall.

Aufgrund wenig auffälliger Aspekte der Lebensgeschichte und des hohen Leidensdrucks wird zunächst die aktuelle Situation fokussiert.

Es zeigen sich folgende Modi, die in einer Moduslandkarte (Roediger, 2016) (▶ Kap. 1.6.4, ▶ Abb. 3.1) festgehalten werden:

1) Abwertermodus
   Dysfunktionale Selbstwertkriterien: Fehlerfreiheit, Perfektionismus, Nutzwert, besser sein als andere, etwas Besonderes sein.
2) Verletzbarer Kindmodus
   mit ausgeprägter Angst und Trauer.
3) Dysfunktionale Bewältigungsstrategien:
   - Vermeidung: schamhafter sozialer Rückzug, sich von Freunden und Familie zurückziehen, den Kontakt zu den Angehörigen der Opfer meiden, kein Blickkontakt während Gerichtsverhandlungen, sich von der Freundin trennen wollen; Selbstbestrafung durch Arbeiten bis zur Schmerzgrenze.
   - Überkompensation: die Eltern anschreien, wenn diese ihn trösten wollen.

Interventionen
Kognitive Umstrukturierung
Da die Selbstabwertung extrem ist und die Wurzeln hierfür vor allem im aktuellen Ereignis begründet scheinen, wird zunächst eine ausführliche Phase der kognitiven Umstrukturierung der Selbstwertkriterien wie im Kapitel »Kognitive Umstrukturierung – Analyse, Reflexion und Entscheidung« durchgeführt (▶ Kap. 7).

Schwerpunkt dabei sind die vom Patienten verwendeten Selbstwertkriterien »Fehlerfreiheit«, »Perfektionismus«, »Nutzwert«, »Besser sein als die anderen«.

Die große Unfruchtbarkeit dieser Ansätze für das Selbstwertgefühl – sowohl für ihn selbst als auch grundsätzlich für den Menschen als kooperatives Wesen – wird in sokratischer Weise erörtert.

Diese Selbstwertkriterien sollen durch den Ansatz der »tätigen Reue« (Frankl, 2021) als neues Selbstwertkriterium ersetzt werden (▶ Kap. 1.6.6).

Widerstände des Patienten (▶ Kap. 3.1.2) gegen die zwischenmenschlichen Selbstwertkriterien bedürfen einer Analyse der zugrunde liegenden Ängste – sowohl kognitiv, dann aber vor allem auch emotionsaktivierend in der Stühlearbeit.

Stühlearbeit
Es werden mehrere Stühlearbeiten durchgeführt, um die erarbeiteten neuen Selbstwertkriterien – vor allem der »tätigen Reue« – emotional zu verankern. Den Schwerpunkt bildet hierbei der Entmachtungsdialog zwischen Abwerter und GE. Auf dem Abwerterstuhl sitzend bemerkt der Patient, dass dieser biografische Wurzeln hat: Der strenge Großvater spricht aus den abwertenden, verachtenden Sätzen. Dessen strenge Selbstwertkriterien werden deutlich: »Du bist nur wertvoll, wenn du 100 % perfekt und makellos bist, immer alle Erwartungen der anderen vollkommen erfüllst und keinerlei Schwächen hast.« Außerdem macht sich zusätzlich noch ein Katastrophisierer bemerkbar, der androht: »Weil du nun komplett wertlos bist, werden dich alle verlassen.«

Im verletzbaren Kindmodus spürt der Patient ausgeprägte Angst und Traurigkeit als Reaktion auf den Abwerter/Katastrophisierer.

In der GE-Position werden alle bereits erarbeiteten Aspekte der kognitiven Umstrukturierung wiederholt, als Hilfs-Ich fungiert der beste Freund, dessen Rolle der Patient einnimmt. In dieser Position erlebt Hans Wut auf den Abwerter/Großvater, was er in die Entmachtung und Abgrenzung einfließen lassen kann. Außerdem empfindet er Empathie mit dem kleinen Hans und kann diesen trösten und beruhigen.

Dem Risiko, aufgrund der Tat von anderen Menschen abgelehnt oder verlassen zu werden, kann er durch ein festes Bündnis mit dem KM begegnen.

Den dysfunktionalen Bewältigungsmodi des Rückzugs und der Vermeidung kann er in der GE-Position konstruktives Verhalten entgegensetzen, wobei das zuvor entwickelte Konzept der »tätigen Reue« besonders hilfreich ist: Er nimmt aktiv Kontakt zu beiden Familien auf, besucht diese und bittet um Entschuldigung. Er zeigt sich wieder im Ort, spricht mit einigen Freunden und Bekannten offen über die Tat und engagiert sich im örtlichen Jugendfußballtraining, um anderen Kindern etwas zurückzugeben.

9.2 Sexueller und emotionaler Missbrauch

Fallbeispiel

Die Patientin Lisa, 32 Jahre alt, Floristin, in fester Partnerschaft und Mutter eines Sohnes, berichtet von sexuellem Missbrauch und Folter in ihrer Kindheit – sowohl durch den Vater als auch durch andere Männer. Die Mutter wusste davon und duldete alles stillschweigend.

Symptomatik
Sie leidet unter Flashbacks, Alpträumen, ständiger Anspannung, körperlichen Schmerzen, dissoziativen Zuständen und selbstverletzendem Verhalten.

Seit sie denken kann, hat sie für die Eltern »funktioniert«, indem sie keine eigenen Gefühle oder Bedürfnisse gespürt hat – aus Angst, böse zu sein und von ihnen verlassen zu werden.

Patientin: »Ich habe nie als eigenständiges Wesen existiert. Ich weiß gar nicht, was das ist und wie sich das anfühlt. Ich habe überhaupt keine eigene Identität, sondern bin nur das, was meine Eltern aus mir gemacht haben. Ich kann nur das denken und fühlen, was sie mir sagten. Ich musste wie eine Marionette sein und bin es heute noch. Oft spüre ich extrem intensive, alte Gefühle, verliere dann völlig den Bezug zur Realität. Manchmal bin ich nur eine leere Hülle. Weil ich keine eigene Identität habe, habe ich keine Existenzberechtigung und auch keinen Wert.«

Diagnosen
Komplexe Posttraumatische Belastungsstörung, Dissoziative Störung.

Biografie
Die Eltern trennten sich, als die Patientin 4 Jahre alt war. Im Laufe der Therapie erinnert sich die Patientin in Form von Flashbacks und Alpträumen an immer mehr Situationen von sexuellem Missbrauch durch den Vater und andere Männer. Zusätzlich war sie Folterungen ausgesetzt, wurde eingesperrt u. v. m. Im Rahmen der Behandlung wird deutlich, dass die Mutter wegschaute, wenn die Tochter sie um Hilfe bat, krank war oder unter Schmerzen litt. Im Gegenteil, die Mutter gab der Patientin die Schuld an allem, sie vernachlässigte sie oft und ließ sie alleine. Wenn die Patientin dann mit Wut oder Enttäuschung reagierte, bestrafte die Mutter sie mit Liebesentzug: »Du bist ein böses Kind.« Sie gönnte ihrer Tochter nichts Gutes und behinderte ihre schulische Entwicklung, indem sie die Patientin entmutigte: »Du schaffst sowieso kein Gymnasium, dazu bist du zu dumm.«

Unerfüllte Grundbedürfnisse
Das Bedürfnis nach sicherer Bindung wurde von beiden Eltern nicht erfüllt – im Gegenteil, Bindung war nur unter kompletter Selbstaufgabe möglich und war oftmals mit Todesangst verbunden. Das Bedürfnis nach Autonomie und eigener Identität sowie Lustgewinn blieb unerfüllt, da alle spontan geäußerten Gefühle, Bedürfnisse und Impulse der Patientin von den Eltern bestraft wurden. Einen unabhängigen, stabilen Selbstwert konnte die Patientin somit nicht aufbauen.

Therapieziele
Oberstes Ziel ist der Aufbau eines unabhängigen, stabilen Selbstwerts, der eine Akzeptanz und Integration aller Traumaerfahrungen ermöglicht. Dadurch kann auch eine Identitätsbildung stattfinden. Die Abgrenzung von allen internalisierten, dysfunktionalen Botschaften beider Eltern sowie der anderen Täter dient dabei deren Entmachtung.

Fallkonzeption
Die Therapie startet mit der zentralen und äußerst wichtigen Einordnung der dissoziierten Modi der Patientin in eine Moduslandkarte. Mit dieser Arbeit beginnt zugleich die Förderung der Selbstreflexionsfähigkeit sowie der Entwicklung einer Beobachterperspektive. Dies legt den Grundstein sowohl für die Möglichkeit zur Distanzierung vom Abwertermodus, für die Aufhebung von dysfunktionalen Bewältigungen als auch für das empathische Erleben und den Umgang mit dem verletzten Kindmodus.

1) Abwertermodus:
   Die Abwerterstimmen setzen sich aus internalisierten Botschaften, Interpretationen des Kindes und tatsächlich geäußerten Sätzen der Täter zusammen. Sie sind extrem dominant und für die Patientin »real«: »Du bist ein Nichts.« Besonders verstörend sind Sätze wie: »Du bist wie wir! Du willst all das selbst! Also bist du auch böse und damit wertlos!« Oftmals gehen diese Stimmen über in Katastrophisierungen mit massivem, nach außen gerichtetem Misstrauen: »Das Gegenüber wird dich missbrauchen und dich dann zerstören und vernichten!«
2) Kindmodi:
   Es existieren zahlreiche, dissoziierte Kindanteile mit intensiven Gefühlen (Todesangst, Wut) und zugehörigen Handlungsimpulsen.
3) Dysfunktionale Bewältigungsstrategien:
   - *Unterordnung:*
     lieb und gefügig sein, dem anderen alles recht machen, anklammern.
   - *Vermeidung:*
     passiv: dissoziieren, tagelang schlafen, kühle Fassade zeigen,
     aktiv: exzessiv Alkohol trinken, Selbstverletzung (Kopf gegen die Wand schlagen); aggressiver Beschützer: patzige Antworten geben, Partner wegstoßen, alle anschreien, wegrennen.
   - *Überkompensation:*
     Zerstörer-/Kampfmodus: andere verbal attackieren, beschimpfen, mit Gegenständen nach Partner und Sohn werfen

Interventionen
Imagination
Die erinnerten Traumaszenen im engeren Sinne werden mit Hilfe von ausführlichen Imaginationsübungen bearbeitet (▶ Kap. 6.2). Hierbei ist der Einsatz vieler Hilfspersonen notwendig sowie der Ausbau eines sicheren Ortes, um einen dauerhaften Schutz der Kindanteile zu gewährleisten. Die Versorgung dieser Anteile stellt eine große Herausforderung dar und gelingt ebenfalls mit Hilfe von wohlwollenden, weisen Hilfspersonen, die der gesunden Erwachsenen zur Seite stehen.

Stühlearbeit
Die Aufstellung der Stühle im Raum dient wie die Moduslandkarte dazu, die Reflexionsfähigkeit zu stärken und funktionale von dysfunktionalen Anteilen zu

trennen, um das Identitätserleben aufzubauen. Den größten Teil der Therapie nimmt die immer wieder durchgeführte Entmachtung von Täterintrojekten, Abwerterstimmen und Elternpersonen ein, die mit dem Aufbau der gesunden Erwachsenenkompetenzen einhergeht.

Beziehung zur Therapeutin
Die Beziehung zur Therapeutin ist für die Patientin einerseits hilfreich, da das Grundbedürfnis nach Bindung in begrenztem Maße nachgeholt werden kann. Andererseits ist dies immer wieder mit großer Angst verbunden, weil Verlust- und Vernichtungsängste ausgelöst werden. Die daraus entstehenden dysfunktionalen Handlungsimpulse (z. B. anklammern, die Therapie abbrechen wollen) werden reflektiert, eingeordnet und bearbeitet.

Kognitive Umstrukturierung
Eine wichtige Säule zum Aufbau des gesunden Erwachsenenmodus stellen von Beginn an die kognitiven Interventionen dar. Bei der Patientin kann dabei sehr fruchtbar an ihre bereits vorhandene, ausgeprägt positive Bewertung einer logisch-empirischen Herangehensweise an das Leben angeknüpft werden. Diese Haltung ist eine wichtige Ressource, die durch die kognitiven Interventionen maximal genutzt wird. Die Patientin ist stolz darauf, klug zu sein, und fühlt sich durch neutrale, wissenschaftlich fundierte Informationen entlastet. Sie erkennt klares, realitätsbezogenes Denken als wichtiges Instrumentarium, um emotionalen Gedächtnisinhalten und Abwertermodi etwas entgegensetzen zu können. Teilweise ist ihr Ehrgeiz angefacht, schlauer und wissender zu sein als die Täter – dies stellt eine wichtige motivationale Komponente dar und verstärkt die Abgrenzungskompetenz deutlich.

Die Aktualisierung und das Stillen des Bindungsbedürfnisses ist für die Patientin zwar von großer Bedeutung, dies kann jedoch nur gelingen, wenn zugleich der Selbstwert gestärkt wird, um eine prinzipielle Unabhängigkeit in Beziehungen (auch gegenüber der Therapeutin) zu erreichen.

Aufbau von Identität und Selbstwert
Der Aufbau von Identität und Selbstwert erfolgt parallel: Gleich zu Beginn der Therapie werden zwischenmenschliche Werte erarbeitet. Hierfür ist die Patientin leicht zugänglich, weil sie über viel Empathie für andere (z. B. für ihren Sohn oder ihre beste Freundin) verfügt. Der evolutionsbiologische Bezug stellt für sie eine übergeordnete Wahrheit dar, die ihr Halt und Orientierung gibt. Immer wieder ist es wichtig, sie darauf hinzuweisen, dass sie sich selbst frei und bewusst für ihre Selbstbewertung entscheiden kann.

In einem sokratischen Dialog, kombiniert mit psychoedukativen Elementen, werden die bereits genannten zwischenmenschlichen Selbstwertkriterien erarbeitet – mit dem Verständnis, dass der Mensch ein soziales und kooperatives Wesen ist. Im Zentrum steht die Grundannahme: Alles Leben ist durch seine Existenz wertvoll. Die daraus abgeleitete Schlussfolgerung lautet: Also bin auch ich bedingungslos wertvoll (unabhängig davon, was mir widerfahren ist). Die Täter-Opfer-Umkehrung in der Selbstbewertung wird aufgehoben. Die Frage nach der Verantwortung eines abhängigen Kindes wird entschieden, und das Handeln der Täter wird als maximal widersprüchlich zu den zwischenmenschlichen Werten bewertet. Auch wenn diese Einstellungen etwas banal klingen mögen, ist es für die Entwicklung der Fähigkeit zur Abgrenzung gegenüber den Abwertervorwürfen entscheidend, dass die Patientin diese Sätze aufschreibt, sie sich zu Hause durchliest und sie in jeder Sitzung als Selbstverbalisation vor und in den emotionsfokussierten Übungen in unterschiedlichen Schattierungen wiederholt. Erst dadurch gelingt im Sinne einer Neubewertung eine zunehmende Internalisierung und Koppelung an die dysfunktionalen Schemata. Der Patientin wird die Problematik der emotionalen Beweisführung vermittelt: Das Leiden unter dem Vorhandensein von Schuldgefühlen und dysfunktionalen Schemata in der Patientin wird emotionsaktivierend betrauert und nicht mehr als Beweis für deren Richtigkeit genommen. Lisa wird für das Bestehen dieser leidvollen Seiten getröstet.

Ist eine überzeugte, logische Berechtigung für die Anwendung der zwischenmenschlichen Werte auch auf die eigene Person etabliert, integriert die Therapeutin zunehmend konfrontative, auf die Eigenverantwortung abzielende Interventionen in die Stühlearbeit. Wenn sich die Abwerterstimmen besonders mächtig zu Wort melden und die Patientin sich ihnen unterwerfen möchte, greift die Therapeutin ein.

Therapeutin: »Sie dürfen sich dem Abwerter dauerhaft unterwerfen. Sie sind selbstbestimmt. Sie dürfen selbst wählen. Es ist Ihre Entscheidung. Jetzt sind Sie selbst verantwortlich, ob Sie liebevoll mit sich, mit der kleinen Lisa umgehen. Sie selbst tragen alle Konsequenzen, wenn Sie den abstoßenden, alten Abwertern und Tätern weiterhin glauben und sich von diesen Ihre eigene Bewertung der Ereignisse diktieren lassen. Niemand kann Ihnen diese Aufgabe abnehmen, auch ich nicht. Möchten Sie als GE diese Verantwortung übernehmen und daran wachsen oder weiterhin im alten Sumpf vegetieren und wie in einem totalitären Staat alles blind befolgen?«

(Der Grad der Provokation richtet sich nach der Stabilität der Patientin).

Stärkung des Identitätserlebens
Die Schwierigkeit im Identitätserleben der Patientin ist durch mehrere Faktoren bestimmt. Die verinnerlichten Abwerterstimmen führen zu einer Ablehnung der eigenen Person und damit letztendlich zur Ablehnung aller berechtigten Bedürfnisse und vorhandenen Fähigkeiten. Bedürfnisse und Fähigkeiten machen bei gesunden Menschen zusammen mit den Temperamentsfaktoren, der eigenen Lebensgeschichte und den aktuellen Lebensumständen eine konstruktive Identität aus. Bei der Patientin wird jedoch die Erfüllung von Grundbedürfnissen aufgrund der Selbstabwertung als unberechtigt angesehen. Damit bleibt nur die Abwerterstimme als identitätsbildend übrig. Die Auflösung dieses

Konfliktes erfolgt durch die dargestellte Abgrenzung von den Täterstimmen und von den Eltern in der Imagination und Stühlearbeit. Dies löst zunächst Angst aus: »Ich bin ja dann niemand mehr, sondern nur eine leere Hülle.« Diese Lücke in der Identität wird allmählich gefüllt – durch ausführliche Beschreibungen des eigenen Wesens, der Lebensgeschichte, der Fähigkeiten und Werte, der eigenen Bedürfnisse, und zwar ohne Selbstabwertungen, sowie durch die Trennung der Verantwortlichkeiten eines Kindes und eines Erwachsenen. Dabei auftauchende Abwerterstimmen werden immer wieder durch den GE entmachtet. Die Patientin kann sich selbst zunehmend als eigenständige Person definieren und erleben (Kindmodi und gesunder Erwachsenenmodus), sich gegenüber destruktiven Abwerter- und Täteranteilen abgrenzen und sich selbst als wertvollen Menschen ansehen und empfinden.

Trauerarbeit
Am Ende des Therapieprozesses findet in Kombination mit dem Ausblick auf die neuen zukünftigen Möglichkeiten, das eigene Leben als wertvoller Mensch selbstfürsorglich zu gestalten, eine intensive Trauerarbeit statt. Diese bezieht sich auf die nicht erfüllten Grundbedürfnisse sowie auf die daraus resultierenden Beschränkungen und Behinderungen im Erwachsenenleben: etwa darauf, in der Kindheit und Jugend eine außerordentlich grausame Welt erlebt zu haben – eine Erfahrung, die kaum jemand in diesem Ausmaß teilt – oder später keinen erfüllenden Beruf erlernt zu haben.

10 Abwerter entmachten und gesunden Erwachsenenmodus stärken – im Alltag einüben

10.1 Selbstständiges Üben – »Gefühle exponieren« und »Abwerter entmachten«

Wie bereits dargestellt, ist das selbstständige Wiederholen aller Interventionen durch die Patientin in ihrem Alltag von großer Wichtigkeit. Zum einen können Gedächtnisinhalte gerade von zentralen Schemata nicht willentlich gelöscht werden. Es ist lediglich möglich, neue Bewertungen zu erlernen und diese an vorhandene Schemata anzufügen. Dieser Lernprozess benötigt viele Durchgänge. Vor allem die Kopplung von Gedanken aus dem bewusst kognitiven Bereich an hoch automatisierte und emotional stark vernetzte Schemata verlangt geduldiges, kontinuierliches Üben. Die notwendigen Wiederholungen ausschließlich in den Sitzungen durchzuführen, wäre weder effektiv noch realistisch. Die Veränderung solcher Automatismen zieht sich oft über Jahre hinweg.

Außerdem besteht das Ziel einer Psychotherapie auch darin, eine möglichst große Selbstbestimmtheit und Unabhängigkeit der Patientin zu erreichen. Eine Steigerung von Selbstvertrauen und Selbstwirksamkeit steht dabei immer im Fokus. Deshalb wird der Patientin sowohl ein verständliches Störungsmodell vermittelt als auch die Fähigkeit, die Interventionen selbstständig durchzuführen. Sie soll zu ihrer eigenen wohlwollenden Therapeutin werden.

Als Hilfestellung formulieren wir dazu im Folgenden die Imagination und die Stühlearbeit als Anleitung für Patientinnen.

10.1.1 Patientinnenanleitungen Imagination und Stühlearbeit

> **Patientinneninformation – Selbstständiges Üben von Imagination und Stühlearbeit**
>
> Wie wir besprochen haben, können wir im Gedächtnis nichts löschen. Wir können nur jederzeit Neues hinzulernen. Unser Ziel ist es, dass Sie zu den Erinnerungen an die schmerzlichen Ereignisse in Ihrem Leben etwas hinzulernen: nämlich, dass die Schlussfolgerungen, die Sie daraus für Ihren Selbstwert gezogen haben, nicht zutreffen.

Wir möchten die neuen Selbstwertkriterien, die wir gemeinsam erarbeitet haben, und die neue Bewertung des Verhaltens der Eltern/Mitschülerinnen usw. mit den alten, nicht hilfreichen, schmerzlichen Erinnerungen und Schlussfolgerungen verbinden. Das ist eine Lernaufgabe. Wie Sie selbst sicherlich schon oft erlebt haben, benötigt Lernen ein geduldiges und fleißiges Wiederholen. Deshalb ist es hilfreich, alle Übungen, die wir in der Therapie durchführen, selbstständig im Alltag zu wiederholen. Es gibt zwei Situationen, in denen Sie üben können.

Zum einen ist es hilfreich, in Situationen, in denen Sie Selbstwertabwertungen bemerken oder Selbstwertzweifel spüren, achtsam innezuhalten und sich die neuen Selbstwertkriterien sowie die Argumente dafür vor Augen zu führen. Sie üben, eine Imagination oder Stühlearbeit mit den neuen Selbstwertkriterien in der Vorstellung durchzuführen.

Die andere Möglichkeit besteht darin, sich – solange Sie noch nicht so viel Übung haben oder Ihnen in der konkreten Situation die Zeit fehlt, sofort zu reagieren – am Abend ganz bewusst Zeit für das Üben zu nehmen. Erinnern Sie sich an eine Situation des Tages oder aus Ihrer Lebensgeschichte, in der das Minderwertigkeitsgefühl aufgetreten ist, und führen Sie die entsprechenden Übungen durch. Am Abend können Sie – wie in unseren Sitzungen – die vier Stühle aufstellen und nacheinander die Positionen einnehmen: für den Abwerter, für Sie als verletzbares oder wütendes Kind/Jugendliche, für Ihr altes Bewältigungsverhalten und für Ihren gesunden, selbstständigen, Gefühle ertragenden und Sie beschützenden erwachsenen Anteil.

Patientinnenanleitung – Imagination zum selbstständigen Üben

Wenn Sie sich nicht gerade schon in einer entsprechenden Situation befinden, wählen Sie zunächst eine Alltagssituation aus, in der Sie Selbstwertzweifel oder Minderwertigkeit erlebt haben.

Schätzen Sie anhand Ihrer bisherigen Erfahrung ein, ob Sie in der Imagination in eine Übererregung geraten könnten. Dann vergegenwärtigen Sie sich nochmal Ihre Selbstberuhigungsstrategien, die wir besprochen haben: zum Beispiel die Imagination eines sicheren Ortes, eine möglichst konkrete Beschreibung der realen Umgebung, in der Sie sich befinden, oder auch ein Verlassen der Situation und körperliche Bewegung. Es ist jederzeit möglich, die Imagination zu unterbrechen und die damit verbundenen Gefühle in »Häppchen« aufgeteilt und immer intensiver zuzulassen und zu erleben. So behalten Sie jederzeit die Kontrolle und können sich an das Erleben der Gefühle herantasten.

Jetzt beginnen Sie mit der Imaginationsübung.

Ausgangssituation: Gefühl wahrnehmen
Stellen Sie sich nun die belastende Situation, mit der Sie unzufrieden waren und in der Sie ein Minderwertigkeitsgefühl gespürt haben, möglichst bildhaft vor.

Schließen Sie am besten die Augen und lassen Sie diese Situation wie einen Film vor Ihrem inneren Auge ablaufen. Beschreiben und benennen Sie die Gefühle, die Sie dabei erleben. Wo und wie spüren Sie die körperlichen Aspekte der Gefühle? Versuchen Sie diese möglichst stark und deutlich wahrzunehmen. Was ist der emotionalste Moment?

Affekt-Brücke in die Vergangenheit
Können Sie den intensivsten Moment spüren, halten Sie das belastende Gefühl weiter bewusst aufrecht. Lassen Sie sich jedoch mit geschlossenen Augen aus der beschriebenen aktuellen Situation zurücktreiben und Szenen und Bilder aus Ihrer Kindheit und Jugend aufsteigen, in denen Sie das gleiche Gefühl wie jetzt erlebt haben. Lassen Sie die Erinnerung passiv aufsteigen.

Das Gefühl dient als Brücke zu früheren Erfahrungen aus Ihrer Kindheit und Jugend, die dysfunktionale Selbstwertschemata entstehen lassen haben.

Ist ein biografisches Ereignis aufgetaucht, bei dem Sie dieses Gefühl zum ersten Mal oder auf besonders eindrückliche Weise erlebt haben, wiederholen Sie die Verstärkung des gefühlten Erlebens dieser Situation. Beschreiben Sie möglichst genau in der Gegenwartsform, was gerade passiert. Schlüpfen Sie ganz in die Rolle des Kindes und lassen Sie es antworten. Was sehen Sie? Wo findet die Szene statt? Beschreiben Sie die Umgebung von damals. Welche Personen sind anwesend? Beschreiben Sie die Personen. Was riechen Sie? Was hören Sie? Welches Gefühl ist als erstes entstanden? In welchem Moment ist Ihr Gefühl am stärksten? Wie fühlt sich das im Körper an? Halten Sie in diesem Moment den inneren Film an, lassen Sie die Augen geschlossen und gehen Sie nicht wie gewohnt in die alte, damals gewählte, dysfunktionale Handlung. Fragen Sie das Kind nun: Was bräuchtest du jetzt wirklich? Was würde dir jetzt helfen?

Wechsel in die gesunde Erwachsenenperspektive und Hinzuziehen von Hilfspersonen
Wir verlassen nun bewusst die Perspektive des Kindes und wechseln in unser gesundes Erwachsenen-Ich. Gehen Sie auch körperlich in diesen Anteil, indem Sie sich strecken, Ihr Rückgrat spüren, mit dem Boden Kontakt aufnehmen und sich Ihre ganze Lebenserfahrung bewusst machen. Wir erinnern uns nun an die vorher erarbeiteten Werte. An welchen Werten möchten Sie sich nun als gesunde Erwachsene orientieren? Auf die Einhaltung und Verwirklichung welcher Werte möchten Sie pochen? Welche Werte haben wir im Vorhinein als die hilfreichsten Selbstwertmaßstäbe herausgearbeitet? Was würde eine gesunde Erwachsene am Verhalten der anderen kritisieren? Wie würden Sie ein Kind in solch einer Situation schützen und trösten?

Stellen Sie sich nun möglichst lebendig und mit viel Gefühl vor, als helfende Erwachsene hinzuzutreten. Sie können sich auch eine gute Freundin vorstellen. Oder gibt es andere Personen aus Ihrer Lebensgeschichte, die Sie unterstützt haben? Bitte verwenden Sie keine Person, der Sie ein ambivalentes Gefühl gegenüber haben. Alternativ können Sie auch eine starke, mutige, selbstbewusste Fantasie- oder Märchenfigur nehmen. Aufgabe der helfenden Erwachsenen ist es, das Kind zu schützen, den Selbstwert des Kindes mit den erarbeiteten

Selbstwertkriterien zu bestätigen, dem Kind Geborgenheit zu geben und auch für die sonst noch unerfüllten Grundbedürfnisse zu sorgen.

Entmachtung der schädigenden Personen
Die helfende Erwachsene entmachtet nun die in Ihrer Szene anwesenden Personen, die das Kind damals vernachlässigt, überfordert und abgewertet haben (meist die Eltern).

Widersprechen Sie anhand Ihrer oben erarbeiteten Werte und Selbstwertkriterien der Berechtigung, so zu handeln oder sich so zu äußern, wie es die verletzenden Personen damals getan haben. Stellen Sie den Schutz des Kindes sicher. Dieser Schutz muss so stark hergestellt werden, dass Sie eine Veränderung des Gefühls in Richtung Erleichterung und Ermächtigung spüren. Das kann auch so weit gehen, dass Sie das Kind in Ihrer Vorstellung aus der Situation entfernen oder die Polizei oder auch noch andere mächtige Personen hinzunehmen. Stellen Sie sich dann vor, wie diese den Aggressor entmachten, indem sie sich von seinen Selbstwertkriterien abgrenzen, Ihren Selbstwert bestätigen und Sie beschützen.

Versorgung des Kindes
Nun schlüpfen Sie wieder in die Rolle des Kindes. Nachdem Sie sich sicher und geschützt fühlen, fragen Sie sich: »Was braucht das Kind eigentlich? Was wünscht es sich noch?« Stellen Sie sich nun vor, wie auch all die anderen Grundbedürfnisse, die Sie – neben dem jetzt erfüllten Schutz, der gewonnenen Wertschätzung und der erhaltenen Liebe durch den gesunden Erwachsenen – als Kind eigentlich gehabt hätten, ausführlich und intensiv befriedigt werden. Dies kann durch Worte, aber auch durch Körperkontakt geschehen (z. B. das Kind auf den Arm nehmen, es halten).

Ob dieses Ziel erreicht wurde, können Sie an der Entspannung und einem wohligen zufriedenen Gefühl im Bauch- und Brustbereich erkennen.

Haben Sie sich erlaubt, Ihre eigentlichen Grundbedürfnisse zu erfüllen, und dabei ein zufriedenes Gefühl erreicht, belohnen Sie sich zum Abschluss mit einer Aktivität, die dem Kind guttut – gemeinsam mit Ihrer Helferin (entweder Sie selbst oder andere Hilfspersonen). Dies ist unser »Abschlussbild«, das wir im Gedächtnis behalten wollen, damit es jederzeit wieder erinnert werden kann.

Rückkehr in die Ausgangssituation
Haben Sie das erreicht, kehren Sie bitte – weiterhin mit geschlossenen Augen – mit dem veränderten Gefühl imaginativ in die aktuelle Ausgangssituation zurück.

Versetzen Sie sich erneut intensiv, aber mit dem veränderten, »neuen« Gefühl in die aktuelle Situation hinein. (Falls dieses neue Gefühl schwächer wird, liegt das meist daran, dass eine Abwerter- oder Katastrophisiererstimme auftaucht. In diesem Fall widersprechen Sie dieser Stimme nochmals so lange, bis Sie wieder im gesunden Erwachsenenmodus angekommen sind.)

Lassen Sie aus dem »neuen« Gefühl heraus veränderte Handlungsimpulse aufsteigen. Imaginieren Sie, wie Sie diese Handlungen ausführen. Stellen Sie sich vor, welchen Effekt das neue Verhalten auf das Gegenüber hat. Wie reagiert die andere Person jetzt? Lassen Sie die Eindrücke noch etwas wirken, kehren Sie dann langsam in Ihrem Tempo wieder zurück in das Hier und Jetzt und öffnen Sie die Augen. Um das Erlebte zu festigen, können Sie nun noch einen wichtigen Merksatz aus der Sicht des gesunden Erwachsenen aufschreiben.

Meist zeigt sich der verblüffende Effekt, dass Menschen, die es geschafft haben, sich in der verletzenden kindlichen Situation anders als bisher zur Wehr zu setzen, auf der Basis des sich daraus ergebenden neuen Gefühls auch in ihrem aktuellen Leben fast »wie von selbst« im gesunden Erwachsenenmodus handeln. Sie sind in der Lage, sich adäquat zu schützen und für die Befriedigung ihrer Bedürfnisse zu sorgen.

Die neuen Handlungsweisen hängen dann nicht mehr von den alten, in die aktuelle Situation hineinprojizierten Interpretationen ab, sondern von den realen Gegebenheiten des Ereignisses und den Kompetenzen als Erwachsener. Sie werden in Ihrem Handeln nicht mehr (zumindest nicht mehr so stark) von den alten, dysfunktionalen Erlebensschemata gesteuert. Infolgedessen können Sie sich entweder auch in der aktuellen Situation besser schützen oder Sie fühlen sich momentan gar nicht mehr bedroht. Dann können Sie sich auf die positiven Seiten der jetzigen Situation fokussieren und sich daran erfreuen.

Patientinnenanleitung – Stühlearbeit zum selbstständigen Üben

Wie wir in der allgemeinen Anleitung für das selbstständige Üben bereits dargestellt haben, ist das fleißige Wiederholen der Entmachtung des Abwerters für die Veränderung der emotionalen Automatismen von großer Bedeutung. Sowohl die Sensibilisierung für die Häufigkeit, mit welcher der Abwerter sich zu Wort meldet, als auch die Festigung der Entmachtung durch den gesunden Erwachsenenanteil benötigen viel Übung.

Deshalb möchten wir Ihnen hier eine Anleitung mitgeben, die Sie dabei unterstützt, die Stühlearbeit in den Problemsituationen durchzuführen – oder am Abend zu Hause, wenn Sie den Tag Revue passieren lassen.

Ausgangspunkt für den Stühledialog ist eine Situation, in der Sie einen Selbstwertzweifel empfinden. In solch einer Situation ist vermutlich der innere Abwerter am Werk.

Vorbereitung
Als Vorbereitung für die tägliche Übung ist es hilfreich, sich zunächst die erarbeiteten und schriftlich notierten werteorientierten Selbstwertkriterien durchzulesen und zu vergegenwärtigen. Sie können sich auch noch einmal die Begründungen vor Augen führen, warum es berechtigt ist, diese werteorientierten Selbstwertkriterien auch auf sich selbst anzuwenden. Wagen Sie es, Ihrer emotionalen Beweisführung – also dem Gedanken, dass Gefühle die Wahrheit ab-

bilden, obwohl sie in Wirklichkeit lediglich interpretierte Erfahrungen widerspiegeln – zu widersprechen. Nutzen Sie dafür das Kernargument: »Alle Menschen sind (alles Leben ist) gleich wertvoll. Da ich ein Mensch (Lebewesen) bin, bin auch ich wertvoll und gleich wertvoll«.

Konflikt zwischen Ihren Bedürfnissen (Kindmodus) und dem Abwerter herausarbeiten
Stellen Sie zunächst zwei Stühle einander gegenüber auf – einen für den Abwerter und einen für den Kindmodus – und setzen Sie sich auf den Abwerterstuhl. Welche abwertenden oder beängstigenden Äußerungen macht Ihr innerer Abwerter in solch einer Situation?

Sprechen Sie nun alle Abwertungen und alle beängstigenden Äußerungen, die Ihnen in solch einer Situation durch den Kopf gehen, direkt in der »Du-Form« an den Kindmodus-Stuhl gerichtet laut und möglichst emotional aus.

Danach wechseln Sie den Stuhl und versetzen sich bzw. fühlen sich ganz in den Teil hinein, der sich vom inneren Abwerter angesprochen oder berührt fühlt. Meist ist das der verletzbare, ängstliche, ärgerliche oder traurige Kindmodus.

Erlauben Sie sich, die auftretenden Gefühle möglichst intensiv, auch körperlich, zu erleben. »Feuern« Sie sich an, möglichst stark zu fühlen. Die Gefühle sind eine verständliche Reaktion auf die abwertenden Worte des Abwerters.

Falls Ihnen dabei weitere abwertende Aussagen in den Sinn kommen, setzen Sie sich zurück auf den Abwerterstuhl und sprechen auch diese noch in der »Du-Form« dem Kindmodus gegenüber aus.

Diese Phase dient der möglichst intensiven Aktualisierung der relevanten Basisemotionen (meist Angst oder Ärger) und dem Aufdecken aller abwertenden, bisher automatisch unbewussten Gedanken und dysfunktionalen Selbstwertkriterien.

Wechsel in den gesunden Erwachsenenmodus
Haben Sie alle abwertenden Gedanken ausgesprochen und können Ihre emotionale Reaktion darauf gut spüren, dann wechseln Sie ganz bewusst in den gesunden Erwachsenenmodus. Hierzu stehen Sie bitte auf. Um gut in diesen Anteil hineinzufinden, strecken Sie sich und spüren Sie Ihre Körpergröße, Ihre Schultern, Ihr Rückgrat, um so einen Überblick zu bekommen und zugleich Ihre gesamte geistige und körperliche Kraft zu spüren.

Nun fragen Sie sich selbst, wie Sie das finden, was der innere Abwerter mit dem Kind macht. Welches Gefühl bekommen Sie, wenn Sie sich das von außen, aus einer Beobachterperspektive – wie »von oben oder außen« betrachtet – anschauen? Fällt es Ihnen schwer, diese Beobachterperspektive einzunehmen, stellen Sie sich vor, eine gute Freundin hätte diesen Dialog zwischen Ihrem inneren Abwerter und dem verletzbaren Kindmodus beobachtet oder Sie hätten das bei Ihrer Freundin beobachtet. Welche Gefühle bekommen Sie dann? Denken Sie dabei auch daran, welche hilfreichen Selbstwertkriterien Sie in der Psychotherapie herausgearbeitet haben und welche Sie in ihrem weiteren Leben verwenden möchten. Fragen Sie sich: Wann ist ein Mensch wirklich wertvoll?

Welches Handeln ist wirklich wertvoll? Entspricht das Verhalten des Abwerters Ihren Vorstellungen davon, welchen Umgang zwischen zwei Menschen Sie als wertvoll empfinden?

Um die Beobachterperspektive zu fördern, können Sie auch überlegen, welche Person dieser innere Abwerter vertritt. Welche Person aus Ihrem Leben spricht da zu Ihnen? In welcher Lebensphase ist der Abwerter entstanden?

Entmachtung des Abwerters
Die wichtigste Basis für die »Entmachtung« ist das, was Sie sich in der Psychotherapie erarbeitet haben. Zentral dabei ist die Sicherheit in Ihrer Überzeugung, welche Werte Sie im Umgang mit Menschen (Lebewesen) wirklich als wertvoll erachten und welche Kriterien für Sie bestimmen, wann ein Mensch (Lebewesen) – und damit auch Sie selbst – als wertvoll gilt. Für welche Selbstwertkriterien haben Sie sich als erwachsener, unabhängiger Mensch entschieden?

Mit Hilfe dieser zuvor erarbeiteten Bewertungskriterien widersprechen Sie nun den Bewertungen durch den inneren Abwerter. Teilen Sie ihm Ihren Ärger über seine unkonstruktive Lieblosigkeit mit – möglichst laut, in der »Du«-Form und mit großer emotionaler Beteiligung. Vertreten Sie Ihre Meinung, wann ein Mensch wertvoll ist. Grenzen Sie sich in einem klar ausgesprochenen Statement von den Bewertungen und lieblosen Forderungen des Abwerters ab. Nutzen Sie dafür die Kraft Ihres Ärgers und Ihre mittlerweile sehr fundierte Überzeugung, wann ein Mensch wertvoll ist.

Haben Sie den Abwerter, den Katastrophisierer und die damit verbundenen Personen widerlegt und sich von ihnen abgegrenzt, wenden Sie sich nun – sitzend – dem verletzbaren Kindmodus zu und fragen Sie ihn: Was brauchst du eigentlich?

Versorgung des verletzbaren Kindmodus
Sprechen Sie Ihrem inneren Kindanteil Ihr Mitgefühl aus. Bestätigen Sie dem Kindmodus, dass die Gefühle, die er durch die Abwertungen entwickelt hat, völlig nachvollziehbar sind (»Ich nehme deine Angst wahr, diese ist verständlich.«). Teilen Sie ihm mit, dass Sie völlig anderer Meinung sind als der innere Abwerter. Bestätigen Sie Ihrem inneren Kindanteil, dass seine Grundbedürfnisse – nach Geliebtwerden, Dazugehören, Sicherheit und dem Gefühl, wertvoll zu sein – völlig gesund und berechtigt sind. Jeder Mensch hat diese Bedürfnisse und darf sie auch haben. Sichern Sie Ihrem inneren Kindanteil zu, dass Sie ihn in Zukunft gegen den Abwerter beschützen und ihn nie mehr alleine lassen werden. Versprechen Sie ihm, Hilfe zu holen, falls Sie alleine überfordert sind.

Taucht bei dieser Übung innerlich Widerspruch gegen das auf, was der gesunde Erwachsene sagt, meldet sich darin erneut der innere Abwerter. In diesem Fall beginnt die Übung von vorne. Sie setzen sich wieder auf den Abwerterstuhl und sprechen erneut dessen Abwertungen aus. Spüren Sie wieder, welche Gefühle der Abwerter in Ihrem inneren Kindanteil auslöst. Entmachten Sie den Abwerter mit möglichst viel emotionaler Beteiligung aus der Position des gesunden Erwachsenen heraus. Denken Sie dabei wieder an die liebevollen

Selbstwertkriterien, die Sie sich erarbeitet haben. Achten Sie darauf, dass Sie auch einer möglicherweise vorgebrachten emotionalen Beweisführung des Abwerters widersprechen. Je machtvoller der innere Abwerter auftritt, desto wichtiger ist es, sich mit Geduld täglich Zeit für eine Wiederholung der Übung zu nehmen. Emotionale Schemata zu ändern, dauert lange.

Wie wir bereits dargestellt haben, bedeutet »etwas ändern«, etwas Neues zu lernen. Lernen heißt, etwas im Gedächtnis zu verankern. Die wichtigsten Mittel dafür sind verstehen, aufschreiben und wiederholen.

11 Hilfreiche Selbstwertkriterien mit weiteren zentralen Interventionen zur Stärkung des Selbstwertgefühls verknüpfen

Hat die Patientin neue Selbstwertkriterien etabliert, deren Verankerung im GE eingeübt, die alten dysfunktionalen Selbstwertkriterien im Abwertmodus entmachtet und die biografischen Entstehungsgründe betrauert, gilt es, sie zu ermutigen, sich mit ihren Bedürfnissen kooperativ durchzusetzen – gegenüber anderen, aber auch den eigenen Ängsten oder Bequemlichkeiten gegenüber.

Hat das Ziel der emotionalen Verankerung der gewählten, neuen Selbstwertkriterien in den biografischen Zusammenhängen und den darin verursachten dysfunktionalen Schemata eine kraftvolle Überzeugung erreicht, können alle weiteren dem Störungskonzept entsprechenden Interventionen einer Psychotherapie angefügt werden.

11.1 Dysfunktionale Vermeidungen durch Aufbau von Kompetenzen und Selbstvertrauen überwinden

Schon länger vorhandene Selbstwertprobleme hemmen die Entfaltung der Person. Das Potenzial, aus vorhandenen Talenten Lebenskompetenzen zu entwickeln, wurde nicht ausgeschöpft. Dysfunktionale Vermeidungen haben sich etabliert. Der Schwerpunkt bei der Behandlung von Selbstwertproblemen liegt demzufolge neben der Etablierung hilfreicherer Selbstwertkriterien beim Abbau von Vermeidungsverhalten. Es gilt, gemeinsam mit der Patientin, Erfolge in der Lebensbewältigung zu generieren. Voraussetzung dafür ist der Aufbau von Kompetenzen und Selbstvertrauen (Potreck-Rose & Jacob, 2018). Zwei Bereiche, in denen man Selbstvertrauen aufbauen sollte, sind dabei essenziell: zum einen das Selbstvertrauen, die mit der Überwindung von Vermeidungsverhalten zunächst verbundenen belastenden Gefühle – Ängste, Ärger und Trauerschmerz – ertragen zu können, und zum anderen, sich in zwischenmenschlichen Situationen mit den eigenen Bedürfnissen behaupten zu können.

11.1.1 Selbstvertrauen – belastende Gefühle ertragen können

Das Selbstvertrauen, belastende Gefühle ertragen zu können, entsteht durch die emotionsaktivierte Entmachtung des Abwerter- und Katastrophisierermodus und das Wahrnehmen, Schützen, Trösten, Ermutigen und Beruhigen des verletzbaren und ärgerlichen Kindmodus. Hinzu kommt die Planung und Durchführung von Expositionen in realen Angstsituationen gemäß den klassisch verhaltenstherapeutischen Interventionen, verbunden mit dem dargestellten schematherapeutischen Vorgehen.

11.1.2 Kommunikative Kompetenzen verbessern

Die Verwirklichung von eigenen Bedürfnissen steht beim Menschen als kooperativem Wesen fast immer im Zusammenhang mit zwischenmenschlichen Interaktionen. Deshalb ist eine konstruktive Kommunikation bei den meisten Patientinnen der zweite wichtige Bereich, in dem es gilt, Kompetenzen aufzubauen, um das Selbstvertrauen zu stärken. Deshalb wird bei jeder Patientin die Fähigkeit gefördert, eigene Bedürfnisse wahrzunehmen und deren Gefährdung und den Wunsch nach deren Befriedigung in »Ich-Form« auszusprechen. Das Modell der »gewaltfreien Kommunikation« nach Rosenberg (2007) sowie die Konzepte von Schulz von Thun (1981) und Watzlawick (1990) bilden die psychotherapeutischen Grundlagen, um diese Kompetenzen zu entwickeln. Es ist fast in jeder Psychotherapie sinnvoll, Patientinnen diese kommunikativen Kompetenzen zu vermitteln und sie in Rollenspielen und dann mit Hilfe von »Hausaufgaben« einzuüben.

Das auf die Selbstwertkriterien als zentraler Faktor eines stabilen Selbstwerts ausgerichtete psychotherapeutische Vorgehen dieses Buches wird durch die genannten Interventionen ergänzt. Weitere psychotherapeutische Maßnahmen ergeben sich aus bestehenden Komorbiditäten und dem für die Patientin individuell entwickelten Störungskonzept.

12 Schlusswort: Wir können uns entscheiden

Haben Menschen eine Wahlmöglichkeit bei ihren Selbstwertkriterien oder sind diese genetisch festgelegt? Die Antwort darauf lautet: beides. Durch die biologisch-genetisch bedingte Existenz mehrerer, auch recht unterschiedlicher Selbstwertkategorien verfügen Menschen über eine gewisse Wahlfreiheit. Wie alles im Leben, befindet sich der Mensch in ständiger Entwicklung: Wir können immer hinzulernen. Gleichzeitig gilt es aufgrund der biologisch-genetischen Komponente der Selbstwertkriterien, mit allen Selbstwertkategorien einen konstruktiven Umgang zu finden. Unser Selbstwert wird deshalb immer auch bis zu einem gewissen Grad von unseren Fähigkeiten, unseren Vergleichen mit anderen und von unserer sozialen Integration abhängig sein. Dennoch können wir einen Schwerpunkt hinsichtlich der Selbstwertkriterien setzen. Wer zwischenmenschliche Werte als Selbstwertkriterien in den Vordergrund stellt, wird in beträchtlichem und sehr hilfreichem Maße gegen die Erschütterung der Selbstwertüberzeugung durch Verluste von Fähigkeiten, Leistung und sozialer Anerkennung »immunisiert« (Greve & Wentura, 2003). Als Ausgleich für die Verwirklichung und den Umgang mit Selbstwertkriterien wie Fähigkeiten, Leistung, Konkurrenz und soziale Anerkennung haben Menschen sehr konstruktive Lösungen entwickelt.

- Leistung und Fähigkeiten lassen sich gut mit dem Selbstwert verbinden, wenn sie inhaltlich auf die zwischenmenschlichen Werte ausgerichtet werden.
- Konkurrenz- und durchsetzungsorientierte Selbstwertmaßstäbe sind einerseits biologisch im Wesen des Menschen verankert und erweisen sich andererseits in bestimmten Situationen als sehr hilfreich. Deshalb sollten sie – sowohl wegen ihres hohen Nutzens als auch im Sinne seelischer Gesundheit – weder geleugnet noch unterdrückt werden. Jeder Mensch hat – aufgrund seiner Wertschätzung als Person und seiner Wahlfreiheit – die Verantwortung, gut für sich zu sorgen. Dafür kann es nötig werden, sowohl sich selbst als auch die Fähigkeit zur Kooperation zu schützen. Genau hierzu motivieren die durchsetzungsorientierten Selbstwertkriterien.

Auch sich selbst gegenüber ist eine gute Durchsetzungsfähigkeit von großem Nutzen – etwa beim Erbringen von Leistung und dem Erwerb neuer Fähigkeiten. Leistung und Fähigkeiten sind Voraussetzungen für die Befriedigung aller Grundbedürfnisse und deshalb auch in der Psychotherapie besonders förderungswürdig. Schematherapeutisch ausgedrückt, drängt uns der undisziplinierte Kindmodus gerne dazu, Leistung und das Aneignen von Fähigkeiten zu verweigern. Auch in diesem Fall ist eine gute Durchsetzungsfähigkeit – diesmal gegen den undisziplinierten Kindmodus im Sinne von sich selbst Grenzen setzen

und Struktur geben – sehr hilfreich (▶ Kap. 3.1.2).
Für die Zeiten, in denen kein Schutz nötig ist, haben Menschen recht kooperative Lösungen entwickelt, um ihr Konkurrenzbedürfnis trotzdem konstruktiv ausleben zu können. An erster Stelle steht hier der Sport. Im Sport leben Menschen ihr Bedürfnis, besser als andere zu sein, spielerisch, mit viel Freude und ohne jemandem zu schaden, aus. Fairplay und ein friedlicher Umgang mit Gewinnen und Verlieren kann dabei hervorragend geübt werden.
Nehmen wir als Beispiel den Fußball. Was wäre ein Fußballspiel, wenn nicht beide Seiten gewinnen wollten? Was wäre ein Fußballspiel, wenn sich nicht alle Beteiligten mit aller Kraft völlig verausgaben würden, um zu gewinnen? Was wäre ein Fußballspiel, ohne zu bangen, zu hoffen und zu schreien – sei es vor Freude über ein Tor oder aus Verzweiflung? Aber was wäre Fußball, wenn wir all das nach dem Spiel ernst nehmen würden – wenn wir das Gewinnen zum Maßstab für unseren Selbstwert machen würden? Manche Menschen tun das – und genau das kann viel Leid erzeugen. Da nur ein kleiner Teil der Menschen so handelt, wird deutlich, dass Menschen das nicht zwangsläufig *müssen*. Sie können ihr Bedürfnis, besser zu sein, sehr gut spielerisch ausleben – in einem Modus »als ob es ernst wäre« – und das in gesunder und konstruktiver Weise neben dem Engagement für universelle kooperative Werte.
Menschen haben damit genügend Möglichkeiten, auch durchsetzungsorientierte Selbstwertkriterien konstruktiv zu verwirklichen. Hilfreich bleiben diese dann, wenn sie sich inhaltlich an zwischenmenschlichen Selbstwertkriterien orientieren und gleichwertige Kooperation zum Ziel haben.
- Für die soziale Integration und Anerkennung sorgen Menschen bereits aus ihrem Bindungsbedürfnis heraus. Damit wird dieses Bedürfnis befriedigt, auch wenn es nicht für den Selbstwert verwendet wird. Die Verwirklichung zwischenmenschlicher Werte als Selbstwertkriterien ist die sicherste Methode, um gleichzeitig die Befriedigung des Bindungsbedürfnisses zu erreichen.

Wie bereits dargestellt, können alle biologisch gegebenen Selbstwertkriterien konstruktiv verwendet werden. Nichts davon muss verleugnet oder unterdrückt werden.

Für die *langfristige Stabilität des Selbstwerts* ist es jedoch, wie wir zu begründen versucht haben, deutlich geschickter, die auf Gleichwertigkeit basierenden *zwischenmenschlichen* Werte zum Schwerpunkt der *Selbstwertkriterien* zu machen.

Teil V Verzeichnisse

Literatur

Aharoni, E. & Fridlund, A. J. (2011). Punishment without reason: Isolating retribution in lay punishment of criminal offenders. *Psychology, Public Policy, and Law*. Advance online publication. https://doi.org/10.1037/a0025821

Ambühl, H. & Orlinsky, D. (1999). Therapieziele aus der Perspektive der Psychotherapeut-Innen. In H. Ambühl & B. Strauss (Hrsg.), *Therapieziele* (S. 319–334). Göttingen: Hogrefe.

Arbeitskreis OPD (Hrsg.). (2007). *Operationalisierte Psychodynamische Diagnostik OPD-2* (2. Auflage). Bern: Huber.

Arntz, A. (2012). Imagery rescripting as a therapeutic technique: Review of clinical trials, basic studies, and research agenda. *Journal of Experimental Psychopathology. 3*(2), 189–208. https://doi.org/10.5127/jep.024211

Arntz, A., Rijkeboer, M., Chan, E., Fassbinder, E., Karaosmanoglu, A., Lee, C. W. & Panzeri, M. (2021). Towards a reformulated theory underlying schema therapy: Position paper of an international workgroup. *Cognitive Therapy and Research, 45*, 1007–1020. https://doi.org/10.1007/s10608-021-10205-w

Barbalat, G., Plasse, J., Gauthier, E., Verdoux, H., Quiles, C., Dubreucq, J., Legros-Lafarge, E., Jaafari, N., Massoubre, C., Guillard-Bouhet, N., Haesebaert, F. & Franck, N. (2022). The central role of self-esteem in the quality of life of patients with mental disorders. *Sci Rep, 12*(1), 7852. https://doi.org/10.1038/s41598-022-11655-1

Baumeister, R. F., Campbell, J. D., Krueger, J. I. & Vohs, K. D. (2003). Does high self-esteem cause better performance, interpersonal success, happiness, or healthier lifestyles? *Psychological science in the public interest, 4*(1),1–44. https://doi.org/10.1111/1529-1006.01431

Beck, A. (1993). *Kognitive Therapie der Persönlichkeitsstörungen* (2. Auflage). Weinheim: Beltz.

Berbalk, H., Grutschpalk, J., Parfy, E. & Zarbock, G. (2006): *Young Schema Questionnaire Short Form (3rd. Ed.)* – deutsche Fassung. Hamburg/Eckernförde: Institut für Schematherapie.

Bernstein, D. (2023). *Bernstein iModes. Building strengths in therapy* (E-Book). https://www.imodes.com/shop/building-strengths-in-therapy-ebook/

Beutler, L. E., Clarkin, J. F. & Bongar, B. (2000). *Guidelines for the systematic treatment of the depressed patient*. Oxford: Oxford University Press.

Bourdieu, P. (2015). *Die verborgenen Mechanismen der Macht* (durchgesehene Neuauflage der Erstauflage 1992). Hamburg: VSA Verlag.

Bowles, S. & Gintis, H. (2011). *A cooperative species: Human reciprocity and its evolution*. Princeton: Princeton University Press.

Brockmann, J., Schlüter, T. & Eckert, J. (2003). Therapieziele, Zieländerungen und Zielerreichung im Verlauf psychoanalytisch orientierter und verhaltenstherapeutischer Langzeittherapie. *Psychother Psychosom Med Psychol, 53*(3/4), 163–170. https://doi.org/10.1055/s-2003-38006

Brockman, R. N., Simpson, S., Hayes, C., van der Wijngaart, R. & Smout, M. (2023). *Cambridge guide to schema therapy*. Cambridge University Press.

Brosnan, S. F. & de Waal, F. B. M. (2014). Evolution of responses to (un)fairness. *Science, 346*(6207).

Brown, W. D. & Barry, K. L. (2016). Sexual cannibalism increases male material investment in offspring: quantifying terminal reproductive effort in a praying mantis. *Proc Biol Sci., 283*(1833), 20160656. https://doi.org/10.1098/rspb.2016.0656

Ciompi, L. (1988). *Außenwelt Innenwelt – Die Entstehung von Zeit, Raum und psychischen Strukturen*. Göttingen: Vandenhoek & Rupprecht.

Curry, O. S., Mullins, D. C. & Whitehouse, H. (2019). Is it good to corporate? Testing the theory of morality-as-cooperation in 60 societies. *Current Anthropology, 60*(1), 47–69.
Davison, G. C. & Neale, J. N. (1998) *Klinische Psychologie* (5. Auflage). Weinheim: Beltz.
Dawkins, R. (2014). *Das egoistische Gen* (2. Auflage). Berlin: Springer Spektrum.
Dawkins, R. (2016). *Der Gotteswahn*. Berlin: Ullstein.
Diener, E. & Diener, M. (1995). Crosscultural correlates of life satisfaction and self-esteem. *Journal of Personality and Social Psychology, 68*(4), 653–663. https://doi.org/10.1037/0022-3514.68.4.653
Dilling, H., Mombour, W. & Schmidt, M. H. (Hrsg.). (2015) *Internationale Klassifikation psychischer Störungen: ICD-10 Kapitel V (F) – Klinisch-diagnostische Leitlinien*. Göttingen: Hogrefe.
Dweck, C. S. (2017). From needs to goals and representations: Foundations for a unified theory of motivation, personality and development. *Psychological Review, 124*, 689–719.
Emmons, R. A. & Diener, E. (1985). Personality correlates of subjective well-being. *Personality and Social Psychology Bulletin, 11*(1), 89–97. https://doi.org/10.1177/0146167285111008
Epstein, S. (1990). Cognitive-experiential self-theory. In L. A. Pervin (Ed.), *Handbook of personality: Theory and research*. (pp. 165–192). New York: Guilford.
Epstein, S. (1993). Implications of cognitive-experiential self-theory for personality and developmental psychology. In D. C. Funder, R. D. Parke, C. Tomlinson-Keasey & K. Widaman (Eds.), *Studying lives through time: Personality and development* (pp. 9–29). New York: Plenum Press.
El Souessi, K. (Hrsg.). (2021). *Mystische Texte aus Ost und West*. Norderstedt: BoD.
Falkai, P. & Wittchen, H.-U. (Hrsg.). (2015). *Diagnostisches und Statistisches Manual Psychischer Störungen – DSM-5*. Göttingen: Hogrefe.
Fiedler, P., Marwitz, M. & Neumann, A. (2024). Selbstunsichere und ängstlich-vermeidende Persönlichkeitsstörungen, *PSYCH up2date, 18*(01), 57–78. https://doi.org/10.1055/a-2075-1310
Flammer, A. (1990). *Erfahrung der eigenen Wirksamkeit. Einführung in die Psychologie der Kontrollmeinung*. Huber, Bern.
Fonagy, P., Steele, H., Steele, M., Leigh, K., Kennedy, R., Mattoon, G. et al. (1994). Attachment, the reflective self, and borderline states. The predictive specifity of the adult attachment interview and pathological emotional development. In S. Goldberg, R. Muir & J. Kerr (Eds.), *Attachment theory: Social development and clinical perspectives*. NJ, Englewood Cliffs: Lawrence Erlbaum.
Frankl, V. E. (1985). *Der Mensch vor der Frage nach dem Sinn*. München: Piper.
Frankl, V. E. (2021). *Über den Sinn des Lebens* (5. Auflage). Weinheim: Beltz.
Freud, A. (2021). *Das Ich und die Abwehrmechanismen* (25. Auflage). Frankfurt: Fischer.
Freud, S. (1972). *Abriss der Psychoanalyse*. Frankfurt: Fischer.
Freud, S. (2021). *Das Unbehagen in der Kultur* (6. Auflage). Frankfurt: Fischer.
Fromm, E. (2015). *Anatomie der menschlichen Destruktivität* (25. Auflage). Hamburg: Rowohlt.
Goethe, J. W. (1984). *Gedichte. West-östlicher Divan. Buch des Unmuts*. Berlin: Insel.
Gottman, J. M. (2014) *Die 7 Geheimnisse der glücklichen Ehe*. Berlin: Ullstein.
Grawe, K. (1998). *Psychologische Therapie*. Göttingen: Hogrefe.
Grawe, K. (2004). *Neuropsychotherapie*. Göttingen: Hogrefe.
Greve, W. & Wentura, D. (2003). Immunizing the self: Self-concept stabilization through reality-adaptive self-definitions. *Personality and Social Psychology Bulletin, 29*(1), 112–125. https://doi.org/10.1177/0146167202238370
Grom, B. (1994). Religiosität und das Streben nach positivem Selbstwertgefühl. In G. Klosinsky (Hrsg.), *Religion als Chance oder Risiko: Entwicklungsfördernde und entwicklungshemmende Aspekte religiöser Erziehung*. Bern: Hans Huber.
Grom, B. (2007). *Religionspsychologie*. München: Kösel.
Harari, Y. N. (2013). *Eine kurze Geschichte der Menschheit*. München: Pantheon.
Hayes, S. C., Follette, V. M. & Linehan, M. M. (2012). *Achtsamkeit und Akzeptanz*. Tübingen: DGVT-Verlag.

Hefler, G., Böhnke, K. & Butz, P. (1999). Zur Bedeutung der Familie für die Genese von Fremdenfeindlichkeit bei Jugendlichen. Eine Längsschnittanalyse. *Zeitschrift für Soziologie der Erziehung und Sozialisation, 19*, 72–87.

Henriksen, I. O., Ranøyen, I., Indredavik, M. S. & Stenseng, F. (2017). The role of self-esteem in the development of psychiatric problems: a three-year prospective study in a clinical sample of adolescents. *Child Adolesc Psychiatry Ment Health, 11*(68). https://doi.org/10.1186/s13034-017-0207-y.

Jacob, G. & Arntz, A. (2015). *Schematherapie in der Praxis*. Weinheim, Basel: Beltz.

Joshanloo, M. (2024). Level and stability of self-esteem mediate relationships between personality traits and life satisfaction: Bayesian multilevel modeling with annual data. *Cognition and Emotion, 39*(4), 792–807. https://doi.org/10.1080/02699931.2024.2392615

Kanfer, F. H., Reinecker, H. & Schmelzer D. (1991). *Selbstmanagement-Therapie*. Berlin: Springer.

Kanning, U. P. (2000). *Selbstwertmanagement. Die Psychologie des selbstwertdienlichen Verhaltens*. Göttingen: Hogrefe.

Kanske, P. (2018). The social mind: disentangling affective and cognitive routes to understanding others. *Interdisciplinary Science Reviews, 43*(2), 115–124. https://doi.org/10.1080/03080188.2018.1453243

Kant, I. (1990). *Die Metaphysik der Sitten* (Originalwerk veröffentlicht 1797). Stuttgart: Reclam.

Lammers C.-H. (2007). *Emotionsbezogene Psychotherapie*. Stuttgart: Schattauer.

Lane, R. D., Ryan, L., Nadel, L. & Greenberg, L. (2015). Memory reconsolidation, emotional arousal, and the process of change in psychotherapy: New insights from brain science. *Behavioral and Brain sciences, 38*, 1–64. https://doi.org/10.1017/S0140525X14000041

Linehan, M. M. (2008). *Dialektisch-Behaviorale Therapie (DBT) der Borderline-Persönlichkeitsstörung: DBT-Therapiebuch*. München: CIP-Medien.

Lobbestael, J., van Vreeswijk, M., Spinhoven, P., Schouten, E. & Arntz, A. (2010). Reliability and validity of the Short Schema Mode Inventory (SMI). *Behav Cogn Psychother, 38*, 437–58. https://doi.org/10.1017/S1352465810000226

Lockwood G. & Perris, P. (2012). A new look at core emotional needs. In M. van Vreeswijk, J. Broersen & M. Nadort (Eds.), *The Wiley-Blackwell handbook of schema therapy: Theory, research and practice* (pp. 41–66). John Wiley & Sons.

Lorenz, K. (1977). *Die Rückseite des Spiegels. Versuch einer Naturgeschichte menschlichen Erkennens*. München: dtv.

Miklósi, M., Vajsz, K., Oláh, S., Nagy, V. & Szabó, B. (2024). An investigation of the Bernstein's strengths scale: Factorial validity and network analysis of attention-deficit/hyperactivity symptoms, mental health, and the strengths of the healthy adult self. *BMC Psychiatry, 24*, 725. https://doi.org/10.1186/s12888-024-06156-6

Mischel, W. (2015). *Der Marshmallow-Test: Willensstärke, Belohnungsaufschub und die Entwicklung der Persönlichkeit*. München: Siedler Verlag.

Mummendey, H. D. (2006). *Psychologie des Selbst. Theorien, Methoden und Ergebnisse der Selbstkonzeptforschung*. Göttingen: Hogrefe.

Neuman, A., Roediger, E., Laireiter, A.-R. & Kus, C. (2013). *Schematherapeutisch basierte Supervision*. Göttingen: Hogrefe.

Neumann, A. & Roediger, E. (2016). Kognitive und metakognitive Ansätze in der Schematherapie. *Verhaltenstherapie & Verhaltensmedizin, 37*(2), 211–212.

Neumann, A. (2023). Schematherapeutisch basierte Supervision – interaktionelle Analyse mit Hilfe des Moduszirkels. *Verhaltenstherapie & Verhaltensmedizin, 44*, 493–503.

Oerter, R. & Montada, L. (1987). *Entwicklungspsychologie*. München, Weinheim: Psychologie Verlags Union.

Paetsch. A., Moultrie, J., Kappelmann, N., Fietz, J., Bernstein, D. P. & Kopf-Beck, J. (2022). Psychometric properties of the German version of the Young Positive Schema Questionnaire (YPSQ) in the general population and psychiatric patients. *Journal of Personality Assessment, 104*(4), 522–531. https://doi.org/10.1080/00223891.2021.1966020

Panksepp, J. (1998). *Affective neuroscience. The foundations of human und animal emotions*. New York: Oxford University Press.

Pellegrino, G. di, Fadiga, L., Fogassi, L., Gallese, V. & Rizzolatti, G. (1992). Understanding motor events: a neurophysiological study. *Experimental brain research, 91*(1),176–80. https://doi.org/10.1007/BF00230027
Pittig, A., Stevens, S., Vervliet, B., Treanor, M., Conway, C. C., Zbozinek, T. & Craske, M. G. (2015). Optimierung expositionsbasierter Therapie. *Psychotherapeut, 60*, 401–418. https://doi.org/10.1007/s00278-015-0042-7
Potreck-Rose, F. & Jacob, G. (2018). *Selbstzuwendung, Selbstakzeptanz, Selbstvertrauen* (11. Auflage). Stuttgart: Klett-Cotta.
Rapoport, A. & Chammah, A. M. (1965). *Prisoner's Dilemma: A study in conflict and cooperation.* Ann Arbor: The University of Michigan Press.
Reckwitz, A. (2021). *Die Gesellschaft der Singularitäten* (5. Auflage). Berlin: Suhrkamp.
Reddemann, L. (2016). *Imagination als heilsame Kraft.* Stuttgart: Klett-Cotta.
Roediger, E. (2016). *Schematherapie. Grundlagen, Modell und Praxis* (3. Auflage). Stuttgart: Schattauer.
Rogers, C. R. (1983). *Die klientenzentrierte Gesprächspsychotherapie.* Frankfurt: Fischer.
Rokeach, M. (1973). *The nature of human values.* New York: Free Press.
Rosenberg, M. B. (2007). *Gewaltfreie Kommunikation* (7. Auflage). Paderborn: Junfermann.
Ruiz-Collantes, F. X. (2024). Democracy against homo sapiens alpha: Reverse dominance and political equality in human history. *Constellations, 31*, 233–252. https://doi.org/10.1111/1467-8675.12680
Sauer, H. (2023). *Moral – Die Erfindung von Gut und Böse.* München: Piper.
Sartre, J.-P. (1967). *Kritik der dialektischen Vernunft: Band 1, Theorie der gesellschaftlichen Praxis.* Reinbeck bei Hamburg: Rowohlt.
Sartre, J.-P. (1991). *Das Sein und das Nichts.* Reinbeck bei Hamburg: Rowohlt.
Sartre, J.-P. (1994). *Der Existenzialismus ist ein Humanismus.* Reinbeck bei Hamburg: Rowohlt.
Schätzing, F. (2005). *Der Schwarm.* Frankfurt: Fischer.
Schimmelpfennig, J., Topczewski, J., Zajkowski, W. & Jankowiak-Siuda, K. (2023). The role of the salience network in cognitive and affective deficits. *Front Hum Neurosci, 17*, 1133367. https://doi.org/10.3389/fnhum.2023.1133367
Schmidt-Salomon, M. (2024). *Die Evolution des Denkens.* München: Piper.
Schmitt, M. & Altstötter-Gleich, C. (2010). *Differentielle Psychologie und Persönlichkeitspsychologie.* Weinheim: Beltz.
Schmucker, M. & Köster, R. (2014). *Praxishandbuch IRRT.* Stuttgart: Klett-Cotta.
Schütz, A., (2003). *Psychologie des Selbstwertgefühls.* Stuttgart: Kohlhammer.
Schulz von Thun, F. (1981). *Miteinander reden 1.* Reinbeck bei Hamburg: Rowohlt.
Schweitzer, A. & Bähr, H. W. (Hrsg). (2020). *Die Ehrfurcht vor dem Leben.* München: C. H. Beck.
Sønderland, N. M., Solbakken, O. A., Eilertsen, D. E., Nordmo, M. & Monsen, J. T. (2024). Emotional changes and outcomes in psychotherapy: A systematic review and meta-analysis. *Journal of Consulting and Clinical Psychology, 92*(9), 654–670. https://doi.org/10.1037/ccp0000814
Spada, H. (Hrsg.). (1990). *Allgemeine Psychologie.* Bern: Huber.
Sterelny, K. (2021a). How equality slipped away. *Aeon.* https://aeon.co/essays/for-97-of-human-history-equality-was-the-norm-what-happened.
Sterelny, K. (2021b). *The Pleistocene Social Contract: Culture and Cooperation in Human Evolution.* New York: Oxford University Press.
Stromberg, C. & Zickenheiner, K. (2022). *Emotionale Regulation bei psychischen Störungen.* Berlin, Heidelberg: Springer.
Sulz, S. (2000). *Von der Kognition zur Emotion.* München: CIP-Medien.
Suomi, S. J., Eisele, C. D., Grady, S. & Harlow, H. F. (1975). Depressive behavior in adult monkeys following separation from family environment. *Journal of Abnormal Psychology, 84*, 576–578.
Suomi, S. J. (1987). Genetic and maternal contributions to individual differences in rhesus monkey biobehavioral development. In N. A. Krasnegor, E. M. Blass, M. A. Hofer & W. P. Smotherman (Eds), *Perinatal development: A psychobiological perspective* (pp. 397–419). New York: Academic Press.

Suomi, S. J. (1991). Up-tight and laid-back monkeys: Individual differences to social challenges. In S. Brauth, W. Hall & R. Dooling (Eds.), *Plasticity of development* (pp. 27–56). Cambridge, MA: MIT Press.
Suomi, S. J. & Levine, S. (1998). Psychobiology of intergenerational effects of trauma. Evidence from animal studies. In Y. Danieli (Ed.), *International handbook of multigenerational legacies of trauma.* (pp. 623–637). New York: Plenum Press.
Suomi, S. J. (1999). Attachment in Rhesus Monkeys. In J. Cassidy & P. R. Shaver (Eds.), *Handbook of attachment* (pp.181–197). New York: Guilford.
Suomi, S. J. (2000). A biobehavioral perspective on developmental psychopathology. Excessive aggression and serotonergic dysfunction in monkeys. In A. J. Sameroff, M. Lewis & S. M. Miller (Eds.), *Handbook of developmental psychopathology* (2nd ed., pp. 237–256). New York: Kluwer Academic/Plenum Publishers.
Thies, C. (2006). *Allgemeine Ethik. Lehrbrief für das Fernstudium an der Universität Rostock.* Universität Rostock – Zentrum für Qualitätssicherung in Studium und Weiterbildung.
Uhl, M. & Voland, E. (2002). *Angeber haben mehr vom Leben.* Heidelberg: Spektrum Akademischer Verlag.
Updegraff, J. A., Emanuel, A. S., Suh, E. M. & Gallagher, K. M. (2010). Sheltering the self from the storm: Self-construal abstractness and the stability of self-esteem. *Personality and Social Psychology Bulletin, 36*(1), 97–108. https://doi.org/10.1177/0146167209353331
Van Aken, M. A., Asendorpf, J. B. & Wilpers, S. (1996). Das soziale Unterstützungsnetzwerk von Kindern: Strukturelle Merkmale, Grad der Unterstützung, Konflikt und Beziehungen zum Selbstwertgefühl. *Psychologie in Erziehung und Unterricht, 43*, 114–126.
Voland, E. (2009). *Soziobiologie: Die Evolution von Kooperation und Konkurrenz* (3. Auflage). Heidelberg: Spektrum Akademischer Verlag.
Vopel, K. W. (2010). *Interaktionsspiele 1.* Salzhausen: Iskopress.
Watzlawick, P., Weakland, J. H. & Fisch, R. (1992). *Lösungen* (5. Auflage). Bern: Huber.
Watzlawick, P., Beavin, J. H. & Jackson, D. D. (1990). *Menschliche Kommunikation. Formen, Störungen, Paradoxien* (8. Auflage). Bern: Huber.
Wells, A. (2002). *Emotional disorders and metacognition: Innovative cognitive therapy.* Hoboken: John Wiley & Sons.
Wilken, B. (2024). *Methoden der Kognitiven Umstrukturierung* (9. Auflage). Stuttgart: Kohlhammer.
Wilson, D. S. (1975). A theory of group selection (altruism/natural selection/structured demes/spatial heterogeneity). *Proceedings of the National Academy of Sciences, 72*(1),143–146. https://doi.org/10.1073/pnas.72.1.143.
Wilson, D. S. (2015). *Does altruism exist? Culture, genes, and the welfare of others.* New Haven: Yale University Press.
Wilson, D. S. & Hayes, S. C. (2018). *Evolution and contextual behavioral science: An integrated framework for understanding, predicting, and influencing human behavior* (mit einem Vorwort von A. Biglan). Oakland: Context Press.
Wilson, E. O. (2013). *Die soziale Eroberung der Erde.* München: C. H. Beck.
Young, J. E., Klosko, J. S. & Weishaar, M. E. (2005). *Schematherapie.* Paderborn: Junfermann.
Zitterbart, D. P., Wienecke, B., Butler, J. P. & Fabry, B. (2011). Coordinated movements prevent jamming in an emperor penguin huddle. *PLoS ONE 6*(6). https://doi.org/10.1371/journal.pone.0020260

Stichwortverzeichnis

A

Abgetrenntheit und Ablehnung   124
Abwehrmechanismen   144
Abwertermodus   133
Affektbrücke   181
Aggression   40
Aggressiver Beschützermodus   139
Anerkennung   209
Ärgerlicher und undiszipliniert-impulsiver Kindmodus   137
Aufmerksamkeit, Bedürfnis nach   140
Außenorientierung   124, 125

B

Belohnungsaufschub (als Mittel zur Kooperation)   52
Bemühung   102
Bestrafungsbedürfnis (als Mittel zur Kooperation)   54
Bewertung   21
– durch andere   207
Bewunderung   211
Bewusst denkende Ebene   163
Bindung
– ambivalente   30
– desorganisierte/desorientierte   30
– Geborgenheit, Nähe   28
– sichere   30
– und Selbstwert   106
– unsicher-vermeidende   30
Bindungsbedürfnis (als Mittel zur Kooperation)   49

D

Dankbarkeit   103
Denken   163
Diagnostik   119
Dissoziierte Zustände   130
Dissoziierung   144
Distanzierter Beschützermodus   138
Distanzierter Selbstberuhigermodus   139

Drang zur Grundbedürfnisbefriedigung   25
Durchsetzung   40, 213
dysfunktional   91
Dysfunktionale Bewältigungsmodi   132, 137
Dysfunktionale innere Elternmodi   131

E

Emotionale Beweisführung   236
Emotionale Ebene   164
Emotionsaktivierende Interventionen   177
Empathie (als Mittel zur Kooperation)   53
Empirie und hilfreiche Selbstwertkriterien   91
Entmachtung   182
Erfolg   216

F

Fähigkeiten   206
Fallbeispiel – Kognitive Umstrukturierung   239
Fallkonzeption   117
Fantasierte Wunscherfüllung   145
Fehler   222

G

Gefühle   52
– als Botschafter der Grundbedürfnisse   27
– als Mittel zur Kooperation   52
Gefühlsvermeidende Bewältigungsmodi   138
Gehemmtheit   126
Genetisch-kulturelle Koevolution   45
Gesellschaftliche Normen und universelle zwischenmenschliche Werte   65
Gesunder Erwachsenenmodus   132, 149
Gleichwertigkeit   38
– als eigenständiges Grundbedürfnis   78

- Gerechtigkeit/Gleichberechtigung – als Mittel zur Kooperation 54
- und zwischenmenschliche Werte – Funktion 39

Glücklicher Kindmodus 132, 135
Glücklichsein 90
Grandiosität 127
Grundbedürfnisse 23
Gruppendefinition (als Mittel zur Kooperation) 50
Gute-Freundinnen-Frage 231

H

Handlungswerte 95
Hilfspersonen 181

I

Identifizierungen 224
Imagination 178
- Anwendung 244

Intelligenz 219
- als Mittel zur Kooperation 61

Interpretationen 108

K

Katastrophisierermodus 133
Kindliche Lebenswelt 109
Kindmodi 135
Koevolution von Genen und Kultur 75
Kognitive Umstrukturierung 167
Kompetenz 220
Konflikte 147
- zwischen verschiedenen Grundbedürfnissen 25

Konkurrenz 213
Konkurrenzkampf 40
Können 220
Konsistenz 27
Kooperation 39
- genetisch etablieren 49
- versus egoistisches Gen 39

Kultur 73
Kulturelle Rituale (als Prüfung der Kooperationsbereitschaft) 60

L

Leistung als Selbstwertkriterium 206
Liebenswert sein 107
logische Fehler 168
Lustgewinn/Unlustvermeidung 37

M

Macht 40
Manipulierer-/Trickser-/Lügnermodus 142
Marktwert 208
Menschenkenntnis (als Mittel zur Kooperation) 59
Moduslandkarte 155, 160
Modusmodell 128
Moralische Entwicklungsschritte und der Selbstwert 112

N

Nutzwert für andere 203

O

Operationalisierte Psychodynamische Diagnostik (OPD) 153

P

Patientinnenanleitung 258
- Imagination 259
- Stühlearbeit 262

Patientinneninformation 258
Perfektionismus 221
Physiologische Grundbedürfnisse 24
Positive Schemata 150
Positive Selbstbewertung 79
Projektion 146
Psychoedukation 173
Psychologische Grundbedürfnisse 24
Pubertät und Selbstwert 111

R

Rationalisierung 145
Regression 146
Religiöse Begründung universeller zwischenmenschlicher Werte 66

S

Schemata 123
Schönheit 217
Schuld und Scham (als Mittel zur Kooperation) 57
Schulderleben 250
Schutz sicherstellen 184
Seelische Abwehrmechanismen 106, 143
Selbstakzeptanz 101

Selbstbestimmung, Kontrolle, Sicherheit 34
Selbsterhöher-/Wichtigtuermodus 141
Selbstreflexionsfähigkeit 155
Selbstständiges Üben 258
Selbststudium 198
Selbstverständlichkeit 103
Selbstvertrauen 82
Selbstwert 105
– geprägt von den ersten Bindungen 105
Selbstwertbedürfnis
– als Mittel zur Kooperation 64
– Funktion und typische Selbstwertkriterien 84
Selbstwertkriterien 15
– als Mittel zur Kooperation 64
– Analyse von 197
Sexueller und emotionaler Missbrauch 252
Sokratischer Dialog 169
Soziopath 142
Spieltheorie 61
– zur Unterstützung von Kooperation 61
Sprache (als Mittel zur Kooperation) 59
Stark sein 216
Still-Face-Experiment 29
Strukturelle Fähigkeiten 153
Stühlearbeit 185
– Anwendung 247

T

Tagträumen 145
Tätige Reue 96

U

Überkompensierende Bewältigungsmodi 140
Unterordnender Bewältigungsmodus 138
Unzulänglichkeit/Scham 127

V

Verdrängung 145
Vergänglichkeit und zwischenmenschliche Werte 70
Vergleichen 214
Verletzbarer Kindmodus 136
Verleugnung 145
Vermeidender Beschützermodus 139
Vermeidung 144
Versorgung des Kindmodus 183
Verzeihen 96
Vorteile kooperativer Selbstwertkriterien 98

W

Widerstand 146

Z

Zerstörer-/Killermodus 142
Zugehörigkeit 209
Zusammenhang Selbstwertkriterien – zentrale Überlebensstrategien 87
Zwanghafter, wahnhafter Kontrolleurmodus 142
Zwischenmenschliche Werte 57